多芒揚唐仁波切（一九三〇～二〇一六）

一九九七年於美國奧克蘭。攝影/ Susan Schelling(© Vimala Treasures)。

我的淨土到了

多芒揚唐仁波切傳

上冊

卻札蔣措——著

目錄

第二章 從山南到山北 163

（上冊至第11篇）

達賴喇嘛尊者賜序

THE DALAI LAMA

༄༅།། མདོ་མང་གཡང་ཐང་རིན་པོ་ཆེ་འཚོ་བཞུགས་སྐབས་ཞི་ཞིང་དུལ་ལ་ཐུགས་དམ་ཉམས་བཞེས་ལ་འགྲུས་པ་དང་། འཕགས་བོད་སོགས་ཡུལ་གྲུ་དུ་མར་འབྲེལ་ཐོགས་སྐྱེ་འགྲོ་རྣམས་ལ་དམ་པའི་ཆོས་སྟོན་པས་བྱང་གྲོལ་གྱི་སྒོ་འཕར་ཡངས་པོར་ཕྱེས་པས་བསྟན་འགྲོའི་ཕན་དུ་གྱུར། ད་ལན་འབྲེལ་ཡོད་རྣམས་ནས་རིན་པོ་ཆེའི་མཛད་པ་དེབ་ཐེར་དུ་སྒྲིག་པ་ནི་དོན་དུ་འགྱུར་བས་ཡི་རང་དང་བསྔགས་པར་བརྗོད། སྔོན་བྱོན་དམ་པ་གོང་མ་དག་གི་རྣམ་ཐར་ཡི་གེར་བྱས་པ་ནི། སྔོན་བྱོན་སྟོན་པའི་རྣམ་ཐར། རྗེས་འཇུག་གདུལ་བྱའི་ཉམས་ལེན་དུ་འཁྱེར་བའི་ཆེད་ཡིན་པས་རིན་པོ་ཆེའི་རྗེས་འཇུག་རྣམས་ནས་རྣམ་ཐར་དེ་དག་མཐོང་སྟེ་རང་ཉིད་ཀྱང་དེ་བཞིན་དུ་སློབ་པར་བརྩོན་སྟེ། བླ་མའི་དགོངས་པ་རྫོགས་པར་བྱས་ན་རྣམ་ཐར་ཡི་གེར་བྱས་པའི་དགོས་པའང་དེ་གས་ཆོག་པ་ཡིན། བསྟན་པ་རྒྱས་ཤིང་འགྲོ་བ་བདེ་བའི་སྨོན་ལམ་དང་བཅས། ཤཱཀྱའི་དགེ་སློང་ཆོས་སྨྲ་བ། ཏཱ་ལའི་བླ་མས། རབ་བྱུང་བཅུ་བདུན་པའི་ཆུ་སྟག་ཟླ་༧ ཚེས་ ༢༧ ཕྱི་ལོ་ ༢༠༢༢ ཟླ་ ༩ ཚེས་ ༢༢ ལ།

多芒揚唐仁波切在世時，寧靜而調柔，精進於修持實踐。他在印度、西藏等眾多地方透過向有緣的人們傳授正法，廣開菩提解脫之門，是為教法與眾生的莊嚴。

如今，由有緣眾所敘述關於仁波切的事蹟，已經彙整成冊，意義重大，令人感到歡喜並興發讚歎。將往昔諸大德正士的行儀立為文字，乃是為了讓後學徒眾將往昔導師的行儀融入自己的實修。因此，當仁波切的追隨者們拜讀到這些事蹟時，若能見賢思齊、圓成上師的心意，便不枉書寫傳記的必要性了。

願教法昌盛、眾生安康。[1]

釋迦比丘說法者　達賴喇嘛

序於第十七勝生周水虎年七月廿七日（二〇二二年九月廿二日）。

1 感謝敦珠貝瑪南嘉將尊者的序言譯為中文。

頂果欽哲揚希仁波切賜序

Dilgo Khyentse Yangsi Rinpoche

Ugyen Tendzin Jigme Lhundrup

Foreword

I feel truly humbled and privileged to write a foreword on the request of dear Lama Chodrak Gyamtso for his book, "This is my pure land" on Kyabje Domang Yangthang Rinpoche.
It is indeed a challenging task to attempt and provide an account of Kyabje Rinpoche's vast dharma activities; Therefore, I would like to commend Lama Chodrak for his wonderful offering to the peerless Lama - a biography/documentary which provides an external insight into the life of Kyabje Domang Yangthang Rinpoche. May this effort inspire all those on the path of Dharma, to pursue it with joy, diligence and compassion.

As a recipient of Kyabje Rinpoche's uncontrived kindness and boundless compassion, I had the good fortune of making a wonderful connection with Kyabje Rinpoche in this life. By any measure, Rinpoche was a true example of an ascetic yogi practitioner; He was not just a Master who gave teachings and empowerments and someone who showed kindness to everybody- he manifested the true essence of the stainless Dharma, he was a pure Dharma practitioner and a truly enlightened being in its pristine form.

I rejoice in the fruition of Lama Chodrak's pure motivation and his sincere effort. I would like to dedicate the merit for the benefit of all sentient beings without exception. Sarva Mangalam Jayantu!

Dilgo Khyentse Yangsi Rinpoche

我由衷感到謙卑與榮幸應親愛的喇嘛卻札蔣措之請求，為他關於依怙主多芒揚唐仁波切的新書《我的淨土到了》撰寫序言。

嘗試去講述怙主仁波切的廣大佛行事業確實是一項具挑戰性的任務；因此，我讚歎喇嘛卻札對無與倫比上師的殊勝供養——提供了一個從外部視角一探怙主多芒揚唐仁波切一生的傳記／紀錄片[1]。願此辛勤的成果啟發所有在法道上的人們，以喜悅、精進和慈悲之心勇往直前。

我此生具足福報與怙主仁波切結上了殊妙善緣，成為怙主仁波切之無為慈心與無量悲心的領受者。從各方面來看，仁波切都是一位苦行瑜伽士的真實典範；他不僅是一位傳授法教與灌頂的上師，也不僅是一位對每個人都仁慈以待的人——他所體現的是無垢正法的真實精髓，他是一位清淨的佛法修行者和一位真實證悟者的純然展現。

我為喇嘛卻札的純淨發心與真誠努力之成果而深感隨喜。並以此福德迴向無餘眾生之利樂。願一切吉祥昭勝！[2]

頂果欽哲揚希仁波切

1 紀錄片係指揚唐仁波切的傳記影片《多芒揚唐》（英文片名為"Domang Yangthang"），請見YouTube網站。

2 感謝黃靖鈞翻譯這篇序文。

序

關於外公，我最喜愛的其中一個記憶是，當他獲贈一台電動輪椅時，他所做的第一件事，就是加速駛動，把我們所有人遠遠拋在後面。大家都很擔心，一股腦地追了上去。他把輪椅停下來時，我們全都笑了起來。

當我們進行跨越藏地之旅時，有一天下起了雪。我印象當中，那是我畢生第一次見到雪。外公是知道的，他叫司機停車，好讓我可以下車玩雪。我始終感激他留給我的所有美麗回憶，儘管我當時並不知道。我也希望在我剩下的生命裡，能將它們留存在我心中。

一年又一年地過去，而我們的人生還持續開展。對於那些先我們而去的，我依然保留著一部分。隨著我們年紀漸長，我們會希望在我們旅途結束時，能與他們重逢。

札西群措布提亞

Tashi Tshem Tsho Bhutia

攝影／麥家瑜。

開場白：寫在白天鵝之前

經過了數個月的翻山越嶺，那位身體藍色的苦行者，終於來到了錫金的邊境，此刻映入眼簾的，是一座峰峰相連的雪山。他一生當中，雖然足跡遍佈雪域衛藏的蓮師聖地，然而，當他親眼見到這座被稱為「五寶虎頂」的雪山時，那份內心的撼動，仍然意義非凡。故事理當從這裡開始，敘述那隻神奇的白天鵝，如何飛來與這藍色的瑜伽士進行對話，引領他一步一步走入錫金——這曾經在他夢中出現的地方，亦是他從此開啟三百六十年佛行事業的應許之地。

但在白天鵝飛來迎接藍色瑜伽士之前，似乎有必要談起更早前的一段往事。約在兩千五百年前，故事的舞台還不是雪域西藏，也不是秘境錫金。那是遠在今日印度、尼泊爾邊界，一個叫做迦毘羅衛的王國。正值年韶芳華的悉達多王子，在一個寧靜的黑夜裡悄悄出宮，他離開了熟睡的妻兒和等著他繼承的王位，展開了一場令人費解的苦行之旅，這段苦行所經之地長達數百公里，在鄰近菩提迦耶金剛座的尼連禪河達到了高峰。

對於這位王子在尼連禪河畔苦修的往事，縱使常見經典提及，卻不見詳盡描述。兩千多個日夜，念念無間的修行，後人總以「六年苦行」四字一言蔽之。畢竟，那是個沒有自媒體的時代，不若今日行者，從禪房山洞閉關打坐，到佛堂殿宇傳法利生，常見即時圖文齊發、網路直播，乃至後期加工、剪輯發布，鉅細靡遺。悉達多王子那沈默的六年苦行過程，既然是日以繼夜，想必就連太陽和月亮都只能各知一半，唯一忠實見證他從「悉達多王子」蛻變成「釋迦牟尼佛」的，恐怕只有那靜靜流過的尼連禪河了。

然而，那份精進不懈的修行意志，並沒有因為乏人宣傳行銷而就此隱沒。從釋迦牟尼佛以降，追隨佛陀的千萬弟子當中，仍有承繼那種堅毅風骨的修行人接續出世。從印度的薩拉哈巴，到西藏的米勒日巴，那一條貫穿行者心靈深處的尼連禪河，源源不絕，川流不息，成為灌溉後代佛弟子心田的活水。這一條穿越世代的傳承之流，終究流進了那位人稱「拉尊」的藍色瑜伽士的心靈深處。

豈止代代相傳，更是生生相續。從苦修遊化的拉尊南卡吉美，到實修取藏的多傑德千林巴，再到本書的主人翁——多芒揚唐，這條源自佛陀的潺潺泉流，除了要述說舊日傳奇，更盼深深長流，刻骨銘心。

傳記文字和紀錄片兩部分的順利完成，得利於許許多多的善人、善友、善因緣。上師揚唐仁波切圓寂前六個月在南卓林寺傳法之際，有幾位友人想要訪問他關於貝諾法王的生平，於是有一天早上，仁波切面對著攝影機鏡頭，侃侃談起貝諾法王的種種事蹟，那些話語，既然是發自內心，自然是感人肺腑。在訪談當中，仁波切順帶提到：「你們要寫傳記的話，先寫一點前世的功德，從這開始，直到圓寂之前他是如何為佛教而奉獻、他有如何的想法、他的發心是如何廣大，這些全都要寫下來。每個部分的功德，要能廣述內容。不論是他人口述，或是其他上師的敘述，都要全部寫下來。」

半年後，仁波切在海德拉巴德示現圓寂。我當時心想，上師肉身已逝，一生行儀猶在，倘若連生平故事都不復存在，這個時代，就失去了一筆珍貴的精神遺產。也就在那個當下，想起了仁波切那番關於書寫傳記的教誨，一方面縱有實踐意志，一方面又思及上師一生低調謙下，恐不喜後人為他立傳。忐忑徬徨之中，唯一之途，是持續不斷地在他的法體前祈求發願、祈請他的指引、示我徵相，好讓我明白什麼當做，什麼不當做。

為了收集仁波切的生平故事，從二〇一七年一月開始，直到二〇二一年中，走訪仁波切出生的家鄉錫金、精勤聞思的藏地康區，乃至弘法之地印度、尼泊爾、台灣、美國、香港、馬來西亞、法國、瑞士、日本、中國等地，對仁波切的親眷、法友、獄友、請法主、弟子、功德主們進行逾兩百場的訪問。期間盡可能對於每個事件做不同見證者的交叉比對，同時也參考一些藏文和中英文的傳記、史料、相關書籍、媒體資料作為時代背景的參考。在訪問過程中，頂果欽哲揚希仁波切叮嚀務求真人真事，偉大見於平凡，毋需追尋飛天遁地奇幻異事。東珠祖古也提醒勿入文學詞藻巷弄，而當專注導向仁波切的純淨功德正道，這些指引影響了本書寫作的方式和方向。

在此要感謝所有受訪者，是他們所敘述的點點滴滴，讓我們得以有幸透過各種蛛絲馬跡，一窺上師的浩瀚功德大海。在成書期間，有數位受訪者陸續辭世，無常令人不勝唏噓之餘，仍盼此書告慰他們在天之靈。仁波切錫金親眷們的支持和鼓勵，則是傳記製作過程最堅強的後盾。也要特別感謝在各個時期、於世界各地給予慷慨襄助的朋友。感謝普賢法譯小組的朋友們在整理訪談逐字稿上給予大力奧援；當然特別要感謝許小倩，是她讓本書的字字句句和紀錄片的每個畫面成為可能；盛夏香、侯迺慧、Moli Darshana的耐心試讀和建言，是本書從雛形邁入完形的幕後推手。我也謹以本書，獻給孫惠美女士，我的母親。

如同經典中常說的，上師就像一座巍巍雪山，而弟子的信心有如太陽。唯有陽光照融雪山之雪，才能使四身功德的清涼雪水，如醍醐灌頂般絲絲入心。這本書，是側寫那座雪山的一份嘗試，未竟之處甚多，但仍盼引來萬丈日光，讓雪水源遠流長。

此刻，讓我們再回到那位佇立在雪山之前的藍色苦行者。

他的雙眼望著虛空，就在這時，一隻白天鵝，朝著他緩緩飛了下來。

卻札蔣措

繪圖／Dekye Lhamu

第一章

從前世到今生

1 娑婆的白蓮

「如是我聞，一時，佛在……」

在八萬大菩薩和一萬兩千位比丘齊聚的法華會後，阿難尊者的開場語一如往常，然而，他所傳述的這部以蓮花為名的佛經，從佛陀的白毫相光遍照東方一萬八千世界的那一刻起，就注定非比尋常。當時，在長老舍利弗三次殷勤勸請之下，佛陀終於從內心最深處，和盤托出他來到世間的原因：

> 諸佛世尊唯以一大事因緣故，出現於世。……欲令眾生開佛知見使得清淨故，出現於世。欲示眾生佛之知見故，出現於世。欲令眾生悟佛知見故，出現於世。欲令眾生入佛知見道故，出現於世。舍利弗，是為諸佛以一大事因緣故，出現於世。[1]

諸佛當中，釋迦牟尼佛因往昔在菩薩道時，曾在寶藏如來面前發下五百大願，自願投生在不清淨的娑婆世界，度化眾生，尤其立誓救度那些被其他諸佛菩薩所遺棄的無間罪人、謗法者以及造下重大惡行者。於是寶藏如來將他比喻做比其它花朵還要更珍貴、更聖潔的白蓮花。[2]佛陀除了心地清淨如白蓮，身體亦柔軟如蓮，如經云：「佛身微妙真金色，其光普照等金山，清淨柔軟若蓮花，無量妙彩而嚴飾。」[3]他的牙齒「齒白齊密如珂雪，平正顯現有光明」，他的雙眼「目淨無垢妙端嚴，猶如廣大青蓮葉」，而他的舌頭，則是「舌相廣長極柔軟，譬如紅蓮出水中」。[4]

這位「智慧澄明如大海，功德廣大若虛空」[5]的釋迦牟尼佛，「六年苦行，三轉法輪，度苦眾生，令歸彼岸」[6]。從迦耶的菩提樹下證悟成佛，到拘尸那羅的娑羅樹下示入涅槃，人間傳法四十餘載，化育僧俗弟子無數。佛入涅槃後，五百阿羅漢在七葉窟開啟結集經典之濫觴。此後數百年當中，後世佛弟子多次結集佛陀的教言，彙為巴利文系和梵文系的浩瀚典籍。其中，他在瓦拉納西鹿野苑對五比丘所揭示的四聖諦以及在王舍城靈鷲山說的《法華經》、《大般若經》、《心經》、《金光明經》、《首楞嚴三昧經》，在舍衛城祇樹給孤獨園開示的《阿彌陀經》、《金剛經》，在廣嚴城傳授的《維摩詰經》、《藥師經》、《大般涅槃經》，乃至在斯里蘭卡講說的《楞伽經》等等大乘經典，時至兩千五百年後的今日，依然為人所傳誦。

---

1 《妙法蓮華經》〈方便品〉中譯版。鳩摩羅什譯。

2 米旁仁波切《釋迦牟尼佛廣傳：白蓮花論》〈發願品〉中譯版，索達吉堪布譯。慧光集十三，寧瑪巴喇榮三乘法林佛學會。

3 《金光明最勝王經》〈十方菩薩讚嘆品〉中譯版。義淨法師譯。

4 《金光明最勝王經》〈蓮花喻讚品〉中譯版。

5 〈十方菩薩讚嘆品〉中譯版。

6 《金光明最勝王經》〈大辯才天女讚嘆品〉中譯版。義淨法師譯。

佛教根生印度，復在世界各地綿延傳揚。巴利文語系的上座部等傳承，流傳到泰國、緬甸、柬埔寨、斯里蘭卡等國度。梵語系的教法，則由以龍樹、無著為首的「二勝六莊嚴」等印度宗師弘揚，遍佈印度南北，漸次由絲路輾轉傳入中國。這支北傳的法苗，從東漢時期的播種、魏晉南北朝的深耕，到唐朝的茁壯，歷經八宗之師鳩摩羅什、一花開五葉的菩提達摩、天竺取經的玄奘等各宗歷代祖師，合力開啟了大乘佛教在中文世界的浩瀚史頁。

正當有如印度大乘佛教命脈的那蘭陀寺日漸衰沒、而中國佛教繼續傳揚至越南、日本、朝鮮半島之際，另一支北傳的大乘佛教，以深水靜流之姿，悄悄傳入了雪域西藏。

其實佛陀在即將涅槃之時，就曾密會諸大菩薩，針對未來佛教將傳播到西藏的議題進行討論。當時，佛陀對文殊、金剛手、觀世音、度母們如是囑咐：「在我涅槃後的一個時代，我的教法將會存續在北方、一個名為雪域的黑暗邊荒之地。汝等當於彼地弘揚我之教法。」[7]

佛陀涅槃後，觀世音菩薩在西藏化現為藏王聶赤贊布，是為西藏王統世系的開端。數百年後，神奇的徵兆，發生在第二十四代藏王拉托托日年贊身上。闡述觀世音功德的佛經《寶篋經》以及黃金佛塔等聖物，從天而降，落在皇宮屋頂。爾後，文殊、金剛手、觀音以及兩位度母，進行了另一場討論。會中決議，佛陀足跡未曾踏入雪域西藏，這個國度中遍滿粗劣暴惡的眾生，為了承佛意旨在西藏傳播佛教，勢必要讓世上最珍貴的三尊「覺窩」[8]聖像迎至西藏，包括由迦葉佛開光的八歲釋迦牟尼佛等身像「覺窩米桂多傑」[9]、由釋迦牟尼佛親自開光的十二歲等身像「覺窩釋迦牟尼」[10]，和一尊名為「覺窩洛各夏惹」[11]的觀音像。文殊、金剛手、觀音與兩位度母於焉策動了一場橫跨數世紀的秘密行動，藏傳佛教的神話就此展開。

西元第七世紀中，觀世音所化現的第三十三任藏王松贊干布，派遣文殊所化現的圖彌桑布札到印度南方學習語言及經論。他回到西藏後，以印度文字為參考榜樣，創制西藏文字，並且翻譯了觀世音經續二十一部，是為西藏譯經之始。為了讓三尊「覺窩」聖像齊聚於西藏，松贊干布國王從眉間白毫化現出阿嘎瑪帝師利比丘，從印度迎回了名為「覺窩洛各夏惹」的蛇心旃檀自生觀音像。國王復又與金剛手所化現的大臣噶東贊[12]商討迎請另外兩尊聖像。之後，松贊干布國王迎娶了兩位度母所化現的皇后。其中，尼泊爾皇后赤尊，將佛陀八歲等身的覺窩像帶入西藏。而大唐帝國的文成公主，則將佛陀十二歲等身覺窩像迎入西藏。這場神幻大戲，標誌著西藏佛法的黎明日出。

7 此段及以下各段內容，均參照自揚唐仁波切所著的〈多芒寺史〉藏文版。仁波切寫作此文的時間地點，應是一九八〇年於康定。
8 「覺窩」意為至尊，一般作為對聖像或大師的尊稱。
9 意為至尊不動金剛。
10 這尊十二歲等身「覺窩像」安奉在拉薩大昭寺，被視為西藏最神聖的佛像之一。
11 意為至尊世間自在。
12 中文又作祿東贊。

西元八世紀中，由文殊菩薩所化現的第三十八任藏王赤松德贊，迎請由金剛手菩薩化現的印度那蘭陀寺堪布[13]菩提薩埵入藏，宣講緣起與十善等法要。翌年，年方二十一歲的赤松德贊王意欲建設桑耶寺，但是奠基工程遭到非人干擾而無法順利進行。於是，又名寂護[14]的堪布菩提薩埵，建議國王從印度迎請法力高強的蓮花生大阿闍黎入藏，以遣除建立教法的障礙。

眾人企盼之下，由觀世音化現的蓮花生大士，行經芒余、尼泊爾、衛藏、阿里、康區等地，降伏藏地各處妖魔，納神鬼為矢言守衛教法的僕使，使得神鬼均戮力協助桑耶寺的興建。從奠基開始，桑耶寺歷經五年的光陰建成。同時，資優年少的「預試七人」，在寂護大堪布的座下，依一切有部的戒律傳軌受出家戒，是為西藏僧團之始。復有包括毘盧遮那在內的諸多聰穎少年，遠赴印度學習梵文及佛法心要，例如毘盧遮那在印度拜師利星哈為師，修學大圓滿奧義；比丘南開寧波在吽嘎拉的座下學習佛法等等。學成的譯師們，共同將浩瀚的佛經、祖師論著，從印度文字翻譯成藏文。

蓮花生大士在西藏的弘法事業不僅僅只是降魔除妖，在赤松德贊王的祈請之下，蓮師在桑耶傳授八大法行，復在耶瓦、青朴等地建實修道場，化育出以「二十五王臣」為首的諸多成就弟子。

赤松德贊王在六十九歲時辭世後，蓮師在西藏續待了七年又六個月，便又前往西南羅剎土，在藏地的歲月，合計五十五年又六個月。藏人將寂護大堪布、蓮花生大阿闍黎、赤松德贊王合稱為「堪、師、君三尊」。而蓮師的王臣二十五位上首弟子中，包括了赤松德贊王、蓮師明妃耶喜措嘉空行母、毘盧遮那大譯師、恩朗給瓦秋陽、南開寧波、朗卓譯師袞秋炯內等實修的成就者，他們與蓮師共同譜出了延綿至今的前譯寧瑪派史話。經過「堪師君三尊」的宏傳，西藏佛教邁入了如日中天的盛世。

13 「堪布」之「堪」意為「者」。此者當具備如何條件方可稱為「堪布」呢？揚唐仁波切在〈多芒寺史〉中寫道：「必須為出家身，具備戒律和三昧耶乃為根本。復次，首先自己通達顯密一切諸法，復為他人宣講佛法。對於正覺佛陀所說的因法、果法、九乘次第一切義理，不加混雜地向他人宣講各自理趣，無誤開顯解脫、三菩提道之取捨要點，有如嚮導者是也。」

14 寂護在中文又作靜命論師。

2 另一朵蓮花

且讓時光從「堪師君三尊」的風雲際會，往前倒流一千五百年。

在一個名為「烏金」的國土境內有一座湖，湖中有一朵五顏六色的蓮花彷彿在預示著什麼似地，正準備神秘綻放。這時，一支金色的金剛杵隨著萬丈光芒，從天而降射入了蓮花苞中。據說，那道無量光，來自極樂世界阿彌陀佛的心口。蓮苞綻開之際，只見一位光彩亮麗的八歲童子，手持金剛杵出現在蓮蕊之上，他的奇幻登場，只是藏傳佛教一篇壯闊史詩的開端。[15]蓮師在桑傑林巴的伏藏品中如是描述：

> 普稱自生蓮花吾，阿彌陀佛心所出，觀自在之語所化，諸空行兄勇士王，
> 三世諸佛事業主，無等普賢金剛持，現幻化身具大悲，隨機應化為利眾，
> 滿足有情諸希求，西方烏金湖蓮上，猴年猴月十日晨，誕生成眾生豐饒。[16]

烏金國王名為因扎菩提，膝下無子的他，將那在蓮花中誕生的男孩視同己出，國王將他迎回皇宮，取名「海生金剛」；男孩又另有一個更為人知的名號——蓮花生。

蓮花生大士雖被交付王權，內心所思所願盡是修行佛法。在一次遊戲當中，他「失手」將一名魔臣之子誅殺，依王法被放逐至尸陀林中，他在尸陀林調化空行母，人稱「香達拉

希達」。接著，他遊化到薩霍國，在阿闍黎巴拉巴哈帝座下出家，人稱「釋迦獅子」。他復追隨八大持明者學成八大法行，在師利星哈座下修學大圓滿。總之，他在眾多印度的大成就者尊前求法，對所有法要無不精通，人稱「愛慧上師」。他帶著薩霍國的公主曼達拉娃遠赴瑪拉蒂卡石窟，在三個月當中修持長壽法，成就無死之身。回到薩霍國時，遭到王臣澆油焚身，[17]蓮花生大士示現神通，將燃油化成了湖，[18]而他自己與曼達拉娃則安然在湖中的一朵蓮花之上。自此，國王及人民生起了信心，跟隨蓮師學法修行。此後，他回到烏金國，又遭魔臣以火焚身，於是再次施展神通，與曼達拉娃雙雙出現在蓮花當中，「蓮花顱鬘力」之名號便由此而來。在烏金國十三載，教化國王等眾生，人稱「蓮花王」。在諸多尸陀林中教授密咒法門，將鬼怪納為衛教護法，人稱「太陽光芒」。在菩提迦耶以辯論和神力戰勝五百外道師，以猛咒擊退外道惡咒，將外道徒引入佛門，人稱「獅吼聲響」。爾後，他在尼泊爾的揚列雪石窟修持真實嘿如嘎時，從印度迎請普巴金剛典籍，去除旱災和饑荒等障

15 本節蓮師歷史相關內容係參照工珠雲登嘉措所著的《甚深伏藏及伏藏師成就者簡史：大寶琉璃鬘》藏文版ཟབ་མོའི་གཏེར་དང་གཏེར་སྟོན་གྲུབ་ཐོབ་ཇི་ལྟར་བྱོན་པའི་ལོ་རྒྱུས་མདོར་བསྡུས་བཀོད་པ་རིན་ཆེན་བཻཌཱུརྱའི་ཕྲེང་བ་ཞེས་བྱ་བ་བཞུགས་སོ།，以及揚唐仁波切所著的〈多芒寺史〉藏文版。

16 Tashi Tsering編著，《空行剎土哲孟炯聖地志彙編》藏文版མཁའ་སྤྱོད་འབྲས་མོ་ལྗོངས་ཀྱི་གནས་ཡིག་ཕྱོགས་བསྒྲིགས་བཞུགས།，頁一六七。Namgyal Institute of Tibetology出版，二〇〇八年。

17 蓮師傳記版本眾多，每個版本在內容、廣略及敘事順序上或有不同。例如出生於十九世紀下半葉的伏藏師桑登林巴（中文又作桑天林巴），在其伏藏品《薩霍國王之女曼達拉娃公主傳》（中譯版名為《曼達拉娃佛母傳》）中寫道，蓮師在前往瑪拉蒂卡之前即遭國王火燒，與工珠雲登嘉措的敘述不同。本節內容係依工珠和揚唐仁波切之說。

18 即為今日位於印度喜馬偕爾邦（Himachal Pradesh）的瑞瓦瑟村（Rewalsar）中之聖湖。藏人稱之為「措貝瑪」，意為蓮花湖，本書亦稱此地為蓮花湖。此地亦為錫克教與印度教的聖地。

礙，納尼泊爾善持王之女釋迦德娃為明妃，成就大手印持明的果位。

凡此種種，蓮師的行儀，一言難盡。總之，他從烏金國誕生，至被迎請到西藏之間，在印度一千五百年的時光當中，以各式方便法門，隨機應化眾生。揚唐仁波切[19]的前世多傑德千林巴取出的伏藏品〈初十祈願文〉中，精要揭示蓮師在各月初十，於印度、尼泊爾、西藏等地示現的重要行儀：

猴月初十殊勝日，西南達納勾夏湖，奇妙蓮花上誕生，祈請聖教之主尊。
雞月初十殊勝日，受封成為烏金王，懷攝萬象悉地者，祈請勝子蓮花王。
狗月初十殊勝日，尸林持明空行眾，冊封密咒聖教炬，祈請香達拉悉達。
豬月初十殊勝日，於教出家悟法藏，諸智修者之頂嚴，祈請愛慧上師尊。
鼠月初十殊勝日，薩霍火團化成湖，妙力正法度國境，祈請無死蓮花生。
牛月初十殊勝日，烏金國中火不燒，引全國入菩提道，祈請蓮花金剛尊。
虎月初十殊勝日，止諍外道五百師，神力度化惡咒眾，祈請獅吼聲響尊。
兔月初十殊勝日，銅洲入河遮水流，外道國王驚入門，祈請咕如虛空鵬。
龍月初十殊勝日，母眾十萬空行首，外內密妖納為僕，祈請太陽光芒尊。
蛇月初十殊勝日，揚列雪中修普巴，除障國境均安泰，祈請金剛顱鬘力。
馬月初十殊勝日，前往藏地降魔妖，顯密二教雙運傳，祈請貝瑪桑巴尊。
羊月初十殊勝日，為以伏藏與深教，埋藏伏藏百千萬，祈請多傑綽洛尊。[20]

蓮師在印度遊化上千年，相較之下，在西藏的五十五年歲月，自然顯得短促許多。然而，他與西藏的因緣深厚非常，在藏地轉動密咒金剛乘法門，化育出眾多得到修行成就的弟子。

此外，蓮師更為了利益後代的眾生而埋藏許多法教。這些被稱為「伏藏」的法教，被埋藏在山巖石壁，乃至湖海虛空，甚至封印在有緣弟子的心續當中，等候未來時機成熟時，再由蓮師本人或是弟子所化現的「伏藏師」取出，加以弘揚。

伏藏法門其來有自，並非蓮師獨創，編纂浩瀚伏藏法合集《大寶伏藏》的西藏大師工珠雲登嘉措說道：「並非是西藏等地的人各自新創。事實上，本師三身的教法，均由意傳、表示傳而來，是故沒有超出伏藏範疇。共同的勝化身釋迦牟尼的言教，經歷逐次經教結集後，大多數的大乘經典，到達天界、龍界等不同地點，不復得見。密續則由持金剛者、空行眾結集，封印在烏金達瑪卡作等地，交付掌管。未來時機成熟之際，由唯識派祖師從除蓋障等菩薩處取回大乘經典。而《般若十萬頌》則由龍樹自龍宮迎請而來。大成就者薩拉哈、丹秋、措嘉、路里巴、茲陸巴等得到殊勝悉地的歷代大師，迎請出以密集金剛、喜金剛、時輪金剛為主的密續典籍，以上這些均為甚深伏藏。是故印度和西藏除了有地域之異、取藏者出現有先後之別以外，當知從所有角度來看，內涵都是一致的。」

揚唐仁波切在〈淨除道障灌頂簡史〉一文中，參照工珠雲登嘉措的著作，精要闡釋舊譯

19 「仁波切」意為珍寶，一般用作對佛教高僧大德的尊稱，對象不分在家或出家。中文又作「寧波車」、「仁波欽」等等。

20 《多芒多傑德欽林巴文集》藏文版རྗེ་བདེ་ཆེན་གླིང་པའི་ཟབ་ཆོས་ཡིད་བཞིན་གཏེར་མཛོད་བཞུགས། 第三冊，頁四十九至五十二。佛陀教育基金會。

寧瑪派伏藏法門的來源及內涵：

舊譯金剛乘自宗，有廣大教傳、甚深伏藏，及最深淨相三類法藏……伏藏當中，又有地伏藏、心意伏藏、虛空伏藏等許多種……所謂的伏藏是什麼呢？《三摩地王經》中云：「未來我入涅槃後，一切舍利廣傳揚，諸佛菩薩善執持，寫下爾後置櫃中，乃至大地巖諸山，天與龍等之手中，置經典後彼等眾，如天禁行而離去。彼等後世各種性，盡皆散佚復又現，諸佛菩薩善持之，隨彼心願而行持。」從第一句開始，依次闡述佛入涅槃、經教結集、結集之法埋為伏藏，埋為伏藏後，彼等又前去清淨剎土，以禁行利眾。復又在後世時代來臨時，當三乘聖者種性即生現證果位盡皆散佚、消逝之際，為了所化眾之故，待時機成熟，示現投生為伏藏師。復將埋藏之伏藏取出，持有諸佛得菩提之賢道後，與有緣的法主，共同透過講、修、羯磨三方面來善加執持，隨應所化眾的心願而行持。[21]

正如釋迦牟尼佛入涅槃後數百年，被封藏在天界、龍宮等地的大乘經典相繼出世一般，蓮花生大士雖已離開西藏，他在西藏、尼泊爾等地所埋藏的伏藏法門，在千年的光陰中，仍不斷由歷代的伏藏師接續取出。成千上百的伏藏師當中，復有所謂的「百大伏藏師」，而揚唐仁波切的第一世——拉尊南卡吉美——那藍色的傳奇瑜伽士，便名列其中。

21 《多芒多傑德欽林巴文集》藏文版第三冊，頁五三三至五三六。

3 秘境之王與古老的預言

當悉達多由凡入聖，悟道而成釋迦牟尼佛後，他踏足行經之地，從此被尊為聖地。舉凡他的誕生地藍毗尼、成長地迦毗羅衛、苦行地尼連禪河畔、成道地菩提迦耶、傳法地瓦拉納西鹿野苑、王舍城竹林精舍、靈鷲山、廣嚴城，還有神變地舍衛城、天降地僧伽施，乃至涅槃和荼毗地拘尸那羅，均因他曾親臨駐足，而被視為具有殊勝加持的聖地。而諸如龍樹、無著、寂天、阿底峽等後代祖師去過的地方，亦被視為聖地。

同樣地，被稱為「第二佛」的蓮花生大士，行儀所及之地，也成為後人朝禮、閉關修行的聖地。不同於釋迦牟尼佛聖地多在恆河、印度河流域的平原上，蓮師的聖地往往位於山岩峭壁、深山洞窟等人煙稀少且交通往來不易的地帶。這些蓮師聖地，多分布在西藏和位於喜馬拉雅山系的國度。十四世紀上半葉的伏藏師烏金林巴在他的伏藏品中，提及蓮花生大士身、語、意、功德、事業之五大聖地為首的各方聖地：「修行聖地中之超勝王，無修空行自然會聚地，身之蘭若[22]是為札央宗，語之蘭若桑耶青朴也，意之蘭若南岩卡曲也，功德蘭若雅隆水晶巖，事業蘭若門卡獅子堡，尤其雅隆晶巖與青朴，等同印度清涼尸陀林。

22 蘭若或阿蘭若乃為遠離喧囂、適合修行之寂靜處。

五隆一林三炯二十雪，復次中央香之薩菩隆，東方工布境中揖巴隆，南方地帶門之寺贊隆，西方則有果之帕日隆，北方乃為計之稠莫隆，東南方為秘境貝瑪林，西南隅為秘境哲孟炯，西北隅為秘境堪巴炯，東北方為秘境隆松炯……」[23]

伏藏師仁增果登在其伏藏品中亦有雷同的文字敘述：「修行聖地，我（此指蓮師）之足跡所至，賜予加持。特別是空行修行聖地，身之蘭若札之央宗也，語之蘭若桑耶青朴也，意之蘭若南岩卡曲也，功德蘭若雅隆晶窟也，事業蘭若門卡獅堡也，特別殊勝雅隆晶窟也，等同印度清涼尸陀林。復有五隆四林及三雄，以及二十一雪山等地。……五隆乃為：藏之祥德薩普隆[24]，東方工之揖辛隆，南方門之寺贊隆，西方袞之帕日隆，北方秘境基莫隆，東南隅為貝瑪林。三雄乃為：西南隅之哲孟雄，南方堪巴雄，北方隆松雄……」[25]

烏金林巴的伏藏品所提到的「三炯」之中，有「西南隅為秘境哲孟炯」；而仁增果登的伏藏品中提到的「三雄」包括了「西南隅之哲孟雄」。兩文當中提到的「哲孟炯」和「哲孟雄」，指的就是現今藏文稱為「整炯」一地。而「西南」這個方位，是以桑耶寺作為基準。[26]總之，不論是叫作「哲孟炯」、「哲孟雄」還是「整炯」，意思均為「果實之域」。如桑傑林巴伏藏品云：「由於位於門[27]及西藏之間，被稱為『中間地域』；由於是隱密之境，被稱為『秘境』；由於所求果實均得生長，被稱為『哲孟』（果實）；由於寬廣谷原，被稱為『雄』；如是，被稱為『秘境哲孟雄』。」[28]

這個被視為蓮師秘境的哲孟雄，即是當今世人所稱呼的錫金（Sikkim）。然而，錫金並非從本以來即是聖地。多傑德千林巴便曾敘述道：「此前修行聖地名亦無，懸崖峭壁險隘諸空窟，妖鬼巢穴恐怖可懼地，此等皆由蓮師賜加持，弟子具足緣分修行者，依此修行覺證廣增長。」[29]

蓮師與二十五王臣弟子，依神通之力親赴錫金，首先加持札西頂與其四方的石窟等地，加持錫金各處成為聖地。如《蓮師遺教》云：「自從西南祥德哲孟雄，一百零八秘境中最勝，奧明極樂世界無有別。偕同二十五王臣等眾，神通瞬間前往札西頂，十三日中依次大樂窟，天山祥窟空行秘窟等，開啟諸聖地門賜加持。」[30]

錫金既為「秘境」，那麼，秘境又跟其它聖地有何不同？前往秘境是否又需要特別的時機呢？根據仁增果登的伏藏品〈未來預言趣秘境文〉中的記載，赤松德贊王曾在桑耶寺請示蓮師：「末法時代，西藏人民若欲前去秘境，需在出現什麼樣的徵相時才去呢？」蓮師

23 《空行剎土哲孟炯聖地志彙編》藏文版，頁十七。

24 與前段之「薩菩隆」為同一地方。

25 《空行剎土哲孟炯聖地志彙編》藏文版，頁十八，註釋二十五。

26 貝瑪林巴伏藏中提到：「於此桑耶西南隅。」見《空行剎土哲孟炯聖地志彙編》藏文版，頁二四六。

27 「門」或「門域」指的是今日不丹和印度阿魯納恰爾邦（Arunachal Pradesh）一帶。

28 堪布旺嘉所著《秘境哲孟炯政教相關王統史：照諸實義明鏡》藏文版སྦས་ཡུལ་འབྲས་མོ་ལྗོངས་ཀྱི་ཆོས་སྲིད་དང་འབྲེལ་བའི་རྒྱལ་རབས་མེ་ལོང་ཞེས་བྱ་བ་བཞུགས་སོ།，頁七十至七十一。Namgyal Institute of Tibetology出版，二〇〇三年。

29 引用自《空行剎土哲孟炯聖地志彙編》藏文版，頁二〇七。

30 《秘境哲孟炯政教相關王統史：照諸實義明鏡》藏文版，頁七十。

答覆道，當西藏的佛教衰敗、外敵入侵等發生時，便是前往秘境的時機。[31]在另一篇伏藏品〈七秘境總覽未來預言〉中，蓮師對赤松德贊王的長子穆帝贊布說道：「未來時代，魔所化者，滅佛聖教，眾生受苦。為於未來大悲救度，吾已加持眾多秘境。」[32]這些對話內容體現出，當西藏的政治和宗教陷入存亡之秋時，秘境不只是安身立命的逃生站，更是延續佛法命脈的泉源。是故，當錫金被加持為一個方外秘境之時，它與西藏之間，不論是在宗教還是政治上，就註定有千絲萬縷的關係。

與諸多聖地相比，秘境更為超勝。而秘境當中，堪稱為「秘境之王」者，便是錫金哲孟雄。如貝瑪林巴的伏藏品所云：「較諸聖地更超勝，乃為如是四秘境，哲孟雄及稠莫隆，堪布隆及榮莫頂。如是隱藏多秘境，此諸秘境中之王，哲孟雄史如下述……烏金蓮師云：『一切秘境當中之王——哲孟雄——如同三十三天兜率天。』」[33]

對於有心修行者而言，前去錫金具有諸多功德利益。仁增果登的伏藏品提到：「在五寶虎頂山前，中間境域稱為哲孟雄，具有各種妙欲功德，可容衛藏三分之二，僅僅到達彼地，便可臻第十一地——遍光地。」[34]他在另一處提到：「來到一切秘境之首哲孟炯的功德利益：最初到達者，毫無疑問均可在七年當中，不捨肉身而直趣空行剎土。而隨後前來者，將得十三持金剛地。……以虔誠心，無有遲疑地前去，若有僅步行七步便於途中喪命者，我蓮師也將在中陰迎接之。若是在看得到秘境群山之處喪命，將於極樂世界投生，身蘊化為虹身。」[35]

出自桑傑林巴伏藏品《上師密意總集》的〈未來預言秘密目錄——整炯聖地附錄〉文中

則提到：「哲孟雄之妙欲功德及眾生安樂，均自然任運而成。覺受和證悟亦為自然湧現。早期前去彼聖地者，得殊勝悉地；中期到達者，得共同悉地；後期前往者，也可免於各種怖畏……」又云：「彼聖地乃是上師、本尊、空行、勇父、勇母之宮殿。是故溝壑、雪山、湖泊、岩窟以及樹木，均為天宮。由於是真實佛淨土，姑且不論是前往哲孟雄者還是住在該地者，就連僅僅耳聞哲孟雄之名，便可累積無量世所積之福。若有想去彼地之願望，此人乃具足業緣……若轉繞哲孟雄一次，將可淨除千劫所造罪惡。若住在彼地，上者，無需捨棄四大幻身，即可直往空行剎土；中者，了悟心性而成佛；下者，亦在第一中陰成佛。僅由望見彼聖地，即斷投生三惡道之門。」[36]

貝瑪林巴的伏藏品中，也分別提到前往錫金與出生在錫金者的利益：「來到哲孟雄之眾，有如珍寶般境地，遠離貧困八無暇，自然平息違緣障，福壽財富得增長；於彼出生諸人眾，無著生起大智慧，於諸學識有專精，無明立地自解脫。」[37]

---

31 《空行剎土哲孟炯聖地志彙編》藏文版，頁一〇一至一〇二。
32 《空行剎土哲孟炯聖地志彙編》藏文版，頁一二〇至一二一。
33 《空行剎土哲孟炯聖地志彙編》藏文版，頁二四二至二四四。
34 《空行剎土哲孟炯聖地志彙編》藏文版，頁一二二。
35 《空行剎土哲孟炯聖地志彙編》藏文版，頁二八〇。
36 《空行剎土哲孟炯聖地志彙編》藏文版，頁二二七至二三九。
37 《空行剎土哲孟炯聖地志彙編》藏文版，頁二五一。

多傑德千林巴則直言，錫金與蓮師淨土毫無差別：「彼等虔誠平庸凡夫眾，若念蓮師當恆往秘境。尤其三炯之中哲孟炯，與妙拂洲完全無差別；勝者吾人恆常住彼處，賜有緣者加持及灌頂……上旬初十烏金大蓮師，及諸持明王臣親蒞臨。若有業緣亦可能相見，於彼聖地若精勤實修，於其它地尚需修一年，於此一日即長修行功，地石山岩乃至林木中，勇父空行安住之所在，若起恭敬加持更增長。」[38]

在諸多不同伏藏品中，蓮師對錫金的境內格局、各地山川地貌，乃至守護神祇均有描述，甚至連前往錫金的適當時間也給予指示。錫金東南西北各有一入口，從這「四門」進入錫金的季節有所不同：「未來眾生，若從哲孟雄東門前往，當於秋時。若從南方，當於冬季。若從西方，當於春天。若從北方，當於夏日。具有禁行覺受的瑜伽士眾，從岩上、雪上行走，均可臻達，然而時機未到之前，絕不可啟程。」[39]

蓮師將錫金加持為秘境聖地，隨後前來開啟此聖地門者，乃是名列百大伏藏師中，被稱為「三大勝化身」[40]之一的仁增果登。西元一三七三年夏天，他與十名徒眾啟程前往錫金，開啟秘境北門，並在八年當中，於錫金境內尋覓各個蓮師所加持的聖地。這位在錫金開啟聖地門、取伏藏、對有緣弟子傳法的大師，在一四〇八年圓寂於錫金，享年七十二歲。[41]

一百六十年後，仁增果登的再來人——阿里仁增雷登傑——也親臨錫金。正值六十八歲的他，不辭辛苦來到錫金四大聖窟之一的北窟——天山心窟，並在此取出長壽修持法門的伏藏。[42]

此後，使錫金政教大放異采的則是「瑜伽四友」。蓮師在預言中如是描述這四位瑜伽士各自的特徵：「吾之化現瑜伽四友眾，一為沙門以方便利眾，大力引導多眾入彼地；一為隱密他者無能見，稍許得獲聖地之門道；一為長髮瑜伽士形相，途中農作且傳揚聖教；東方出現名為彭措者……」[43]

正如「堪師君三尊」在第八世紀時齊聚西藏大興佛教一般，瑜伽四友在第十七世紀中葉齊聚錫金，從此開創了錫金前所未有的政教新局。從鳥獸鬼怪棲止的邊荒地帶，到聖者親臨加持的秘境，教法興盛的舞台已備。接著，揚唐仁波切的第一世——瑜伽四友之一的拉尊南卡吉美，就要粉墨登場。

38 《空行剎土哲孟炯聖地志彙編》藏文版，頁二九九至三〇〇。
39 《空行剎土哲孟炯聖地志彙編》藏文版，頁二〇五。
40 百大伏藏師中，合稱「三大勝化身」者，為孃尼瑪偉瑟、咕如確旺以及仁增果登。見工珠雲登嘉措《甚深伏藏及伏藏師成就者簡史：大寶琉璃鬘》藏文版。
41 堪布拉策仁編著，《空行剎土哲孟炯頂寶幻現瑜伽四友傳承敘事：新智童子歡宴》藏文版མཁའ་སྤྱོད་འབྲས་མོ་ལྗོངས་ཀྱི་གཙུག་ནོར་སྤྲུལ་པའི་རྣལ་འབྱོར་མཆེད་བཞི་བརྒྱུད་འཛིན་དང་བཅས་པའི་ལོ་རྒྱུས་བློ་གསར་གཞོན་ནུའི་དགའ་སྟོན་ཞེས་བྱ་བ་བཞུགས་སོ།，頁十五至十八。堪布拉策仁出版，二〇〇二年。
42 《空行剎土哲孟炯頂寶幻現瑜伽四友傳承敘事：新智童子歡宴》藏文版，頁二十三。
43 《秘境哲孟炯政教相關王統史：照諸實義明鏡》藏文版，頁九十六。

4 逃家又離鄉的牧羊少年

那是十六世紀的尾聲，再過三年，就要邁入十七世紀了。

正如古諺「彷若池塘的上阿里三圍、有如農田的下多康三岡、恰似水渠的中衛藏四如」所云，西藏依地勢可分為阿里、多康、衛藏三區。而故事的起點——恰域——乃位於衛藏境內之南。據說此地散發清聖之氣，美如仙境，並有一座名為「神觀天山」的神山。相傳天界眾生透過天索，從天而降來到了恰域，逐步繁衍出人間後嗣，是故此地亦以天境和天宮為名，傳說有五百天仙仍留駐恰域。[44]拉尊如是帶有詩意地描述他的家鄉：「北依金剛岩山，前有旃檀等各種樹木如供雲一般搖曳生姿，右山如佛塔突起，左山有勇父空行聚集的尸陀林，山頂如須彌一般高聳壯麗。在此具有許多吉祥地貌之地，來自天界特別族系後裔，代代延綿。」[45]

在這個來自天界的後裔裡，一位名為薏蓊菩噶的西藏女子在懷孕期間，夢見自己肩上扛著一支白水晶長矛，矛上覆蓋著一頂絲綢編織的禪修帽。她的丈夫也做了一個特別的夢，帝釋天王現身夢中親賜寶珠。[46]也許是這個夢的緣故，兩人所生下的這個男孩，就取名為「拉旺諾布」[47]，意為「天王寶珠」。儘管有如此奇夢，夫妻兩人都沒有料到，自己的孩子會在日後成為名留青史的拉尊南卡吉美。

拉尊在自傳當中，帶著濃厚的情感描寫母愛道：「剛出生時，身體晃動，不會說話……身體像愚笨的動物一樣時，她會喚著『我的兒啊』，然後將我放在她如蓮花般的雙手中，讓我依靠她胸口的溫暖。她用如花瓣一樣的舌頭，將奶、酪、食物的精華餵給我。她會用漂亮的柔布擦拭我不淨的口水、鼻涕、塵垢。還會擔心我有沒有生病、憂慮我會不會死掉……凡此種種，她因為那顆關愛的心，連一天都捨不得分開似地照顧著我。」[48]

稍微懂事時，拉尊的兩個哥哥前去為當地的人王[49]做事，而年邁的父親也過世，家計重擔於是落在母親和姊姊們身上。拉尊自己負責照顧綿羊、馬匹和各式牛隻，一刻也不得閒。在夏雨、冬風、春寒當中，行跡遍及各處川谷，生活艱辛，不得自主，他形容自己的處境是「變成像妖鬼的僕從一樣」。[50]

身長蚤蝨、手腳裂傷、衣食簡陋等遭遇，似乎成為家常便飯，如此刻苦的處境讓拉尊

44 拉尊南卡吉美著，《拉尊法王教言全集》藏文版ལྷ་བཙུན་ཆོས་ཀྱི་རྒྱལ་པོའི་བཀའ་འབུམ་གླེགས་སོ第一冊，頁六十一至六十二。Chos Spyod Publication出版，二〇〇三年。

45 《拉尊法王教言全集》藏文版第一冊，頁六十三。

46 《拉尊法王教言全集》藏文版第一冊，頁六十六。

47 《空行剎土哲孟炯頂寶幻現瑜伽四友傳承敘事：新智童子歡宴》藏文版，頁六十七。

48 《拉尊法王教言全集》藏文版第一冊，頁六十六至六十七。

49 指當地的政治領袖。

50 《拉尊法王教言全集》藏文版第一冊，頁六十九。

對三界輪迴產生強烈的厭離心。他這樣敘述道：「有時，我獨自哭泣想著……輪迴當中，有寒熱、飢渴、鬥爭、遷轉墮落之眾多痛苦……像是火坑煎熬難忍，像是牢獄無法解脫，像是川流沒有間歇。無法遠離苦業，哪裡也沒有安樂，像是待在兵器鋒刃上一樣，該當如何解脫？此生如竭油之燈、枯水之池、草尖之露、峰頂之陽、天中閃電一般，不知死主何時到來，死緣不可思議。臨死之際，累積的財富、堆造的樓堡、摯愛的同伴、親愛的父母、孩子親眷，任何人連剎那也幫不上忙……將這一生的景象全都放下後，那獨自一人走掉的痛苦，令人感傷……由不得想要做這個、做那個、去哪裡、待哪裡，確定要獨自在中陰險道漂泊。沒能想起上師和三寶的救護，沒有正法之道，沒有博學實修的僧友，連帶走財富、一滴水、一口糧的自由也沒有。……過去就是因為衣食庸碌而漂泊輪迴，我想，現在倘若又受制於衣食瑣事，肯定會永遠在輪迴裡飄盪。於是，不論是快樂還是痛苦，我都將心思寄託在三寶和正法上。」[51]

十一歲那年，拉尊對佛法的信慕不由自主地生起。在那之前，雖然在母胎當中就已經取了法名，但始終沒有機緣真正修學佛法。而這一年，難擋心血來潮的他，離家出走到鄰近自家的誦年寺出家，並在祖古[52]烏金班究座下受沙彌戒，出家法號為「袞桑南傑」，[53]意為普賢昭勝。然而，僅僅只是剃光頭髮、披上僧服，而沒有紮實的修學，顯然無法滿足這位牧羊少年對佛法的渴求。在誦年寺，拉尊除了學習藏文讀寫和背記課誦之外，並沒有機會深入研學佛法核心。他如是說道：「一直到十七歲之間，都還需要混雜著世間法。」由此可見，拉尊在年少時期就已立定修學純正佛法的志向，表面出家而實際不離世間法的半調子學佛處境讓他悲痛不已。他敘述道：「那時，日夜不離淚水，在巨大傷悲策發之下，我想，此生倘若不能修行純正佛法，那就和一個痲瘋病人在監牢中腐爛一樣沒有差別了。」[54]

既知拉尊對修行的理想如此崇高，就不難理解他為何要繼十一歲出離家鄉後，再於十七歲時出離寺院了。此回出離的目的地，是位於東方的工布，距離家鄉有三天的路程。既然這次不只是離家，還要遠赴他鄉，親人的不捨和百般反對自然可想而知。他們紛紛透過溫和與威脅等等各種方式，試圖阻止拉尊前去工布。就連誦年寺的道友和上師們，也異口同聲加入勸阻的行列。他們說道：「你這樣離去是不好的，去工布的人裡頭，沒有出現過好的前例。要學習的話，在這裡學難道不行嗎？這裡的道友和上師都好，別在母親和家人在世的時候跟他們分離，這樣才合理呀！」[55]

然而，心意已決的拉尊如是回應：「我去工布不是為了溫飽，也不是為了財富。祈求，是向三寶祈求；要做的，除了正法以外沒別的了；想要待的地方，除了山間之外沒別的了。我如果明天死去就算了，即使活到百歲，我這人的快樂和痛苦，你們從今天起就別

---

51 《拉尊法王教言全集》藏文版第一冊，頁六十九至七十一。

52 「祖古」意為化身，亦有譯者譯作活佛。揚唐仁波切在〈多芒寺史〉中寫道：「稱為祖古的原因，簡略言之，如何可稱祖古呢？具備博學、修行成就二功德，或是坐擁修持成就功德者，即為殊勝祖古。此外，若具卓越博學、戒行、賢良等功德者，亦肯定為純正祖古。若不具如是功德者，則為僅持祖古名號而已。」

53 《空行剎土哲孟炯頂寶幻現瑜伽四友傳承敘事：新智童子歡宴》藏文版，頁七十。

54 《拉尊法王教言全集》藏文版第一冊，頁七十二。

55 《拉尊法王教言全集》藏文版第一冊，頁七十三起。

操心了，我已經下定決心修行佛法，誰的話我都不聽了！」

親友軟硬兼施，沒人為他準備行囊，他描述說：「連給一滴水的人也沒有。」臨行的前一天晚上，拉尊來到母親面前辭行，母親徹夜流淚悲傷地說：「我死的時候，你人卻不在……」拉尊再次表明自己的決心：「從母胎出生至今，我都在做僕人，空度人生，實在是很大的損失，要寄望別人，也只是徒增淚水。現在是我空手遠行的時候了。」母親淚濕衣襟，十分擔憂兒子的旅途安危，也憂心兒子除了沒有口糧之外，連拜見上師時的供養也沒有。拉尊在淚眼之中回覆說：「媽媽，從無始以來到現在，我們都身處痛苦輪迴的深淵，眾生沒有閒暇時間來修行佛法，我不知道何時會死，對於往昔漂泊在輪迴當中的處境，我深感懊悔。現在，就算賠上性命，我也要去！媽媽，請您保重身體，跟兒媳、鄰人要和睦相處，好好向本尊大悲觀世音祈求，不要再為我的苦樂掛心了。」[56]

母親知道孩子去意堅定，只能諄諄囑咐說：「我們倆的關係，今天走到最後了，你死了，我幫不上忙，我死了，也沒辦法和你碰面。那麼現在你好好聽我說，保持謙下，穿著簡陋就好。不論是苦是樂，都要向上師祈求，途經山川險處，自己要小心……永遠不要忘記我這個媽媽……」

翌日，拉尊與兩個同伴啟程東行，途中曾在達波地區澤樂仁增南傑處待上兩個月，最終復與另一位同伴，行經語言迥異之境，衣衫襤褸、負重苦旅。在淚水和汗水交織之下，於數日後抵達了目的地——敏卓給奏林寺。

當時，鄉人眼中看到的，是一意孤行、滿腔熱血追求純正佛法的懵懂少年，沒有人能夠體會那少年對於純正佛法的標準究竟有多麼高遠。於是，自然沒有人會料到這位鐵了心、離了家、離了鄉的少年，會在數年後脫胎換骨，成為名揚四方的一代大師。

56《拉尊法王教言全集》藏文版第一冊，頁七十五至七十六。

5 從瓶入瓶的甘露醍醐

求法若渴的十七歲少年，如願來到工布的敏卓給奏林寺。

這所寺院裡約有四百多位僧人，寺規清淨，要入寺為僧，必須立誓斷酒。開頭的兩年，拉尊完成課誦的學習，在接下來的五年當中，他深入學習八大法行、《密意總集》、《長壽修持金剛鬘》、《如意寶藏論》等法要。拉尊不僅渴求佛法知識，更想學以致用、付諸實修，這在他這段自述當中表露無遺：「就連夜晚，我也拄著手杖到岩石上，由於要防止自己睡覺、修持不倒單，身體亂掉了，還有一次得了水病。之後，我也圓滿了畫壇城、唱誦唄調、金剛舞以及製作朵瑪等等的學習。」[57]

幾年前還在牧羊的拉尊，在短短數年之間，就以突飛猛進之勢，儼然成為寺中學習表現最優秀的僧人。眼看他的寺院生活就要步入高峰，殊不知對他來說，這只是又一次出離、進一步突破的起點。他敘述道：「然後我在想，在這寺院為僧，還是有貪、有瞋，還是有散亂，還是在看面子，必須吃善信供養的食物，以及為亡者超薦而供奉的食物。而且，我也非常擔心會與師兄弟和上師產生違背誓言的情形。再者，僧人仍然汲汲營營於衣食，諸如此等眾多現世瑣事，並沒有純正生起次第、圓滿次第的實修。」[58]

看到有僧人披著莊嚴袈裟，內心煩惱卻無法調伏的情狀，每每讓拉尊生起強烈的厭離心。不喜華而不實的表面工夫，是拉尊鮮明的個性標誌。對於純正佛法要求之高，讓他對在制式學院裡出類拔萃毫無眷戀，於焉展開了拜師求法之旅。從二十一歲那年開始，拉尊先後依止了三十七位上師，[59]求法的內容，下至聲聞乘，上至大圓滿立斷、頓超，習得法門數百，典籍上千。他敘述道：

> 救拔吾脫三界輪迴主，如父至尊上師三十七。下至聲聞乃至大圓滿，
> 求得深要上百耳傳法。若要計數則典籍數千，總括諸法所詮心要義。
> 基之本來清淨見，道為任運而成修，果為自生心要行，三者無別一本覺。
> 卓越成辦虹身道，淨界明燈法身澤，光點空燈報身澤，界覺妙力金剛鏈，
> 見則意斷見地歿，聞則淨除多劫罪，修則直通諸地道，證則身蘊化成光。[60]

在數十位上師當中，拉尊的首要根本上師，當屬工布大圓滿成就者——索南旺波。在拉尊的自傳中，第一個提到的上師也正是他。在他撰寫的諸多證道歌、祈請文當中，出現次數最多、行文之間最富情感溫度的，也是索南旺波這位大師。拉尊曾提及，索南旺波乃

57 《拉尊法王教言全集》藏文版第一冊，頁七十八。

58 《拉尊法王教言全集》藏文版第一冊，頁七十九。

59 《拉尊法王教言全集》藏文版第一冊，頁二五八。另於它處提到依止四十二位上師（見第一冊，頁一〇七二）。或四十位上師（見第三冊，頁三七二）。

60 《拉尊法王教言全集》藏文版第一冊，頁九〇八。

是噶當派祖師種敦巴尊者的化現，[61]在他眼中，這位上師亦集釋迦牟尼、蓮師、薩拉哈、妙音天女、噶拉多傑等聖賢於一身。他如是寫道：

本來光明自生本淨基，輪涅任運五光界覺道，共同果實殊勝身與智，
開顯勝者索南旺波尊，宣說續傳竅訣如妙音，示物本質如真薩拉哈，
顯示修相神通如蓮師，無住涅槃如同真噶拉，遺留身舍利如淨飯子[62]，
願我勝飯依處得昭勝。[63]

拉尊也曾提及自己是印度大班智達卑瑪拉密札的子嗣、蓮師的傳承持有者、二十五王臣弟子的修行傳承持有者以及索南旺波的心子：

索南旺波工布成就者，聖地當中四相法身淨，
神變示現輪涅本無別，我乃彼賢父之心子也。[64]

在另一篇祈請文當中，拉尊充滿感性及詩意地描述自己的根本上師：

無比的嚮導索南旺波，您之功德像虛空一般無量，且容我在此稍述少許。您是橫渡輪迴大海的良舟船長，您是去除苦惱的如意寶珠，您是熄滅煩惱火焰的甘露河川，您是降下善法清涼雨的利樂白雲，您是讓人見聞生喜的天界大鼓，您是去除三毒病症的藥王，您是去除無明黑暗的智慧明燈，您是滿足希願的滿願樹。[65]

拉尊在索南旺波的座下前後三次求法，在總計十二個月的時間當中，求得龍欽巴《四心滴》之《上師心滴》圓滿灌頂、口傳、教授，以及噶瑪林巴伏藏《寂忿密意自解脫》、大圓滿《空行心滴》、大手印《廣界離邊》、《成就者美隆多傑全集》、《密意總集斷法》等等諸多深奧法門。直至索南旺波圓寂，依止長達十七年的時間。索南旺波將這些珍貴的法訣，如同滿壺醍醐甘露般傾注給他。他曾形容索南旺波的竅訣像是煉金液，陶冶自己如鐵的心續，使一切感知都化成了黃金珍寶。[66]他也曾在上師尊前發下了圓滿自利利他的願，並且得到恩師授記，將具有利益眾生的能力。[67]

拉尊另一位重要的根本上師，乃是百大伏藏師之一的嘉村寧波，又名雷綽林巴。嘉村寧波的轉世世系，最初來自賢劫千佛當中的過去佛——自在王祥佛。在釋迦牟尼佛時代示現為虛空藏菩薩，後於西藏轉生為拉托托日年贊和孃丁增桑波等士夫。[68]

---

61 《拉尊法王教言全集》藏文版第二冊，頁五七八。

62 淨飯王之子，即釋迦牟尼佛。

63 《拉尊法王教言全集》藏文版第一冊，頁八十一。

64 《拉尊法王教言全集》藏文版第一冊，頁二七六。

65 《拉尊法王教言全集》藏文版第一冊，頁二一三至二一四。此處譯為白話體。

66 《拉尊法王教言全集》藏文版第一冊，頁五二六。

67 「發願成辦自他二利益，得獲授記生生得利他。」《拉尊法王教言全集》藏文版第一冊，頁八十五。

68 《拉尊法王教言全集》藏文版第四冊，頁六五八。

拉尊也曾提到，嘉村寧波是印度五百大班智達之頂嚴卑瑪拉密札之心子，他如是簡述嘉村寧波的功德，並視自己為嘉村寧波的法脈子嗣：

彼大班智達心子，勝士嘉村寧波尊，首先得勝共悉地，幻化有漏五大種，復取新舊深伏藏，結緣百千萬億眾，度化空行本來剎，佛與蓮師之補處[69]，如今東部工布住。彼持明尊之子嗣，悟者南卡吉美也。[70]

在嘉村寧波的座下，拉尊求得《甘珠爾經續總集》以及眾多伏藏傳承，包括伏藏師「十一林巴」、「三大勝化身」等大師的伏藏品，乃至嘉村名揚後世的伏藏品《三寶總攝》。[71]拉尊後來曾多次應各地弟子之請，傳授嘉村寧波的《馬亥如意寶》等伏藏法灌頂，是得到嘉村親賦傳法權的心子之一。

嘉村寧波神通無礙，他曾問拉尊：「你的前世是阿柔謝拉炯內，你還記得嗎？」隨後，他便將拉尊的前世經歷說給他聽。此外，這位持明聖者也特別為拉尊授記、慰諭、加持、發願，乃至將自己全身所穿的衣服、特別的聖物以及頭髮、手腳指甲都賜給拉尊，師徒之親由此可見一斑。[72]尤其是拉尊前往秘境錫金一事，亦依嘉村寧波的囑咐。

貝瑪雷竹澤，又名澤樂納措壤卓、噶瑪仁增南巴給瓦，也是拉尊時常提到的主要上師之一。拉尊曾在觀看貝瑪雷竹澤時，不見肉身上師，而見到四臂觀音真身。[73]他曾如是向這位上師祈請道：「諸佛相好圓滿於您身，教嚴竅訣言理水源頭，現今眾生天人唯一怙，此時至誠虔信思憶您！」[74]

拉尊在貝瑪雷竹澤座下得到居士戒、沙彌戒、比丘戒、菩薩戒等戒律傳承，以及《寧瑪密續全集》、《龍欽七寶藏》、《四心滴》、《密意總集》等法教。[75]

帕當巴桑傑的化身——竹札桑波——亦是拉尊親近依止的一位上師。拉尊在一篇祈請文中，同時描述了貝瑪雷竹澤和竹札桑波兩位上師：「三世諸佛之源、引導眾生的成就者，菩薩之父母、九乘本尊主眷尊之首、成熟解脫生圓次第耳傳之水源、引導眾生到達解脫的首領、救度輪迴大海之船舟、去除無明黑暗的明月、見修覺受與證悟的根基、空性悲心菩提心之大樹、中觀大手印大圓滿之自性、輪迴涅槃無基離根之本智、二重清淨果位的密庫——殊勝法王貝瑪雷竹、學修雙全竹札桑波。」[76]

在竹札桑波座下，拉尊求得了《密意通徹》、《心性休息》、《空行心滴》、《如意寶藏論

69 補處即代表之意。
70 《拉尊法王教言全集》藏文版第二冊，頁五五五至五五六。
71 《空行剎土哲孟炯頂寶幻現瑜伽四友傳承敘事：新智童子歡宴》藏文版，頁七十四。
72 《拉尊法王教言全集》藏文版第一冊，頁一〇〇。
73 《空行剎土哲孟炯頂寶幻現瑜伽四友傳承敘事：新智童子歡宴》藏文版，頁七十四。
74 《拉尊法王教言全集》藏文版第二冊，頁八一八。
75 《拉尊法王教言全集》藏文版第一冊，頁九十。
76 《拉尊法王教言全集》藏文版第二冊，頁四五五。

釋》等法教。此外，拉尊也在祖古烏金班究、大譯師阿格旺波賢遍多傑、稱雷倫竹、龍欽巴尊者語化身祖古慈誠多傑、傑尊瑾巴彭措等上師座下，習得顯密諸法心要。

這一切聽聞佛法的歷程，無非都是為了實修。因為即使亟欲修行，倘若沒有經過紮實廣大的聽聞來了解修行的目的和方法，盲修瞎練的結果，便是一事無成。拉尊曾引用經文說明道：「聽聞乃是照亮愚痴昏暗的明燈，是小偷帶不走的珍寶，也是摧滅愚蒙大敵的武器。」[77]針對廣大聽聞的必要性，他也精要闡釋道：「如果聽聞少許便自以為足，在沒有得到口訣的情況下又妄想安住禪境，當知是被魔的鐵勾給套住了。」此外，對只務聽聞而未付諸實修者，他亦教誨道：「佛法經論眾多，即使各個層次有許多意義的法門，如果不實修自己取得定解的一個口訣，聽再多法、求再多法，也都很難有幫助。」[78]

總之，經過多年求學，他在佛學上的知識廣博、通達無礙，可以稍從他著作的三律儀、唯識與中觀宗義、大手印四瑜伽，乃至大圓滿等論著當中窺見一二。曾經的放牧牛羊的少年，離家離鄉又離寺，經歷拜師聞法後，求得浩瀚絕學。

而對拉尊南卡吉美來說，一切的所學乃是邁向實修的起點。作為一代大圓滿宗師，他的傳奇才正要展開。

77《拉尊法王教言全集》藏文版第一冊，頁一一五。
78《拉尊法王教言全集》藏文版第三冊，頁六十一。

6 與密勒日巴爭鋒的工布瘋子

對拉尊來說，出離以佛教外貌包裝世間法的寺院，讓他得以無拘無束展開純正修行的追求和實踐。想要開悟，必經之路乃是實修，而想要實修，就必須先嚴以律己。拉尊在他的著作《三律儀教法心要》當中提到：

怙主止貢巴云：「戒律若違犯，密咒德不生，故說甚珍視。無上瑜伽云，若無下戒律，不生上功德，城堡無基石，豈能成高堡，若無戒基石，不生密咒德，亦離密咒名。」……

《利益央掘摩羅經》中云：「諸惡莫作，眾善奉行，自淨其意，是諸佛教。」首句揭示別解脫戒，第二句揭示菩薩戒，第三句則揭示了密咒戒的學處。[79]

根據拉尊自述，他似曾在薩迦派貢噶索南倫竹以及祖古巴森旺波的座下求得比丘戒。[80]除了持戒嚴謹，從以下這段自述，可看出他樸實無華、堅毅不拔的修行風骨：

79 《拉尊法王教言全集》藏文版第三冊，頁二五七至二五九。

80 《空行剎土哲孟炯頂寶幻現瑜伽四友傳承敘事：新智童子歡宴》藏文版，頁七十一。

將諸法的心要彙整為實修，一心放下此生，由於煩惱和一切輪迴束縛的紛擾業力，總是阻撓我們成辦解脫。想要用心修行正法，會有眾多障礙，如來一切顯密法教當中均說是所斷。莫要待在有惡人、紛擾、散亂的城鎮。印度和西藏的大師們至為讚嘆的清淨寂靜處，在那邊緣地帶，立誓「壽命與修行同在」。在這般具格的地方，不落入怠惰閒晃、懶散好睡之中，心中憶念正法，如果沒有火烤生肉般的強烈希求和精進，就和山中的鳥獸沒有差別了。不要看他人面子，也不落入睡覺與散亂，乃至人與非人的障礙。衣食方面，也是隨遇而安，除了得以維生外，不染指三寶的信施，不吃信食和亡食[81]……這般食物，對於追求解脫和一切遍知將有所阻礙，來世也會把我們拋向無邊無際的惡道當中，所以縱使犧牲性命，也絕不食用。長時間依靠過往祖師們所說的苦行和攝取精華法[82]……過去漂泊在輪迴無始無終的根本，就是因為放不下衣食而執取……此身短瞬，如果了悟這點，就知道衣食和一切好壞事物都僅僅是夢幻一場。如果不能了悟，則由於貪著而成輪迴之因。[83]

他曾如是向上師本尊承諾道：

上師持明天尊空行眾，無餘聖眾為我作證主。我誠懺悔往昔二蓋障，
今以清淨之心立誓諾。如同有毒大海之輪迴，有如地獄使者之親友，
及如瘋心毒藥之妙欲，於我無有助益當盡斷。[84]

拉尊在二十一歲離寺拜師的那一年，立誓除了利益眾生和教法的事情以外，一天也不會住

在城鎮中。[85]他從此雲遊各山林聖地，苦行實修，在苦行這場征戰中，站在第一線的肉身首當其衝。在一次病痛之中，拉尊如是道出轉化病痛為道用的體悟：「這病痛乃如掃把一般，清除宿世二障，可回遮此生常執貪著，亦能直顯無餘萬象皆是明覺等，豈不是真實了義的上師嗎？」[86]

拉尊心儀的祖師，盡是經歷苦行的閉關實修者。諸如悉達多太子、《大般若經》中不辭艱辛萬苦求法的常啼菩薩、大圓滿祖師噶拉多傑、文殊友、蓮花生大士、印度大成就者古古日、薩拉哈、畢哇巴、那洛巴與帝洛巴尊者等苦修聖者們，都是拉尊在道歌中屢屢歌頌讚嘆的對象。特別是西藏成就者密勒日巴尊者，更是拉尊矢志追隨的榜樣。他曾寫道：

如淨飯子揚棄諸受用，[87]如密勒般靜處勤修持，如畢哇巴妙欲化道用，
如薩拉哈吟唱證道歌，如同蓮師一般持聖教。[88]

---

81 信眾供養三寶的食物、財物稱為信食、信財。為了利益往生者而供養的食物稱為亡食。
82 閉關苦修者不論是自己烹調食物或由他處取得均極為不易。攝取精華法係以攝取天然資源精華維生的一種法門。拉尊在苦修時，時常僅依攝取精華法和飲水維生。他也常囑咐弟子如此實修。
83 《拉尊法王教言全集》藏文版第一冊，頁一一八至一二〇。
84 《拉尊法王教言全集》藏文版第三冊，頁十五。
85 《拉尊法王教言全集》藏文版第一冊，頁一四〇。
86 《拉尊法王教言全集》藏文版第二冊，頁九十八。
87 指悉達多太子離開皇宮生活，展開苦行。
88 《拉尊法王教言全集》藏文版第一冊，頁八五三至八五四。

拉尊的修行足跡遍佈衛藏的青朴、雅隆晶巖、薩普隆等蓮師聖地以及蓮師秘境貝瑪林、榮莫頂、錫金、門域的僧給宗等高山靜處，還有誦年、敏卓給奏林等寺院關房、工布尸陀林等地。他在這些聖地裡閉關修行的時間，共計十九年又九個月。[89]在許多嚴峻環境中艱苦修行時，他往往僅靠著飲水和攝取精華法維生，然而內心狀態卻是心曠神怡，無有牽掛。在這一段道歌中，他表達了追隨佛陀出離以及與密勒日巴爭鋒的志向：

> 六道幻影之境域，無常尋香之城鎮，見此輪迴之實況，佛陀捨棄其王位。
> 我亦打從心裡想，過往祖師之行跡，思及山中寂靜處，無人空曠之地帶，
> 白雪湖洲之圍籬，岩舍土山之下方，依靠攝精華苦行，修持大秘阿底法，
> 樂時不為仇敵知，苦時不為親眷見，病老死時亦開懷，我與密勒相爭鋒！[90]

在明心見性的旅程中，雖常獨自苦修，但在內心深處，拉尊從未捨棄、遠離自己的上師。不論境遇是苦是樂，不論身處何時何地，不論是對時局和教法深感憂心，還是修行臻達心意舒坦境界，隨處可見他對於上師們的呼喚和祈求。從修行基石皈依，直到最高深的大圓滿，都涵括在他對上師的聲聲呼喚當中。以下這段尤其撼動人心：

> 上師吾父！上師吾父！上師吾父！我的希願處索南旺波！……現在，請怙主以您的大悲心，不要把我遺棄在無底輪迴的海洋，不要讓我落入無邊際的惡道，不要讓我感受餓鬼的飢渴，不要讓我觸及地獄的寒熱，不要讓我經歷畜牲的愚蒙。請拉拔我前去善道，請引導我前去淨土，請帶領我成為佛子，請加持我身口意，請直指吾心即上師，請揭示萬象皆上師……

吾父上師佛，您的本質，乃是大中觀、大手印、大圓滿、三藏樞紐、四續部精華、九乘心要、殊勝五道的究竟、圓滿十地之終點、擁有一切淨土之主、完整教法的主人。無盡的加持與大悲，如土山崩落而下，如雲霧繚繞而至，如蜜雨滂沱落下，如大海般漩湧。請在這一座修持、這一場聚會中賜予加持！請加持我和父親您一樣！[91]

另一篇上師祈請文如是寫道：

嗡！在自明的身壇城中，任運自生的上師，祈您眷知，
請加持我自然而無造作，願在無恃無執當中解脫！
阿！在無滅的語壇城中，響空無可言詮的上師，祈您眷知，
請加持我本淨離戲，願在無滅無詮當中解脫！
吽！在大悲光明的意壇城中，無有執著、超越心思的上師，祈您眷知，
請加持我寬廣離邊，願在寬闊法盡中解脫！
舍！在四身圓滿的壇城中，輪涅同解脫的上師，祈您眷知，
請加持我法身一味，在無間斷的光明中解脫！

89《空行剎土哲孟炯頂寶幻現瑜伽四友傳承敘事：新智童子歡宴》藏文版，頁七十六。
90《拉尊法王教言全集》藏文版第一冊，頁九五三。
91《拉尊法王教言全集》藏文版第一冊，頁二一五至二一九。

獻上寬廣實相之供養，獻上無詮見地之梵音，
獻上無間修持的供養，獻上全然解脫行持的遙喚之歌！[92]

祈求上師與修持上師瑜伽有何功德利益呢？拉尊如是闡述道：

實修的心要、竅訣的要點、數十萬三昧耶誓言的究竟、同時現證成熟解脫二道之方便、救拔輪迴、惡道、聲聞獨覺等劣道以及邪道、下道、歧道等所有怖畏者、使我見高山崩落、不為魔擾及歧途謬誤所傷、一切障礙妖魔無能侵犯。總之，不被任何不順所壓制，所有功德、妙善、殊勝及共同悉地，均僅透由祈求而生。透過加持而生起證悟、對於生起證悟無有懷疑、不被魔所轉、成果應時成熟等等這一切的功德，全都是打從心底、心口如一地向上師佛祈求而來。除此以外，即使千劫當中攪拌經續大海，也將一無所得。

是故，正法的心要乃是向上師祈求，把對這一生的期望拋在風中，了知所有的苦樂都是師恩，覺受和證悟依虔信恭敬而現起，明了本來面目即是上師佛，依著上師加持而行利眾，成果是上師與自心合而為一，了知輪迴涅槃的自性中無有好壞之別等等，一切緣起都是完全從祈求上師和上師瑜伽中生起的。[93]

拉尊在各地雲遊閉關實修，在不同時期、不同地點，均得不同修行驗相。[94]在工布的敏卓給奏林，他揚棄世間八法，專務修持，清晰親見虛空無垢佛以及諸多寂靜及忿怒天尊。這時，他徜徉在「輪迴、涅槃、身、心，以及一切覺受證悟，都在空性境界當中成為一味」的境界當中。在九頭尸陀林中的一個黎明時分，在安住本覺當中，體驗四喜樂空的遊

戲，是為圓滿次第的驗相。在澤樂密咒宮依金剛手為本尊，修持生起次第法門時，現起修行驗相，也激起妖鬼的各種幻變，隨即安住在明覺當中，瞬間了悟輪迴涅槃不離法身，持咒觀修無助無傷。在大寶晶山山脈聖地虎穴喜苑，如同八瓣蓮花地勢之中央入定之際，親見三世諸佛。在耀眼的萬丈光芒當中，世間共同的有漏景象都止息，在本覺當中現起無漏的空性剎土。在聖地之王晶山峰頂，依密咒瑜伽士衣飾，日以繼夜修持禁行，親見具誓護法會眾以及持明聖眾如飛鷹般環繞山間，法藥甘露的氣息瀰漫四周。在強秋林寂靜處，親見密意總集壇城出現在空中。在印度聖地拘尸那羅，透過肉眼和覺受，現見諸多印度成就者。在門域的柔藍寂靜處，親見密勒日巴現身，以關愛之姿，唱著道歌賜予教言。在門域大勒瑪之竹房中，於覺受中親見蓮花生大士，身體熱病也得以痊癒。在衛藏一聖地實修時，見到許多噶舉派祖師現身空中。在另一個山峰修行時，從「康日妥噶」（白顱雪山）的方向，親見龍欽巴尊者以持說法印之姿，出現在雲端之上。在青朴的尸陀林裡，多次見到蓮師的王臣弟子眾。

總之，拉尊的修行生活，要不是在閉關實修，要不就是在前往閉關實修的路途上。而實修時出現的驗相、淨相、覺受不勝枚舉，不論是生起次第、圓滿次第等各種法門的修

92 《拉尊法王教言全集》藏文版第三冊，頁一九九起。

93 《拉尊法王教言全集》藏文版第一冊，頁二一八至二二〇。

94 《拉尊法王教言全集》藏文版第一冊，頁四七五起。

行，都出現相對應的驗相。特別是大圓滿的修持，更達爐火純青，人法合一。拉尊在將自己的證悟獻給薩拉哈為首的印度大成就者們時如是寫道：「已獲基覺光明地，輪涅戲論本清淨，臻達解脫之寂境，盡諸輪迴取捨際。」[95]

在〈四相覺受證悟現為一味〉這首證道歌中，拉尊寫道：「證悟自顏本力覺受中，決斷覺受為基乃證悟，無二成熟為果大圓滿，絕妙金剛心要密道也。親見法性現前行消隕，覺受增長我執便散佚，明覺臻量圓滿地與道，法性窮盡臥處匯光身。」[96]

了達自心與上師無別的主題，更是常見於拉尊的道歌。例如他曾寫道：「自心本來即是佛，彼澤顯為金剛持，力為世尊釋迦佛，戲乃索南旺波尊。」[97]

他在了知普賢王如來不離自心本性之下寫道：「普賢王佛一切諸功德，若說心性以外它處有，如尋虛空邊際劬勞因，如是輪迴高低希懼等，迷亂未悟之時雖真實，悟時見地銷盡之節目，輪涅攝於明覺啊啦啦！」[98]

在了知諸大成就者不離本覺之下如是寫道：「薩拉哈尊安住自生覺……畢哇巴亦安住自生覺……」[99]了悟本覺即佛而寫道：「在無戲論的大圓滿法界中央，親見了本覺本來就是佛，一切三世諸佛均非在外……」[100]

相傳密勒日巴尊者在苦行時以蕁麻為食，故而體膚呈現綠色。而拉尊南卡吉美身體略呈藍色，是否是苦行所致，抑或是為特殊徵相或緣起，在他本人的著作和相關文獻中均未見說明。

拉尊有許多不同的稱謂，有時他以出家法號「袞桑南傑」自稱，有時依自己的膚色而自稱「藍拉尊」和「藍人」。有時又因自己修持他人難以理解的禁行，而自稱「瘋拉尊」和「工布瘋子」。有時，他還自稱「嘿如嘎巴南卡吉美」、「拉尊楚希南卡吉美」、「查同南卡吉美」、「瘋人南卡吉美」。有時又稱自己為「白拉尊」、「拉尊巴」、「澤樂證悟者」等等。

文獻及後人則多稱他為「拉尊南卡吉美」，或簡稱他為「拉尊」。他的肉身離開世間已逾三百六十年，世上最緬懷他功德事蹟的地方，當屬秘境之王哲孟雄，也就是現在的錫金。

在那裡，人們稱他「拉尊千波」，意為：偉大的拉尊。

95《拉尊法王教言全集》藏文版第一冊，頁一〇六七。
96《拉尊法王教言全集》藏文版第一冊，頁九〇三。
97《拉尊法王教言全集》藏文版第一冊，頁一〇九一。
98《拉尊法王教言全集》藏文版第一冊，頁七八五。
99《拉尊法王教言全集》藏文版第二冊，頁二七六。
100《拉尊法王教言全集》藏文版第二冊，頁二七九。

拉尊南卡吉美像。翻攝自「贍林玉唐千莫」繡織唐卡的複製版。

7 雪山飛來的白天鵝

拉尊從二十一歲起，展開雲遊各地的拜師和修行生涯。他曾回到最初出家的誦年寺閉關三年，可想而知與家人的關係依舊親密。儘管如此，他的一生仍以佛法度日，之所以雲遊四方，時而是為了閉關實修，時而是應邀傳法，時而乃奉師之命。例如二十五歲的那年，他的大圓滿座上修持已臻成熟，為了能在見地攝持之下保任行持，以淬煉悟境，他曾在回到家鄉後，又前去印度等地展開一場奇幻旅程。他如是敘述前往印度的原因：「為於印度保任行，及於門域結法緣，為除八法身皮囊，周遊列國看戲去。」[101]

老母親好不容易盼得孩子回鄉，面對這再次的離別，免不了又是老淚縱橫。拉尊如是安慰前來勸阻他的親人們：「我在東方工布斬斷了增益，在南方旃檀林中修行，在西方衛藏一帶保任行持，在北方的薩普隆增長了覺受。現在我要去藥域[102]結下法緣，去印度發願，直到這幻身房舍不至壞滅之程度，我就會很快回到這裡。在那之前，請您們安好待著。」[103]

101《拉尊法王教言全集》藏文版第一冊，頁二八九。
102 如西藏稱為雪域一般，不丹宿有「藥域」之稱。
103《拉尊法王教言全集》藏文版第一冊，頁二九一。

拉尊前往印度等地，顯然不是出國觀光的概念，他那「為除八法身皮囊」和「到這幻身房舍不至壞滅之程度」兩句，便預示了這場旅程，將會對肉身有著非比尋常的磨練。他首先前往可怖的嘎瑪茹尸陀林，路上遭遇強盜襲擊，到達尸陀林後，曾經遇上數不清的靈怪現象。他將一切顯現的景象觀為空中彩虹一般，將一切現象視為空明心性的飾品。[104]行經門地邊境時，他又曾遭遇成群虎豹，加上地勢險峻，一度有命喪該地之感。進入印度之後，他曾深入濃密森林，也曾來到滴水不見的燥地。爾後又來到一個大城鎮，雖然乍感歡喜非常，怎知卻是磨難的開始。[105]當地一位信奉外道的印度國王問拉尊信奉何教，拉尊用印度話回答說：「我是內道佛教徒。」外道徒一聽，群起欲毆打拉尊和同行的友人，衣物遭到洗劫之際，眾人伺機逃離，旋又遭外道國王的幫眾持著兵器追來。拉尊一人落單，自比有如誤入火爐的蒼蠅，在遭受圍攻的千鈞一髮之際，他一心向上師祈求，心裡憶念著：「病也喜，死亦樂」，就地安坐，觀眼前一切動盪如夢如幻。後來，他如是敘述說：「靠著至尊如父上師的大悲，無盡兵器無能危害。」

幾經諸多磨難，在印度、門地多處雲遊禁行的拉尊，悟境日增。他如是總結這趟奇幻漂流的成果：「我已得見修行驗相之王——視師為佛。了悟了神變之王——萬象即明覺。了悟了神通之王——三時即無時。了悟了見地之王——大圓滿阿底。了悟了修持之王——界覺無二。了悟了行持之王——化違緣為道用。現在，我這瑜伽士該往衛藏去。」[106]

回到家鄉時，老母親躍向拉尊，緊緊摟著兒子。她時而望著他，時而涕淚交流，以永不變改的慈母心，拿出所有好東西給兒子享用，並勸他說：「從今以後，你別再離開了。」

然而凡生必有死，凡聚便有離。最讓拉尊傷心的一場離別，是在三十多歲時與根本上師索南旺波的天人永隔。上師圓寂之前，拉尊就曾經歷夢兆，在那不久之後，便聽聞上師圓寂的消息。圓寂前，索南旺波清楚交代說：「我要放下這妄相的幻身了，你們不要難過。」在清晨朝陽初昇之時，他雙腳金剛跏趺坐，以雙手入定、雙眼凝視之姿，在彩虹光團和自然出現的薰香氣息中坐化。[107]拉尊不禁悲從中來，如是向上師呼喚和祈求：

想著世尊釋迦牟尼佛的補處，吾等上師。從心深處思索，眼淚倏爾滑落。我雖然安住在離戲的心性當中，但對大成就者的思念依然強烈。雖像是個沒了父親的孤兒般呼喊，您卻已前去妙拂吉祥山。怎就這樣把我這沒救的末世弟子，遺棄在輪迴的牢獄裡頭。我向著虛空沈痛哀叫，羅剎境的那蓮師可有聽到？……看到末法時代的上師們，我想起了我的皈依處，請顯現聖身的壇城吧！唯一的父親索南旺波！成就者索南旺波！佛陀索南旺波！[108]

荼毗之後，在索南旺波的骨灰撒入河川之際，出現了彩虹，而索南旺波的頭蓋骨上，也出現了自生的「阿」字。顱骨後由貝瑪雷竹掌管，而拉尊則獲得索南旺波的「威鎮三

104《拉尊法王教言全集》藏文版第一冊，頁二九二。
105《拉尊法王教言全集》藏文版第一冊，頁三〇一起。
106《拉尊法王教言全集》藏文版第一冊，頁三一六。
107《拉尊法王教言全集》藏文版第一冊，頁一三四。
108《拉尊法王教言全集》藏文版第三冊，頁三十四至三十五。

界」蓮師帽。他後來將這頂法帽安奉在聖地薩普隆。109

在上師圓寂後不久，拉尊的母親也往生辭世。根本上師和母親相繼離世，讓拉尊難過寫道：「望著往昔成就者們去過的寂靜處和傳記，人真是難免一死，於是內心唯一想到的只有正法。現在大地上的眾生，百年後一個也不剩，而善惡還要在自己頭上成熟，於是內心唯一想到的只有正法……老父成就者不再住世，老母又被死主帶走，心中一絲憂傷，於是內心唯一想到的，只有正法。」110

西元一六四〇年前後的西藏，正處於內外的戰亂動盪當中，從教派間的爭端紛擾，衍生為北方蒙古部族先後舉兵入藏，終至引爆蒙藏各政教勢力在西藏的大亂鬥，持續半個世紀之久。對於世間凡夫來說，時代動盪不免導致民不聊生的困局，而對於佛法的修行者來說，乾坤莫測的時局不只是輪迴無常的佐證，更是策發出離心和精進心的馬鞭。如此亂世油彩，創生出實修者們在艱困山野戮力修持的肖像。正當蒙古和碩特部固始汗的大軍從安多、康區以蠶食鯨吞之勢開進衛藏，而第十世噶瑪巴被迫流亡康區之時，拉尊正依循上師的指示，到人煙稀少的峭壁山林當中苦修，依攝取萬物精華的方式維生。

他曾如是表達對時局的厭離心情：「在這樣的時代中，西藏人民受到戰亂、疾疫等各種危害的煎熬，心感傷悲，於是我前往許多往昔蓮花生大士加持過的寂靜處。不論總的從三界輪迴來看，還是特別從濁世眾生來看，我對安樂的一切奢望已斷。不論是暫時由於疾病、災荒、兵亂而死，還是最後被各自的業牽往惡道投生，都是必然。我如此思忖，當如至尊密勒日巴一般，必須從此向三界輪迴告別。……於是我這人想起了無人空曠地……想起了密勒聖者……想起了噶當派的祖師們……想起了成就者索南旺波……」[111]

至親與恩師相繼辭世，而外界動亂又紛至沓來之際，卻正是拉尊實修趨於圓滿究竟之時。在匝日仁千綳一地，他於臻達萬法窮盡之境時寫道：「諸相、音聲、萬象皆在本覺中浮現。空行剎土、天尊、咒語及光明的節目，在舒坦六識的自相中開演，我已到達萬法窮盡果位的寬闊境地。」[112]

拉尊翻山越嶺前往榮莫頂，途經險峻山勢，內在卻心寬意坦，在他的清淨覺受中，見到蓮花生大士以國王遊戲之姿坐在一頭白獅上，周圍有五部智慧空行母、十六羅漢、蓮師八相、四大天王等聖眾。

在僧給宗時，「無限清淨」的境界，屢見於他的道歌當中。其中一篇寫道：「不論待在何處，都是奧明法界。不論去往何方，都是通往解脫的大賢道。一切的妙欲，盡是成就者的美麗裝飾。一切的顯相，都是法界光身匯聚。這覺空，成為空行剎土的主人。」[113]

109 《拉尊法王教言全集》藏文版第一冊，頁一三四。
110 《拉尊法王教言全集》第三冊藏文版，頁三十六。
111 《拉尊法王教言全集》第二冊藏文版，頁九十八起。
112 《拉尊法王教言全集》第二冊藏文版，頁一四二。
113 《拉尊法王教言全集》藏文版第二冊，頁一五九。此處譯為白話體。

內心修為圓熟，外在景緻也轉穢為淨，一切覺受渾然天成、不假造作。道歌如是隨心流露：「在門域的聖地僧給宗，流洩出這般心意安舒的歌調，在無人地帶的山頭上，心中想起如父上師。我的心顯現為上師的身，周邊萬象盡是蓮花光宮殿。如今已不需要座上和座下的分野，自心泰然……內心想著見地之法時，就變得像個無語的啞人。一切萬象外境皆是法身，如今既無希望和疑慮，心地於是恬然舒適。」114

西元一六四二年起，人稱「偉大的第五世」的第五世達賴喇嘛在拉薩建立甘丹頗章政權，西藏大一統的劃時代鼓音已然響起。而人在邊荒地帶的拉尊，不論是生起次第、圓滿次第還是大圓滿四相的修行，都已達究極巔峰。

修行無非為了自利和利他。自利的部分既已圓滿，利他的部分又當如何呢？今人多舉「建寺建教」、「弘法利生」之高旗，在修行未見火候苗芽之前，便以凡心揣度佛意，以庸行假託佛行。尤有甚者，視閉關實修為一己之私，不符大乘旨趣。而拉尊這一番針對佛行事業的省思，堪為暮鼓晨鐘：

> 一個念頭升起：如是善行既已達不動搖的狀態，利益眾生之事應當已可隨心所欲了。但是，所謂「利益眾生」，除了根除輪迴之外別無其它。要根除輪迴，又沒有比安住在無勤阿底密意中還要超勝的了，若真實安住達到究竟，成果就是得到正等正覺。到那時，凡所結緣都能夠有意義地利益眾生，把這個拿來跟「現在就依狹小心境的利他心去利益眾生」來比較，這二選一的選擇，必須無有顛倒才行。115

拉尊的修行境界在蓮師事業聖地僧給宗臻達圓滿，似乎預示著他的佛行事業將要任運開展。蓮師那古老的神秘預言，正在悄悄地實現：「吾之化現瑜伽四友眾，一為沙門以方便利眾，大力引導多眾入彼地；一為隱密他者無能見，稍許得獲聖地之門道；一為長髮瑜伽士形相，途中農作且傳揚聖教；東方出現名為彭措者……」

蓮師這則關於瑜伽四友的預言，約莫是在第十四世紀中葉，隨著惹納林巴的伏藏品而出世，比拉尊的誕生還要早上一百五十年。瑜伽四友乃是開創錫金政教歷史的四位主角，其中影響最深遠者，即為拉尊南卡吉美。而讓拉尊動念前往秘境錫金的，乃是當時名聲響遍工布的大伏藏師——持明嘉村寧波。他囑咐拉尊前往秘境的原因，一來是為了逃離戰事的紛擾：「現在應當要前往路、門方向以及秘境，儘管諸佛根據眾生各自劣行和煩惱業相宣說相應法門，然而業果無欺，亦無法阻斷。現在和碩特大軍就要壓境，眼看末世眾生就要淪落痛苦泥沼……當前去秘境寂靜處！」

嘉村寧波囑咐拉尊前往錫金的另一個原因，乃是利益眾生。拉尊如是描述嘉村寧波在寢室矚咐他的情景：「以手中金剛杵、法帽以及出土的伏藏天鐵金剛杵等等眾多伏藏物，另外依著怙主瑪寧法類經函，同時還有他的完整傳記與道歌經函，給予口傳和經函加持……

114 《拉尊法王教言全集》藏文版第二冊，頁一六三。

115 《拉尊法王教言全集》藏文版第二冊，頁一七九。

他在那時對我說，你要前往哲孟雄！去那裡傳揚佛教！」[116]

沈潛數百年的預言開始緩緩流動，上師嘉村寧波也已諄諄囑咐，拉尊本人亦懷殷殷盼望，前往錫金的一切緣起看似都已成熟。然而當拉尊請示比哈爾護法的神諭時，比哈爾王指示道：「雖然能夠順利抵達哲孟雄，但前去的時機稍嫌未至。」[117]於是，拉尊放緩前往錫金的腳步，在約莫三年裡，繼續雲遊山間靜處修持，並應有緣弟子之請，前往各地傳法。

一六四六年初，拉尊想要再次拜見嘉村寧波，他先以書信表達求見的意願，然而嘉村寧波回覆說：「我自己身體衰老病痛，也正在進行嚴謹閉關，先前已經把傳揚教法的包袱交給了你，亦已冊封你為我的補處，我們這對修行上的父子，本來就無即無離。再加上來我這裡的路途辛苦，你還是不要前來比較好。」[118]嘉村寧波的這番話讓拉尊心感不安，決心親見上師。他在藏曆一月下旬的吉祥日抵達嘉村寧波的住所，獻上供養、祈求上師長壽住世。嘉村寧波也傳予拉尊許多口訣，講述諸多關於未來的預言，也給予拉尊許多發自肺腑的教誡：「濁世頑冥有情，連往昔佛陀也未能調伏，對我們來說更是難以調伏，所以應當在未捨發心之下，僅以發願來行事業。……再者，由於時代變遷，轉動佛行事業之輪變得沒有實義，而魔類和妖靈眾常懷深仇大恨，四部事業的利益和傷害作為，不利沙門行儀，長遠來看也會有妨礙成辦菩提的甚大危險，所以你只要修大圓滿就好。我所有新伏藏心要的實修和直指、前中後三行、祈求上師三身、在三身中修持、在三身中直指、決斷三身自性法身唯一明點，比這些還要更厲害的修行，我死也沒有，活也沒有，反正要說要講的，就是這些了。」[119]

這番殷重囑咐的口氣中，頗有交代遺言的意味。這一次見面，也是雙雙名列百大伏藏師之林的這對師徒的最後會面。

同一時期，雄偉的布達拉宮正在拉薩重建，年近五十的拉尊也踏在前往錫金的旅程上。耶喜措嘉空行母在拉尊的淨相當中，親傳〈山淨煙供〉[120]，以除去他此行的障礙。這位藍色的瑜伽士以三十位具有修行火候的瑜伽士為伴，眾人皆著虎皮、骨飾、手杖、骨笛等等嘿如嘎的裝束，所經之地，莫不成為這支奇幻隊伍的天然實修道場。

尚未抵達錫金，拉尊就曾在清淨覺受當中見到錫金全境的面貌。數月跋涉之後，拉尊終於親眼看到了錫金哲孟雄的雪山。前有蓮師預言埋梗，後有恩師交付任務，身後是動亂的家鄉，眼前則有如同淨土般的景象。此情此景，在拉尊的內心中，想來是撼動不已。就在他望著雪山的此時此刻，一隻白天鵝朝著他緩緩飛了過來。拉尊如是寫道：

116 《拉尊法王教言全集》藏文版第四冊，頁六六一。

117 《拉尊法王教言全集》藏文版第二冊，頁二十七。

118 《拉尊法王教言全集》藏文版第二冊，頁四九五。

119 《拉尊法王教言全集》藏文版第二冊，頁五〇一至五〇二。

120 這個煙供法門，至今仍流傳不絕，揚唐仁波切曾多次說道：「米旁仁波切的〈八吉祥祈願文〉和拉尊的〈山淨煙供〉是利眾最多者。」米旁仁波切，中文又作麥彭仁波切。

見到了第二大樂奧明淨土——哲孟雄的雪山。獻上七支供養和曼達，浸淫徜徉在法界境地，一時，一隻白天鵝從大聖地的方向飛來，到了我的面前，我這瘋子便對牠說……[121]

拉尊與白鵝王開始進行對話，白鵝王向拉尊介紹說：眼前這雪山，就是共同及殊勝悉地的大寶庫——五寶虎頂。

至此，瑜伽四友即將就位，錫金的政教車軌就要啟動。

右／五寶虎頂雪山遠景。攝影／ Dekye Lhamu。

左／雪山與幻鳥。繪圖／ Dekye Lhamu。

121《拉尊法王教言全集》藏文版第二冊，頁六八二。

8 諾布崗的腳印與天山的寶藏

喜馬拉雅以北的西藏，戰火連年。而在喜馬拉雅南麓，藍色瑜伽士的足跡終於踏入了秘境哲孟雄。揚唐仁波切在他所寫的〈關於玉僧新所依物裝藏彙編目錄備忘略攝〉[122]一文中如是敘述拉尊進入錫金的過程：

聖域的大班智達卑瑪拉密札和西藏恩朗給瓦秋陽二合一的化身[123]——拉尊南卡吉美——在藏東工布時，蓮師親自囑咐他必須開啟哲孟炯聖地之門……他的根本上師持明嘉村寧波亦囑咐他：「開啟秘境之門利眾之事，時機已至！吾兒莫要遲疑，當準備前去！」

他開啟秘境北門而入，安住在現今稱為「永奏札」（意為圓滿巖）一地。錫金山原各地的地神前來迎接之時，拉尊千波對聖地地神眾如是交代：「汝等依循蓮師之令，承諾執持守護聖地，不可違背此誓言！」這是第一次宣達誓言。既然所有錫金各聖地守護神齊聚一堂，拉尊依著非凡的緣起，順勢招攝錫金全境各聖地的圓滿加持到這個地方，這是此地之所以稱作圓滿巖的原因。

在西元一六四六年與一六四七年交會之際的藏曆水狗年十月初一，拉尊來到錫金諾布崗。對於拉尊的到來最感欣慰者，當屬等他數百年之久的泰公薩朗。而泰公薩朗又是何許人也？揚唐仁波切如是寫道：「他的家族譜系雖屬門族，但他其實沒有人類的父親，而是屬於非人的聖地之主五寶虎頂的魂子。」[124]

也就是說，泰公薩朗的母親是門族人，父親則是非人。早在西元第八世紀蓮花生大士加持錫金時，泰公薩朗就追隨蓮師求法，並且成為實修成就的瑜伽士。蓮師吩咐他說：「未來會有位名為拉尊南卡吉美的瑜伽士，身體顏色稍藍，與我的行儀相順，他會來到這裡。他尚未到達之前，你要當這秘境的主人，好好待著！他來了以後，你再把這個地方獻給他！」語畢，蓮師復加持他長壽，似乎預示著一場漫長的等待，泰公薩朗見到拉尊，已是七百多年後的事。他看到那藍色的瑜伽士時，激動開懷地說道：「我等您等得實在是太久了！但如今已大功告成！現在，我將這個秘境獻給您！」他將蓮師對他的吩咐稟告給拉尊，他的妻子則將錫金聖地中心白岩札西頂以及四方四大聖地等所有聖地的各自歷史，一一稟報給拉尊。[125]

如前所述，蓮師授記的瑜伽四友中，「一為沙門[126]以方便利眾，大力引導多眾入彼地」指

---

122 仁波切於二〇〇六年在玉僧寫下此文。雖然題為裝藏目錄，文中提及不少拉尊在錫金的行儀。其中有不少內容未見於其它文獻，是為此文之不共特色。

123 一般文獻多稱拉尊為卑瑪拉密札與龍欽巴尊者之共同化身。

124 揚唐仁波切著，〈關於玉僧新所依物裝藏彙編目錄備忘略攝〉。

125 同前註。

126 沙門即受出家戒之僧人。拉尊為瑜伽四友中唯一受出家戒者。

永奏札（圓滿巖）一帶的景觀。攝影／ Namgyal Bhutia。

的即是拉尊南卡吉美；「一為隱密他者無能見，稍許得獲聖地之門道」指的是行事低調隱密的噶陀袞度桑波[127]；「一為長髮瑜伽士形相，途中農作且傳揚聖教」指的是阿大森巴千波。此外，「東方出現名為彭措者」指的是住在錫金東方甘托克的彭措南嘉。總之，拉尊南卡吉美、噶陀袞度桑波、阿大森巴千波三位西藏大師在古老預言的牽引之下，於錫金諾布崗不期而聚。諾布崗所在的這個地方在門族[128]語中被稱為「玉僧」（Yuksom）[129]，意為「三位上師相會之地」。

拉尊在諾布崗時，住在二十五王臣弟子中的朗卓袞秋炯內之後裔——圖朵旺波夫妻家中，並在數日之中與眾人進行廣大薈供。[130]錫金國王彭措南嘉，也在親眷和臣僕的陪同下，帶著大量的薈供品遠道而來。在這場吉祥的盛宴裡，拉尊等眾向彭措南嘉獻上八吉祥物、八吉祥相、七王寶和長壽祝福，冊封他為錫金聖教的大功德主。爾後，阿大森巴千波之子，擁有赤松德贊血脈的札西南嘉巴桑波也來到諾布崗。與會眾人莫不深懷信慕，如此殊勝法宴當前，拉尊在心裡向根本上師索南旺波祈求道：「得到了暇滿人身，在這瞬間即逝的人生尾端，我不想再去別處，而想就在這蓮師秘境、勇父空行聚集之地，讓壽命與修行同在！祈請您賜予加持！」

127 噶陀袞度桑波又被稱為「噶陀仁增千波」，然非噶陀教史中聞名的「噶陀仁增千波」仁增策旺諾布。

128 此處門族所指的是錫金之Lepcha族。

129 玉僧為錫金王國的第一個首都，也是揚唐仁波切後期的駐錫地。

130 《拉尊法王教言全集》藏文版第二冊，頁七二一起。

上／諾布崗中的瑜伽四友法座。
　　攝影／清哲祖古。

下／拉尊在諾布崗所建的吉祥燃光塔。
　　攝影／卻札。

拉尊亦如是描述在諾布崗出現的特殊經驗：「那時，在一些時刻，這個奧妙的佛法之地，全都轉變成越量宮的形相，我心裡不論想到哪個天尊，就能毫無障蔽地清楚看到。外境的有漏景象止滅，依著許多鳥兒的聲語，就能了達法性……焚香的美好氣味日夜薰傳，全然徜徉在喜樂光明境界當中，不曾有過寒冷飢餓之感……於諸善行，已不需劬勞……亦親見了得獲金剛身的大班智達卑瑪拉密札……」[131]

隨後，拉尊在諾布崗建造一座名為「吉祥燃光」的佛舍利塔。這座菩提塔由拉尊主持裝藏，內奉許多聖物以及來自錫金各地的水、土、石，在二十一天中盛大開光。[132]

錫金門、珞族人[133]也在諾布崗為瑜伽四友建石砌法座。在瑜伽四友的見證下，各族立書承諾和平團結。噶陀袞度桑波在距離諾布崗不遠的「曼達崗」建立住所，而阿大森巴千波則在「朗千則」建了「紅殿」。[134]

131　《拉尊法王教言全集》藏文版第一冊，頁四九八至四九九。

132　錫金國王圖朵南嘉與王后耶喜卓瑪合著，《錫金王統史》藏文版，頁四十八至四十九。The Tsuklakhang Trust出版，二〇〇三年。

133　「珞」意為南方，珞族或珞巴係指從西藏遷徙到南方繁衍的藏人後裔。今在錫金稱為Bhutia（布提亞）族。門、珞兩族為錫金王國創建時期境內最主要的民族。揚唐仁波切的父親為西藏康巴人，母親為錫金珞族人。

134　《錫金王統史》藏文版，頁四十九。往昔人稱「拉康瑪波」，意為紅殿。今人稱之為「頗章瑪波」，意為紅宮。

一時，守護錫金各聖地的地神也來到諾布崗，於是拉尊第二度對他們宣達誓言。同時，錫金國王對人民頒布了政教併行的法令，三位上師也囑咐人民要遵守法王頒布的律法。拉尊還特別在石砌法座前的一塊石頭上留下了自己的腳印，作為立誓的備忘聖物。錫金各族族人每年都會來到拉尊的腳印前，紀念過去立誓的歷程、檢視一年以來有無違犯誓約，並且再次宣誓。[135]

距離諾布崗不遠處有一座小湖，相傳是瑜伽四友和泰公前往該地發願撒米時，地湧泉水所成之碧湖。這座靜謐的小湖亦為瑜伽四友的魂湖。拉尊曾說，未來錫金的國勢起伏，可藉由此湖的水位等等變化徵相得知。由於它鄰近噶陀袞度桑波的住所，今人稱之為「噶陀湖」。總之，瑜伽四友的石座、拉尊的腳印、噶陀湖以及巍巍聳立的吉祥燃光塔，至今依然可在諾布崗得見，但過去那在聖者腳印前覆誦誓言的傳統，不僅失傳許久，連那傳統本身也已乏人知曉。

錫金境內眾多聖地的中心，乃為「白岩札西頂」。札西頂是蓮師、卑瑪拉密札以及王臣二十五弟子親臨加持的聖地。初啟錫金聖地門的大伏藏師仁增果登曾如是寫道：「烏金蓮師及藏王安住之聖地，白岩札西頂岩山。……從岩山峰頂望去，可以清楚看到哲孟雄所有山峰、溝壑、谷原。……在此聖地，等同尊勝宮、金剛座、烏金國、銅色吉祥山以及蓮花光宮殿。」[136]

拉尊來到札西頂時，信心油然而生，他在此建造一尊印度祖師畢哇巴的石像，在向石像祈求之時，親見祖師現身空中。此外，他又造怙主石像，感受到怙主現身融入像中，一時雷電交加，顯現出智慧尊降臨融入之相。[137]他如是讚嘆如淨土般的錫金和札西頂：

奧明越量宮中金剛身，
深廣無餘一切金剛座，
莊嚴格局宮殿哲孟炯，
讚嘆任運而成勝者宮。
周邊白雪山放晶璃光，
金剛岩山任運成天身，
身為光芒苗芽所環繞，
讚嘆寂忿勝者越量宮。
喜悅廣域八瓣妙蓮上，
林木天眾大樂妙舞戲，
幻化眾鳥歌音鳴無盡，
讚嘆清淨奧明空行土。
宮殿中央熾燃威嚴山，
金剛卍字妙嚴綻虹光，
彼與蓮花光宮無差別，
讚嘆奇妙白岩札西頂。[138]

135 出自〈關於玉僧新所依物裝藏彙編目錄備忘略攝〉。
136 《空行剎土哲孟炯聖地志彙編》藏文版，頁二八四。
137 《拉尊法王教言全集》藏文版第一冊，頁五〇三。
138 《拉尊法王教言全集》藏文版第二冊，頁七八一至七八二。

左／諾布崗腳印所在的岩石。攝影／ Sonam Lhaden。
右／拉尊於岩上留下的右腳腳印至今清晰可見。攝影／清哲祖古。

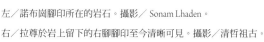

群山環繞之札西頂一景。前方明顯突起的山丘即為錫金一切聖地的核心—札西頂。攝影／清哲祖古。

拉尊也曾如是敘述錫金全貌：

> 東南清淨琉璃山，西南熾燃金剛窟，東北有天山心窟，東方則有禪定窟，南方空行珍寶域，西方甚深幻化土，北方五寶吉祥山……一切湖泊都座落在彩虹光的帳幕當中，[139]一切樹木都散發者著樟腦芬芳，一切岩石有天神和天女的容顏，一切天際都盛開著天界妙花，一切大地是被蓮花裝飾的花蕊。來到此地的人自然感到心滿意足，一切殊勝發願都化十萬倍而實現。我已得到授記，僅由稍開此聖地門，西藏便可安樂多年。父親呀！了知三時的烏金尊，總的來說，您是眾生的唯一救怙，特別對我這乞丐來說，您更是我的部主，我向父親您誠祈請！[140]

蓮師的預言已經實現，責任已了的泰公薩朗夫妻回到自己的居住地後，不久便雙雙辭世。而拉尊在札西頂的一個境遇，成為他開展佛行事業的重要分水嶺。揚唐仁波切如是寫到這個影響錫金佛教三百六十年的事件：

139 聖者在淨相或禪修覺受之中，所見固然皆是清淨景象，而秘境之王錫金因其聖地之加持力，平時即有奇幻景象現起。揚唐仁波切曾如是描寫童年經歷：「在此聖地，即使是雞、鳥、狗等動物死時，平常都會出現彩虹，我在童年時期也看過幾次。」然而與過往時期相比，奇幻景象似已有所衰沒。仁波切寫道：「據母親等耆老所言，由於聖地門開啟已過多年，聖地加持大概已衰，往昔聖地之徵相不復現。即使有彩虹出現，彩虹升起的情形也不同以往。我有看過一兩次老人們流著眼淚說：『現在是糟糕的時代！』」見揚唐仁波切〈多芒寺史〉。

140 《拉尊法王教言全集》藏文版第二冊，頁七八五。此處譯為白話體。

瑜伽四友來到白岩札西頂安住時，拉尊千波在覺受之中，親赴天山金剛心窟，在那覺受境界裡，親見一切空行之首——金剛亥母……甚深法門《持明命修》的密文紙卷先是交付到他手中，然後便融入到他的心中。141

當時，拉尊再度對守護聖地和伏藏法的地神護法們宣達誓言。這第三度的誓言宣達，是在覺受當中完成。爾後，拉尊在札西頂建造了「見即自解脫」塔，塔上刻有根本上師嘉村寧波之像。相傳在為見解脫塔開光之際，錫金王臣和與會大眾，皆見拉尊騰躍於空中，示現極忿嘿如嘎的形相，跳著金剛舞，手持金剛杵和普巴橛，嚴厲對著八部鬼神交付誓言，這是拉尊第四次，也是最後一次的宣達誓言。142

曾經的牧童，預言中的瑜伽士，在亂世當中翻山越嶺，來到方外秘境。以為是全新而陌生的奇遇，卻又是似曾相識的注定。從諾布崗的腳印，到四度宣達誓言，從札西頂的淨相，到直赴天山心窟，成辦取出伏藏的緣起。

泰公薩朗七百年的苦候終究沒有白費，拉尊取出的伏藏法《持明命修》，不僅讓他留名百大伏藏師之列，他所開掘的這道深法泉源，至今仍在錫金長流不息。

141〈關於玉僧新所依物裝藏彙編目錄備忘略攝〉。

142 同前註。

拉尊於札西頂所建的「見即自解脫」塔。攝影／ Ben Spiegelman。

9 光明無窮，妙雲無盡

在錫金取出的伏藏法《持明命修》將拉尊的歷史地位定於一尊，但他的佛行事業其實在更早以前就已自然開展。他如是自述生平歷程：「我十一歲起進入密咒之門，二十一歲起依止三十多位聖善知識，三十歲起以利他之心對眾生和教法稍做貢獻。」[143]

拉尊在各地雲遊時期，在閉關實修之餘，也應邀主持法會或傳法。在雅隆晶巖窟，他主持了四次甘露法藥修製法會，傳授《十七密續》灌頂口傳、《卑瑪寧體》灌頂口傳、新伏藏圓滿灌頂口傳教授、《四心滴》等法門，並在蓮師窟中進行百次薈供、製作十萬陶土擦擦等法事。他在恰域、南岩、衛藏等地的眾多寺院進行供僧，於所經之處應機灌頂傳法，並在恰域、南岩、門域、巴千路頂等地主持約三十次甘露法會。此外，他曾傳授《密意總集》灌頂口傳四次、《七寶藏論》四次，在門域造二十一座嘛呢水輪[144]。在哲孟雄依《大悲觀音惡趣自解脫》進行一次甘露丸法會，另依《寂忿了義心要》主持一次甘露藥法會。拉尊雖然少時離家，但在學成佛法後，亦返鄉將兩位哥哥、四個姊姊以及母親等親眷引入佛道。他一生當中曾六度修繕桑耶寺，並於桑耶進行開光、廣供等佛事。在拉尊逾二十五年的利眾利教事業當中影響後世最鉅者，乃是紹傳佛法。

在取出持明命修伏藏之前，拉尊所傳授的究極竅訣，當屬他所撰寫的論著——《光明金剛心要妙雲道歌》。此論內容包括了《光明金剛心要妙雲道歌》根本頌、自釋以及由此連生的《引導文之王：千蓮論》，以及前行、上師瑜伽、中觀宗義、大手印、大圓滿心部、大圓滿界部、大圓滿竅訣部的深入闡釋，乃至拙火、攝取精華、長壽修持、頗瓦、幻身、夢修、中陰等法門的指引。這部論典可說是拉尊拜師求法後，經多年實修將所學融會貫通後的結晶。這部被徒眾奉為意伏藏的寶典，並非在一時一地寫成，而是在二十餘年當中，陸續於薩普隆、晶巖、青朴、虹光晶堡、哲孟雄等地寫成。[145]

拉尊首傳《光明金剛心要妙雲道歌》的對象，是與自己互為師徒的竹札桑波。爾後，他在蓮師修持一百零八回甘露妙藥的聖地雅隆晶巖，以五個月的時間對五十位弟子傳授此法。[146] 一六三六年，藏曆鼠年一月，他在貝瑪卻林寺對眾多弟子傳授此法，後於門境寂靜處再度傳授《光明金剛心要妙雲道歌》和《引導文之王：千蓮論》，復曾應給旺丹增諾布之請，傳授《妙雲道歌》。在錫金停留期間，他將《妙雲道歌》的完整教授傳予阿大森巴千波之子札西南嘉等有緣弟子。

至於在錫金的佛行方面，拉尊依奉蓮師預言開啟聖地門、認證多處聖地，並且不辭辛

143《拉尊法王教言全集》藏文版第二冊，頁二五七。
144「嘛呢」指六字大明咒。
145《空行剎土哲孟炯頂寶幻現瑜伽四友傳承敘事：新智童子歡宴》藏文版，頁七十七起。
146《拉尊法王教言全集》藏文版第一冊，頁六二〇。

勞親赴各處，依著往昔伏藏的描述，認證和丈量各聖地、如法加持，並且在各地埋下咒輪、寶瓶等。為使錫金地力不衰，他在西門賈瑪隆建造了「贍洲見解脫」塔。

雲遊二十多年，毫無家鄉和寺院羈絆的拉尊，從未有建設寺廟的想法。但是錫金國王彭措南嘉多次祈求道：「上師仁波切，過去您就像噶當派善知識一樣，沒有固定住所，像密勒日巴等大師一樣苦修度日，在各境域，隨應弟子上中下的根基，將他們引導到解脫成熟的道路上。如今您又奉蓮師『值亂世，赴秘境』的教言來到這裡。現在我們真誠懇求您在這個大聖地興建一座修行道場。」[147]

此外，蓮師亦曾預言：「在此聖地建立具格修行道場，將使西藏享百年安樂。」加上拉尊明白自己對於寺院並無執念，建寺並不會枝生煩惱，於是答應了錫金國王的請求。遂於一六四七年春天，藏曆二月二十五日，在鄰近諾布崗的一處寂靜山丘上，啟建「三界成熟解脫生圓寺」，後人稱此寺院為「竹帝貢巴」，即「竹帝寺」，意為修行道場。

竹帝寺大殿內奉金剛瑜伽女聖像，寺中另有安奉大圓滿密續的經堂，以及堪師君三尊、八大持明、護法聖眾的殿堂、十三座嘛呢大轉輪等等。竹帝寺是拉尊駐錫多年的根本道場，他在寺內的住所名為「密咒金剛座」。

同年夏天，藏曆五月七日破曉時分，拉尊在密咒金剛座寢室裡，親見嘿如嘎形相的蓮師，周圍有勇父、空行、護法環繞，他也看到錫金各聖地的景貌。於此光明覺受中，蓮師給予拉尊許多囑咐，諸如為了防止戰亂疾災、防止地力衰損而需在錫金各地建塔、恆時勤修寂忿蓮師法會，以及不間斷唸誦《蓮師七品祈請文》。[147]

隨後，拉尊又在貝林另建兩座寺院。揚唐仁波切如是敘述：「瑜伽四友來到貝林一帶，在如同金剛杵一般的山峰右側興建貝瑪揚澤寺（意為蓮花極頂），作爲出家僧眾道場；在如同金剛亥母秘處之地建立桑阿卻林寺（意為密咒法洲），作為帶髮白衣道場。」[148]貝瑪揚澤建寺之前，拉尊曾在此地於淨相中親見馬頭明王、金剛亥母雙尊。此外，揚唐仁波切提到，拉尊曾經為了秘境錫金的未來，特別在桑阿卻林寺的地下埋下眾多回遮違緣障礙的各式護輪。但是後人不察聖者意旨，恣意作為之下，使得聖地逐漸衰損。[149]

拉尊於錫金所建的竹帝寺一景。照片提供／汪嘉令。

147 《拉尊法王教言全集》藏文版第二冊，頁八二五至八二六。

148 出自〈關於玉僧新所依物裝藏彙編目錄備忘略攝〉。

149 同前註。

拉尊年屆五十之際，從西藏工布傳來了嘉村寧波示現圓寂的消息。[150]雖然主要的根本上師相繼過世，內心與蓮師和上師們從未分離的拉尊，才正要步入佛行事業的巔峰。他的神幻取藏事業，始於錫金國王彭措南嘉在札西頂獻給他的一間竹房。[151]拉尊在竹房獨居靜修時，於心曠神怡之中，流露出一首接一首證道歌。一時，宛如酩醉一般，一切顯得濛濛渺渺、混沌不清，所有參照點和感知的處所、環境都不復存在。迷妄之流已然截斷，善惡及輪涅也不再是自相之對境，在似夢又似醒的狀態中，拉尊見到一位女子，穿著狀似印度克什米爾一帶的裝束，紅綠絲綢披垂的衣裳，頸戴各式光亮珠寶項鍊，耳掛金飾，頭戴各色花朵做成的頭飾，手腳繫戴骨飾。她吟唱著金剛歌，身體散發出旃檀香氣。一剎那間，拉尊與那女子前赴錫金四大聖窟之一的天山大寶心要石窟（以下稱天山心窟）。拉尊經驗到一切此世、來生與中陰的光景完全隱沒，樂空離戲、無染晴空般的覺受升起。那位女子親賜美味食物到拉尊口中，並對他說：「當下殊勝的體驗，是你即將現起《持明命修》淨相、得到成就的前兆。」拉尊詢問她關於取出《持明命修》法門的方式、此法的法主身分、傳授此法的時間點、守衛此法的護法等問題，並且祈請這位智慧空行母賜予灌頂。隨後，一位藍衣女子現身吹奏金笛，所有法教化為笛音的優美旋律流瀉而出，拉尊後來將這些音符轉譯為文字。

《持明命修》在教傳、巖傳伏藏、淨相三種傳承當中屬於何者？又具有什麼殊勝的功德利益呢？《持明命修》當中如是記載：

諸法圓滿於此法，光明心要最密義。幻化離漏虹光中，密文及密文幻變，

上／拉尊所建貝瑪揚澤寺一景。相傳拉尊在攝影者所在的位置朝著寺院所在地望去時，於淨相中親見馬頭明王與金剛亥母雙尊，後來在該地建立了寺院。

下／桑阿卻林寺一景。

攝影／卻札。

150 《拉尊法王教言全集》藏文版第二冊，頁八八一。

151 錫金國王建竹房送給拉尊的往事及於此出現淨相過程，均出自拉尊本人自述。《大圓滿・持明命修・光明心髓輯錄・五十一根本法類（嗡函）》藏文版，頁十一。佛陀教育基金會，二〇一四年。

持明總集秘句精，是教是巖大淨相。聲空無生此音聲，念覺本智大光明，金剛亥母所幻化，金剛心要殊勝說。任誰書此所得善，淨除千劫所造罪，任誰於彼敬供養，彼人惡趣生門斷。以此法門繫於身，凡彼見聞念觸者，遠離輪迴一切苦，任誰依此守護遮，得除聖教眾生障。凡有此法所在地，與蓮光宮無分別。[152]

「是教是嚴大淨相」一句，說明《持明命修》淨相之中，亦包含教傳及伏藏傳承（巖傳）的精髓。至於淨相的意涵，揚唐仁波切如是闡述道：

所謂的「甚深淨相」，大聖者眾所見盡為清淨相，別此無有不淨相。是故時常與無限三根本天尊殊妙探討佛法，於此當中出現無量甚深教授。而意伏藏、應時憶念、再取伏藏、耳傳等等，均屬淨相範疇。[153]

總之，拉尊在札西頂的竹房內，於淨相覺受中直達天山心窟，建立了取出《持明命修》的緣起。爾後，他親赴天山，在天山心窟中生起淨相，《持明命修》的法要便隨著一個接一個淨相而湧現。根據拉尊自述，從一六四八年藏曆地鼠年起，共出現七次與《持明命修》法門相關的淨相。[154]《持明命修》當中包括了前行、長壽修持、攝取物質精華的生起次第法類，以及大圓滿教授的圓滿次第、增進實修功力的黑關[155]、拙火等法門、預言授記、羯摩法類、回遮違緣障礙類等內容。總之，從暇滿、無常、輪迴、業果等四轉心法，到大圓滿實修，無不完備；著名的〈山淨煙供〉儀軌亦收錄其中。

掌管《持明命修》伏藏的唐拉護法神，依蓮師授記指出拉尊的特殊身體特徵、受到諸聖者加持等秘密，一語道出拉尊不凡的出身背景。今人多奉拉尊為卑瑪拉密札與龍欽巴尊者的化身，與此授記旨趣相互輝映。授記中記載：

> 具緣汝之秘密相，鼻尖舌頭手指上，白阿標誌乃外徵，自生法身不變光，
> 海生蓮師密幻化，卑瑪密札所加持，阿柔謝炯證悟主，龍欽冉江等諸眾，
> 勝學大悲光傾注……[156]

授記中也提及《持明命修》的法主身分、順利尋得法主們的利益以及拉尊遭逢壽障的歲數。文中提醒拉尊，五十五歲和五十六歲時會有壽障，須當謹慎。

拉尊多次發願要在錫金「壽命與修行同在」，但終究難辭返回西藏將《持明命修》傳授給法主們的天命。一六五〇年左右，拉尊離開了駐錫四五年之久的哲孟雄。《持明命修》的法主當中，最富盛名者乃是名列百大伏藏師的第五世達賴喇嘛。拉尊回到西藏，依《持明

152 《大圓滿．持明命修．光明心髓輯錄．五十一根本法類（嗡函）》藏文版，頁十九。

153 出自揚唐仁波切〈多芒寺史〉。

154 「覺受證悟無邊際，皆因此聖地功德，若於它地怎能成，是故奇幻歡宴增。於此七次淨相中……」出自《大圓滿．持明命修珍貴具階後法．無階後法共兩種（阿函）》藏文版，頁二十一。佛陀教育基金會，二〇一四年。

155 閉關過程中日夜均不見光，名為黑關。

156 出自〈唐拉授記〉，《大圓滿．持明命修．光明心髓輯錄．五十一根本法類（嗡函）》藏文版，頁六六七起。

命修》中的儀軌，向「偉大的第五世」獻上祈壽法會，送上錫金的稀奇土石木頭，並特別奉上《持明命修》的初印經函。[157]此外，他也傳授此法的灌頂和口傳給第五世達賴喇嘛，冊封其為法主。拉尊的修行生涯從一介逃家牧童揭開序幕，最終以貴為西藏政教領袖之師而完結。一六五二年藏曆水龍年，拉尊在西藏圓寂，享壽五十六歲。

《持明命修》出世約莫兩百年後，工珠雲登嘉措匯集百大伏藏師取出的伏藏精華，編纂成浩瀚的《大寶伏藏》。這部寶典中收錄了《持明命修》的根本灌頂、與大圓滿頓超修持相關的明覺妙力灌頂、與拙火實修相關的火灌頂等灌頂及法門。

儘管興寺建塔、修繕桑耶、大開甘露法會、傳授《妙雲道歌》與《持明命修》等事業，已可概括拉尊佛行事業的全貌，然而尤能體現他獨樹一幟的個性、風骨和中心思想的，尚有隨興應機唱出的道歌。每當有弟子前來求法，他便會透過道歌傳授口訣。這些道歌的內容真摯而無造作，讀來撼動人心。例如，對捨世者南卡蔣參這位弟子，拉尊如是叮嚀：

> 把無人地、空曠地、空窟穴這三者，當作修行成佛的寂靜處吧！無所需、知足、決心這三者，乃是防止惡緣的盔甲！……無名、無執、自然這三者，是摧破妄念的兵器。……
>
> 一生當中追逐名聞利養，前方有地獄使者來迎接，後面有死主拿著紅索進逼，肚子裡還有五毒煩惱在滋長，看到此情此狀，眼淚直落。蓮師八尸陀林聖地，密勒日巴美妙六堡宮殿，你也應該把山間當作常居之所。[158]

對名為南卡旺傑的弟子如是囑咐：

靠著發願，沒辦法通往解脫之境，當認真前往山中修行。只穿著紅色僧服，改變不了心的顏色。憑著能言善道，也到不了解脫道……在寂靜地，不落入兩種極端之下，觀照平凡明覺實相，在不散亂、無所修當中，讓迷亂的習氣消散而去。[159]

對捨世弟子嘉呂丹增如是教誨：

擁有修行者的外殼而恣意飲酒，食用信財且僅僅流於世間八法和紛擾，此乃拴著鼻孔拉往地獄的繩索。我的心子，你要斷除之！……具備三重戒律，連細微處都沒有過失，在山林之間無有散亂地建立修行命堡，一心交付給上師。我的心子，日以繼夜六座實修莫使間斷！從本以來便是遠離生、住、滅，而顏色、形狀、自性之相都銷盡。自心乃是本覺本明，我的心子，了知本來面目吧！[160]

對女弟子嘉呂壤卓格嫫如是教誡：

157 《錫金王統史》藏文版，頁五十五。
158 《拉尊法王教言全集》藏文版第一冊，頁六二七起。
159 《拉尊法王教言全集》藏文版第一冊，頁六九七至六九八。
160 《拉尊法王教言全集》藏文版第一冊，頁九一九起。

自己擁有想去哪就去哪裡的自由時，追隨聖者們的行列吧，我的摯友！有財富者大概都因錢財而落入惡道，貧窮的人則散亂在成辦衣食的劬勞而煎熬。所謂佛法和財富受用兩全其美這種事，就連在釋迦牟尼佛身上也沒發生。如果以密勒日巴般的例子來思考，現今自詡為修行人的，都不過是冒牌修行人。閉關修行不要落入舒舒服服一番吃睡，若能安排六座，也將少感後悔。[161]

對比丘噶瑪格烱如是開示轉違緣為道：

在大樂的光明境地中，不管升起什麼、顯現出什麼，都是它的裝飾。把疾病、年老、死亡、違緣等，覺悟為大樂妙味精華吧！[162]

對雙手合十、臉上流著信慕淚水的女弟子噶瑪卓嘎如是教導：

不要被需求此世的財物和無益的經書迷亂愚弄，要具備知足的正念和強烈意志，如同拉弓一般，安排六座而修。不要瞧不起禮拜、轉繞、供施朵瑪、持誦六字大明咒此等具有戲論的善行，並且要如同川河續流一般修持無戲論的清淨實相。為了利益六道一切如母有情，要恆常專注發清淨願，保持謙下，穿簡樸衣，淡泊衣食名聲，讓壽命與修行同在！[163]

對又名雅夏札度的親近弟子慈誠寧波如是囑咐道：

沒衣服穿的時候，就在樹葉圍籬當中，以草為墊，燃起拙火的樂暖。沒東西吃的時候，就依著攝取精華物質丸，把宿世取用信食的宿債給淨化掉，專注一心在修行上，這是我發自肺腑之言！人們講了什麼，沒什麼好放在心上的。不管升起苦樂好壞什麼景象，要下決心說：除了修行佛法以外，沒有別的要做的了。要恆常在無人空地一心專注修行，這是我發自肺腑之言！以上是由在無盡眾多尸陀林當中，行持苦樂同味的嘿如嘎，持著骨飾的南卡吉美，又稱工布瘋子，對全體弟子和人們，特別是針對你——雅夏札度——的教言。164

對弟子瑟東倫珠如是賜予竅訣：

儘管求了數不清的神聖佛法，內心希求多多益善還算是好事，不過應當要做的，是以虔誠恭敬心，具備三昧耶，上師說什麼，都要依教奉行。……嘴巴知道很多該唸的，手也知道很多該持的手印、法器，然而對於此世有極大需求，就會流連於沒有佛法的城鎮裡，請趕快精進修行吧！……一切萬象都觀修為天尊身體，不將任何事物當成惡劣而捨棄，轉動淨觀之輪，這就是密咒的瑜伽！在仍然有「破、立」及「能、所」的情況之下，對於因果細微處當然要重視，在恆常無間的那一實相中，輪迴、涅槃全都涵括其中。菩提心、天尊、咒語、空性以及因果，全都在法身當中升起，所謂的取捨，想找也尋覓不得，這就是大圓

161《拉尊法王教言全集》藏文版第二冊，頁十起。
162《拉尊法王教言全集》藏文版第二冊，頁四十一。
163《拉尊法王教言全集》藏文版第二冊，頁三三二起。
164《拉尊法王教言全集》藏文版第二冊，頁七〇二起。

滿呀！……別去撈叨那些大圓滿的話語，自心專注在六字大明咒上，勤於修持八關齋戒和紐涅齋戒，再善加發願，如此成辦有意義的人身吧！大圓滿心髓瑜伽，縱使上頭有高山崩落，下面有大海潮湧，要了知均為實相法身。即使仇敵把你的首級取下，提婆達多跑進你的懷中，把血紅臟腑都給掏出，要了知都是本來清淨的法身！……這是胡亂行者拉尊肺腑之言，如果你覺得所言為真，就繫在頭頂上，如果你覺得不實，就請你放掉吧。[165]

諸如此般的教言道歌，為數成千上百，構築成《拉尊教言全集》的主體。在這個關於藍色瑜伽士史話的最終節，我們謹以拉尊賜給徒眾的這段話來作結：

此生短瞬，當修禪定！衣食方面，有什麼就依什麼，當修禪定！不論發生什麼快樂和痛苦的事，當修禪定！就算現在就要死了，當修禪定！如果要侍奉上師，當修禪定！如果想親見本尊容顏，當修禪定！如果要懷攝空行，當修禪定！若欲交付具誓事業，當修禪定！如果要納護法為僕，當修禪定！如果要掌握無生堅地，當修禪定！如果對上師虔誠恭敬，就是成就者。如果對於輪迴沒有貪著，就是證悟者。若成辦自他二利，就是殊勝士夫。前往無人空地，就是捨離世事者。……

遍滿三千世界的黃金，我沒興趣。名聲響遍四大洲，我沒興趣。願我與一心專注修行的士夫永不分離！願我與斷棄狡詐人法的捨世者永不分離！願我與奉行上師教言的弟子永不分離！願我與如理持戒者永不分離！在不相分離的唯一明點光明當中，在我和三世諸佛無有種性差別之下，祈請加持同證正覺！祈請加持共展化身！祈請加持佛行不絕！[166]

165 《拉尊法王教言全集》藏文版第一冊，頁五六五起。

166 《拉尊法王教言全集》藏文版第二冊，頁八九九起。

雅隆晶巖，蓮師聖地中的功德聖地。拉尊南卡吉美曾多次於此閉關實修、修製甘露法藥以及傳授深奧法教。白色建物裡為石窟所在地。

攝影／邱常梵。

10 風雨飄搖中的無畏勇士

蓮師聖地雅隆晶巖似與拉尊南卡吉美因緣深厚，前去錫金前，拉尊曾多次來到這裡實修、修製甘露和傳法。自錫金返藏後也是如此，有一天，名士薈萃，前來向藍色瑜伽士求法的四十九人當中，就包括了「偉大的第五世」——第五世達賴喇嘛。[167]

儘管拉尊仍值壯年，璀璨的佛行卻已步入尾聲。一六五二年，藏曆水龍年的一天，卻英倫珠和仁增倫珠為首的五十位弟子來到拉尊面前，雙手合十，殷重祈請他長久住世。然而拉尊並沒有答應如是請求，想來當時，雅隆晶巖裡的空氣宛如凝結一般。弟子們涙聲不絕、苦苦哀求的畫面，終究沒能打動藍色瑜伽士的心。拉尊如是說道：「我已經五十六歲了，你們不要悲傷，還有比我更好的《金剛心要》，還有比我更好的《持明命修》……但既然你們這樣慎重祈求，如果有想要我的再來人，那就往門域朋唐、僧給宗那方位看去吧！」

藏曆水龍年八月二十日，秋日時分，拉尊示現圓寂。據說他的法體逐漸縮小，最後僅存一肘之長，並於荼毗之後留下諸多舍利。敦珠法王吉徹耶謝多傑曾如是評價拉尊：

> 在他廣大維續大圓滿的講說和弘揚的佛行事業當中，「錫金大圓滿派」的名聲響遍十方。在此後世當中，比這位禁行究竟的成就者還要更超勝者，一個也未

曾出現過。甚深法要《持明命修》和《妙雲道歌》的灌頂、口傳、竅訣傳承，至今歷久不衰，法脈的佛行事業，如今在西藏大多地區，特別是在秘境哲孟炯裡，仍在傳揚當中。[168]

一六五六年，藏曆火猴年九月，一個在朋唐出生的五歲男孩，來到了第五世達賴喇嘛的尊前。「偉大的第五世」昂旺洛桑嘉措親自為這個男孩剪下一撮頭髮，象徵著男孩皈依佛門之始。達賴喇嘛替男孩取名為昂旺袞桑吉美，又名袞桑吉美旺波。這個男孩，被認證為拉尊的轉世再來人。偉大的第五世敘述道：「我剪取工布大圓滿修士南卡吉美轉世的初供髮撮，為他取名為昂旺袞桑吉美。在溫波卻倫巴的請求下，我本人和這轉世的祈壽法會一併進行。」[169]

拉尊乃第五世達賴喇嘛尊者之師，其轉世靈童也深獲尊者關愛。六歲時，尊者賜予他《持明命修》的口傳。十九歲時，尊者曾賜他解脫洲宮上部一處住所。在錫金第二任國王登松南嘉在位時，他曾短暫前往錫金。

拉尊一世南卡吉美在錫金時，曾囑付錫金國王彭措南嘉於惹登則一處建宮殿。[170] 彭措南

167 《空行剎土哲孟炯頂寶幻現瑜伽四友傳承敘事：新智童子歡宴》藏文版，頁一三八起。
168 敦珠法王吉徹耶謝多傑所著，《敦珠法源》（又作杜鈞教史）藏文版，頁四九〇。四川民族出版社，一九九六年。
169 《空行剎土哲孟炯頂寶幻現瑜伽四友傳承敘事：新智童子歡宴》藏文版，頁一四三起。
170 《錫金王統史》藏文版，頁五十九。

嘉之子——登松南嘉——遵循拉尊指示，建造惹登則宮殿。錫金政治中心遂從瑜伽四友聚首相會的玉僧，轉移到距離貝林不遠的惹登則。登松南嘉娶了三個妻子，其中，不丹妻子生下一位名為班狄旺嫫的女兒；一位錫金妻子生下了王儲——恰朵南嘉。登松南嘉對遠在西藏的敏珠林寺深懷信慕，與敏珠林寺主——大伏藏師德達林巴——時有書信往來。

揚唐仁波切曾經提及，拉尊南卡吉美有一位非常想要出家的男弟子，名為桑達稱列倫珠。這位弟子來到拉尊面前，請求拉尊給予指示。令他感到意外的是，拉尊並沒有應允他出家，反而預言授記：「未來你應成家生子，你的兩位兒子將對佛教和眾生有莫大貢獻。」後來，這位弟子生下了名列百大伏藏師之一的德達林巴以及大譯師洛千達瑪師利這一對名垂藏傳佛教史的兄弟。在往後的章節中，我們將看到拉尊的這番囑咐與授記，對於錫金佛教乃至他的再轉世者——吉美巴沃——亦有至關重要的影響。

一六七五年，正值二十歲時的二世拉尊因故早逝。第五世達賴喇嘛尊者曾經提到，如此早逝乃是由於無暇修持所引生的障礙所致。[171]同年藏曆四月以及翌年藏曆二月，尊者均特別主持圓寂法會，並寫下迅速轉世再來的祈請文。[172]

一六八二年，藏曆水狗年二月十五日，吉美巴沃（意為無畏勇士）誕生，他被第五世達賴喇嘛認證為袞桑吉美旺波的再來人。這一世的達賴喇嘛，與拉尊南卡吉美、昂旺袞桑吉美以及吉美巴沃這三世的拉尊均結下特殊的緣分。

吉美巴沃二歲起，便能夠認出他前一世寺院巴日寺中的僧人。一六八五年，四歲的他正式陞座。在他十幾歲的青少年時期中，南方遙遠的錫金，面臨王國成立四十載以來最嚴重的存亡威脅。登松南嘉駕崩後，具有不丹血統的公主班狄旺嫫意欲奪權，引不丹軍隊進入錫金，年幼的王儲恰朵南嘉北逃至西藏，他所尋求依靠的對象，正是父王的根本上師再來人——吉美巴沃。吉美巴沃比王儲年長四歲，同為青少年的兩人相知相惜，在巴日寺相處四個月的時光。王儲此時宛如亡國之君，處境落魄潦倒，難以料想數年之後，他竟會與吉美巴沃一同在錫金攜手共創錫金政教的黃金時期。

十六歲那年，吉美巴沃晉見較他年長一歲的第六世達賴喇嘛倉央嘉措，並獻上髮撮。[173]恰朵南嘉也向第六世達賴喇嘛尋求庇護，並在西藏政府裡擔任會計長一職。[174]二十一歲那年，已受出家戒的吉美巴沃前往敏珠林寺，拜創寺者——大伏藏師德達林巴[175]——為師。德達林巴當時對他說道：「祖古仁波切，你來得晚了，這是個過失。如果是在十一歲時就來聞思，我們的心意會得到圓滿。如今我也上了年紀，祖古仁波切你也大了。不過按照我昨晚的夢境來看，你在聞思和佛行事業上都有好兆頭。」[176]

171 《空行剎土哲孟炯頂寶幻現瑜伽四友傳承敘事：新智童子歡宴》藏文版，頁一四六起。

172 阿闍黎慈誠嘉措編著，《當代西藏上師聖士夫於秘境哲孟炯之佛行極簡傳》སྦས་ཡུལ་འབྲས་མོ་ལྗོངས་སུ་དེང་རབས་བོད་ཀྱི་བླ་མ་སྐྱེས་ཆེན་དམ་པ་རྣམས་ཀྱི་ཕྲིན་ལས་ཞི་བརྒྱུད་ཀྱི་རྣམ་ཐར་ཤིན་ཏུ་བསྡུས་པ་བཞུགས་སོ藏文版，頁十四。Namgyal Institute of Tibetology出版，二〇〇八年。

173 《空行剎土哲孟炯頂寶幻現瑜伽四友傳承敘事：新智童子歡宴》藏文版，頁一五三。

174 《錫金王統史》藏文版，頁六十五。

175 中文又作敏林德千，即「敏林大伏藏師」。

176 《空行剎土哲孟炯頂寶幻現瑜伽四友傳承敘事：新智童子歡宴》藏文版，頁一五四。

正如德達林巴夢中預示一般，吉美巴沃在敏珠林的時期，佛法學習達到前所未有的深廣程度。他本人如是敘述學習歷程：

簡而言之，灌頂、教授、竅訣的實踐等等，主要是在殊勝大伏藏師（德達林巴）的座下求得新舊伏藏品的灌頂、口傳、教授。玉札寧波的舞現——大譯師洛千達瑪師利——賜我經、幻、心三者的教傳灌頂口傳。馬頭明王的化身——兒子貝瑪局美嘉措——給予口傳和實修指導。兒子益行雷竹給予口傳。大善知識沙門洛瑟嘉措給予講解和竅訣實修。大善知識冉江巴卡己旺波給予口傳和法事教學。殊勝大伏藏師的弟弟——大佛行者貢噶仁千——教導語文和零星法事。隨侍烏金班究則教我曆算。[177]

二十三歲起，吉美巴沃在敏珠林哲布德瓦間進行為期十四個月的閉關，期間德達林巴親自指導實修細微關要。一回，德達林巴觀察池塘的徵兆時說：「今天這個池子有受用之徵相。水滿各處，無一不足，這是你的所化弟子將會遍滿各方的緣起。」[178]二十七歲時，吉美巴沃來到強達仁增貝瑪稱列的座下，求得拉尊南卡吉美的《持明命修》灌頂、口傳以及《拉尊教言全集》口傳。

那時，不丹軍隊佔領錫金惹登則皇宮已有八年的光陰，委身西藏的錫金王儲恰朵南嘉，在一七〇〇年，年方十五之時，即位成為第三任錫金國王。[179]爾後，西藏甘丹頗章政府成功調解錫金和不丹之間的矛盾，使得恰朵南嘉王臣一行人得以順利返回錫金，不丹軍隊則在恰朵南嘉班師回朝後撤出了惹登則。

政治方面的腳步才稍站穩，緊接而來的是重振佛教。恰朵南嘉不圖表面工夫，真心想將西藏佛教的活水，源源不絕引入錫金。他的父王登松南嘉既已與敏珠林結緣，迎請名聞遐邇的德達林巴到錫金傳法是再自然不過的了。然而德達林巴回覆道：「不論是從年紀還是各方面來看，我前去錫金的機緣都不存在。」不過，他接著說道：「透過前世的願力，若能迎請大圓滿祖古吉美巴沃前去的話，會對錫金的教法和眾生有偉大的貢獻。」同時，德達林巴也囑咐吉美巴沃說：「錫金恰朵南嘉希望大圓滿祖古能夠很快前去。以前蒙古來犯，造成衛藏動盪不安之時，大圓滿修行者袞桑南傑（即拉尊南卡吉美的出家法號）開啟秘境哲孟炯聖地之門，利益了教法和眾生，使得雪域西藏逐漸安樂。護持教法的恰朵南嘉王，得到蓮師的加持，也對我這大伏藏師有完全的信心，所以，別讓虔誠者感到失望。」[180]

如同拉尊聽從嘉村寧波的囑咐而前往錫金一般，二十八歲的吉美巴沃奉德達林巴之命，約於一七〇九年的年終，藏曆十月二十五日，抵達了六十二年前拉尊興建與駐錫的竹帝寺密咒金剛座。藏曆十一月三日，他來到貝林，在同為拉尊所建的貝瑪揚澤寺中，受到僧眾盛大的歡迎。兩天後，恰朵南嘉邀吉美巴沃進入惹登則皇宮，他殷重請示吉美巴沃該如何振興佛教。十幾年前，恰朵南嘉奔走西藏時，年少的他們在巴日寺相逢。如今，那流

177《空行剎土哲孟炯頂寶幻現瑜伽四友傳承敘事：新智童子歡宴》藏文版，頁一五五。
178《空行剎土哲孟炯頂寶幻現瑜伽四友傳承敘事：新智童子歡宴》藏文版，頁一五六。
179《錫金王統史》藏文版，頁六十七。
180《空行剎土哲孟炯頂寶幻現瑜伽四友傳承敘事：新智童子歡宴》藏文版，頁一五九起。

亡的王子已貴為王國之君，而吉美巴沃也儼然成為舉國仰望的國師。

吉美巴沃在錫金的初轉法輪於貝瑪揚澤寺展開。他首傳仁增果登的伏藏品及敏珠林傳承的灌頂、口傳等法教，也傳授了拉尊的《持明命修》。爾後，他又赴拉尊所建的桑阿卻林寺，為寺院稍作修繕。最後，他返抵竹帝寺，主持盛大的薈供，並於一七一〇年藏曆三月返回西藏。

一七一三年，藏曆十月初，年屆三十二歲的吉美巴沃第二度應邀來到錫金，親督修繕貝瑪揚澤寺。隔年，他在札西頂啟動修建一六九六年遭不丹軍毀壞的「見即自解脫」塔工程，復在重修桑阿卻林寺之際，於該地大轉法輪，其中包括每日六堂《持明命修》的教授。一七一五年，他在桑阿卻林傳授《拉尊全集》的口傳，並在札西頂為新建寺院和佛像開光。

眼看國王與國師兩人合作無間，正當佛日普照之際，一樁暗殺陰謀，卻在暗處悄悄計畫著。一七一七年開年不久，正值藏曆火猴年十二月十二日，曾引不丹軍入錫金的班狄旺嫫，慫恿教唆國王恰朵南嘉的醫生，假借放血治療的名義，在國王手部連通心臟的主脈扎下放血針。吉美巴沃趕赴現場時，國王除了雙手合十之外，已經完全無法言語。[181]這時，吉美巴沃對國王所說的最後話語，乃是事關了生脫死的中陰度脫教授。國王亡故之後，吉美巴沃親自主持法會多日，為他的多年摯友兼忠誠弟子送上最後一程。於此同時，一場復仇行動正要爆發，國王的侍從們前去班狄旺嫫居住的南則寺，儘管門窗深鎖，眾人仍設法攀牆上頂，再由上而下潛入寺中，將多條哈達塞入班狄旺嫫的口喉，她的生命就此終結。

不到一個月後，藏曆火雞年一月初十，在吉美巴沃主持之下，王儲局美南嘉陞座成為錫金的第四任國王。錫金皇室的政治風暴才剛落幕，西藏的風風雨雨又接踵而來。一七一七年，蒙古準噶爾部的軍隊開進拉薩。[182]心懷教派成見的準噶爾將軍下令禁絕寧瑪派教法，所有寧瑪派的聖像、典籍、佛塔也都必須全部毀棄。作為寧瑪重鎮的敏珠林寺首當其衝。火雞年十二月四日晚上，蒙軍殺進敏珠林寺，德達林巴已在數年前圓寂，此時寺中掌教者乃是洛千達瑪師利。刀戎進逼之際，只見他從容發願，蒙兵隨後將他、德達林巴之子貝瑪局美嘉措等上師押解至河邊行刑。據說，洛千達瑪師利遭到斬首之前，神識已先一步離開身軀而圓寂。在這場浩劫當中，寧瑪派敏珠林、多傑札等許多寺院均遭根本性的覆滅。

在這場悲劇發生的數年前，德達林巴在即將圓寂前交代遺言說：「你們要時常仔細觀察敏珠林怙主殿裡的尸陀天女朵瑪，會有徵相出現！」[183]爾後，眾人果然發現那個天女朵瑪常常傾倒、龜裂，終在朵瑪裡頭發現一個紙卷，原來那是德達林巴留下的親筆字條，囑咐女兒傑尊明究巴准和母親逃往錫金。明究巴准被認為是耶喜措嘉的化身，德達林巴也曾直言，自己的法脈乃由女兒繼承。[184]總之，受到父親預言的庇蔭及指引，準噶爾軍隊入寺燒殺之時，甫結束閉關、年方十九的明究巴准，急忙與隨侍逃離敏珠林，輾轉抵達錫金，在桑

181《錫金王統史》藏文版，頁七十九。
182《空行剎土哲孟炯頂寶幻現瑜伽四友傳承敘事：新智童子歡宴》藏文版，頁一七二起。
183《錫金王統史》藏文版，頁八十六。
184《空行剎土哲孟炯頂寶幻現瑜伽四友傳承敘事：新智童子歡宴》藏文版，頁一七五起。

阿卻林寺長住五年。此時尚有眾多著名的上師，為了躲避戰亂和教難而流亡錫金。錫金的政教雙軌在恰朵南嘉和吉美巴沃的引領下得以重振，而秘境哲孟雄也再次成為西藏動亂時的逃生站。

接二連三的動盪後，終於迎來否極泰來的曙光，明究巴准的流亡，使得敏珠林傳承的法教得以根生錫金。吉美巴沃鼓勵徒眾前去向明究巴准求法，他本人也在明究巴准座下求得《空行心滴》、《上師心滴》等甚深灌頂，而明究巴准也向吉美巴沃求得《持明命修》等灌頂。

一七二〇年，正值晚年的康熙皇帝派遣大清軍隊入藏戰勝準噶爾，雪域重回靜好。爾後，意欲重建敏珠林的明究巴准，在一七二三年從錫金回到西藏。隔年，吉美巴沃也回到西藏，受邀於各地傳法。一七二六年，四十五歲的吉美巴沃第三度來到錫金，在竹帝寺內新建佛像，並在桑阿卻林寺新建寢宮。隔年，他再度傳授《持明命修》等法要，並於兩年後返回西藏。翌年，他再度來到錫金。一七三四年，他在玉僧的諾布崗新建息諍塔，隔年又在桑阿卻林寺新建諸多聖像。

吉美巴沃初來錫金時，正值二十八歲。此後二十多年當中，他多次在錫金傳揚佛法、大行佛事，讓拉尊所留下的寺院與法教，得以延綿流長。他一生的心力與珍貴時光，多付諸於錫金教法與眾生，最終，他也在此秘境示寂。在他圓寂數年之後，在錫金外環地帶瓦隆康巴間出生的一個男童，被認證為吉美巴沃的再來人，第七世達賴喇嘛為他賜名為袞桑吉美嘉措。[185]

第一世拉尊南卡吉美，第二世昂旺袞桑吉美，第三世吉美巴沃，三人均非出生自錫金，卻都曾來過錫金。一位錫金婦女曾幸運地在人生不同時期親見這三世的上師。在凡夫心境中，她不加掩飾地描述這三世拉尊：「前世的前世的上師——袞桑南傑，他的身體是藍色的，光彩熠熠。他的後世（昂旺袞桑吉美）比前世還要好看。現在這位上師（吉美巴沃）跟前面的相比看來，三個都不一樣！前一個上師是很好看，而這位上師又更加好看一些，而且尊貴威嚴。看起來上師每轉世一次，就更好看、更不一樣！」[186]

而拉尊本人則曾從截然不同的境界豁達地說道：

> 輪迴與涅槃，無法用手去指著介紹說：「就是這個！」當下的這些情世間、器世間、六道，除了即是俱生的佛身與佛國之外，上師可沒說還有個方外淨土。而外在、內在，還有此世、來生、中陰，凡此種種，全是自心造作的遊戲。[187]

185《空行刹土哲孟炯頂寶幻現瑜伽四友傳承敘事：新智童子歡宴》藏文版，頁一八八。

186《空行刹土哲孟炯頂寶幻現瑜伽四友傳承敘事：新智童子歡宴》藏文版，頁一六五。慈誠協助將文中布提亞語翻譯為藏文。

187《拉尊法王教言全集》第一冊藏文版，頁三一八。此處譯為白話體。

11 多康的四棵果樹和口拉氏族

蒙古準噶爾軍在西藏被康熙的軍隊打退之後，大清帝國仍沒有打算鬆手，清軍與準噶爾的血鬥持續在新疆和青海一帶糾纏。這場戰事持續多年，從康熙末年打到了雍正時代。而現在，我們的故事要從蒙清對決，倒回到一個相對美好的時期，故事的舞台也要從先前章節聚焦的衛藏、錫金一帶，往東移到數百哩外的多康。

如前所述，西藏依地勢可分為阿里、衛藏、多康三區，自古有「上阿里三圍，中衛藏四如，下多康六崗」之諺。而多康六崗當中的直匝「色莫崗」，是我們另一條敘事線的起點。[188]

十二世紀初期，那位以蕁麻為食、以法度日、以道歌傳世的密勒日巴傳奇正在上演。當這綠色瑜伽士的精彩修行人生落幕之後，其他的傳奇也接續上場。十二世紀中葉，蓮花生大士的法教種子，隨著一位名為當巴德謝的實修比丘，傳播到了多康。

當巴德謝在色莫崗建立名震天下的噶陀寺，是為寧瑪派在多康地區的初始祖庭。他後來孕育出臧敦傑、蔣巴朋等心子，在接續的三百五十年當中，噶陀的教法如日中天，「十萬虹光身」之美名不脛而走。然而世事無常，噶陀後來因故走向衰沒。

一六一五年，拉尊離鄉到工布敏卓給奏林寺夜練不倒單的同時，遠在多康的德格，也正經歷著重大事件。這一年，喇嘛桑傑登巴陞座成為第四代德格法座主，他不但透過精勤實修證得諸多功德，具有強大心力豎立教法勝幢的他，奉佐欽貝瑪仁增[189]為師，興建佐欽寺，亦奉持明袞桑謝拉為師，贊建白玉寺，並且戮力振興噶陀寺，輔佐持明龍薩寧波成為噶陀中興教主。

其中，白玉寺開派祖師袞桑謝拉奉百大伏藏師之一、取出「天法」伏藏的明珠多傑為根本上師，了悟上師與自心無別，並在一次特殊的覺受當中直達「明覺臻量」境界[190]。在明珠多傑座下多年，他求得《天法虛空藏》灌頂口傳、《引導文掌中佛》等法要，明珠多傑賜他「袞桑謝拉」一名，意為普賢慧，並授記他為阿羅漢羅睺羅的最後轉世。一時，明珠多傑在噶陀為上千僧眾傳授天法時，身為近侍的袞桑謝拉負責將灌頂寶瓶水分發給與會大眾，他不僅很快完成分發，在與會千人均分得滿掌的寶瓶水後，寶瓶裡竟還餘留一半的水量，明珠多傑稱讚這是袞桑謝拉示現的神通。

拉尊圓寂後四年，西元一六五六年，藏曆火猴年，德格王喇嘛桑傑登巴始建白玉寺，於九年後的木蛇年完竣。德格王寫信請求明珠多傑的同意，讓袞桑謝拉坐陣白玉擔任住持。明珠多傑在觀察建寺地名等緣起後，授記此寺將會傳揚圓滿教法。袞桑謝拉奉上

188 本節敘事均參照揚唐仁波切所寫的〈多芒寺史〉一文。

189 又作白瑪仁增，即第一世佐欽仁波切。

190 大圓滿四相中的第三相。

師明珠多傑之命，在三十歲那年成為白玉寺第一任法座持有者。不久後，明珠多傑英年圓寂，由袞桑謝拉主持後事，爾後，他也曾向百大伏藏師之一的龍薩寧波求法。

袞桑謝拉的另一位主要上師噶瑪恰美對他授記道：「你是惹納林巴伏藏法的法主，是故將會依《大悲觀音秘密總集》等法門饒益眾生。」三十四歲那年，袞桑謝拉在噶瑪恰美座下受比丘戒，噶瑪恰美在其名字前又加上「持明」二字，自此稱為持明袞桑謝拉，並為他親授自己的法衣。

持明袞桑謝拉雖為寺主，卻心繫寂靜處實修，他在天山光明崗等地修行，據說證得大手印持明的果位。他以法教孕育出合稱「執持勝幢四子」的四名心子：又名「耶喜森給」的色耶喜蔣參、又名「多傑塔」的贊達多傑蔣參、又名「秀崗巴當」的秀崗慈誠蔣參，與又名「蔣崗阿朋」的蔣崗瑾巴蔣參。四人在袞桑謝拉座下修學多年，均獲得修行成果。

有一天，袞桑謝拉吩咐四位心子：「現在你們要回到自己的家鄉，去做利益教法和眾生的事。回去以後，若能各自建寺，既可淨化自己的罪障，也是對教法的貢獻。但是不可以淪於世間八法，切莫遠離寂靜處！」四人儘管並不想離開上師，卻不得不依教奉行。臨行之前，袞桑謝拉清楚地向每個人說明各自建寺所在地的地貌特色，並且交代道：「現在你們每個人去挑一袋柴火給我，然後再走！」秀崗巴當只帶回一個主幹，袞桑謝拉對他說：「你建的母寺會興盛，但是分寺不會。」耶喜森給和多傑塔兩人挑的木頭裡頭，主幹和枝條各半。袞桑謝拉說：「你們兩人的母寺和分寺都會興盛！」而蔣崗阿朋帶回的木頭，全部都是枝條。袞桑謝拉對他說：「你建的母寺不會興盛，但是分寺卻會興盛起來！」四人臨別之際，師徒離情依依，上師面露不捨，徒眾們也淚流滿面。四位心子回到各自家鄉，依照上師的教言，不事八法，在寂靜處專務實修，共享「具德四士，具果四樹」之美名。秀崗巴當建了秀崗寺，耶喜森給建了拉則寺，多傑塔建了贊達寺，而蔣崗阿朋建了蔣崗寺，此乃白玉寺的四大分寺。

一七〇六年，藏曆火狗年，正當吉美巴沃在德達林巴親自指導下，於敏珠林進行十四個月的閉關之際，袞桑謝拉四大心子之一的蔣崗阿朋和他的弟子們，依著馬頭明王的儀軌啟動了調伏建寺土地的修法。圓滿建設蔣崗寺後，年屆五十歲的蔣崗阿朋致心於終身閉關，遂將寺主之責交付給他的侄兒——蔣崗慈誠多傑。蔣崗慈誠多傑被認為是蓮師二十五王臣弟子當中恩朗給瓦秋陽的轉世，亦為修持馬頭明王的成就者。相傳多傑雷巴護法神，曾向他親獻一對銅鈸，揚唐仁波切曾親眼見過這對銅鈸。[191]

一七三五年，藏曆木兔年，吉美巴沃最後一次遠赴錫金，他的佛行事業和壽命即將步入尾聲之際，年值二十出頭的乾隆即位，延續著康熙及雍正以來的盛世。乾隆帝對藏傳佛教有濃厚的興趣，他曾迎請眾多西藏高僧入京，並尊這些高僧為師。他向西藏上師求法之餘，也獻上豐厚的供養。

一七四〇年代中期，西藏多康「嘉絨十八國」或「嘉絨十八土司」之一的「促侵土司」

191 見〈多芒寺史〉。

與清朝不睦，致使乾隆迎請西藏高僧到中國，欲以法術先發制人。這一次，他請來的高僧之一，正是蔣崗慈誠多傑。[192]

蔣崗慈誠多傑沒有讓乾隆失望，所謂的馬頭明王成就者也非浪得虛名，他依著馬頭明王的威猛儀軌拋擲兵猛朵瑪時，據說那朵瑪像鳥一般騰飛空中，落在數百公里外那促侵土司的住所屋頂。此舉看似法事靈驗，自然深得乾隆賞賜，但揚唐仁波切解釋說，這其實是蔣崗慈誠多傑為了遣除促侵土司的障礙所示現的一種方便。

爾後，蔣崗阿朋和蔣崗慈誠多傑囑咐他們兩人的一位共同弟子建立寺院，這位弟子是口拉氏族後裔的吉美慈誠偉瑟，亦為蔣崗慈誠多傑之侄。所謂的「口拉」，是西藏六大氏族之一的「止空固惹」後裔來到多康而繁衍出的支系。

吉美慈誠偉瑟依師求法後，心儀於山洞山間實修，他雲遊衛藏諸大聖地，也在康區的噶陀、佐欽、白玉三大寧瑪寺院求得許多灌頂和法訣，意欲終其一生實修大圓滿。此時，蔣崗阿朋和蔣崗慈誠多傑囑咐他建寺，他奉師之命所建的寺院稱為「多芒寺」。

吉美慈誠偉瑟為多芒寺建寺者的依據，來自揚唐仁波切所撰寫的〈多芒寺史〉。然而，多傑德千林巴在自傳裡提到，多芒寺的建寺者是當時被乾隆奉為上師的蔣崗慈誠多傑。多芒寺長老德巴堪布亦提到，多芒係由蔣崗慈誠多傑所建，再將寺院交給侄兒。[193]總之，吉美慈誠偉瑟奉蔣崗慈誠多傑囑咐而建寺，一位是倡議啟建者，一位是實際建造者，兩種說法未有矛盾之處。

當巴德謝在多康建噶陀寺，蓮師教法自此弘揚東藏。在德格王的發心和明珠多傑的授意下，袞桑謝拉入主白玉寺，開啟白玉傳承的史頁。袞桑謝拉的四個心子建立白玉四大分寺，這四大寺又自成母寺、傳衍分寺。遙想當初，蔣崗阿朋拾取一袋枝條，袞桑謝拉謂之為「母寺不興，分寺興」的緣起。如今，隨著蔣崗阿朋已建母寺蔣崗寺，而吉美慈誠偉瑟也甫建分寺多芒，我們的故事，於焉就要聚焦在蔣崗寺的分寺——多芒寺。

192 根據揚唐仁波切的敘述，白玉祖寺的噶瑪札西（即第一世噶瑪古千）也一同前往，見〈多芒寺史〉。

193 德巴堪布著，〈多芒寺聖教善增洲之歷代座主等歷史簡述：白晶明鏡〉。

12 指路烏鴉、過路老狗以及報恩的虹身行者

奉師之命開始尋找寺院建地的吉美慈誠偉瑟，經一番考察後，判定「羅、宗」一帶頗為符合上師們所指示的建寺條件。

這個地區座落於在尼水、色水兩條河流之間的丘原，位於瓦須色達和瓦須玉科瓦兩大遊牧部落之間。這個區塊裡有「上羅柯」、「下羅柯」、「上宗」（宗兌）、「下宗」（宗麥）等四部，合稱「羅宗四部」。根據揚唐仁波切的〈多芒寺史〉[194]，約莫一千多年前，格薩爾[195]軍來到此地後，開始形成零星遊牧人家，後來蒙軍肆虐，人民流離失所，不得不轉為遊牧。

「羅柯」意為「銅器」，相傳是格薩爾軍隊來到此地時，覺得地勢宛如銅盆一般，遂得此名。「羅柯」又稱「格朋羅柯」，之所以又加上「格朋」二字，是因為羅柯部落的初代酋長，名為「格朋本穹」，他是格薩爾王麾下將軍「岭格朋榮倉瑪雷」的後嗣。本穹死後，格朋色偉成為羅柯第二代酋長。當時色達部落與羅柯不睦，色達進兵羅柯，將格朋色偉斬首斷肢。為了永絕後患，色達部落想擇地埋藏格朋色偉的首級，以風水地理之術斷絕羅柯的酋長、勇士傳承。然而，他們陰錯陽差地在「敵首較鐵尤堅硬，勇傳較河更綿長」的地方埋下格朋色偉的頭顱，反使羅柯運勢翻轉。而吉美慈誠偉瑟約於格朋色偉的時期來到羅柯建寺。

一日，吉美慈誠偉瑟造訪一戶羅柯人家，這家人誠邀他入內，並奉上雪白的牛酪。在得知這戶人家的族系名為「天湖」，而首獻的又是美味的牛酪時，吉美慈誠偉瑟心想緣起大好，便直接對他們說明來意：「我是為了尋覓建寺場址而來，你們家正好位於我想建寺的寺址中央，如果願意割捨的話，需要多少錢來買地，我都可以給！」這戶人家回答：「您若要用來建立寺院，什麼都不用給。能夠把這塊地獻給您，我們感到滿心歡喜！」不僅如此，他們還獻上建寺供養金，一切緣起均不假劬勞地自然而成。

在那塊地上，吉美慈誠偉瑟花了三個月的時間修持觀音法門。一天晚上，他夢到一個白色形相的人對著這塊地撒米。他認為這是大悲觀世音顯靈加持之兆，加上當時又是最適合動工的夏季，種種跡象顯示，建寺因緣已然成熟。爾後，吉美慈誠偉瑟與弟子們修持七日普巴法會，遣除建地障礙，在一七五九年，藏曆木兔年，啟動了建寺工程。

在順利完成主殿後，他們刻製以《賢劫經》為主的眾多佛經，這個「多經」的緣起成為多芒寺的命名由來。在藏文中，「多」是佛經之意，而「芒」是眾多之意，「多芒」意為「眾多佛經」。寺院主殿當中，安奉釋迦牟尼佛主眷、堪師君三尊、馬頭明王、普巴金剛、觀音、白玉祖師袞桑謝拉等聖像。蔣崗慈誠多傑也賜予《寧瑪密續全集》、廣中略的《大般若經》等經函。寺中還安奉了《七寶藏論》、龍欽巴與吉美林巴「全知父子」的法教、恰美仁

194 本節敘事內容均參照此文。

195 格薩爾王為蓮師所化現的降魔國王。中文又作給薩。

波切的教授、天法和慈納林巴伏藏法本等典籍。

多芒的初始寺院，位於一座山丘上，丘下有條小溪潺潺流過。這裡腹地不大，可以想見當時寺院主要是供少數行者實修。多芒草創期的宗旨，可從吉美慈誠偉瑟對僧眾們的這一番教誡看得出來：

> 塑造聖像的部分，現在這樣就足夠了，建設身語意所依，是行佛教事業，也是淨化自己罪障，更可成為地方上頂禮、供養的所依、累積資糧的福田，具有讓眾生培植善根的功德利益不可思議，自然不在話下。可是要執持、維續佛教，主要還是要看自己的身口意這三門。如果不是透過自己的身口意三方面來立下教法之基，僅僅靠著畫畫佛像、造造聖像度日，從根本來看，自身教法榮耀的衰退，恐不令人意外。
>
> 如今眾生多病而短壽，在如此濁世當中，面臨死亡之際，自己要能不辜負自己、不欺弄他人，這點實在相當重要。如果真的有心想行純正佛教事，我們這些修行人，在根部還沒成熟之前，就企圖收成果實，就是不好的想法。要真正修行佛法，首先要透過別解脫道來如理守護所有戒律，在堅固的戒律基礎之上，才依菩提心淨治心續。對於密咒金剛乘道的甚深法訣，不是只停留在學問上打轉，當以聞思智慧決斷，復以修所成慧匯歸關要。如果自己的身口意三門能透過這樣而成熟、解脫，這就是大悲本師的後嗣，這就是包括天界在內眾生的殊勝供養對象，這就是世上最好的身語意所依。我們所需現證的，就是這個了。[196]

吉美慈誠偉瑟對多芒寺僧團設下八規：一、不做世間事。二、不裝模作樣。三、不希冀名聲。四、不追求財富。五、於食財知足。六、一心專於法。七、佛法寄託此寺。八、追隨聖者行儀。立下寺規後，吉美慈誠偉瑟主持多芒寺開光大典，揚唐仁波切如是形容他所聽聞到的開光瑞相：「雖然時值寒冬，卻地表冒暖，隨處可見白花綻放，天降四瓣、八瓣以及三瓣的雪花。此外，尚有馬頭明王聖像發出火光，觀音像面露微笑等等徵相應運而生。」

當時的多芒，僧數僅約四十，全為實修大手印的出家人，他們主要依寂忿觀音和寂忿蓮師來觀修持咒。建寺二十多年後，吉美慈誠偉瑟在即將圓寂之時，向阿茲卻洛在內的兩位心子，交付關於轉世的預言。這段預言裡出現了拉尊的名字，是多芒寺歷史中首見與拉尊有關的內容：

> 此後火馬年之時，拉尊南卡吉美之，轉世勇士虎裙者，舌上自生阿字母，
> 臉上有痣顯徵相，龍族男女低種姓，誕生哲霍下部中。[197]

196 見〈多芒寺史〉。對於吉美慈誠偉瑟生平事蹟如此細膩的描述，只有在揚唐仁波切的〈多芒寺史〉看得到。仁波切在敘述拉尊行儀時，也有諸多文獻中沒有的敘事。同樣地，後續關於古千袞桑南傑和多傑德千林巴的生平，均可看到仁波切細膩的描繪。在閱讀仁波切的這些文章時，頗有是他清晰憶及宿世經歷之感。此為筆者個人感受。

197 見〈多芒寺史〉。

吉美慈誠偉瑟的這番預言，預示著拉尊的另一脈轉世傳承就要在多芒開衍。在向弟子們宣講、叮嚀最後的修行教授後，吉美慈誠偉瑟身披袈裟，面朝西南，雙手以入定之姿進行唸誦。唸誦完畢後，他將《密勒日巴尊者證道歌》和龍欽巴尊者的《實相寶藏論》置於自己頭頂，於發願之中示現圓寂。七日當中，無雲晴空裡虹光交織，荼毗之後留下珍奇的舍利和遺骨。

幾年後的一個晚上，吉美慈誠偉瑟的心子阿茲卻洛夢到一名白衣女子對他說：「你該不會忘了上師的預言吧？」女子說畢，賜他一尊等肘高度的馬頭明王像後，便消失無蹤。卻洛夢醒之後，憶起上師關於轉世的預言，遂開始連同另外兩位僧人往哲霍的方向尋找轉世靈童。

旅途中，曾有兩隻烏鴉，彷彿是護法指路一般，飛飛停停且又鳴叫地領著他們前進，直到章谷嘉果一帶，才不見蹤影。三人在那村鎮停留三天，仔細觀察是否有符合預言的人家。一時，他們再度聽到烏鴉鳴叫，發現原先那兩隻烏鴉，就停在一個小房子的屋頂上。他們低調詢問村民那戶人家的來歷，村民說，那裡住了一對夫妻，患有龍病。三人心想，轉世靈童實在不太可能誕生在一個有龍病的家庭裡頭，就在舉棋不定之時，當晚的上半夜，卻洛先是夢到那個小房子裡，一條蛇纏繞著一個發著紅光的蛋。下半夜裡，又夢到先前在夢中出現過的那名白衣女子。這回，白衣女默然不語，僅僅用手指著那間小房子，便又消失無蹤。

醒來之後，卻洛深信轉世靈童就在那戶人家無誤。三人到達門口時，一個四五歲的男孩在門外開心地抓著他們的手進到屋裡。他們向孩童父母問起曾經發生在孩童身上的特殊事件。母親說：「我本來確實有染病，在懷這個孩子的時候，有天晚上夢到一位白衣女子拿了一整盤藍色阿如拉妙藥給我，對我說：『妳吃下去吧！吃了病就會好了。』我正想把妙藥塞進口中時就醒了。從那時起，病情就開始好轉。生下這個孩子那天，有兩隻烏鴉發出美妙的聲音，在空中盤旋繞圈，然後飛到我們的屋頂。」

男孩的父親則說：「這個孩子出生前三個月，有天我做了個夢，夢到下起一場狂雨，強猛的雨勢使我家旁邊的土石樹木都崩落，像是水災一般，連我的房子都快要被急水沖走的感覺。結果天空突然放晴，日照金光，四周草原的花朵盛開。我夢到孩子出生了，我們夫妻加上孩子三個人，就在草原上喝起茶來，實在歡暢開心。」

卻洛接著仔細觀望男孩，在他舌頭上看到有細微青色血管顯出的「阿」字，臉上也有狀似卍字的痣。下半身又有如血作畫般顯現的圖案，符合預言當中提到的「虎裙」。總之，種種跡象顯示這位男孩就是吉美慈誠偉瑟的轉世靈童。而根據吉美慈誠偉瑟自己的授記，這位轉世靈童乃是拉尊南卡吉美的化現。

那年的藏曆六月四日，適逢佛陀初轉法輪紀念日，男孩被迎請到多芒寺陞座。在學習語文的過程中，他未費太多力氣就能知曉，但是並沒有學習聲韻修辭或是邏輯因明。他如是說道：「惡世短壽之時，沒有時間去學這些學科。」他向前世心子阿茲卻洛等人學習了《入菩薩行論》、阿里班禪的《三律儀論》、吉美林巴的《功德藏》等少許經論，尤其珍視巴楚仁波切的前行教授《普賢上師言教》。他曾說道：「像我這種傻瓜，光是巴楚仁波切的前行就夠了。並不是說其它經論不好，而是像我這樣的笨蛋，實在沒有通達那些的機會。」據說，在他的住處中，修行的所依，除了一尊蓮師像、一本《普賢上師言教》外，什麼也沒有了。

他在多芒、蔣崗二寺求得許多伏藏灌頂、口傳，後來前往白玉，向第一世噶瑪古千——又名噶瑪札西的噶瑪確巴桑波——獻上髮撮，得名「袞桑南傑」，人稱古千袞桑南傑。而袞桑南傑一名，正巧與拉尊南卡吉美的出家法號相同。他在噶瑪札西的座下盡得教傳、伏藏灌頂和口傳，特別是大圓滿立斷和頓超法門的竅訣。噶瑪札西又賜他秘名——查同吉美巴沃。這個名字，又正巧與出生早他約百年、在錫金重振教法的那位吉美巴沃同名。

袞桑南傑回返多芒後，終生閉黑關實修。平常總是穿著整齊僧衣、腰帶緊束，身體豎直端坐，未曾左傾右倒後靠。有一回，他因身體微恙，請侍者為他穿衣，結果弟子發現衣服無法覆體，就像蓋覆在空氣一般毫無附著點。想要繫上腰帶時，纏上兩圈仍不著力。又有一天，名為阿茲旁登的喇嘛，在與袞桑南傑一同修持觀音寶瓶時，心中浮現一個念頭，覺得自己的上師已非血肉之軀。他試著用手去觸摸上師身體，果真如同觸摸空氣一般，除了坐墊以外，什麼也沒摸到。凡此種種事跡，是袞桑南傑已然成就虹光身的驗相。根據揚唐仁波切在〈多芒寺史〉的敘述，終生修行的古千袞桑南傑，持誦過六字大明咒一億遍、馬頭明王心咒一億遍、蓮師心咒三億遍、百字明咒七十萬遍，大禮拜九十萬拜。

古千袞桑南傑坐鎮多芒寺初期，僧數在四十到六十之間，盡是「壽命與修行同在」者，沒有一人曾虛度光陰。身的淨障方面，僧人們做過五十萬到一百萬遍的大禮拜；語的淨障方面，他們全都唸過寂忿觀音咒和寂忿蓮師咒三億至九億遍，百字明咒則達數十萬遍；心的淨障方面，在專修大圓滿立斷和頓超法門之下，他們當中出現諸多達到「法性現前」、「覺受增長」、「明覺臻量」[198]的瑜伽行者。到了下半生，袞桑南傑將多芒寺主之責交給大弟子喇嘛札巴丹增。在喇嘛札巴丹增擔任寺主期間，多芒寺的僧人成長到兩百人左右。

在袞桑南傑住持多芒時期，曾有一位謙遜低調、看來不起眼的僧人遊歷到多康下部一帶，他乃是綽號「老狗」的巴楚仁波切[199]。當他來到多芒的山谷低處時，聽見溪流自然發出六字大明咒的聲響，心想：山谷高處應該有大成就者。於是，他攀丘上行，就此步入了多芒寺。在他的淨相當中，多芒寺所在之地顯現為觀世音的淨土。一天晚上，巴楚仁波切借住在多芒寺一位僧人的住處，那僧人並不知道他就是巴楚仁波切。翌日，曾見過巴楚仁波切的一位僧人認出了他，消息便很快傳了開來。所有寺僧都來拜見巴楚仁波切，並把握難得良機向這位意外的過客求教。於是，巴楚仁波切在十五天當中教導僧眾寂天所著的《入行論》四品、吉美林巴尊者的《裸見實相》，以及他本人的經典傳世之作——《普賢上師言教》。據說，巴楚仁波切每天都會轉繞多芒寺五圈。他在多芒期間，寺僧讓他留下深刻的好印象，他曾經讚賞說道：「西藏當中，實修佛法之風仍然未衰，如此看來，佛陀聖教有著長久住世的緣起。」

198 「法性現前」、「覺受增長」、「明覺臻量」為大圓滿頓超「四相」中的前三者。

199 中文又作巴珠仁波切或華智仁波切。巴楚仁波切的生平故事，可參考馬修．李卡德（Matthieu Ricard）所著的Enlightened Vagabond（中譯本為《證悟的流浪者》）一書。書中Patrul and the Prescient Monk（〈巴楚與一名先知僧人〉）、Patrul's Rude Manners（〈巴楚粗魯的行止〉）二文係出自揚唐仁波切的口述。

巴楚仁波切每日轉繞五圈的多芒寺舊址「袞寧」。照片中建築為揚唐仁波切於九〇年代在袞寧所建的閉關中心。攝影／卻札。

約莫西元一八五六年，七十一歲的袞桑南傑，一日喚來所有徒眾，交代遺言並且授記預言、吩咐最後教誡。然而有位弟子稍微多話，影響了緣起，袞桑南傑便止住不語，準備示寂。最終，他要求弟子在兩個星期之內不要打開他的關房房門，就這樣，他雙腳依國王遊戲坐姿，在雙眼凝望著虛空之下示現了圓寂。

對於自己的雙親，袞桑南傑以報恩之心給予佛法教導，鼓勵他們多唸六字大明咒，並為他們傳授大圓滿法要。父母兩人也都唸誦上億遍六字大明咒。據說雙親離世時，遺體上出現了彩虹。

有一天，一名僧徒直白地問袞桑南傑說：「尊貴如您，怎會投生在患染龍病的夫妻家中呢？」袞桑南傑如是回答：「往昔在過去世中，他們兩人曾做飯、送飯給拉尊南卡吉美，是有恩惠的施主。拉尊自認當時沒有機會幫到他們，所以在圓寂前發願說：未來要投生為兩人的兒子，來報達他們的恩情。」

13 多芒的大伏藏師

袞桑南傑的虹身已逝，巴楚仁波切的腳步已遠。正當袞桑南傑的法體荼毗，留下諸多舍利的時候，多康東方的大清帝國，面對船堅砲利的英法聯軍，顯得難以招架。而我們的故事，依舊圍繞在康區爐霍一帶。

西元一八七六年，第十三世達賴喇嘛出生，隔年，西元一八七七年，藏曆火牛年[200]，距離袞桑南傑坐化仙逝已過二十載。藏曆九月二十五日，一名男孩誕生在哲霍「如慕波東」一個叫做「瓦度卡倉」的家庭，父親名為南卡吉美，母親名為仁千措。他誕生之時，室內瀰漫著芬芳香氣。母親懷孕期間，曾經夢到一個光亮的水晶佛塔從天而降，從她臍部進入了身軀裡面；也曾經夢到自己的身體現出彩虹光芒，有許多禿鷹前來恭敬轉繞；又曾夢見穿著特別的女子前來，送她一些從未見過的食物。

男孩四歲的時候，名聞遐邇的蔣揚欽哲旺波以及薩迦空行母格桑確季旺嫫等上師，共同認證他為袞桑南傑的轉世靈童，名為多傑德千林巴。以多芒為寺的他後來取出了一套全新的伏藏法，所以他被人們尊稱為「多芒大伏藏師」，其伏藏則被稱為「多芒新伏藏」。

多傑德千林巴在自傳中寫道，自己的第一世乃是口拉氏族的瑾巴嘉措。瑾巴嘉措被第一世的多竹千法王[201]認證為是恰美仁波切的轉世，[202]且為蔣崗慈誠多傑之侄。[203]這位瑾巴嘉措與揚唐仁波切在〈多芒寺史〉中提及的吉美慈誠偉瑟，應為同人異名。而瑾巴嘉措的轉世，乃是拉尊南卡吉美的再來人——古千袞桑南傑，是故多傑德千林巴在自傳中自稱為第三世。

然而，根據蓮師的授記，多傑德千林巴的轉世世系，復有不同的面貌。預言中清楚提及，多傑德千林巴乃是蓮師二十五王臣弟子當中恩朗給瓦秋陽的化身。多芒新伏藏裡如此敘述發生在桑耶寺的一段預言：

> 烏金的蓮花生大士，對聚集的上首弟子大成就者給瓦秋陽、耶喜措嘉、毘盧遮那、朗卓大譯師、帕嚓尼瑪五人，宣說《最深密意總集》的法要來成熟解脫眾人時，蓮師說道：「給瓦秋陽，你未來轉世的二十五世最後，會透過這個法門成辦無量自他利益，並在多康下部投生。」[204]

200 關於多傑德千林巴的出生年份，揚唐仁波切的〈多芒寺史〉中寫為一八七六年藏曆木豬年出生。但木豬年當值一八七五年，疑有誤植可能。根據《多芒新伏藏》中諸多蓮師授記，多傑德千林巴是火牛年出生。此外，多芒寺長老德巴堪布所寫的〈多芒寺聖教善增洲之歷代座主等歷史簡述：白晶明鏡〉中亦寫為火牛年出生。故此處依蓮師授記和德巴堪布之說，寫為一八七七年火牛年，尚請智者鑒察。

201 中文又作多智欽。

202 「出家之身，瑾巴嘉措，是為吾人，轉世初始。多竹千尊，袞桑賢遍，說為怙主，恰美所化。」《多傑德欽林巴文集》藏文版第十一冊，頁一七六。

203 多傑德千林巴自傳中云：「吾人一世，彼之叔者，蔣族之侄，慈誠多傑。」《多傑德欽林巴文集》第十一冊藏文版，頁一七七。

204 出自〈深藏文分授記明鏡〉，《多傑德欽林巴文集》藏文版第二冊，頁二〇三。

多傑德千林巴出生地一景。攝影／卻札。

爾後，蓮師細數給瓦秋陽每一個轉世的出生地點和名字，在提到第十一世時如是說道：

之後與我密意無有別，噶瑪名者權勢甚增盛，佛行所化遍滿太陽下，彼後又再傳續十四世，具足善法多康下部域，我所賜與加持聖地中，火牛年生具胎記肩飾，擁大智慧自幼信慕我，淨相出離心力甚卓越，掌心如智慧眼圖紋飾，十六歲起持淨相法藏，二十歲起開掘深寶藏，三十歲時教眾利益興……六十九歲壽命終結時，前來妙拂祥山蓮光宮。

這段授記指出，給瓦秋陽的第十一世是佛陀事業的行使者——噶瑪巴。再過十四世，也就是到了第二十五世時，將是在火牛年出生、日後取出伏藏的多傑德千林巴，十分清楚說明了給瓦秋陽和多傑德千林巴之間的關係。

在多傑德千林巴的伏藏品〈蓮師傳：大樂秘道〉中，他的名字明確出現在授記裡：「未來烏金蓮師之心子，牛年生肖左腿痣莊嚴，名為多傑德千林巴者，遇此具足智慧悲心者，結緣必能引往蓮光宮。」[205]

在他的另一伏藏品《普巴金剛深意心要菩提心續》後文中，蓮師清楚指出多傑德千林巴乃是「三合一」的化身：「未來濁世最終時，給瓦秋陽的身、毘盧遮那的語、南開寧波的意所化現之勝化身——班匝素卡波札（多傑德千林巴名字的梵語發音）——將取出此伏藏法，執持教法的命脈。」[206]

在他的伏藏品《上師密意總集》灌頂儀軌後文中，蓮師也指出多傑德千林巴乃「五合一」的化身：「我為了利益後代眾生而安置此灌頂的次第，具足特別願力的給瓦秋陽，特別的明妃耶喜措嘉，王、臣、伴等特別眾，我對這些特別的眷屬傳授法教。現在不予弘傳，而將此埋藏大寶地中，交付給未來給瓦秋陽、朗卓、毘盧遮那等五位王臣弟子的五合一化身——一位行蹤無定、心胸寬大、具大聰慧、具足智慧和精進的瑜伽士——以灌頂法教成熟解脫眾生。」[207]

在《上師三根本財神》儀軌後文，蓮師指出他為赤松德贊之子穆如贊布的化身：「未來

205《多傑德欽林巴文集》藏文版第三冊，頁六四二。
206《多傑德欽林巴文集》藏文版第八冊，頁五十二至五十三。
207《多傑德欽林巴文集》藏文版第一冊，頁五六八。

濁世有情困苦時，天子本人所顯勝幻化，名為多傑德千林巴者，開啟伏藏利益諸眾生。」[208]

總之，綜合以上幾段蓮師親授的預言，可知所謂的「王臣五合一化身」，是在給瓦秋陽、毘盧遮那、南開寧波三人之上，加上朗卓大譯師和王子穆如贊布。

除了蓮師親予授記之外，許多高僧大德也曾提及多傑德千林巴的過去世。他在自傳中如是提到：

> 大伏藏師敦炯巴沃說：「蓮師親口對我說：『這是往昔蒙古巴各耶喜和印度帕倉巴的轉世。』」仁增尼瑪札巴的身化身隆日林巴說，我是往昔大成就者給瓦秋陽的轉世密瑜伽士，乃最後的第二十五世。卡千巴各旺秋的身化身桑阿林巴說，我是釋迦牟尼佛座下的夏那奎，在蓮師尊前是給瓦秋陽，之後是具德噶瑪巴，最後是未來佛——文殊佛。說我在二十歲的時候，會有取出大伏藏的緣分。[209]

在多傑德千林巴本人所寫的歷代轉世祈請文中提到，他首先為部主導師不動光，接著在釋迦牟尼佛時代是夏那奎，之後為印度比丘強秋莫，在蓮師時代為恩朗給瓦秋陽，接著為噶瑪巴尊者，最後在華嚴淨土當中成佛，佛號「文殊遊戲」。[210]

此外，多傑德千林巴亦是拉尊南卡吉美的化現。拉尊南卡吉美約從一六四七年起，在秘境錫金陸續出現甚深淨相，這些淨相法教結集成《持明命修》。約莫兩百五十多年後，多傑德千林巴在淨相當中取出了當初拉尊刻意未取出的《持明命修》部分法教——《持明寂忿總集》。《持明寂忿總集》的後文如是寫道：

如此持明總集秘句髓，奧明具樂蓮花幻網洲，不變吉祥哲孟雄境中，
無畏勇士袞桑南傑尊，不壞金剛密文法雨霖，多世利眾之後於康區，
多傑名稱隱密瑜伽士，宿世記憶心意中升起，淨相上師持明命修法，
支分凡與結緣皆具義，珍寶白紙之上善付梓。[211]

此處清楚提到多傑德千林巴乃為袞桑南傑（拉尊的出家法號）經多世轉世後，在康區化現的再來人。而在《持明寂忿總集超度儀軌》後文亦載有「拉尊袞桑南傑之再化身多傑德千林巴」之詞句。

如前所述，多傑德千林巴在自傳中，提及自己第一世是多芒建寺者瑾巴嘉措，第二世是袞桑南傑，自己乃為第三世。在他所寫的另一篇祈願文裡，雖然同樣將自己列為「第三世」，卻又不同於之前的轉世譜系：

卑瑪幻化錫金奏千巴[212]，聖嘿如嘎南卡吉美尊，再化查同吉美巴沃尊，
第三世為多傑德千林，歷代得獲成就諸勝士，祈求賜予勝共二悉地。[213]

208《多傑德欽林巴文集》藏文版第四冊，頁四八四。
209《多傑德欽林巴文集》藏文版第十一冊，頁六四二。
210《多傑德欽林巴文集》藏文版第十一冊，頁四十九。
211《多傑德欽林巴文集》藏文版第五冊，頁三十。
212「奏千巴」意為大圓滿修行者。
213《多傑德欽林巴文集》藏文版第十一冊，頁二十九。

在此祈願文中提到，第一世為拉尊南卡吉美，第二世為查同吉美巴沃，第三世為多傑德千林巴。此願文至今在錫金仍然普遍傳誦，此拉尊轉世譜系也為錫金普遍接受。[214]至於自傳中提及的「第一世瑾巴嘉措，第二世衮桑南傑，第三世多傑德千林巴」之譜系，則為多芒寺普遍認知的多傑德千林巴轉世世系。

而揚唐仁波切所寫的歷代轉世祈請文中則如是提及多傑德千林巴之諸位前世：

我等眾生救怙仁波切，毘盧南寧給秋玉札寧，[215]
衮桑南嘉吉美巴沃等，密意總集多傑德千林……

總之，多傑德千林巴如大海廣納百川一般，既集諸聖者授記於一身，又集諸大師化身為一體。儘管如此，五歲開始學習語文的過程卻是倍感艱辛，前後經歷七位語文老師，依然學竅難開，他自己也不免心灰意冷。八歲那一年，多傑德千林巴依止格魯派的格倉洛桑雅傑為上師，後於這位上師座下求得沙彌戒和比丘戒。這位實修成就的上師指示他閉關專修文殊，於是，他一心專誦〈文殊讚〉以及文殊心咒。在持咒數目達到千萬遍時，他在夢中聽到一個聲音說：「來這裡！」於是，他順著聲音的指引前去，看到一尊文殊聖像籠罩在光團當中，頓時心寬意坦，閱讀語文等方面的學習從此一帆風順。

前世衮桑南傑在修持馬頭明王法門時，乃以一幅唐卡畫像作為修持的所依。多傑德千林巴在修行時，也以此唐卡作為修行的依靠，將唐卡懸掛在身後的牆上。有一天中午，當他持咒達百萬遍時，一個猴形的妖魔發著惡臭在面前現形。年幼的多傑德千林巴不禁驚駭大叫，這時，身後唐卡裡的馬頭明王口出吼聲並發出火光，猴妖便頓時無影無蹤。多傑德千林巴自述道，從那時起：「一切好壞與優劣，都像鏡子一般在我心中現起。」

才剛學會騎馬的青少年時期，多傑德千林巴就肩負著替鄉人做法事的責任。只要哪裡有誰找他修法，他就必須前去。於是，為往生者修頗瓦、超度，為生者消災祈福，為病人修息病法等法事，幾乎成為例行日常。化緣也是他的另一個重任，夏天必須去牧區化募酥油等奶製品，冬天需到農區籌募穀糧。[216]如此庸碌的生活，讓多傑德千林巴心生厭離，所有本可用來實修的時間，盡皆虛耗於信食等瑣事。儘管在寺院中地位尊貴，但他認為：把持地位對自己無益，在地方和寺院對徒眾傳授灌頂和講經說法，也都只是把持一個虛渺的形象，沒有辦法幫助自他的心續得到真正解脫。幾番沉思讓他對拜師求法產生強烈的希求，而出現在他腦海中的求法對象，就是當時名震德格的蔣揚欽哲旺波以及蔣貢羅卓泰耶[217]。

一八八八年，藏曆地鼠年七月，十二歲的多傑德千林巴在宗薩吉祥天頂，初次拜見蔣揚欽哲旺波。欽哲旺波知曉他的到來後，歡喜地說道：「喔，我以前認證的那個祖古，現在來看我了！」

214 錫金徒眾咸認為這篇祈願文中的「查同吉美巴沃」即為在錫金振興教法的那位吉美巴沃。然而如前所述，第一世噶瑪古千賜給古千袞桑南傑的秘名亦是查同吉美巴沃。由於這兩位吉美巴沃同是拉尊轉世再來人，是故此祈請文中的查同吉美巴沃是單指其中一位，抑或是同指兩位，尚盼智者鑒察。

215 此句包括毘盧遮那、南開寧波、給瓦秋陽以及玉札寧波。

216 夏籌奶製品、冬募穀糧乃牧區寺院上師傳統例行公事。

217 蔣貢羅卓泰耶又名工珠雲登嘉措。

14 烽火連天中的遊戲金剛

從爐霍多芒到德格宗薩約莫三百公里的長途，對於一心拜師求法的少年多傑德千林巴來說，是通達夢想的近路。一如兩百七十年前拉尊拜見索南旺波一般，多傑德千林巴初見蔣揚欽哲旺波時，內心是滿滿的感動和踏實。多傑德千林巴向欽哲旺波獻上曼達，已近七十歲的欽哲旺波，慈祥看著眼前滿腔求法熱血的少年，在歡喜納受曼達時說道：「嗯，祖古會帶給教法和眾生利益！」

蔣揚欽哲旺波是當時最偉大的上師，也是不可思議的伏藏師，他在淨相當中取出許多往昔伏藏師已經取出、隨後又失傳的伏藏品，這樣的伏藏被稱為「再取伏藏」。當時，他向年少的多傑德千林巴傳授了伏藏師桑傑喇嘛的《三根本合一修持》，這個伏藏法原已衰沒失傳，是欽哲旺波的「再取伏藏」。蔣揚欽哲旺波為多傑德千林巴傳授此法門的圓滿四灌頂，並且為了去除他的壽障而賜予長壽灌頂。爾後，他拿出自己取出的蓮師伏藏聖像來加持多傑德千林巴，並對他說道：「孩子，對這尊聖像要有虔誠心，加持就會到來，這尊像等同蓮師！」多傑德千林巴看到這尊名為「大樂國王蓮師」的聖像面露微笑，眼神穿透銳利，頓時生起極大歡喜心。欽哲旺波還對他說，不論是在實際覺知或是在夢境當中，都會攝受他，並且囑咐道：「讓佛法與你的心相融，揚棄對此生光景的貪著，實修光明大圓滿法門要訣，直至究竟！」說畢，便傳授了甚深竅訣。

多傑德千林巴十六歲時，蔣揚欽哲旺波就已圓寂，然而正如欽哲旺波所說，會在覺受和夢境當中都予以攝受，爾後多傑德千林巴在淨相、取藏和雲遊淨土的過程，都曾親見欽哲旺波顯現智慧身。

另一方面，多傑德千林巴在宗穴德度頗章拜見當時年近八十、以畢生之力編纂浩瀚巨著《五寶藏》的蔣貢羅卓泰耶。《五寶藏》裡包含了總集藏傳佛教八大傳承精華的《口訣藏》，以及百大伏藏師等古今伏藏師的法藏總集《大寶伏藏》。多傑德千林巴前往拜見時，正逢羅卓泰耶對眾傳授《口訣藏》，於是他也求得法教長達五個月的時間。

此外，多傑德千林巴也在白玉寺第七代座主貝瑪朵阿丹增，以及朵阿卻季

「多芒大伏藏師」多傑德千林巴法照。照片來源／玉僧璨康。

尼瑪[218]這兩位白玉傳承上師的尊前求法。後來成為白玉寺第八代座主的朵阿卻季尼瑪，是多傑德千林巴於自傳中描述篇幅最多的一位上師，求法內容之深廣、相處情誼之真切，均在自傳行文中表露無遺。

蔣揚欽哲旺波和蔣貢羅卓泰耶等大師領銜的不分教派「利美運動」，深刻影響當時修行者的求法風氣。多傑德千林巴本人也曾依止不同教派的上師，求得各個傳承的法教，他在自傳當中提到：「隨後，我又值遇許多寧瑪、薩迦、噶舉以及格魯派的上師，從佛陀的《甘珠爾全集》到《寧瑪密續全集》，乃至所有新舊伏藏，我都全部求得。」[219]

雖然多傑德千林巴在自傳裡並沒有提及另一位寧瑪派大師——米旁仁波切，但是揚唐仁波切在〈多芒寺史〉中清楚敘述了多芒大伏藏師拜見米旁仁波切的過程：

> 來到米旁仁波切的尊前，針對顯密一切艱澀扼要之處，以問答的形式，去除所有愚蒙，依口訣縝密決斷。米旁仁波切用文殊聖像和經函，放置在伏藏師（指「多芒大伏藏師」多傑德千林巴）的頭頂，灌注加持之時，他看到米旁上師就是文殊真身，加持之證悟傳輸到心續當中，在一座當中就解開九乘次第法要的纏結，大聰慧身之力量增長非常。

多傑德千林巴在他所寫的〈前譯昭顯教海藏域諸智修之首瑪哈班智達米旁蔣貝格巴祈請文：文殊怙主歡喜妙樂〉中，如是向米旁仁波切祈求：「祈願上師您的加持進入我的心續，讓聞思修的聰慧蓮花，在我心中綻放之後，與智慧的光明文殊無有分別！」[220]

多傑德千林巴所依止的上師，均為當時佛門龍象。而在實修方面，他亦成就諸多驗相。最初修持長壽法門時，便得空行母授記：「壽達究竟，佛法修行也達究竟。」在三個月當中修持惹納林巴的《長壽修持秘密總集》伏藏法時，出現寶瓶發暖的驗相以及許多良好徵相的夢境，其中包括初次親見蓮師，得到神秘甘露丸的加持。

一八八〇年，藏曆鐵龍年九月五月，年方四歲的他二度親見蓮師。現比丘相的蓮師戴著班智達帽，雙手摩頂給予加持，並且宣講口訣。爾後，多傑德千林巴遊歷諸多聖地和寂靜處，期望以實修度日，內心想著：「我這乞丐，死了也安心！」然而有一次，他實修所在地的僧俗眾知道他來到的消息後紛紛前來拜見，他感到十分不自在，於是緊閉關房之門，戮力實修，期間第三度親見蓮師。這次他是在淨相當中親赴蓮師淨土銅色吉祥山的蓮花光宮殿，我們將在下一節詳述他此番雲遊淨土的經過。爾後，他在勝乘寺主持初十節慶的法會時，第四度親見蓮師。接著，他按照空行母授記的指示，往北沿著雪山山脈而去，在克明珠多傑央宗聖地實修時，於光明大樂覺受中再赴蓮花光宮殿，第五度親見蓮師，並得到紅閻魔敵的法教。

一九一九年，藏曆地羊年七月初十，四十三歲的多傑德千林巴第六度親見蓮師，得到

218 即第三世噶瑪古千。
219 《多傑德欽林巴文集》藏文版第十一冊，頁一八九。此處譯為白話體。
220 《多傑德欽林巴文集》藏文版第十一冊，頁六十二。此處譯為白話體。

灌頂加持。一九二五年，藏曆木牛年三月初一，當時已取出眾多伏藏的他，第七度親見蓮師。這一次，蓮師穿著白色法衣，披著長髮，手持三叉杖，對他吩咐說：「你應當要與伏藏品的法主們碰面，從這裡出發，不要再返回！把法藏交到授記中提到的那些人的手上之後，壽命就會無礙，所願將得究竟。」

《多芒新伏藏全集》現存十餘函，今人難以想像取藏過程的艱辛，更難想像取藏時期乃是西藏、大清帝國、錫金乃至世界諸多國境都動盪不安的時代。一八一二年，戰無不勝的拿破崙，在征討俄羅斯帝國時遭逢慘敗，似乎預示著俄羅斯帝國強盛時代的來臨。已坐擁印度殖民地的大英帝國，與北方的俄羅斯帝國，形成「大博奕」之局（The Great Game），兩帝國持續爭鋒近一個世紀，彼此相互制衡的主戰場，也逐漸從中亞延伸到錫金和西藏。以印度為勢力基地的大英帝國，亟欲將影響力伸入西藏，而從印度通往西藏的最佳隘口正是錫金。錫金王國以佛法立國以來，軍力薄弱，面對從不丹和尼泊爾來犯的軍隊尚需仰賴大英帝國襄助，在面對大英帝國時當然更顯力不從心。一八三五年，錫金將當時稱為「多傑林」的大吉嶺，租借給英人作為山丘避暑中心，每年收取租金。但是英人所認知的是割讓而非租借，每年支付給錫金的是割讓後的補償金而非租金。錫金雖有大臣不滿英人藉故侵佔土地，但強弱形勢分明，經過十幾年的紛爭後，英人最後拿下大吉嶺，引進大量尼泊爾移民。原為錫金一隅靜謐山林的多傑林，被開墾為茶業重鎮的大吉嶺，當今舉世聞名的大吉嶺紅茶，背後有著錫金的心酸血淚史。尼泊爾移民大舉進入大吉嶺與錫金，亦深深衝擊錫金的政局和宗教文化，其影響至今猶在持續發酵。

不僅如此，一八六一年，甫於前一年火燒圓明園的大英帝國，與錫金國王簽訂了庭姆隆條約，確保英人在錫金的往來和貿易自由，也讓錫金成為大英帝國的保護國。眼看英人勢力進逼，錫金王國仍然希望依靠自古以來在歷史、宗教、文化上血脈相連的西藏能夠解圍，而英人則持續嘗試從錫金打開通往西藏之門，英、藏交鋒成為在所難免。一八八五年，英人與清廷交涉後，清廷同意英屬印度的孟加拉政府派遣一支代表團前往拉薩拜訪。西藏政府將此解讀為侵略，遂從拉薩派遣軍隊意欲先發制人，以阻止代表團前來。這支拉薩的軍隊深入錫金，此舉踩到英人紅線，因為英人已將錫金視作自己的勢力範圍。[221]

一八八八年到一八八九年間，就在多傑德千林巴於德格拜見蔣揚欽哲旺波後不久，約翰．克勞德．懷特（J. C. White）率軍擊退駐留錫金的西藏軍隊，就此拿下錫金全境，並且成為英屬印度在錫金的首任政務官。這個事件終結了錫金長久以來仰賴西藏的奢望，只是任誰也料想不到，從此不見西藏軍隊的錫金，會在不久後成為西藏領袖達賴喇嘛流亡的逃生站。

一八九〇年，英人與大清帝國在英屬印度的加爾各答簽訂中英藏印條約，清廷承認錫金是英國保護國，而一八九三年在大吉嶺簽訂的續約當中，更明訂英人得以在鄰近錫金邊界、位於西藏境內的亞東設立貿易代表處。但是從未參與條約簽訂的西藏政府拒絕承認條約，這使英人明白：清朝對西藏已無實質控制力。一八九四年，大清帝國領教了日本明治維新的成果，在甲午戰爭遭遇慘敗，隔年，清廷與日本簽訂了馬關條約，將台灣與澎湖割

221 Alex McKay著，Tibet and the British Raj, The Frontier Cadre 1904-1947 英文版，頁十。The Library of Tibetan Works and Archives出版，二〇〇九年。

讓給日本。同年，第十三世達賴喇嘛即位成為西藏領袖，一上任便要馬上面對英俄大博奕在西藏上演的最後棋局，與搖搖欲墜的大清帝國在沈船之前，緊抓西藏不放的最後企圖。

多傑德千林巴正是在如此動盪的時局中，往來於人煙稀少的山林岩壁，凝神閉關實修。一八九六年，二十一歲的他，在聖地嘎莫達倉的「滿願大樂窟」中，取出了第一個意伏藏——《深法密意總集》。他如是敘述道：

> 我多傑德千林巴在二十一歲，陽火猴那年，待在康區諸大聖地中殊勝的嘎莫達倉聖地門時，空行母眾以表意方式召請，岩山的寬廣表面像是明鏡，如同光明幻術幻化一般，我得到完整的大秘伏藏神幻經函。我衷心想著，會有如此神奇的景象，都是蓮師的恩德，自然生起歡喜。222

時值四川總督鹿傳霖發兵進入康區，從章谷爐霍一帶一路打到瞻對，康區多地陷入兵亂。一八九七年，藏曆火雞年九月二十五日，多傑德千林巴首次取出地伏藏。一八九八年，甫上任的英屬印度總督寇松侯爵（Lord Curzon）對西藏採取強硬態度，英俄在西藏的大博奕有一觸即發之勢。而一八九九年初，藏曆地狗年十二月初十寒冬之時，多傑德千林巴在聖地嘎恭僧給永宗的金剛窟，取出毘盧遮那長壽修持伏藏品。一九〇〇年，光緒二十六年夏天，義和團之亂引致八國聯軍進入北京，清廷向各國宣戰。八月中旬，北京失陷，遭到聯軍完全控制。

另一方面，在拉薩修學佛法的蒙古僧人多吉夫（Dorzhiev）成為第十三世達賴喇嘛的近侍，使得英國人大感不安，他們懷疑多吉夫秘密提供武器給西藏，並擔憂俄國勢力藉此深入西藏。這樣的不安在達賴喇嘛派遣多吉夫到聖彼得堡晉見俄國沙皇時達到最高點。英屬印度總督寇松侯爵一方面擔心俄國，一方面也明白此時的大清帝國並沒有能力掌控西藏，於是決定與西藏最高層建立直接聯繫。他寫信給第十三世達賴喇嘛的六個月後，收到的回覆是：「我們無法處理，我們不與外國人打交道。」一九〇一年，寇松侯爵再次遣使送信，這一次，信件原封不動退回給一臉錯愕的總督。[223]

一九〇二年，藏曆水虎年六月初十，多傑德千林巴在康區嘉絨附近的涅蘭旺各措莫，取出普巴金剛伏藏品[224]。一九〇四年一月，十三世達賴喇嘛進行三年閉關期間，寇松侯總督派遣法蘭西斯・楊漢斯本（Francis Younghusband）率八千士兵，從錫金向拉薩進發，意圖終結俄國在拉薩的影響力，並且打開西藏與錫金、印度之間的貿易。[225]楊漢斯本的軍隊入藏，引發無可避免的戰事，這場實力懸殊的戰役，被視作英俄大博弈的最後交鋒。[226]據

222 《多傑德欽林巴文集》藏文版第二冊，頁五〇二至五〇三。此處譯為白話體。

223 Sir Charles Bell著，Portrait of a Dalai Lama, The Life and Times of the Great Thirteen英文版，頁七十。Wisdom Publications出版，一九八七年。

224 此法為揚唐仁波切主修的法門之一。

225 Tsering Shakya著，The Thirteenth Dalai Lama Thupten Gyatso，收錄於The Dalai Lamas, A Visual History英文版，頁一四三。Serindia Publications出版，二〇〇五年。

226 Peter Hopkirk著，The Great Game: The Struggle for Empire in Central Asia英文版，頁五〇八。Kodansha International出版，一九九二年。

說，英方死傷兩百，而藏人傷亡則達十倍。[227]此時的俄國深陷節節敗退的日俄戰爭之中，完全無暇顧及西藏。七月三十日，達賴喇嘛流亡蒙古，四天之後，楊漢斯本的軍隊開進了拉薩。九月七日，西藏政府與楊漢斯本簽下城下之盟「英藏條約」，西藏承認英國對錫金的主權，並且同意開放貿易。[228]

英人勢力直搗拉薩，對於宣稱對西藏擁有宗主權的大清帝國是一大警訊，儘管國力衰微，清朝仍然決心加強對西藏的控制，首當其衝的便是緊鄰漢地的康區。

一九〇五年，藏曆木蛇年一月初十，多傑德千林巴在康區固棱透給瓦寂靜處的大樂秘窟中，取出《貝瑪寧體》伏藏品。同年，清廷下令康區巴塘寺院不得招收僧人，引爆藏人起而反抗。一九〇八年，清朝駐藏大臣趙爾豐攻入巴塘，翌年推行「改土歸流」，是為中國政權在康區設官徵稅之始。[229]

一九〇九年十二月，流亡五年的第十三世達賴喇嘛才回到拉薩不到兩個月，兩千名清軍就已叩關拉薩。[230]甫回布達拉宮的西藏領袖遂又展開第二度的流亡。前一次流亡是為了躲避英軍而北逃蒙古，這一次則是為了躲避清軍，南行印度尋求英國的庇護。一九一〇年二月，達賴喇嘛一行人抵達了錫金，隨後安住在英人早早從錫金手中拿下的大吉嶺。年值三十出頭的錫金王儲斯炯祖古也前去與當時三十四歲的達賴喇嘛會面。達賴喇嘛、錫金王儲斯炯祖古以及英國指派治理錫金的政務官查爾斯·貝爾，三人在大吉嶺所拍攝的黑白合照背後，有著歷史巨流飄激之下，西藏和錫金說不完的滄桑。

一九一〇年，藏曆鐵狗年，推翻帝制的革命聲浪持續在中國震盪，而多傑德千林巴歷經地猴年、地雞年兩年出現取藏徵相後，[231]在這一年薩嘎達瓦殊勝月的十二日親見長壽佛，得嘗無死甘露。藏曆五月六日，他復親見蓮師賜予守護繩結，並得蓮師親傳〈初十祈願文〉。八日，勇士和空行現身，獻上妙樂和供品，恭請他上座受封。十一日，年波玉則戰神現身，迎請多傑德千林巴到祂的宮殿，讓多傑德千林巴選擇是要坐在黃金法座還是藍寶石法座，多傑德千林巴選了藍寶石法座，並且納受白糖和蔗糖。藏曆五月十六日，一個妖鬼穿著僧服對多傑德千林巴說：「我乃是蓮花生大士！」此時，多傑德千林巴不為所動地對那妖鬼說：「本覺真實蓮花生，別此尋覓妄念無，無論迷執心生何，勝義法性無動搖。」

二十日，多傑德千林巴抵達克宗莫榮聖地頂端的晚上，在淨相中前往銅色吉祥山蓮花光宮，親見了蓮師、耶喜措嘉、毘盧遮那等聖者以及眾多勇父、空行眾。在努千桑傑耶喜擔任灌頂事業金剛之下，蓮師親賜多傑德千林巴完整的紅閻魔敵灌頂與口訣。此紅閻魔敵伏藏品的取藏地點，乃是年波玉則戰神守衛的克明珠多傑永宗大樂本智輪。[232]

227 Portrait of a Dalai Lama, The Life and Times of the Great Thirteen英文版，頁七十二。

228 梅．戈爾斯坦著，杜永彬譯，《喇嘛王國的覆滅》中譯版，頁四十七，中國藏學出版社，二〇一九年。

229 跋熱．達瓦才仁著，《血祭雪域》，頁九十。雪域出版社，二〇一二年。

230 Portrait of a Dalai Lama, The Life and Times of the Great Thirteen英文版，頁九十八。

231 《多傑德欽林巴文集》藏文版第六冊，頁七六八。

232 《多傑德欽林巴文集》藏文版第六冊，頁六一二。

一九一一年十月十二日，武昌起義成功後成立的中華民國軍政府鄂軍都督府，宣布改國號為「中華民國」。自此，被稱為「辛亥革命」的革命運動遍地開花。一九一二年二月十二日，清朝末代皇帝溥儀退位，三天後，袁世凱成為中華民國臨時大總統，宣告中國帝制終結。此後不久，西藏政府逮捕清朝駐守在拉薩的駐藏大臣，並且驅逐兩千駐藏清軍，結束了十八世紀以來一直有中國官員和駐軍留守拉薩的局面。這一年夏天，視西藏為中華民國一部分的袁世凱政府發兵進攻康區。[233]

一九一三年一月，結束第二次流亡的十三世達賴喇嘛回到布達拉宮後，對西藏臣民發布數點公開聲明，其中包括了這一番話：

> 西藏是一個有豐富天然資源的國家，但是不像其它地方有著先進的科學。我們是一個小、信教和獨立的國家。為了能夠趕上世上它國，我們必須防禦我們的國家。鑒於過去外國的入侵，我們的人民必須面對某些困難，但是我們一定得漢視那些難處。

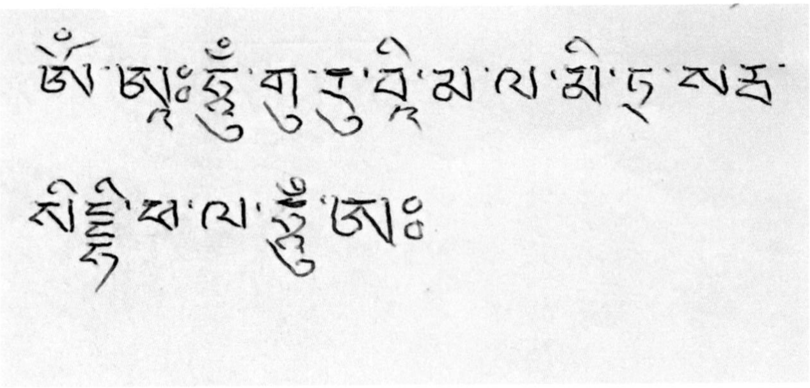

多芒新伏藏中的卑瑪拉密札心咒，揚唐仁波切親筆所寫。資料提供／許宗興。

為了捍衛和維持我們國家的獨立，所有人都要自動自發地努力工作。[234]

一九一三年秋天開始，英、藏、中三方代表齊聚印度山城西姆拉，進行著名的「西姆拉會議」。第十三世達賴喇嘛希望在會議當中達成的目標，包括西藏內政自理，外交上的重要事務會與英國商討，西藏境內不再有中國駐官、駐軍，且西藏的領土需包括從打箭爐（今日的康定）以西，包括十八世紀以來，被清朝控制的所有康區、安多地區。[235]袁世凱政府無法同意此領土界定，一九一四年四月，三方簽訂的西姆拉條約將西藏劃分出向中華民國開放的、包括康區和安多在內的「內藏」，和以達賴喇嘛為領袖、由西藏甘丹頗章政府統理的「外藏」。此外，達賴喇嘛亦有權力指派內藏的地方官員，並在宗教上有完全的管理控制權。但是兩天之後，中方便拒絕承認條約，這個條約於是成為英藏雙方面的條約，並主張中國失去享有條約中的權利，其中包括向中國開放內藏。

幾個月後，第一次世界大戰在歐洲爆發。同年，遠在康區的多芒一帶也不再寧靜。嘉絨綽斯甲大軍攻來，導致多芒寺遭到焚毀。[236]這個事件雖讓多傑德千林巴對輪迴世俗戲碼更

233《喇嘛王國的覆滅》中譯版，頁六十四。

234 Melvyn C. Goldstein著，A History of Modern Tibet Volume 1: 1913-1951, The Demise of the Lamaist State 英文版（電子書），頁二十。University of California Press出版，一九九一年。

235 Portrait of a Dalai Lama: The Life and Times of the Great Thirteen英文版，頁二三〇。

236 詳情見本書第二章之第一節〈天降日來臨前的多芒〉。

加厭離，卻沒有影響到他取藏的事業。一九一六年，藏曆火龍年九月七日，他在霍爾聖地薩普隆虎穴秘窟中，取出見即解脫蓮師聖像、淨除道障十三部之蓮師傳記〈大樂秘道〉等伏藏品。在此蓮師傳的第十二章中，蓮師如是預言道：

> 當漢人的衣著服飾改變的時候，就是喜樂開始耗盡的時代，是故為了維持教法和眾生的安樂，要精勤在自己的家鄉造像。當西藏出現學習漢語的情形時，就是外道野蠻宗派傳揚的時代，是故要調伏自心、縝密遵行業因果。當西藏所有大人物、大上師們將心思寄託在中國上頭的時候，就是守衛聖教的護法散逸的時代，是故要培善除惡、清淨守持戒律。[237]

一九一九年初，藏曆地馬年終，多傑德千林巴在季兌散竹德千聖地閉關，安住在光明大圓滿境界之中。山上顯現出象徵無生的「阿」字，旁有清晰的大鵬鳥翅印，從而顯現取藏的指引文。同年秋天，藏曆地羊年七月四日，他在名為「珍寶三兄弟」的三個突狀岩石處，取出了蓮師替身像、財寶修持伏藏品、如意寶珠。一九二四年，藏曆木鼠年七月初十，年屆五十的多傑德千林巴在達榮俄札取出了忿怒蓮師伏藏品。一九二五年藏曆三月初十，復在登余蓮花山的殊妙聖地晶巖窟中，取出馬頭明王伏藏品。一個月後，藏曆四月初十，他又在如單散登卻林取出八大法行總集伏藏品。一九二六年十二月中旬，藏曆火虎年十一月十一日，在空森天女魂湖取出了青松石寶櫃，內有耶喜措嘉宣說的傳記。藏曆十一月二十日晚上，復在空行魂湖處取出耶喜措嘉心髓伏藏法以及聖像。

此外，多傑德千林巴在夢光明之中，與根本上師蔣揚欽哲旺波重逢，並得獲《卑瑪寧體》伏藏品，他如是道來此中過程：

此乃甚深淨相。本人名為噶旺若貝多傑，在絨美嘎莫達倉專修心要時，在夢光明的景象中，透過強烈虔誠恭敬為緣，進入一個珍寶屋子，只見空蕩蕩一片。詢問之下，以銀幣為裝飾的一位空行母說：「此乃依怙主一切遍知大金剛持欽哲旺波（蔣揚欽哲旺波）前往別處後的遺跡。」聞畢，馬上生起強烈感動虔敬，多次唸誦著：「眾生至尊上師寶，祈以大悲攝徒兒！」於是眾多空行母以笛聲引路，在無造作、離戲的三偈讚頌伴隨之下，不知行經何方。在東方五台山一個名為「無死格倉」的修行洞窟裡，見到本質為上師仁波切貝瑪偉瑟朵阿林巴[238]，顯現為大班智達卑瑪拉密札之裝束形相，以傾注滿瓶之理，賜予此深道心髓甚深法訣。最後，大班智達倏然起身，化為一個熾燃的火團，放光照射，將我的血肉之軀淨化得片甲不留，使之成熟為清澈明光。出現如是特殊覺受。[239]

正如拉尊南卡吉美一般，多傑德千林巴也擁有許多不同的名號，他有時自稱窮沙門，有時自稱康夏壤卓或愚僧康夏壤卓，有時自稱貝瑪噶旺，有時自稱袞卓雍中林巴[240]，有

237《多傑德欽林巴文集》藏文版第三冊，頁六三五至六三六。此處譯為白話體。
238 蔣揚欽哲旺波的另一個名號。
239 出自〈結合灌頂：解脫車軌〉，《多傑德欽林巴文集》藏文版第九冊，頁一四一至一四三。
240 多傑德千林巴取出的伏藏包括苯教伏藏法，此名號多用於苯教伏藏品中。

時自稱卓度強秋林巴，有時自稱耶喜思金澤，有時自稱多傑德千林巴，有時則自稱為噶旺若貝多傑。有時，他將「噶旺若貝多傑」這個名號再予簡化，僅稱「若多」，這個小名似乎很傳神地表達了他在諸多跨時代歷史事件當中，堅韌不為所動、遊歷各地實修取藏的風範。

若貝多傑，簡稱若多，意為：遊戲的金剛。

15 雲遊淨土，行腳錫金

一九〇四年，楊漢斯本從錫金率八千士兵揮軍拉薩，第十三世達賴喇嘛流亡蒙古，在歷史的洪流沖激衛藏之際，遠在東方康區的多傑德千林巴，依然如如不動地在各大聖地實修。這年正值藏曆木龍年，藏曆四月二十五日那天，二十九歲的多傑德千林巴一如往常進行薈供。然而接下來所發生的事卻又非比尋常。[241]

薈供進行當中，多傑德千林巴感覺有白色虹雲從西南方朝他湧來。他正想手拿搖鼓和金剛鈴、以跳舞之姿往那個方向前去時，瞬間昏厥了過去。爾後，光明覺受的景象升起，七個空行母出現對著他說：「為了除掉你這年當中的障礙違緣，應當要去一個特別的地方才行。」多傑德千林巴回答：「那是要去哪個地方呢？」她們答說：「要去烏匝拉！」

接著，他們一同出發，以翱翔天空之姿，沿途俯瞰拉薩、岡底斯山、尼泊爾博達滿願塔、印度那蘭陀寺，後來也看到了一望無際的海洋。到達烏匝拉後，又看到許多不同種類、講著聽不懂語言的空行和勇父。其中有一位會說藏語的空行母叫喚多傑德千林巴到一

241 本節蓮師淨土敘事引用自多傑德千林巴〈前往吉祥山淨相：神奇海〉一文（索達吉堪布譯為〈蓮師剎土雲遊記〉），《多傑德欽林巴文集》藏文版第十一冊，頁二一二起。

個經堂的門口，這時，金剛瑜伽女現身，拿了一個水果給多傑德千林巴並說道：「你想要了解箇中意涵的話，就把這個給吃了。」多傑德千林巴吃下水果，氣味和滋味雖十分甘美，但是一吃入腹，就像吃下毒藥一樣，產生劇烈疼痛、噁心作嘔，他自忖：大概死期已至。這時，金剛瑜伽女問他說：「明白這象徵的意思了嗎？」他回答：「還不明白。」於是金剛瑜伽女把多傑德千林巴關進一個滿是穢物的屋子裡，他對眼前景象心生厭離。金剛瑜伽女又問他：「明白象徵意思了嗎？」多傑德千林巴回答：「還是不明白。」金剛瑜伽女訓斥道：「那你的蓋障真的蠻重的！」她對著多傑德千林巴的胸口施期剋印，用拇指敲擊他的額頭，並且開始解釋道：「美妙的水果象徵著輪迴景象的欺弄；你取用水果就代表對輪迴的貪著；水果的美味象徵你把外境當成快樂的；如毒入腹代表恆常被貪著束縛；心想就要死去，象徵法性的面目被遮蔽；在污穢屋子生起厭離，代表需要遠離一切蓋障。現在，用心來觀照心吧！非有，非是色體和顏色。非無，自然的景象紛呈升起。非執為二，那乃是輪迴因。是故，返觀內在顯空不執為二的自性，彼時，持著那無有轉變的永恆境地！在本覺當中，所有灌頂都圓滿了。」說畢，金剛瑜伽女便消失無蹤。

在輾轉經過數地後，多傑德千林巴終於到達蓮師淨土——銅色吉祥山。耶喜措嘉空行母手捧著黃金曼達，歡喜地對多傑德千林巴說：「孩兒，你來到這裡真好！你來拿這個曼達吧！拿去見蓮花生大士！我們母子倆等會兒再好好聊！」多傑德千林巴進入蓮師宮時，一位名叫益西的阿闍黎問耶喜措嘉：「這是誰呀？」耶喜措嘉回答他說：「此乃給瓦秋陽的化身，是從多康下部來的一個心子。」在宮殿裡，多傑德千林巴望見蓮師身披三法衣、大氅，頭戴鹿耳帽，以雙手入定之姿安坐著。多傑德千林巴獻上黃金曼達，與殿中會眾共同唸誦七支供養文和供曼達文。他向蓮師頂禮與唸誦祈請文時，淚水奪眶而出，感動之中以頭觸碰蓮師的法座來行禮。之後，蓮花生大士問多傑德千林巴：「孩兒，金剛瑜伽女加持過你了嗎？」他回答：「加持了。」蓮師又說：「喔，那你已經遠離蓋障，堪為法器了，現在我來傳授成熟相續的灌頂。」蓮師遂傳授他《三根本密意總集》的灌頂。

多傑德千林巴又向蓮師請求給予開示。蓮師首先提到，修行的根基在於「三殊勝」的修持：

> 佛法的根基，必須掌握「前行發心殊勝」、「正行無緣殊勝」、「結行回向殊勝」這「三殊勝」。以緣著利益一切有情的悲心來攝持，乃是前行發心。不論行持何善，在未達究竟之前，都要一心專注攝心，是為正行無緣。在行善完畢後，馬上想著回向一切有情得到正覺，則是結行回向。若無這三者攝持，則非真實解脫道。攝持之時，則成解脫隨分之善，此乃得到佛果的重要關鍵！三律儀的根本以及生圓次第，都包含在這三者的要點當中。242

爾後，蓮師針對三律儀、四灌頂、三昧耶、生起次第修行要點、大圓滿的見修行、立斷和頓超法門要點、拙火瑜伽等法要均做出精要開示。其中，多傑德千林巴特別問道：「有教授提到，還沒有得到立斷的把握之前，修持頓超乃是歧途，這當如何解釋？」蓮師如是回覆：

242 《多傑德欽林巴文集》藏文版第十一冊，頁二二六至二二七。

> 依著立斷，了悟內外一切法乃無別一味之後，依著頓超朝著明覺勢能觀看的時候，對於事物內外的執著都會崩解壞滅。未達如此之前，由於被二執貪著所持，就像是幼童摘花一般沒有意義。儘管外在覺受景象增長和圓滿，但由於內在諸功德尚未生起，並未證悟實義。[243]

如此這般，凡有所問，無一不答，從最基礎的三殊勝，到最高深的大圓滿奧義，蓮師都親予指教。多傑德千林巴在宮殿中也與圓寂多年的根本上師蔣揚欽哲旺波重逢，欽哲旺波親自對多傑德千林巴誦出長壽住世祈請文。此外，多傑德千林巴還從大譯師毘盧遮那、大圓滿祖師噶拉多傑、師利星哈、格薩爾王、耶喜措嘉空行母等聖者處得到法教和教誡。

其中，耶喜措嘉空行母讓多傑德千林巴坐在蓮師面前的青松石寶座上，讓他喝下盛滿一整個顱器的甘露，給予他諸多教誨和鼓勵：「你的伏藏法，是我這空行母親的心中至寶，亦如蓮花生大士心意的清澄精華，所以要在心中執持它的義理、生圓次第和竅訣。同時也要如理教導他人，我們母子倆永不分離。」[244]

接著，多傑德千林巴走下青松石寶座，以頭頂禮蓮師足，懇求蓮師說：「我這惡業有情，是個連自心都還沒調伏的蠻人，沒有能力利益他人。我在這裡很開心，請您允許我侍奉您。」蓮師安慰他說：「孩子啊，志氣不能小！你應當去利益眾生！」蓮師繼續囑咐道：「孩兒，從現在起，心裡現起什麼就無礙去行持，沒有執著地放寬心，我蓮師也會在你的明覺界當中與你無分別地安住著。所有對好壞事物的判斷不費劬勞地在心裡顯現時，不用猶豫懷疑，彼等都無有欺誑。」多傑德千林巴在蓮師尊前發下成辦眾生利益的願望之後，緩緩步出了宮殿。

不久後，多傑德千林巴從這個雲遊蓮師剎土的覺受當中醒來，他如是描述從淨土返回凡間的感受：

從下午直到午夜，彷彿進入深夢一般，再環顧時，又是先前那般凡庸的景象，我像是被媽媽拋棄的兒子一樣，淚如雨下，只覺得自己像是個來到陌生地帶的人。這樣的感受持續了一段時間，後來，我恢復了正念，想說這是平息我自己二十九歲的壽障，也似乎是成辦利眾的緣起，便信手寫下了所有奇妙事蹟。乞丐僧人多傑德千林巴之迷亂覺受是也。願成善，願成善，願成善！[245]

這般覺受顯然不是出於迷亂，在接下來的二十多年光陰中，多傑德千林巴不斷取出甚深伏藏。就在取藏事業達到圓滿之時，一九二五年再逢蓮師現身交代說：「當把伏藏法交付法主，切莫再返回居住地。」[246]這一番吩咐，啟動了多傑德千林巴生命當中最後一場長途旅程。事實上，他在前一年，即藏曆木鼠年的六月，便已策馬啟程。[247]他首先前往甘孜，將蓮師三根本財神法傳給此法的法主——阿圖拉嘎。他以半個月的時間，交付了此法完整的灌

243 《多傑德欽林巴文集》藏文版第十一冊，頁二三七至二三八。
244 《多傑德欽林巴文集》藏文版第十一冊，頁二四九起。
245 《多傑德欽林巴文集》藏文版第十一冊，頁二五一至二五二。
246 自傳中寫道：「藏曆木牛年三月，初一早晨座上時，白衣烏金長髮相，手持手杖而蒞臨。汝當值遇法主眾，離此地後莫回返。」《多傑德欽林巴文集》藏文版第十一冊，頁一九四至一九五。
247 多傑德千林巴離開多芒後，於各地的行程敘述，均參照揚唐仁波切的〈多芒寺史〉。

頂和口傳。之後，靈蔥國王旺千丹增迎請多傑德千林前去，因為他說多傑德千林巴是「他的祖古」。他之所以這麼說，是因為據說在格薩爾王的時期，多傑德千林巴生為格薩爾王同父異母的哥哥——巴沃嘉擦協嘎。靈蔥王旺千丹增則是格薩爾王的父親森倫的第三十五代子嗣。此外，靈蔥王更是多傑德千林巴伏藏品《淨除道障》的法主，也是大圓滿伏藏《心意引導文：大樂賢道》的「果實般的三位弟子」之一。雖然靈蔥王希望多傑德千林巴能長時間同住，但因仍有後續行程，多傑德千林巴僅在靈蔥王宮住了兩個月，期間傳授靈蔥王《淨除道障》的灌頂和口傳。

接著，多傑德千林巴應第五世佐欽仁波切[248]圖登卻紀多傑之請前往佐欽，在一個月中將多傑綽洛的伏藏品傳授給佐欽仁波切，冊封他為該法的法主。期間多傑德千林巴也在佐欽仁波切座下求法。十幾年後，佐欽仁波切所寫下的指示信成為認證多傑德千林巴轉世靈童的定海神針。

之後，多傑德千林巴又前往登余蓮花晶窟待了數月，復於惹旭阿雲寺待了五個月，於此立下伏藏品《卑瑪寧體》金剛舞傳規，並為有緣僧弟子傳法。爾後，他又前往拉薩達隆寺，又稱達隆澤珠的達隆澤巴祖古[249]，連同達隆噶舉、噶瑪噶舉、直貢噶舉等三大噶舉派系的弟子眾，共同請求「他們的祖古」多傑德千林巴傳授蔣貢羅卓泰耶編纂流傳三十餘年的鉅作——《大寶伏藏》。他們之所以稱多傑德千林巴為「他們的祖古」，是因為有授記指出，多傑德千林巴過去曾有一世生為噶舉祖師——噶瑪巴。

多傑德千林巴答應了他們的請求，傳授《大寶伏藏》的灌頂、口傳以及噶舉傳規的法門，傳法的地點是直貢亞日寺，[250]而受法者主要為達隆噶舉、噶瑪噶舉、直貢噶舉這三大噶舉宗派的弟子。接著，他又前往南岩和衛藏諸大聖地朝聖，並在一九二七年啟程前往錫金。

根據揚唐仁波切的敘述，蓮師曾經授記多傑德千林巴到錫金，繼仁增果登和拉尊二開秘境聖地門後，第三度開啟錫金聖地之門，並取出拉尊刻意未取出的最後一部分伏藏。而多傑德千林巴本人在前往錫金之前所寫下的願文中，也透露出在錫金取出伏藏法的心願：

> 願我無有艱困前往食肉威猛海會所守護的彼地。願我到達那發出哈哈聲的持明空行淨土，得以行持大秘心要之法。也願甚深伏藏不衰，教法得以在彼處出世，願得盡享啊啦啦的歡宴！[251]

數度遊歷蓮師淨土的多傑德千林巴，首次抵達秘境之王。他踏上錫金土地的那一刻，距離當初拉尊南卡吉美初抵哲孟雄，相隔了兩百八十多年。這是多傑德千林巴的最後使命，也是他生命中最後一場重要的旅程。

---

248 中文又作佐欽法王、卓千仁波切、卓千法王。

249 達隆澤珠為多傑德千林巴首要弟子之一，屬達隆噶舉傳承。他與當代寧瑪派多傑札傳承的達龍澤珠法王為異人同名，在本書中以「隆」和「龍」來區分。

250 傳法地點見《當代西藏上師聖士夫於秘境哲孟炯之佛行極簡傳》藏文版，頁一二一。

251 《多傑德欽林巴文集》藏文版第十一冊，頁三九八至三九九。

16 水猴的警鐘與梭珠的救贖之旅

就在多傑德千林巴前往錫金之際，讓我們先介紹另一位新角色——多芒梭珠。梭珠既要登場，就又不得不提到阿拉貝瑪沃竹[252]，也就是當代著名上師——桑嘎土登尼瑪仁波切——的前世。[253]

話說阿拉貝瑪沃竹來到多芒參學，成為多芒寺時任教主喇嘛札巴丹增以及多傑德千林巴兩人的弟子。[254]一時，阿拉貝瑪沃竹想要前去青海湖蒙古部落，一來是為了朝聖，二來是代多傑德千林巴取出觀音伏藏品的寶櫃。阿拉貝瑪沃竹抵達青海湖時，正值夏日潮漲，眼看船筏無法航行，他便以「桑嘎」（白披單）為筏、以手杖為槳、以跏趺之姿安坐在披單上到達彼岸。大眾深感驚奇而生起虔信，阿拉貝瑪沃竹的綽號「阿拉飛湖行者」從此不脛而走。

他在青海湖地區住上三年，隨機應化有緣人，並順利取得觀音伏藏寶櫃，自己也取出了三顆稱為「財神祿石」的伏藏石。有一天晚上，他夢到一個自稱具誓護法神的紅人對他說：「溫波旺曲就在這裡，你要看護他！」阿拉貝瑪沃竹問紅人：「他在哪裡呢？」紅人回答說：「明天就會遇到！」

溫波旺曲乃是多傑德千林巴前世袞桑南傑的侄子，這個夢境顯然是在指示尋找溫波旺曲的轉世靈童。翌日，阿拉貝瑪沃竹到了一戶人家裡，這個家庭有很多兒子，其中的么子見到他便感歡喜。這戶人家也正想讓家中一兒跟在阿拉貝瑪沃竹身邊隨侍，於是阿拉貝瑪沃竹挑選了么兒，並在心中認定他為溫波旺曲的轉世。

帶著男孩返回多芒途中，正逢嘉貢大伏藏師傳法，於是阿拉貝瑪沃竹帶著男孩坐在邊緣受法。嘉貢大伏藏師見狀，立刻暫停傳法，並直呼道：「坐在邊邊的那位老僧，請你到前面來吧！」阿拉貝瑪沃竹帶著男孩到大伏藏師面前，說道：「這個男孩應該是多芒寺的一個祖古，是我從蒙區帶來的。」嘉貢大伏藏師端詳之後說：「喔，那你成功了，這是多芒寺一個食用信財的！」

回到了多芒寺舊址時，男孩說這是他的住所。當天晚上，多芒寺主喇嘛札巴丹增夢見有個白人帶來一個男孩，還用手指著男孩連說了三次：「這是洛各夏雅[255]！」隔天早上，喇嘛札巴丹增正想著夢境意涵時，阿拉貝瑪沃竹領著男孩來到了他的跟前稟告說：「這可能是溫波旺曲的轉世，請您看看究竟是不是。如果是，我就將他獻給多芒寺；如果不是，我就繼

252 根據德巴堪布的說法，安多、青海蒙區一帶稱大上師和祖古為「阿拉」。阿拉喇嘛貝瑪沃竹曾前往該地弘化，故得「阿拉」之名。見〈多芒寺聖教善增洲之歷代座主等歷史簡述：白晶明鏡〉。

253 針對是否為土登尼瑪仁波切前世一事，除了參照德巴堪布〈多芒寺聖教善增洲之歷代座主等歷史簡述：白晶明鏡〉文中所載之外，亦特向土登尼瑪仁波切求證。

254 以下敘事主要參照揚唐仁波切的〈多芒寺史〉。

255 「洛各夏雅」是觀音另一個名號「世間自在」的梵語發音。

續看顧他。」喇嘛札巴丹增認為男孩就是溫波旺曲的轉世無誤，並且非常歡喜地說：「這個男孩就交給我吧！他可以成為一個幫我食用信財的幫手！」

阿拉貝瑪沃竹接著又帶男孩去見多傑德千林巴，呈上觀音伏藏寶櫃。多芒大伏藏師頻頻撫摸孩子的頭、賞他蔗糖吃，並開心地說：「這孩子可以當我的幫手！」這個男孩，後來被稱為「梭珠」，意為蒙古祖古。

一九〇八年左右，年方十三歲的梭珠被喇嘛札巴丹增指派為多芒寺主，他在多傑德千林巴雲遊閉關取藏之時掌管寺務多年，後來隨多傑德千林巴前往秘境之王錫金。據說他們途中行經雅魯藏布江，為能順利渡江，梭珠拋擲刀刃，斬截川流，這個宛如西藏版摩西分海的神通展現，使梭珠被人們稱為「康巴斷河上師」。[256]

到達錫金時，第十一任錫金國王札西南嘉對多傑德千林巴禮遇有加，懇請他主掌錫金教法。[257]多芒大伏藏師同意國王的請求，並說：「我下半生的此刻，在這個地方，尚有少許前世未竟之利眾事業。」之後，他轉赴印度各大聖地朝聖，期間在菩提迦耶和舍衛城等地寫下了祈願文。隨後，他又返回錫金，取出了一些伏藏，並且如蓮師授記一般開啟聖地之門。

停留錫金期間，他曾在真實嘿如嘎心意壇城所在的聖地「班匝恣達構智」取出諸多伏藏，於是認為前來錫金並非毫無成果。但在利眾的部分，由於與門、珞族人有語言隔閡，加上門、珞人不明佛法要旨、不曉善惡取捨，他自認未達解脫眾生相續的目的。[258]

在錫金的取藏事業正在逐步開展之際，多傑德千林巴的主要隨侍梭珠和貝闊兩人，卻多次央求他返回多芒寺。多芒大伏藏師牢記蓮師那「切莫返回」的教誡，也很清楚自己來到錫金的使命，多次回絕兩人。然而兩人一再淚眼相求，甚至說如果多傑德千林巴不回多芒，就跟殺了他們兩人沒有差別。揚唐仁波切在〈多芒寺史〉中如是描述多傑德千林巴當時的回應：

> 一而再再而三懇求後，他不高興地說：「那這樣的話，要我回去也是可以，但是一直把老人家帶到這裡那裡的，究竟好不好我就不知道了，以後你們後悔的話可就沒有意義了。」雖然已經如此這般暗示，但愚人自愚，未能了知上師言語旨趣，還以為上師答應了要求，歡喜之中備妥馬具。而當地國王和人們勸他倆說：「你們兩人這樣強求上師，要把他帶回去，這沒有意義啊！依照上師自己的心意來做的話比較好呀！」多番勸說，兩人都聽不進去，強將上師帶走。

256 這段「斷河」故事出自德巴堪布〈多芒寺聖教善增洲之歷代座主等歷史簡述：白晶明鏡〉。

257 錫金國王禮遇多傑德千林巴之說，出自揚唐仁波切的〈多芒寺史〉。但是台灣弟子連德禮在第五期《白玉法訊》的〈專訪白玉轉世活佛楊丹仁波切〉一文中，引用仁波切在訪談中的敘述寫道：「……後來錫金國王的一個兒子也被認為是哈尊南卡吉美（即拉尊）的轉世，吉祥的徵兆因此隱沒。」此外，錫金貢江仁波切在訪談中，亦提及當時錫金國王並沒有認可多傑德千林巴為拉尊的化現，反而另行認可他人。此說認為錫金國王未能善待多傑德千林巴，是導致他在錫金佛行未能圓滿之其中一個主因。

258 此段參照多傑德千林巴〈秘境哲孟炯奧明清淨蓮網聖地志、授記、祈請文、祈願文、守衛伏藏護法供奉文〉一文，收錄於《空行剎土哲孟炯聖地志彙編》藏文版，頁三〇三。此外，根據錫金多林寺祖古多傑隆央的說法，「班匝悉達構智」乃位於今拉邦近郊，人稱「仁增隆揚」一地的多林寺。另有一說認為「班匝悉達構智」即為錫金。

此外，雅普蓋拉[259]曾聞揚唐仁波切母親談起多傑德千林巴在錫金停留時，有三個緣起未成的往事。首先，多傑德千林巴交代侍者去找來五寶虎頂雪山的白犛牛，但侍者並未依他指示去尋找，此為第一個未成的緣起。多傑德千林巴又交代侍者，既然未得白犛牛，就要以酥油來製作一隻犛牛。然而侍者未去採買酥油，此為第二個未成之緣起。數月後的一日，多傑德千林巴所騎的馬嘶鳴數回，翌日牠在雷雨交加之中遭閃電擊中而亡。如是接連出現三個不佳緣起，讓多傑德千林巴決定返回西藏。[260]

從錫金回到了西藏，有一天，途經薩迦地區時，無雲晴空之中，出現一環五色虹圈。[261]隨後，零散的雨雪從天降，一片令人望而傷感的景象，可是多芒大伏藏師卻說：「今天很開心，這個地方也很舒適，我們就在這裡就地搭篷住上幾天吧！」翌日早上，多傑德千林巴頭部微疼，次日，西元一九二八年九月二十四日，藏曆地龍年八月初十，他向弟子吩咐說：「今天你們誰都不要進來我這裡，我需要轉譯一個密文。」眾人聽從上師的話，將帳篷的門拉上。中午時分，一個僧人端茶進入帳篷，發現多傑德千林巴身體靠著頭枕而坐，僧人問上師是否身體不適、是否要用茶，而多傑德千林巴回答說：「我的病情有好轉，茶我不喝。今晚以前，誰都不要過來這裡。」中午過後，發生了一場地震，僧人又去上師帳篷處查看，看到帳篷上方現起了彩虹，當時眾人不以為意。到了下午，一個僧人進入上師帳篷時才發現多傑德千林巴已經示寂。弟子們的聲聲哭喊，也喚不回密意已然融入法界的上師。

一代大伏藏師，享年五十三歲，比蓮師授記中的六十九歲短少不少年。他的提前離世，不僅對徒眾們是一大打擊，對於尚有聖地門待啟的錫金來說，更是莫大的損失。

後事處理圓滿後，梭珠和貝闊兩人保管多傑德千林巴的所有伏藏物、伏藏經函、衣物、供具等物品，並將其餘遺物全數供養給敏珠林為主的各教派寺院，請求各寺為上師祈願。爾後，兩人行遍阿里三圍、衛藏四如，把錢財盡數用於刻印多芒新伏藏。隨後又遠赴尼泊爾、錫金和喜馬拉雅山麓等地，在各地寺院教授、創立多芒新伏藏傳規的法會。

多康的多芒，因多傑德千林巴而倍感榮光，又因多傑德千林巴的圓寂而光環黯淡。多康以東，推翻滿清帝國的中華民國，一路走來艱辛顛簸。多傑德千林巴圓寂的這一年，國民革命軍總司令蔣介石完成北伐，也在這年成立蒙藏委員會，將目光重新投向民國創立以來無力顧及的西藏。多康以西，經歷兩度流亡的第十三世達賴喇嘛，努力想把「事實獨立」多年的西藏帶往現代化的方向。正當九一八事變將中日兩國逐步導向白熱化的衝突之際，中華民國國民政府軍與西藏的軍隊也開始在康區各地交鋒。一九三二年十月，中、藏簽訂的「崗托停戰協定」中，訂金沙江為界，東藏的康區和安多劃歸國民政府管轄。這一年值藏曆水猴年，第十三世達賴喇嘛宣說了後來被稱為「水猴遺囑」的遺教。他在這份遺囑中，除了審視近代西藏經歷的挑戰，更對未來的時局提出了驚心動魄的預言：

> 我現在已經快要五十八歲了，所有人都知道我再過幾年，就沒有辦法肩挑

259 揚唐仁波切外甥女蔣秋卓瑪的生父。錫金尊貴人家，男性稱「雅普」，女稱「炯嫫」。

260 雅普蓋拉訪談，二〇一八年五月十五日於錫金桑阿卻林寺。清哲祖古協助將布提亞語譯為藏文。

261 此段亦參照〈多芒寺史〉。

政教重任……

特別是當今五濁勢力全盛時期，尤其是紅色意識形態強大滋長，致使尋找傑尊丹巴的轉世不被允許，對修行寺院的供奉被禁絕，僧人被迫成為軍人，佛教被摧毀，名亦不存。[262]我有聽聞這種意識形態在烏蘭巴托展開。未來，它必定會來到西藏這政教俱全的土地上。到那時候，如果我們無力守護自己的土地，以勝者父子（指達賴喇嘛與班禪喇嘛）為主的聖者們將被摧壞到連名字也不復存在。持教修行僧眾的所有權與平日所得供養，都將完全喪失。三位祖輩法王所創建的政治也將衰沒到連名字都不存在。此處所有官員的祖地和財產也會被掠奪殆盡，並成為敵人的僕從而漂泊，一切有情也將難忍日夜痛苦的煎熬。

這樣的日子，必定到來。[263]

一九三三年十二月中旬，在宗喀巴大師圓寂紀念日「燃燈節」過後五天，第十三世達賴喇嘛示現了圓寂，留下方興未艾的國族大業。一九三四年，日後成為蒙藏委員會委員長的黃慕松，奉蔣介石之命率領致喪團前往拉薩弔唁。為了抗衡中華民國在西藏的勢力，大英帝國也派錫金政務官員率使節團前往。在第十三世達賴喇嘛圓寂之後，拉薩再次成為各國政治外交角力的競技場。蔣介石領導的國民政府內外受迫，疲於應付節節進逼的日本和蠢蠢欲動的共產黨。在第二次世界大戰的硝煙味從遠處飄來的此時此刻，沒有什麼人對達賴喇嘛所示警的、那將會摧毀西藏政教的「紅色意識型態」放太多心思。

國際局勢瞬息萬變，而西藏的命運就在轉角拐彎處之際，多芒梭珠和貝闊這兩個康巴人，仍一如往常在各寂靜處棲止。有一天，他們收到一封從拉薩捎來的手信，那封信出自多芒新伏藏的法主之一——達隆澤珠——之筆。稍早之前，達隆澤珠致信給第五世佐欽仁波切圖登卻紀多傑，請求給予尋找多傑德千林巴轉世靈童的指引。神通無礙的圖登卻紀多傑，在回信當中清楚寫下尋找轉世的指示。達隆澤珠於是派遣信使捎信給梭珠二人。信中寫道：「你們兩個趕快過來這裡！多芒大伏藏師的轉世已經誕生在錫金，你們要前去看顧！」

可以想見，被交付尋找上師轉世任務的多芒梭珠二人，內心是如何振奮感動。多年以來，他們背負著上師提前示現圓寂、開啟錫金聖地門的緣起失壞等罪愆，還有心中無以名狀的懊悔。

中日戰爭在盧溝橋事變後全面引爆之時，梭珠悄悄到達錫金，當年，他在此地鑄下大錯，強拉上師回藏。如今，命運像是在開他玩笑一般，教他肩負起迎請上師轉世回藏的使命。遙想當初，他從青海湖被阿拉貝瑪沃竹帶到多芒，多傑德千林巴曾經慈愛撫摸他的頭。現在，他將從錫金把多傑德千林巴的轉世靈童帶回多芒，以無限關愛作爲回報。

這不只是一場戴罪立功的救贖之旅，還是一個傳奇的開端。那個傳奇叫作：多芒揚唐。

---

262 以上乃說明當時蒙古赤化的情形。

263 水猴遺囑內容引用自夏格巴著，《西藏政治史》第二冊藏文版 བོད་ཀྱི་སྲིད་དོན་རྒྱལ་རབས། གླེགས་བམ་གཉིས་པ，頁三〇九起。Tsepon Wangchuk Deden Shakabpa Memorial Foundation 出版，二〇〇七年。

第二章

從山南到山北

1 天降日來臨前的多芒

在開始敘述六大祖古在一九四二年天降日[1]那天，齊聚於多芒寺歡享法宴的光景之前，且讓我們先回到更早前的一段時光。

話說古千袞桑南傑示現圓寂之後，喇嘛札巴丹增一肩挑起多芒寺的掌教重責，並且特別看顧袞桑南傑的再來人——多傑德千林巴。據說這位持戒精嚴的高人身上常散發著檀香味，且因曾有疑難雜症的病人依他的加持而痊癒，讓他被尊為藥師佛的化現。白玉秋竹圖登卻吉達瓦曾在年輕時前往多芒寺觀視，他回到白玉寺後，對著僧眾們如是談起他的多芒行：

> 我去了多芒寺，所謂執持顯密佛法傳承真的是可以在那裡看到。那寺院的一個喇嘛[2]和一個祖古有來見我，第一個來的叫作多芒喇嘛札巴丹增。看到他的時候，我心裡有一種感覺，覺得佛陀在世時那舍利弗尊者彷彿就是像他這樣子。然後，穿著白披單的多傑德千林巴來見我，我心中感覺大恩蓮師時期的恩朗給瓦秋陽彷彿就是像他這樣！像這樣的兩位士夫可以同在一間寺院裡，那地方就是顯密佛法弘揚的聖地了！我自己從見到這兩位上師開始也在想說，無論如何都要像他們兩位的行儀一般！我們這裡的僧眾和祖古們，如果也能以他們為榜樣會是很好的！[3]

然而，雖有聖者相繼在多芒寺住持聖教，隨著時代更迭，僧人的行儀也有所轉變。多芒建寺百年後，僧人不再像以前那樣少欲知足，不僅散亂、紛擾日增，對居所、食物、衣著、親眷的需求也都日益增高。僧人和羅柯馬族人咸認為寺院太小不敷使用，必須遷移寺院於新址。喇嘛札巴丹增和年邁的僧眾雖無遷寺的意願，終究拗不過眾人要求，最後決定在一八八四年藏曆木猴年，於「美千堪朵」啟建多芒新寺。而原先位於山丘上的初始寺院所在地，後來被稱為「袞寧」，意為舊寺。

歷經了五年的施工，多芒新大殿、殿內聖像都已完竣。為了進行開光、去除地方上的紛擾障礙，並且為一座即將興建的佛塔進行鎮伏法會，多芒寺迎來嘉貢大伏藏師主持法事。嘉貢大伏藏師在七天當中，為新大殿和佛像開光並主持鎮伏法，但是期間他並沒有顯

1 神變日（藏曆一月十五日）、成佛日（藏曆四月十五日）、轉法輪日（藏曆六月四日）以及天降日（藏曆九月二十二日）為藏傳佛教中紀念佛陀的四大節日。天降日乃佛陀在天界為母親傳法後，返回人間的日子。

2 「喇嘛」意為上師。然而喇嘛一詞目前在一般口語使用上，亦常用來泛指一般僧人，所以本書依照各處語境，時稱上師，時稱喇嘛。將上師稱作喇嘛並無不妥，將一般僧人譯為上師則易生混淆，故作此區分，還請智者鑒察。而事實上，喇嘛既然意為上師，指涉對象並不限於出家人。揚唐仁波切在〈多芒寺史〉中說明喇嘛的意涵及條件：「所謂喇嘛（上師），一般而言，有諸大小喇嘛。本師佛亦可稱為喇嘛。因其無上，故稱『喇』；是為有情之救怙，故稱『嘛』（意為母親）。此處所謂喇嘛，係為一般的喇嘛。僧人之中，功德稍大、心智賢良、行為高尚者，求得喇嘛口傳而成喇嘛。羅宗一帶，有稱作喇嘛或喇果的習俗。彼可為出家身，亦可為在家咒士身。外在身、語方面，於禮拜、轉繞、唸誦次數達標；內在心的實修方面，也需出現大小不拘的道相。」

3 揚唐仁波切〈多芒寺史〉。本節敘事內容多參照此文。

露出愉悅的表情，而總是一副不開心的模樣。法事現場也出現諸多不祥的徵相，像是天空籠罩紅雲，大地像染上紅色一般，驟起的強風颳起紅土，將周邊的帳篷吹落等等。在各項法事逐一完成後，嘉貢大伏藏師感嘆地說：「我這老喇嘛已經使盡全力了，可是一點幫助也沒有。羅、宗地方還是會有衝突，而殺人、盜馬等情事會層出不窮。至於還會有什麼樣的災難發生在這個寺院上，我可就不知道了。」此時多芒僧數達到三百，從表面看來，頗有欣欣向榮之象。

隨著多芒梭珠從青海湖被迎回多芒寺，多芒一時共有四位上師同在——寺主喇嘛札巴丹增、年輕的多芒大伏藏師、多芒梭珠以及蔣崗固架家族的兒子溫朵洛。其中，溫朵洛與玉科夏札瓦曾共往安宗寺，依成就者卓度巴沃多傑為師。這位上師曾經預言溫朵洛將會成就虹光身，但是根據揚唐仁波切的敘述，溫朵洛後因過於攝納信財之邪命過失而未能成就虹光身。

正如嘉貢大伏藏師所預言的，在「美千堪朵」新建的多芒寺好景不常。幾位羅柯馬族人殺害了嘉絨十八國當中，綽斯甲王的大臣行嘉年札。綽斯甲王去函羅柯，信中表明：被殺者既為臣屬，一臣之命當用三條羅柯馬人命來償還。面對不懷好意的來信，羅柯馬也非逆來順受，名為闊札的多芒寺僧人等眾，在回覆綽斯甲王的信中亦逞譏諷鬥狠能事，雙方的仇恨於是愈演愈烈。一九一四年，綽斯甲派兵攻來，殺害一名羅柯馬臣，但也遭到羅柯馬還擊重創而死傷慘重。在退兵之際，一個綽斯甲支隊繞回多芒，點火將這一八八四年才啟建的大殿付之一炬。部落間的仇恨讓「美千堪朵」的多芒僅僅維持了三十年的光陰。

多芒寺不僅失去大殿，喇嘛札巴丹增也在此時期圓寂，多傑德千林巴於焉成為多芒寺主。毀於祝融後的四年之中，多芒並沒有再興土木，眼看著怨怨相報之下的多芒廢墟，多傑德千林巴認為：在這樣的時代建寺並無幫助，特別是羅柯馬人愛好劫盜爭鬥，建寺似乎沒有意義。他還決定：「我們把想掌有寺院的這些麻煩事都放在一邊，然後搭個氂牛黑毛篷，看看能不能在少欲知足當中實修，回復清淨的教法。」當年，喇嘛札巴丹增無意遷寺，後因拗不過眾人請求而將寺院搬遷。如今，多傑德千林巴無意建寺，地方族人和多芒僧人又多番央求重建寺院。當時正逢白玉秋竹前來，眾人便求秋竹仁波切下達必須重建寺院的諭令。於是，多傑德千林巴在順應眾意之下，最後決定在氣候溫和、農牧並存的「嘉雲達」建寺，這是多芒創寺以來的第三個寺址。多傑德千林巴依斷法主持治地法事，有熟悉他行事風格的僧人說，從多傑德千林巴的作法和說法來看，在嘉雲達重建的寺院恐怕也不長久。

一九一八年，啟建工程展開。此時的僧數已達四百五十，寺院所收之供奉也達到前所未有的程度。但是在大殿內的佛像尚未安妥、寺院彩漆尚未塗上之前，多芒大伏藏師便決意離開多芒。一九二二年，他在棱珠的隨侍下，從康區一路前往衛藏，將伏藏交付給各地法主們，並且前往錫金欲展佛事。多芒寺主之責原本落在溫朵洛的身上，但因寺中一位老僧不願溫朵洛執掌多芒，溫朵洛遂轉往山間靜居。多傑德千林巴圓寂後，多芒更陷入群龍無首的局面。爾後，以卡秀堪布根敦札巴為首的僧人們，為了解決寺主空缺問題，向母寺蔣崗寺的溫企美求援。於是，一九三〇年，溫企美指派祖古耶喜多傑從蔣崗寺到多芒擔任住持。那一年，耶喜多傑年方十七。

在百廢待舉之下入主多芒的耶喜多傑，任務之重可想而知。多芒已建大殿，耶喜多傑希望開設佛學院來振興聞思學風。正當嘉雲達的多芒寺頗具蓄勢待發之姿時，歷史的洶湧潮水又向康區襲來。東方的中華民國國民黨政府與後起的共產黨纏鬥多年，衍發出一九三五年那場在共產黨史裡著名的「紅軍長征」。紅軍乃是「中國工農紅軍」的簡稱，亦為人民解放軍的前身。這一年十月，中國共產黨主張讓西藏人民「民族自決」，紅軍在西康綏靖城成立了藏人自治的「格勒得沙共和國」[4]，立嘉絨語為官方語言，並且設有國旗。翌年，一九三六年三月，紅軍開進爐霍，遭章果寺抵抗，[5]在近一個月的攻防當中，藏人死傷慘重，章果寺終被紅軍拿下。四月，紅軍總部進駐爐霍，並成立了「爐霍縣博巴政府」。[6]紅軍既已攻下頗具指標性的章果寺，往羅柯馬進發自是勢在必行。許多藏人耳聞紅軍即將到來，便紛紛逃入山林，羅柯馬首領與大多族人乃至多芒寺僧，都逃往山中棲止。雖然紅軍標榜民族自決，無意與藏人敵對，但由於需要解決軍糧等實際問題，作為糧食重鎮的各個寺院遂成為首要目標，多芒寺亦不可避免地淪為紅軍駐紮地。紅軍的「紅四方面軍」領導張國燾便曾敘述紅軍進入阿壩的情形：「我們到達這裡的時候，喇嘛大多已逃亡了，留下的糧食卻能供我軍幾個月之用。」[7]一九三六年的年終，紅軍開始撤離康區，他們在臨走之前，放火將多芒燒成灰燼。[8]

一九一八年在嘉雲達啟建的多芒寺，不到二十年就化成一場雲煙。當年四大上師共駐多芒的光景有如往日舊夢，喇嘛札巴丹增、多傑德千林巴、溫朵洛三人均已圓寂。唯一在世的梭珠，拿著達隆澤珠親付的指引信，翻山越嶺前往錫金尋找多傑德千林巴的轉世靈童。

一九三七年，逃到山上的族人和僧人逐漸回到羅柯，他們搭設犛牛黑毛篷作為僧人暫時修學的場地。後來為了重建新寺而迎請白玉秋竹鑑地選址，這一次選定的地點，是距離多芒初始寺址「袞寧」不遠的山谷平地處，是為創寺以來的第四個寺址。一九四〇年，年近三十歲的多芒寺主祖古耶喜多傑啟動了建寺工程。一磚一瓦當中，多芒一步一步邁向重建。喇嘛札巴丹增的轉世——祖古怡保；溫朵洛的轉世——祖古帝剎，雙雙被順利尋獲。更讓羅柯馬人翹首企盼的消息是，多傑德千林巴的轉世靈童，也被梭珠從錫金帶到了拉薩。

在二十多年當中兩度被毀的多芒，艱辛度過漫漫黑夜，而黎明的曙光，似乎隱微地準備乍現。

---

4 「格勒得沙」為嘉絨語，意為藏人。

5 章果寺又作章古寺或壽靈寺。參見跋熱．達瓦才仁《血祭雪域》，頁十八。

6 《爐霍縣志》，頁八。爐霍縣志編纂委員會，一九九九年。「博巴」意為藏人。

7 見李江琳著，《藏區秘行》，頁七十五。聯經出版，二〇一四年。作者在同書的頁七十六中寫道：「紅軍進入藏區後，很快發現土司官寨和寺院是駐軍和補充給養的好去處。他們所到之地，寺院受到無妄之災，有時候甚至被一把火燒掉。」

8 多芒寺遭紅軍放火燒毀一事，係參照揚唐仁波切多次口述內容。

多芒寺現址的俯瞰鏡頭。自一九三〇年代祖古耶喜多傑於此址重建寺院至今，寺院雖經多次重建，寺址未再遷移。照片提供／更嘎寧博喇嘛。

2 來自佐欽的喇嘛與來自揚唐的光明金剛

寧瑪大寺佐欽寺的座主——第五世佐欽仁波切圖登卻紀多傑——慎重地將剛寫好的信交給使者。早前他收到達隆澤珠來信，請求他給予尋找多芒大伏藏師轉世靈童的明確指示。達隆澤珠本人也寫下了一封指示信，這兩封信後來都交到了梭珠的手中。[9]

其實在更早以前，第五世佐欽仁波切就已展開一場神秘計畫。佐欽寺裡有一位名為貝瑪卓度的法事僧，個性嚴謹負責，是位稱職的「卻本」[10]。有一天，佐欽仁波切圖登卻紀多傑把貝瑪卓度喚來面前，親自交付了一項任務給他：「錫金國王提出了邀請，所以你要前去

9 兩封信之說，出自揚唐仁波切在夏威夷乃穹金剛妙音洲的口述錄音，一九九八年一月一日。以下稱這份口述史為「夏威夷口述史」。這兩封信交到梭珠手上，應為一九三六年前後，而第五世佐欽仁波切於一九三五年圓寂。揚唐仁波切在〈多芒寺史〉中，提及敦珠法王也應達隆澤珠之請而寫下了指示信，即總共有三封信。然而在數次口述過程中，仁波切均清楚提到有兩封信，故本書依兩封信之說為準，還望智者鑒察。在釐清一九五〇年代中後期所發生的事件過程中，先有「玉僧口述史」的出現，幫助釐清事件發生的順序，但每一事件發生的明確年份乃至日期等資料則付之闕如。無可奈何之下，只得向仁波切祈求。不久後，夏威夷乃穹金剛妙音洲Marya與Michael來信告知已完成仁波切一九九八年傳法錄音檔數位化作業，並慷慨地分享此珍貴錄音檔。令人驚喜的是，仁波切當時在傳法前簡述其生平事蹟時，出乎意料地清楚說出幾個重要事件的年份，意義非凡。

10 卻本為藏語，是在法會、灌頂當中主事壇城佈設、相關物件製作等法事者。

錫金，教導他們製作法會朵瑪等法事。」[11]突如其來的使命顯然讓貝瑪卓度驚訝，畢竟自幼便在康區佐欽寺生活、學習、服務的喇嘛，突然要去遙遠的秘境協助佛行事業，無論如何都令人費解。然而他知道根本上師佐欽仁波切神通無礙，如此囑咐必有深意。揚唐仁波切對貝瑪卓度的描寫更顯直接：

> 他來自於德格，在法事方面手巧靈活，對於實修也略知一二。佐欽仁波切對他說：「不要待在這裡，你要去色拉、哲蚌、甘丹三大寺[12]朝禮，然後去秘境錫金走走！」他便馬上奉師命成行了。[13]

於是，這位佐欽的喇嘛與一位同伴收拾行囊啟程遠行。由於兩人先去拉薩朝聖，而稍微延誤前去錫金的時程。佐欽仁波切又捎來一封手信，要兩人莫在拉薩拖拖拉拉，應當趕緊前去錫金。[14]師命如此緊急，兩人遂加快腳步翻越山嶺，朝著喜馬拉雅山南的錫金而去。一心只想完成任務的貝瑪卓度恐怕不曾料到，這一去，竟是一場有去無回的旅程。

由於路途艱辛，在同伴不克同行之下，貝瑪卓度只能獨自續行。到達錫金後，人生地不熟的他，在語言不通等方面吃足苦頭。有一天，空中突然傳來聲音對他說：「你要前去一個叫揚唐的地方，你在那裡將可以好好地利益眾生。」[15]他在沿途問路之下，終於到達揚唐，期間造訪「揚唐阿亭」一家，後來與揚唐阿亭之女丹增卻准成家，生下二男二女。錫金國王札西南嘉贈送一間鄰近貝林的木屋給貝瑪卓度，作為閉關實修之地，還附上周邊些許土地作為農耕之用，由此可見他在修持佛法上受人崇敬的程度。這間木屋被稱為「貝林璨康」。「璨康」意為閉關房，因其鄰近貝林，故稱「貝林璨康」。[16]

貝瑪卓度到達錫金的十幾年後[17]，約莫一九三七年時，多芒梭珠也拿著兩封信來到錫金。他依著指示信輾轉來到錫金西部的貝林。根據貝瑪揚澤寺洛本登巴嘉措的說法，梭珠為尋上師轉世，曾在貝林的貝瑪揚澤待上數月，老一輩僧人們仍記憶猶新。梭珠一行人從貝林循山間小徑下行，他們看到幾個孩童正在一同玩耍，這群錫金孩童並不會講康區牧民的方言，但是其中一位九歲的男孩卻聽得懂梭珠的口音，令梭珠嘖嘖稱奇。[18]這位男孩走向他

---

11 出自葛嘎祖古訪談，二〇一八年六月二十一日於中國成都。感謝卓嘎的安排。祖古於本書中的敘事均來自這場訪談，以下不再另註。

12 格魯派三大寺，位於拉薩。

13 引用自揚唐仁波切為外甥女之女昂固的學校作業而做的口述，年份不詳。以下稱「學校作業口述史」。仁波切在這次口述中，針對年幼時從錫金到衛藏、從衛藏到多芒的過程做出非常清晰的描寫，是釐清仁波切年少時期經歷最重要的一篇口述史。

14 出自葛嘎祖古訪談。

15 同前註。

16 貝林璨康是揚唐仁波切在一九八〇年代於錫金的主要駐錫地。根據曾在貝林向揚唐仁波切求法數月之久的柔札祖古口述，貝林璨康在滿月日時，木屋周邊的轉經輪會自己轉動，且周邊會自然出現笛聲。取水之處有罕見的白蛙出現，而夜晚時間自然出現的鼓音，此為他親身經歷。

17 根據揚唐仁波切外甥女蔣秋的敘述，貝瑪卓度與丹增卻准生下的四個小孩當中，年紀最大的長男貝瑪旺嘉生肖屬豬，生於一九二三年。所以推估貝瑪卓度應是在一九二〇年代初期抵達錫金。梭珠在約一九三七年拿著指示信來尋找轉世靈童時，貝瑪卓度已過世數年。而根據仁波切姪女阿怡玉赤及外甥女阿怡索南旺嫫的說法，四個孩子當中，年紀最長為仁波切的大姊桑嫫，哥哥乃家中老二。

18 據說揚唐仁波切本人當時也對此感到驚訝。

們，用錫金語說：「你們來得實在太晚了！」梭珠在驚奇之中問他說：「這個地方叫作什麼名字？你爸爸的名字又怎麼稱呼呢？」男孩回答：「這裡叫作揚唐。我的爸爸名叫貝瑪卓度。」[19]

原來男孩的父親，正是當初佐欽仁波切派到錫金的佐欽寺卻本，他在約四年前，男孩才五歲[20]的那年便過世了。[21]據說他在貝林璨康進行嚴謹閉關時，一位揚唐地區的施主過世了，他為了前去為亡者修法而出關，後來在修法時突然過世。據說在法體火化後，頭骨浮現出觀音像，至今仍安奉在揚唐構智裡。[22]

男孩的母親丹增卻准為錫金「珞巴」族人，祖籍為衛藏「偶余札嘎」地區，當地頭人[23]派她的祖先從西藏前來錫金設郡。生為揚唐阿亭之女的她，奉來自康區的喇嘛貢噶為上師，她不僅時常護持閉關行者，本身也精進於佛法實修，對斷法、修製法藥等法事無不通達，因時有修行驗相而被人們尊稱為空行母。[24]當梭珠問起男孩出生時有無特別徵相時，丹增卻准想起亡夫貝瑪卓度留下的文字紀錄。據說當時貝瑪卓度聽到天空傳來話語聲[25]，特以文字紀錄下來：

> 峰上皓白雪山如佛塔，谷中大川流水如鐵銬，
> 腰際有如金剛杵座上，有我多傑德千林巴也。

一看到貝瑪卓度留下的這段文字紀錄後，梭珠便確信他們已覓得多傑德千林巴的轉世靈童。男孩本名「索南班登」，由於他是誕生在揚唐的祖古，後來被稱為「揚唐祖古」或是「揚唐仁波切」。又因為他是多芒大伏藏師多傑德千林巴的再來人，遂被稱為「多芒揚唐仁

波切」。[26]「多芒揚唐」一名恰如其分說明他身兼康巴人和錫金人的雙重身分，第十四世達賴喇嘛便會開玩笑地稱呼他為「錫金康巴人」。

19 出自於《前譯持明》藏文雙月刊第九期སྔ་འགྱུར་རིག་འཛིན་ཟླ་གཉིས་དུས་དེབ། སྤྱིའི་འཛིན་ཐེངས་དགུ་པ中刊載的揚唐仁波切簡傳藏文版，頁二十九。二〇一三年五、六月號。

20 藏人一般以「虛歲」來計算歲數。此處所言五歲，可能是實歲四歲，甚至可能只有三歲。虛歲係以生肖來計數歲數，例如一九三〇年三月出生者，生肖屬馬，到了一九三一年的羊年時，虛歲已是兩歲，跟實歲之間有一年的差距。但是仁波切是一九三〇年一月出生，生肖屬蛇，形同是一九二九年蛇年出生，所以到了一九三一年羊年時，虛歲會算成三歲，跟實歲差距了兩年之多。這就是為什麼仁波切在二〇一六年圓寂時，實歲僅八十六歲餘，而虛歲是八十八歲的原因。同理，仁波切自述於三十一歲入獄，當時實歲當為二十九歲。本書關於仁波切和所有藏人的歲數，均為虛歲。

21 揚唐仁波切幼年曾隨母親前往菩提迦耶朝聖，根據阿克南卓的說法，仁波切對朝聖時的情景依舊有鮮明記憶。然而父親過世時，仁波切只有兩三歲大，日後亦從未述及對父親的任何記憶。

22 根據阿怡索南旺嫫的說法，火化後的情形係聽聞揚唐仁波切母親所說。此外，「構智」在錫金指富名望人士或富貴人家的住所，例如揚唐家族在揚唐的住所稱「揚唐構智」。

23 頭人為地方領袖之意。

24 揚唐仁波切外甥女阿怡索南旺嫫訪談，二〇一八年九月二十六日於玉僧璨康。她也提到仁波切母親曾於家宅修製法藥，代表仁波切的母親精通各項法事。另根據仁波切姪女阿怡玉赤的口述，喇嘛貢噶是珍貴的康巴上師，曾在揚唐構智等地閉關，仁波切的母親亦曾在貝林進行金剛薩埵的近修閉關。阿怡玉赤訪談，二〇一八年九月二十六日於玉僧璨康。感謝諾布喇嘛為這兩場訪談現場口譯，將布提亞語或尼泊爾語譯為藏語。

25 關於這個神奇的話語聲，另一說為來自自然水流聲。

26 揚唐仁波切多自稱「揚唐祖古」，在應弟子要求簽名時，大多寫下全名：袞桑吉美德千偉瑟多傑。有時又寫為：袞桑吉美卻吉旺波。「卻吉旺波」一名的來源不詳。

揚唐仁波切誕生的確切日期是一九三〇年一月十日，值藏曆地蛇年十一月十日。據說他出生的那天，虹光乍現，且齒上自然浮現出藏文「嗡」字，腳底則有右旋法螺的圖紋。他的確切出生地點則是「貝林璨康」。[27]

揚唐仁波切在七歲時與哥哥貝瑪旺嘉一同進入貝瑪揚澤寺為僧。貝瑪揚澤寺的洛本登巴嘉措如是敘述道：

上／貝林璨康一景。攝影／柔札祖古。

下／貝林璨康於二〇二一年毀於火災，屋體全毀，僅存石階和底層結構。照片提供／清哲祖古。

在找到仁波切之前，仁波切已經在（貝瑪揚澤）寺院待了兩年。我們的長老有說，揚唐仁波切進入寺院為僧，顯得與眾不同。他的哥哥被稱作「固秀拉」，生肖是豬，比仁波切大八歲[28]。他們兩人在同一時間進入寺院剃髮為僧。仁波切的哥哥那時候十三、十四歲，仁波切是六歲。那時候還沒被認證為祖古，在這裡大約待了兩年，期間有時就來往於這裡和揚唐之間。仁波切也親口對我說過，他（小時候）來這裡很多次，吃了很多次湯麵，喝了很多茶。

根據阿怡玉赤的口述，她的父親（即仁波切的哥哥）貝瑪旺嘉與仁波切在兩天當中先後入貝瑪揚澤為僧。貝瑪旺嘉後來復被思農寺認證為「思農固修」的轉世。此外，仁波切的母親曾在夢中夢到兩個兒子分別為寶髻佛和無欲佛的化身。[29]

梭珠除了認證揚唐仁波切以外，還認證一九三二年出生於錫金仁千邦的噶瑪屯竹為多傑德千林巴的另一位轉世靈童，人稱「仁千邦祖古」。揚唐仁波切如是敘述道：

我九歲時，從康區來了很多喇嘛，說我是多芒寺他們圓寂上師多傑德千林巴的轉世，然後談起關於要我回去的事情。他們帶了兩封信，一封是達隆澤巴

27 仁波切在九〇年代後期從貝林璨康移居至鄰近的「吽日旅館」，不久又搬遷至玉僧的新居。貝林璨康在二〇二一年毀於祝融之災。

28 仁波切屬蛇，兩人年齡差距似應為六歲左右。

29 出自阿怡玉赤訪談。

祖古[30]的，他是多傑德千林巴弟子裡面排名第一的弟子。他有寫下授記信一封。……然後是康區的圖登卻紀多傑有一封授記信，有約略提到父母的名字、約略提及揚唐地方的地名、錫金還有我的名字。他們信中說轉世是投生在這個地方，需要回到康區云云。他們就問父母說：「這個孩子可以交給我們嗎？」母親說可以，而父親已經亡故。[31]

他們說我是「身」之祖古，而在仁千邦出生的乃是「語」之祖古。說我們是同一位上師的化身。但是仁千邦那戶人家並沒有把孩子交給梭珠，而我母親則是立刻就將我交給他。她說：「你若是祖古，那是好事。你如果去西藏好好學習佛法、好好修行佛法，並且成為一個好修行人的話，沒有比這個還讓我更開心的事了。」[32]

這兩位多傑德千林巴的轉世靈童，揚唐仁波切又被稱為「古千」，意為大尊者；噶瑪屯竹被稱為「古穹」[33]，意為小尊者。「古千」揚唐祖古索南班登、「古穹」仁千邦祖古噶瑪屯竹，加上揚唐仁波切的哥哥貝瑪旺嘉等一行人，在一九三七年跟隨梭珠，從錫金西部乘馬啟程，途經首都甘托克和錫金北部後，跨越邊境進入西藏。揚唐仁波切如是自述當時過程：

我九歲時，梭珠帶著我去甘托克，在甘托克待了五個月。……那時多芒梭珠見了錫金國王，他稟報國王說：「仁千邦的祖古沒有交給我們。所謂的祖古，應該是哪裡有利眾事業就該去哪裡。」國王說：「說言甚是，西藏的祖古若出生在中國，就要交給西藏，中國的祖古若出生在西藏，也應交由中國處理。」於是他們[34]依照國王的指示，將祖古（古穹）迎到甘托克。[35]

根據揚唐仁波切的回憶，他們即將從甘托克啟程時，各方親眷紛紛請他們到家中用餐喝茶。國王札西南嘉也邀請他們，除了奉茶之外，也贈送一匹馬、豹皮以及諸多錦緞作為送行禮。錫金皇后也送了很多禮物，仁波切回憶地說：「皇后送了我很多玩具和吃喝用的瓷杯瓷碗，我就很開心。」他繼續敘述從甘托克到達錫金北部的經過：

> 那時沒有汽車，主僕眷屬等眾就騎著馬出發。從甘托克到曼甘（Mangan）過夜，又從曼甘到拉瓊（Lachung）。拉瓊一個寺院裡有位拉瓊祖古，他不是正港錫金人，而是藏族人。他想要在寺院裡創立多芒大伏藏師《持明寂忿》伏藏法[36]的唸誦傳承，便說道：「請教導關於製作朵瑪、唱誦音韻等法事。」[37]

---

30 達隆澤巴祖古即達隆澤珠。

31 此段出自夏威夷口述史。

32 此段出自學校作業口述史。

33 中文又作「格瓊」。

34 指仁千邦祖古「古穹」的家人。

35 學校作業口述史。

36《持明命修》伏藏法的一部分，由多傑德千林巴取出，請見本書第一章相關章節。

37 學校作業口述史。

根據貝瑪揚澤洛本登巴嘉措的說法，拉瓊寺一直到現在都還有唸誦《持明寂忿》。總之，由於梭珠需傳授此法給寺院，眾人便在拉瓊待上了一個月後，才又從北錫金啟程，輾轉越過邊境到達西藏境內。在快抵達札什倫布[38]前，眾人在一個農區過夜。揚唐仁波切敘述當時過夜時的一段趣事：「我和古穹祖古兩人還是年幼孩子，倒頭就睡了。醒來時，就看到大夥正準備出發，還三更半夜的，我想說是怎麼一回事。原來是我們的馬和騾跑去鄰近田裡吃掉一大堆水果。在那個地方，吃了人家水果是會引發爭論甚至打官司的，所以是驚恐之中逃走的，在天剛亮時抵達了札什倫布。」[39]

爾後，他們到了拉薩，仁波切此時已屆十歲，直到十三歲往赴康區之前，在衛藏待了三年時光。如前所述，仁波切抵達拉薩的前一年，紅軍才火燒多芒寺，羅柯馬族人也多逃散各地。以客觀條件來看，在紅軍拔營未久、局勢未明的此刻，確實不是回返多芒的最佳時機。根據仁波切的敘述，這三年當中：「夏天往北方牧區去，冬天又回到北達隆等地住。期間學習語文閱讀，毫不費力地馬上就學會了。」

梭珠將多芒大伏藏師的兩位祖古帶到拉薩北方的達隆寺時，當初寫下認證指示信的達隆澤珠肯定歡喜非常、如釋重負。揚唐仁波切在達隆澤珠尊前得到居士戒，獲賜皈依法名：衮桑吉美德千偉瑟多傑。其中，「衮桑吉美德千」集拉尊衮桑南傑之「衮桑」、吉美巴沃之「吉美」、多傑德千林巴之「德千」於一名。而「偉瑟多傑」則意為：光明金剛。

根據多芒寺長老德巴堪布的說法，梭珠除了教導仁波切語文讀寫以及基礎課誦的背誦，也將《多芒新伏藏》完整灌頂及口傳傳予仁波切。[40]而揚唐仁波切本人則如是描述在衛藏時期的光景：「我們沒有直接去康區，而是在上衛藏四如的區域待了四年[41]。把我帶去的那個上師（指梭珠）在衛藏一帶有很多功德主，他會去他們家中，而我則是待在那裡，跟著那個地方的上師求法、學習語文。他們就跑去功德主們的家裡修法。」[42]

揚唐仁波切的早期侍者阿克南卓如是回憶：「仁波切去西藏時，哥哥也一同前往。他們騎馬經過錫金的拉千、拉瓊。古時候章果寺的商人也是因為行經札什倫布比較近的緣故，而有從這邊經過的傳統。仁波切和古穹在達隆寺學習語文的那段時間，哥哥也在一起。」[43]

一九四〇年二月二十二日，第十四世達賴喇嘛在布達拉宮陞座的當下，第二次世界大戰的戰火已持續在歐亞各地延燒，此時的多芒正在重建大殿。同一時期，梭珠帶著兩位祖

---

38 札什倫布為格魯派大寺，座落於衛藏地區的日喀則。

39 學校作業口述史。

40 多芒寺長老拉雪堪布同樣提及多芒梭珠傳授新伏藏給仁波切一事。拉雪堪布訪談，二〇一七年七月十一日於多芒寺。堪布於本書的敘事均出自這場訪談，以下不再另註。

41 仁波切時而提及三年，時而提及四年，差別應是在於有無包含從衛藏前往多芒之間數月的旅程。

42 夏威夷口述史。

43 阿克南卓訪談三回，二〇一七年七月於爐霍縣城。本章有諸多敘事內容來自當時的三場訪談內容。他在二〇二二年於爐霍過世。他於本書中的敘事均來自這三場訪談，以下不再另註。在康區的訪談均依賢壽先生一家人的協助而得以順利進行。

古在拉薩和衛藏各大聖地朝禮、發願、供燈，並在各大寺院參訪與供僧。根據揚唐仁波切後期近侍清哲祖古的敘述，仁波切在拉薩停留期間，梭珠曾帶他晉見年幼的達賴喇嘛尊者，是為兩人的初次會面。[44]

約莫於日軍襲擊珍珠港、太平洋戰爭爆發之際，揚唐仁波切的母親帶著仁波切的兩個姊姊前往拉薩探望。其中，大姊桑嫫虔信佛法，亟欲出家為尼，原已下定決心要去位於「康日妥噶」白顱雪山上、明究巴准創建的尼寺出家，[45]然而後來因病在拉薩驟逝。仁波切如是回憶大姊過世時的情景：

> 大姊桑嫫從小就非常愛護我，時常對我和媽媽兩人說：「我大概沒辦法把你丟在這邊然後自己回家去呀！」有一天早上她突然病了，到了中午就過世了。多芒梭珠主持了天葬，在七七四十九天後，哥哥和媽媽，還有唐卡畫家等錫金人全都返鄉，從此只剩我和祖古古穹兩人。[46]

此外，根據仁波切姪女阿怡玉赤的敘述，仁波切的大姊桑嫫過世後，母親夢到一隻禿鷹叼來一封信給她，她開信一觀，原來是桑嫫的來信，信中寫道：「我已在淨土，一切安好，請勿掛念。」[47]

梭珠曾經詢問仁波切的母親是否有意一同前往多芒，儘管母子情深，她仍決定返鄉，在仁波切的哥哥陪同下回到了錫金。揚唐仁波切母子兩人並沒有想到，在拉薩一別之後，竟要相隔將近四十年才能重逢。

44 清哲祖古訪談兩回，二〇一九年四月十日與四月十二日於尼泊爾加德滿都。祖古於本書中的敘事均來自這兩場訪談，以下不再另註。

45 阿克南卓訪談。

46 學校作業口述史。

47 出自阿怡玉赤於訪談中的口述。總之，仁波切的大姊最早過世。其次為一九九一年過世的二姊。哥哥則於一九九八年過世。

3 錫金康巴人的短暫黃金歲月

在衛藏待了三年後，揚唐仁波切終於準備啟程前赴多芒。多芒寺主祖古耶喜多傑派遣六位僧人前來迎接。揚唐仁波切如是敘述前去康區時的情景：「多芒梭珠買了很多寺院所需的物品，接著便往康區去了。當時有百頭氂牛，康區來了六名僧人來迎接，牲口以三十頭為一個單位，由兩位僧人來策趕。物品分為優等的一類和中等的一類。分配來做攜帶，有十三頭騾馱運物資。……我們騎了三個月的馬，路上稍感艱辛。[48]抵達多芒寺時我正值十三歲。……寺院那時被火燒掉後，新建尚未完工。我們抵達時是蓋好了兩層，還沒有上漆。當時多芒有六位上師：多芒梭珠、祖古耶喜多傑、多芒伏藏師的轉世古穹和我兩人、喇嘛札巴的祖古以及喇嘛朵洛[49]的祖古。」[50]

一九四二年秋，多芒寺迎來一場盛大的法宴。藏曆九月二十二日佛陀天降紀念日，值西元十月三十一日，當時十二歲的羅柯馬族人宇瓊森給，在七十五年後回憶當天情景時，畫面依舊鮮明：

> 我爸爸跟我說：「祖古們今天要陞座，我們得過去！」那天，仁波切戴著黃色的帽子，格朋羅柯馬所有僧俗眾全都前去列隊迎接。那時多芒寺大殿底層的屋頂已經蓋好，但是上層的屋頂還沒蓋上，寺院裡也只有少許僧房。他們搭了一

48 根據佐欽寺祖古葛嘎的口述，揚唐仁波切曾對他說，在回到多芒之前，曾先到達佐欽一帶。佐欽寺的第五世佐欽仁波切已圓寂多年，他們在鄰近佐欽寺的蓮師腳印所在聖地「夏界帕旺」的草原上搭了一個大帳篷，就在那裡為揚唐仁波切進行陞座，而主持陞座者，是當時佐欽寺一位年長的堪布。據說仁波切當時也見到了比他還要年幼的第六世佐欽仁波切。

49 即溫朵洛。

50 學校作業口述史。

左／「古千」揚唐仁波切二十多歲時的照片，為現存最早的揚唐仁波切法照。確切拍攝時間地點不詳。照片提供／成冨二郎。

右／「古穹」噶瑪屯珠，同時期拍攝。照片來源／玉僧璨康。

個大棚子，張羅著奉茶等等事項。那時多芒有六位祖古[51]，年紀最大的是多芒梭珠，再來是祖古耶喜多傑……[52]

多芒寺主耶喜多傑籌備多時的這場盛宴，吸引西從色達、甘孜，東至道孚的各地信眾，蜂湧前來觀瞻古千、古穹、怡保、帝剎等四位年輕祖古共同陞座。僧眾們持香、披著黃色法衣，排列出「僧鬘」，而羅柯馬的主、臣和族人，無不盛裝前來與會。德巴堪布如是形容現場的盛況：「香氣和吹螺聲環繞四周，幡旗和寶傘遮遍天際，拋擲出的白色哈達堆滿了整片大地。」[53]

四位祖古坐上法座後，僧眾們獻上廣大的祝讚詞，奉上八吉祥物，諷誦諸多吉祥詞以及祈求佛教總體、特別是蓮師聖教廣傳的祈願文。這場陞座歡宴一連持續了七天，宣告著否極泰來的多芒進入又一個黃金時期。在多芒陞座後，揚唐仁波切逐漸主責多芒寺務，他本人如是敘述：「後來，多芒梭珠前往山間閉關，多芒耶喜多傑也去白玉塔唐寺，在白玉秋竹座下學習禪坐實修。於是剩下喇嘛札巴的轉世怡保、喇嘛朵洛的轉世帝剎、古穹跟我共四人。從此我就必須擔起寺務，因為較大的上師一個閉關去了，一個實修去了，而祖古帝剎和祖古怡保年紀還小，最年長的是我，所以責任落在我身上。」[54]

此外，仁波切的求法歷程也開始密集展開，他首先依止多芒寺裡多位高僧，其中最重要的是出生於一八九一年藏曆鐵兔年的匝卡慈洛。匝卡慈洛全名為匝卡喇嘛慈誠南達，他在美千堪朵時期的多芒寺入寺為僧，拜喇嘛札巴丹增和多傑德千林巴為主要根本上師。根據德巴堪布的敘述，匝卡慈洛乃是多傑德千林巴大多伏藏品的法主，由此可見其修證非比尋常。身為多芒新伏藏主要傳承持有者的他，將新伏藏的實修、事業等口訣傳授給古千、古穹兩位祖古以及多芒寺僧。他亦曾向蔣崗寺和多芒寺的僧眾傳授前行法門、氣脈修持、《甘珠爾全集》口傳等法教。德巴堪布特別提到匝卡慈洛與揚唐仁波切的關係：「特別是他對自己上師的轉世祖古揚唐仁波切，毫無保留地以耳傳方式傳授了前世的竅訣，是故成為揚唐祖古不共的竅訣上師，兩人的心意融合為一。」[55]

阿闍黎慈誠嘉措所寫的的揚唐仁波切簡傳〈康區爐霍多芒大伏藏師再化——揚唐仁波切〉一文提到，仁波切在匝卡喇嘛慈洛的尊前求得《普賢上師言教》、天法傳承的氣脈及大圓滿實修教授、廣中略的《佛母般若經》口傳、生圓次第法門的儀軌實修等法要，乃至曆算、壇城繪製等科目，亦依這位上師的恩德而習得。[56]

---

51 所謂的六位祖古，除了梭珠、耶喜多傑之外，還有陸續認證迎請回多芒的四位年少祖古。依四人出生先後順序：多傑德千林巴的祖古——「古千」揚唐仁波切——出生於一九三〇年。喇嘛札巴丹增的祖古——祖古怡保（又名貝瑪耶喜）——出生於一九三一年鐵羊年。多傑德千林巴的另一位祖古——「古穹」噶瑪屯竹（又名貝瑪丹增旺秋）——出生於一九三二年水猴年。溫朵洛的祖古——祖古帝剎（全名為土登慈誠班登）——出生於一九三八年地虎年。

52 宇瓊森給訪談，二〇一七年七月五日於爐霍。他在二〇一九年於羅柯過世。他於本書中的敘事均來自這場訪談，以下不再另註。

53 德巴堪布著，〈多芒寺聖教善增洲之歷代座主等歷史簡述：白晶明鏡〉。

54 學校作業口述史。

55 〈多芒寺聖教善增洲之歷代座主等歷史簡述：白晶明鏡〉。

56 《當代西藏上師聖士夫於秘境哲孟炯之佛行極簡傳》藏文版，頁一一二四。

揚唐仁波切的外甥女蔣秋卓瑪，曾在夢境裡，於涕泣之中見到一位身穿白衣、約莫六十歲左右、自稱「喇嘛慈洛」的上師。夢醒後的早晨，她問仁波切說：「您知道喇嘛慈洛是誰嗎？」仁波切回說：「知道呀，喇嘛慈洛是我的根本上師。」她又繼續問到：「他平常穿白色上衣嗎？」仁波切回答：「對啊，他總是這樣穿，妳是怎麼知道的？」[57]

此外，揚唐仁波切在出身自拉霍寺、後於一九四六年來到多芒開設佛學院的東本堪布格秋座下，學習〈文殊讚〉的註釋、無卓賢的《佛子行三十七頌》、堪布賢嘎註解的龍樹《中觀理聚六論》、寂天的《入菩薩行論》、龍樹《親友書》等論。[58]揚唐仁波切也和古穹、祖古帝剎一同在東本堪布的座下得到沙彌戒。[59]

在拉霍奏珠的座下，仁波切求得了《孃規八大法行》、惹納林巴圓滿伏藏品、《嘉村寧波全集》灌頂等法要。揚唐仁波切也在「嘛呢喇嘛」貝瑪思帝尊前，習得六字大明咒唱誦的法要。[60]阿克南卓亦說道：「嘛呢喇嘛貝瑪思帝在多芒朵講授六字大明咒。紐涅喇嘛仁千塔傑也有來。」

在從白玉寺特別派來多芒執教的堪布貝瑪（又名袞桑偉瑟）尊前，揚唐仁波切求得《甘珠爾全集》口傳、米旁仁波切文殊續規的灌頂和口傳、寧瑪自宗的時輪金剛灌頂、米旁仁波切的《中觀莊嚴論註釋》、米旁仁波切釋疑七大難題的《定解寶燈論》、《入智者論》、《入中論釋》、《三律儀決定論》、《現觀莊嚴論》、《釋量論》、《毗奈耶經》、《如意寶藏論》等經論的教授講解。[61]

堪布貝瑪不僅是佛學淵博的大學者，更是實修實證的成就者。有一年夏天，他在羅柯一處山崗上閑靜安坐時，對著身旁的德巴堪布說：「今天不像以前那樣看得到宗區的山原，全是一片藍光還有五彩光芒環繞，不知道這是怎麼一回事，你也看到了嗎？」德巴堪布回覆說：「我並沒有看到您所說的景象。」於是堪布貝瑪喃喃說道：「喔，那說不定是頓超的覺相吧。」[62]

堪布貝瑪來到多芒主持佛學院，是多芒寺在一九五〇年代成為講修名門的關鍵人物，這段如煙火般璀璨而短暫的歷史，我們將於下一節再進一步敘述。

揚唐仁波切在康區時期另一位最重要的上師，乃是智欽寺的竹千朗珠。智欽寺為第三世多竹千法王[63]的道場，第三世多竹千圓寂後，有兩位第四世多竹千被迎回智欽寺，一位

57 出自蔣秋卓瑪口述，二〇一八年五月於錫金。
58 《當代西藏上師聖士夫於秘境哲孟炯之佛行極簡傳》藏文版，頁一二四起。
59 三人同壇求得沙彌戒的敘述，見德巴堪布〈多芒寺聖教善增洲之歷代座主等歷史簡述：白晶明鏡〉。
60 「嘛呢」意為嗡嘛呢唄咩吽，即六字大明咒。「嘛呢喇嘛」貝瑪思帝這位上師乃專修六字大明咒的大師。堪布拉雪提到：「（仁波切）多次前去拜見嘛呢喇嘛，也曾迎請他前來，可能曾求得六字大明咒口傳。」揚唐仁波切後於羅柯地區主持六字大明咒持誦法會時，依嘛呢喇嘛傳規，傳授特殊的唱誦聲調。
61 《當代西藏上師聖士夫於秘境哲孟炯之佛行極簡傳》藏文版，頁一二四。
62 〈多芒寺聖教善增洲之歷代座主等歷史簡述：白晶明鏡〉。
63 中文又作多智欽或多珠千。

即是竹千朗珠，又名為仁增嘉呂多傑、多竹千仁增丹貝蔣參，人稱「祖古日洛」。另一位則是被稱為「祖古圖巴」或「祖古瑟圖」的多竹千圖登稱列巴桑，也就是後來駐錫在錫金甘托克「塔寺」的多竹千法王[64]。揚唐仁波切在此時期依止的是兩位多竹千當中的竹千朗珠。在這位上師尊前，仁波切得到《四心滴》與龍欽寧體這「寧體上下二部」[65]的圓滿灌頂。在一九八〇年代回到錫金後，仁波切復在另一位多竹千法王座下得到眾多灌頂教授。

竹千朗珠於火兔年誕生在果洛，比揚唐仁波切年長兩歲，他在四歲時被伏藏師敦炯林巴的幼子，即第三世多竹千的幼弟祖古多傑札度等上師，認證為第三世多竹千的轉世靈童。竹千朗珠後來也承認自己是多欽哲[66]的轉世。他與另一位多竹千共同在智欽寺陞座，兩位多竹千相伴共學直到十八、十九歲為止。他依止的上師包括了堪布「袞巴」袞桑巴登等當代大師們，並在過了幼年期後逐漸開始展現神通。[67]竹千朗珠所學雖不算廣博，但是如同往昔的吉美林巴等祖師一般，天生散發著智慧。「竹千」意為大成就者，這個稱號說明了他高深的修行證量。出身自智欽寺的祖古東珠在他撰寫的《大圓滿龍欽寧體傳承祖師傳》中如是生動地描述竹千朗珠：「跟果洛其他喇嘛相比，他又高又瘦，眼睛又大又亮，顯露出強大的眼神。在講授佛法與世俗交談兩方面，他都是令人驚奇的講說者。他是個好畫家，也是個唱誦大師，並在製作朵瑪和壇城方面技術嫻熟。他生活雖然簡樸，卻又倍顯莊嚴，而且就算是在說一些傻話的時候，他也是在給予法教。儘管他的行為難以預測，卻又總是最值得信賴的人。甚至在監獄當中，不論是在世時還是過世時，他的出現將佛法的光芒帶入了許多獄友的生命當中。」[68]

揚唐仁波切曾於一九九一年初，在美國麻薩諸塞州豪里的多竹千法王「摩訶成就者寧瑪巴中心」（Maha Siddha Nyingmapa Center，以下稱摩訶成就者），對在場信眾如是介紹竹千朗珠：

有兩位多竹千祖古，一位已經在康區圓寂了，他的真名是仁增嘉呂多傑。他說這個名字是在夜夢中得到的。在多欽哲耶謝多傑的寺院裡面，有一尊具有加持力的多欽哲「如我像」。他前去那裡，在那尊聖像前睡覺時，好像親自見到了多欽哲。我想是多欽哲為他賜名仁增嘉呂多傑的。他是沒有直說，但按照他講述事件過程來看，應該是多欽哲賜給他這個名字的。

他有去過多芒寺，他的侍者們說，他到多芒寺的時候，覺得那裡跟其它地方不同，內心感到非常高興，彷彿先前就已經認識那裡的僧人一樣，也好像以

64 藏人常稱多竹千為多竹仁波切。中文一般稱多竹千為多竹千法王，本書沿用此稱。同樣地，藏語中的「頂果欽哲仁波切」、「貝諾仁波切」、「圖松仁波切」、「楚西仁波切」、「達龍澤珠仁波切」等上師，在本書中稱為「頂果欽哲法王」、「貝諾法王」、「圖松法王」、「楚西法王」、「達龍澤珠法王」。

65 上部指全知龍欽巴尊者所造的《四心滴》，下部為全知吉美林巴尊者的伏藏法「龍欽寧體」。兩位大師合稱「全知父子」。

66 多欽哲耶謝多傑，寧瑪派傳承祖師之一。

67 東珠祖古著，《大圓滿龍欽寧體傳承祖師傳》中譯版，頁三九三起，圖登華丹譯。慧光集二十三，寧瑪巴喇榮三乘法林佛學會出版。

68 東珠祖古著，Masters of Meditation and Miracles英文版電子書，頁四一四。Shambala Publications，二〇一四年。

前就跟那裡的祖古們熟識了，有熟悉感，感覺就像是多芒寺的上師去到那裡一樣。……

多竹仁增嘉呂多傑，是我在多康下部裡面，信心最大、心意寄託的根本上師。……一般來說，在多康六崗當中有很多上師，在那裡面，多竹千乃是最大的上師。被尊為「竹千」（意為大成就者）的也是他。所謂竹千乃是示現修行成就驗相者，否則也不會有人叫你竹千。上師們一個比一個還大，彼此不會互相認可，但是在多康，得到「竹千」頭銜的就只有他一個人。多康四河當中的匝曲河、瑪曲河的流域以及六崗當中瑪匝崗、色莫崗區域的上師就是像這樣的，與印度聖域的大成就者沒有差別。在西藏多康六崗等所有地域中，都有成就者和很多博學者出現，西藏上下中三部裡面出現最多聖者、成就者、伏藏師的地方就是多康六崗。而在多康裡面，多竹千有如眾星拱月般，一講到多竹千仁波切，所有多康六崗的上師們都會前去拜見他，只要是什麼大上師還是優秀的上師，都必定會去拜會他。這也不是在說他得到了很高的地位，也不是說他很有錢。他是個捨世者、是位謙虛的上師，彷彿終其一生都安住山林一般。所有上師都會去他的尊前求得此世來生的預言、修法法事、請教回遮壽障等等，彷彿除了向他求庇蔭之外再沒別的對象了。……

要去拜見他的途中路並不好走，窒礙難行、路途遙遠。而在那個時候，就連那些出個門都覺得辛苦的上師們都會去拜見他。那時什麼汽車也沒有，是要騎馬前去拜見。在到達得以望見他所在的山林時，有個小小的平原，諸如德格王的悟喇、佐欽仁波切等大上師們到這裡時，便會下馬，改以邊大禮拜邊步行的方式前去，除此之外，沒有直接騎馬去見他的習俗。……他的居住地是杜柯和瑟柯間的山崗，所以被叫做「杜瑟崗」。後來在杜瑟崗出現很多伏藏師等大師，據說也是來自多竹千仁波切的加持。[69]

揚唐仁波切在康區時期依止的上師當中，不論從接觸頻率還是接受法教多寡來看，竹千朗珠均非名列首位，可是仁波切內心深處祈求、依靠、啟白的對象之一乃是竹千朗珠。直至圓寂前，仁波切的寢室牆上始終貼著一張竹千朗珠的照片。我們在稍後的章節中也將看到，這位上師對於揚唐仁波切接下來的人生際遇有著決定性的影響。

在被弟子問起根本上師時，仁波切也曾經這樣回答：「我在康區的根本上師，主要是竹千祖古日洛，又稱仁增嘉呂多傑，這位是我的根本上師。然後嘉空多札[70]也是我的根本上師，是康區的。還有拉霍奏珠、嘛尼喇嘛貝瑪思帝等等，我在康區有很多求法的上師，有七八位。到達印度後，則主要是頂果欽哲法王、敦珠法王、多竹千法王等上師們。我有見過很多上師，而求法的對象則是這樣。」[71]

69 出自揚唐仁波切開示，一九九一年一月於摩訶成就者中心。非常感謝David Dvore提供的開示錄音，讓仁波切的開示得以重現。本書當中，凡於摩訶成就者的開示內容，均根據David Dvore所保留的錄音資料，將仁波切的藏語開示重新直譯為中文。

70 阿克南卓敘述道：「嘉空多札來到多芒傳授阿彌陀佛淨土法門。他送每個人一個用法藥做成的拇指大小蓮師像，要大家承諾持誦一千萬遍阿彌陀佛。」

71 夏威夷口述史。

除了以上這些傳授灌頂、經論講解、戒律和竅訣的上師們之外，揚唐仁波切也曾從覺美慈誠偉瑟這位喇嘛處得到非常多珍貴法教口傳。仁波切如是說道：

我十四、十五歲的時候，康區有個鄰近我們的、具有功德的喇嘛，他一生是在閉關當中度過。我在他尊前得過很多口傳。剛開始時我請他傳大寶伏藏灌頂，他那時說：「我不傳大寶伏藏，以後您會得到的。像是大寶伏藏的口傳還是嘎瑪教傳[72]的口傳，以後都能得到。不管是哪個上師都能傳。但是各個伏藏師傳承文當中的，就根本得不到了，我的傳承很好，是從多芒大伏藏師和喇嘛札巴丹增得到的傳承。」於是多芒藏經閣裡有的經函，他都傳授了口傳。那裡面有蔥納林巴、噶瑪林巴、天法等等，大概有七八十函。不完整的部分，就向拉則寺和蔣崗寺商借，各伏藏師有傳承文的圓滿伏藏法的全部都傳授了。……那位喇嘛名為覺美慈誠偉瑟。[73]

羅柯馬耆老宇瓊森給回憶道，揚唐仁波切平常總在研閱經論。而多芒六位祖古除了年齡的差別之外，對於信眾來說，最受景仰的又是哪位呢？宇瓊森給如是說：「那時多芒有六位祖古，年紀最大的是多芒梭珠，再來是祖古耶喜多傑，接著依次是揚唐仁波切、祖古怡保、古穹，最小的則是祖古帝剎。可是他們當中權勢最大的就是揚唐仁波切了。部落裡有人死掉或是其它事情，大家都會想說，最好就是能請揚唐仁波切來主持法事，要不然就希望耶喜多傑能來。一般來說，雖然多芒梭珠有展現過斬截藏布江的修行驗相，但在當時，從這裡一直到木雅、道孚的範圍裡，多芒揚唐名號響亮、為人敬重。」而堪布拉雪則說：「多芒寺的六位祖古當中，他（即揚唐仁波切）是最富盛名者。眾人稱呼他『祖古倉』、『喇嘛倉』，對他供奉和讚揚。夏季要去牧區修法，凡有人往生，都得親赴亡者枕邊（超度）。」

至於在傳法方面，根據德巴堪布的說法，揚唐仁波切在十五歲那一年[74]，向多芒寺全體僧眾傳授《多芒新伏藏》的完整灌頂和口傳。而根據多芒寺堪布拉雪的回憶，仁波切傳授此法時值春季。總之，這是揚唐仁波切一生中首傳《多芒新伏藏》。[75]拉雪堪布如是說：「祖古（指揚唐仁波切）傳授灌頂和口傳的主要對象乃是祖古帝剎。揚唐仁波切不管傳什麼法，祖古帝剎沒有不參加的。揚唐仁波切不論傳什麼法，多芒寺全體喇嘛僧人，沒有人不去參加的。」仁波切也曾應邀前往拉霍寺，傳授《嘛呢全集》、嘉村寧波伏藏法《三寶總攝》和《寂忿百尊》等法。[76]此外，在一九五五年左右，仁波切復於雅惹闊傳授《甘珠爾全集》的口傳。[77]

---

72 寧瑪派教法可分為遠傳承教傳、近傳承伏藏以及甚深淨相。其中，教傳藏文發音為「嘎瑪」，此與噶瑪噶舉之「噶瑪」字義不同，發音亦異。

73 出自揚唐仁波切二〇一三年於尼泊爾雪謙寺傳授天法時的開示內容。

74 推估約為一九四三年。

75 根據慧光堪布編纂的揚唐仁波切傳記《依怙主多芒揚唐仁波切袞桑吉美德千偉瑟多傑簡略外傳：藏紅花束》藏文版初稿（以下稱《藏紅花束》初稿）第四節，每年藏曆六月的「初十大法會」最後，揚唐仁波切和古穹祖古會輪流傳授普巴、閻魔敵等灌頂。

76 根據拉雪堪布的敘述，在這場傳法之後，仁波切向拉霍奏珠求得八大法行九函灌頂、惹納林巴伏藏等法。

77 阿克南卓與堪布拉雪訪談中均提到在雅惹闊傳法一事。

就在揚唐仁波切傳完新伏藏後不久，一九四五年四月底，墨索里尼和希特勒相繼死亡，第二次世界大戰的歐洲戰事勝負已定。八月，美國在日本廣島和長崎投下原子彈，數日之後，日本宣佈投降，第二次世界大戰於焉結束。日本也放棄對台灣的主權，結束了馬關條約簽訂後對台灣的五十年統治。

然而，在西藏以東的中國，國共內戰才正進入最後階段。一九四八年四月，第一屆國民大會選出蔣介石為中華民國第一任總統，國共勢力在這一年此消彼長，內戰的走勢越發明顯，過去曾被追剿的共產黨，軍容漸趨壯盛。人民解放軍控制長江以北大多區域，劍指江南。一九四九年五月下旬，蔣介石首次前往日本人在四年前撤守的台灣，並又再返中國大陸坐鎮指導節節敗退的戰局。十二月七日，眼見戰況無可挽回，蔣介石宣布遷都台北。三天之後，他搭乘專機從成都飛抵台北松山機場，從此再也沒有回到中國大陸。到了十二月底，解放軍幾已拿下全中國。這一年的最後一天，在中共中央發表的「告前線戰士和全國同胞書」當中，提出了優先要進行的任務，就是「解放台灣、海南島和西藏，殲滅匪幫的最後殘餘，完成統一中國的事業」。翌日，一九五〇年的第一天，中共官媒人民日報的社論也同聲說道：「以一切力量完成人民解放戰爭，肅清中國境內的一切殘餘勢力，解放台灣、西藏、海南島，完成統一全中國的大業。」

沒有多久，海南島就被解放軍攻下，毛澤東的新中國版圖，剩下台灣和西藏兩塊拼圖。由於退守台灣的蔣介石政權與美國仍有邦交，加上韓戰爆發後，美國總統杜魯門派遣第七艦隊協防台灣，毛澤東明白當下並非出兵台灣的時機。相對地，沒有外國勢力奧援的西藏成為優先拿下的目標。

兵凶戰危之際，第十四世達賴喇嘛被迫提前即位，他首先要面對的重大挑戰，就是第十三世達賴喇嘛十八年前在「水猴遺囑」裡提到的，那正在實現中的警世預言。

4　山雨欲來風滿城

多芒寺自一九四六年開設佛學院後，依次由東本堪布、堪布洛桑卻札、堪千烏金以及堪布敏卓主持授課，在四年當中打下基礎。這段期間主要教授的內容是堪布賢嘎的論釋。之後，祖古耶喜多傑依玉科夏札瓦的指示，於一九五〇年向白玉祖寺座主噶瑪古千法王提出請求，希望指派堪布貝瑪到多芒寺主持佛學院。[78]

堪布貝瑪出生於一九〇二年，藏曆水虎年。在他十九歲那年，白玉寺第九代座主仁增巴千度巴（第二世貝諾法王）私下吩咐他說：「今年輪到你主事金剛舞，但那沒有太大意義。一般來說，既然得到完美人身，應當用之獲取心要，所以首先需要圓滿學習經論。可是現在我們寺院沒有佛學院，而噶陀寺有佛學院，你應該去那邊好好進行能夠利益教法和眾生的聞思，切莫蹉跎人身。雖然要進入那邊的佛學院有些困難，我可以寫信來請求噶陀錫度仁波切。」堪布貝瑪於是拿著貝諾法王秘付的信，到噶陀面見錫度卻紀嘉措仁波切，順利進入佛學院學習了七年後，開始遊歷各方，向其他上師求法。他所依止的上師中，包括了巴楚仁波切和米旁仁波切兩位大師的共同心子——堪布袞桑巴登。後來，堪布貝瑪回到白玉寺，白玉佛學院已由仁增巴千度巴促請堪布阿格旺波（即堪布阿瓊）設立，堪布貝瑪陞座為白玉第七代堪布座主，主持白玉佛學院七年之久。此外，堪布貝瑪亦依堪布阿格旺波、塔唐森嘎秋竹、章巴珠千蔣巴卻增為師，並以堪布阿格旺波為恩德最深重的根本上師。

一九五〇年，藏曆鐵虎年十月十日，堪布貝瑪抵達多芒寺後，首先進行嚴謹普巴金剛閉關。隔年鐵兔年一月神變月，他對包括祖古帝剎、古穹在內的少數弟子首轉法輪，復於藏曆四月「薩嘎達瓦」殊勝月十三日起，對佛學院全體僧眾傳授米旁仁波切論釋為主的顯密法教，開啟了多芒重建以來聞思最鼎盛的時期。根據德巴堪布的敘述，堪布貝瑪化育的眾多多芒弟子當中，乃以祖古帝剎為心子，而古穹在大圓滿方面的體悟，也深得堪布的讚賞。[79]

根據阿克南卓的回憶，揚唐仁波切在堪布貝瑪的座下學習經論長達一年，同時擔任課程的複講師。然而當時仁波切擔負為寺院化緣之責，無法全心專事學習，所以堪布貝瑪曾說：「他就是太忙了，要不然真的很聰穎啊，實在太可惜了。」而揚唐仁波切也曾對幾位弟子說過：「我只學習了一點經論而已，要不然我不會變成像現在這樣的笨蛋。」

但是事實上，揚唐仁波切由於過去世的深厚習氣，對於各次第法教都能很快領悟，儘管自謙所學淺薄，實則學識浩瀚且經修證而內化，是故在傳法時往往能夠感動、變改弟子頑強的心續。他著作的儀軌和竅訣，均被譽為有如班智達之作，乃至被奉為甚深意伏藏。

一九五〇年代初期，札西彭措和比他小八九歲的阿克南卓兄弟二人，成為揚唐仁波切最早期的侍者。其中，阿克南卓是在十三歲起開始侍奉約莫二十一歲的仁波切。有些僧人

78 本節關於堪布貝瑪的敘事內容均出自德巴堪布的〈多芒寺聖教善增洲之歷代座主等歷史簡述：白晶明鏡〉。

79 阿克南卓也說：「（揚唐）仁波切在堪布貝瑪尊前僅求得經論教授，並沒有求得竅訣指引。而祖古古穹在堪布座下求得完整竅訣教授。」

問仁波切說：「仁波切啊，您怎麼不帶個能幹的喇嘛在身邊呢？帶著這兩個孩子您自己會辛苦啊！」仁波切則回答說：「這兩個人是我拇指上的肉，整個晚上需要唸經的話也沒問題，整個白天要睡覺也沒問題。其他年長的僧人，叫他往東，他就往西，叫他往西，他就往東，所以說，這兩個還比較好。」

仁波切對年幼的阿克南卓嚴厲有加，諸如讀經、背誦儀軌不得力等，都會予以懲罰。阿克南卓在訪談中如此生動回憶最初侍奉時的往事：

有時候情節十分重大，想說今天肯定要被揍了，結果仁波切卻什麼都沒說。有時候實在是小小的問題而已，仁波切就會溯及既往說：「這天你做了這些這些……那天你又做了這些這些。」把全部罪狀加總在一起，然後狠狠揍一頓。我哥雖然跟仁波切同齡，也是會挨揍的。

有一回，阿克南卓學跳金剛舞，學了五六天都還沒學成。一天傍晚，仁波切問他說：「你是在學什麼？學完了嗎？」阿克南卓說：「在學護地神的金剛舞，還沒有學完。」仁波切就說：「喔好，那我們到大殿上面去吧！」阿克南卓先到大殿上頭等候，然後看到仁波切拿著一塊木板走了過來。雖然仁波切如此嚴厲，但是侍者均將這些磨練視為上師的加持以及淨除罪障的機會。在日後至為艱難的時日裡，札西彭措[80]與阿克南卓這對兄弟檔即使遭逢生命危險，也依然忠心耿耿，從未捨棄自己的上師。

根據阿克南卓的回憶，除了最年長的梭珠和最年輕的祖古帝剎外，仁波切、古穹、耶喜多傑以及祖古怡保這四位祖古，需要輪流擔任為期一年的寺院總管以及多芒寺初十法會的總功德主，掌寺大權則落在祖古耶喜多傑和揚唐仁波切身上。此外，為了維持祖古帝剎、堪布貝瑪以及負責牧馬、膳食等隨侍眷屬眾人的生計，仁波切在夏天要騎馬到各地化緣牛奶、起司等奶製品，並於家家戶戶修法。在修法時，仁波切會應當時家戶的需求，起筆寫下所需唸誦的儀軌。待法事完畢，仁波切就會說：「剛才那個是無可奈何之下而寫的，根本沒有幫助。」便馬上將所寫儀軌燒掉。有些儀軌雖有暫時保留，但大多佚失無存。

阿克南卓如是回憶與仁波切同在的舊日光景：

> 平常功德主們在春天會送新產的牛乳、酸奶給祖古們。除了每年初十金剛舞法會時，觀看金剛舞的信眾會來見仁波切以外，平常會來見的很少。農區的人會在時節法會時聚在一起進行供奉和發願，可是牧區的人除了愛看表演啦、賽馬啦以外，就沒有那樣的習俗，或是沒有那樣的心意。除了要卜卦、看日子，或是家裡有人生病、死亡的時候會來請仁波切過去以外，平常來見的並不多。
>
> 仁波切化緣奶製品和青稞穀類時，不論家戶位於上羅柯還是下羅柯，只要有人家的地方，他就會到那家門口。我跟著仁波切化緣很多次，所以現在地理

80 札西彭措與仁波切度過許多患難與共的歲月，他在一九九〇年代後期過世。仁波切後來在玉僧璨康駐錫時期曾經養過一隻貓，取名札西。玉僧璨康當時有好幾隻貓，只有札西可以自由進出仁波切的房間。仁波切時常為了餵食給牠，會刻意把自己盤中食物留下來，有時甚至還會特別先將食物嚼軟。有一回，札西弄髒仁波切房間，侍者正要教訓牠時，仁波切阻止著說：「真可憐呀！不要打牠喔，這是札西彭措來投胎的！」

路線都蠻厲害的。其實化緣的時候，他們應該要把奶製品供過來，可是仁波切是完全不辭辛勞地挨家挨戶拜訪。夏天化緣奶類物資，冬天化募青稞。在下部有個叫拉里喇嘛的，他是多傑德千林巴的弟子，多傑德千林巴不論要取什麼伏藏都會帶他一起去，所以是很珍貴的一位喇嘛。他會去他自己的功德主家裡吩咐每家準備一袋青稞，然後把所有功德主的供養物資一併收集好再送給仁波切。另外還有一些是多傑德千林巴的功德主，仁波切去他們家裡時，有時會準備一個四方體狀的酥油、一盤乾乳酪、加持過的柏樹粉以及加持繩送給他們。這些功德主也會把物資全部收集好，然後直接帶到仁波切這裡送給仁波切，仁波切也就不需要跑去他們每戶的家門口去。去鎮上的時候，會在他們家門旁喚著：「我是多芒的！」有這樣的一種化緣習俗。之後，會順便為鎮上功德主進行修法。

瓦仁的爸爸瓦錫瑪死時，他們送了一匹叫作查洛的馬。那匹馬是仁波切的坐騎，不論他去哪裡都是騎那匹馬。祖古古穹、祖古怡保、梭珠都非常喜歡賽馬，而仁波切倒沒有特別看重這方面。

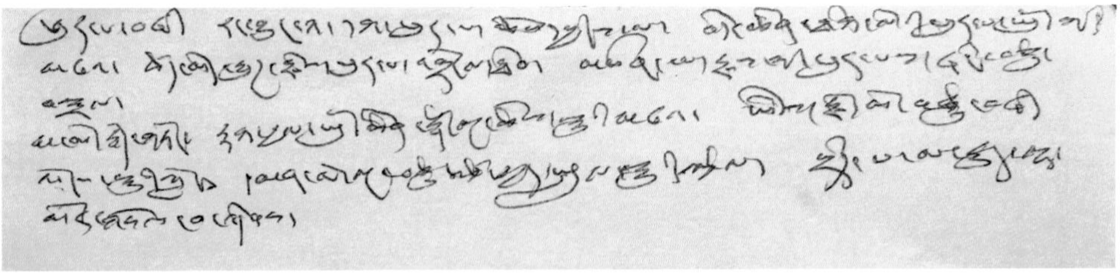

此為普巴金剛和差遣媽嫫相關詞句，雖由揚唐仁波切親筆寫下，但並不清楚詞句是否為他所造。仁波切曾交代侍者拿去燒掉，後被隨侍視為聖物而保留。資料來源／ Tshering Dolma。

往昔的「日桑山煙」節，會在衮寧前現在圍起來的草原那邊進行七天節慶。僧眾和祖古們首先會在衮寧前面一帶供奉「剎旭」護法神，然後去「多芒朵」的草原賽馬。接著在家人會去供奉「美千達澤」，但出家人不會參與。

仁波切來到多芒後，過著十足康巴式的日子，以佛法為生命核心，以寺院為家，以僧服為衣，以牧區方言為語，以青稞糌粑、酥油、酸奶為食，以氂牛乳和康巴式奶茶為飲，以馬兒為坐騎，以草原為毯，以藍天為帳。這所有的一切，不論是地理還是生活風貌都與錫金有著極大差異，可是卻又是如此熟悉，如此習以為常。揚唐仁波切後來曾如是簡述在康區的經歷：「我在十四歲那年到康區，接著學習語文和一些科目，直到二十歲。二十歲起肩負寺務。」[81]

然而，距離天降日歡宴不過數年，揚唐仁波切開始動念返鄉。德巴堪布如是描寫當時情況：

他在滿二十歲左右[82]，與「古穹」貝瑪丹增旺秋經過討論後，準備帶著兩個年輕僧人，悄悄前往上部、印度那邊。祖古耶喜多傑和梭珠兩人知道後，請求整個寺院，特別是請堪千匝卡慈洛去慎重勸阻揚唐仁波切。仁波切說道：「既然你們全部都阻止我，我現在是可以待著；可是如果我現在能去印度，利益教法和

81 夏威夷口述史。
82 約於一九四八年。

眾生之事必定可達巔峰，自他願望也能怡然實現。但若現在不去，未來你們又會說都是因為揚唐不走的關係而導致這個那個的，會發生這種謾罵情事的。到時候即使想走也沒有自由走，即使想留也沒有待著的自由。反正就按照你們的意思吧，我現在不走了。」[83]

揚唐仁波切想要離開的這件事已夠讓人費解，他所說的那番話更是讓大家摸不著頭緒，到底未來會發生什麼樣的大事，眾人似乎也不是太在意，彷彿只要仁波切順著大家意思留下來，大家就感到滿足了。一時，祖古耶喜多傑迎來了堪布貝瑪，多芒的學風眼看蒸蒸日上，就在此時，人民解放軍進入康區，往金沙江岸進發。一九四九年十二月，西康省政府主席國民黨人劉文輝向共產黨投誠，西康省被「和平解放」，康區東部落入共產黨管轄。一九五〇年一月一日，北京電台的廣播中宣告解放軍會在這一年將西藏、海南、台灣從英美帝國主義控制下解放出來。[84] 一月二日，毛澤東在發給彭德懷和鄧小平的電報當中說：「西藏人口雖不多，但國際地位極重要，我們必須佔領，並改造為人民民主的西藏。」[85] 一月中旬，劉伯承和鄧小平在重慶傳達了中共中央進軍的指示，並且要求黨政軍在九月做好進軍的準備。[86] 三月份，感受威脅的西藏開始向一九四七年從英國獨立的鄰國印度尋求武器支援，但是印度總理尼赫魯並沒有打算和毛澤東主政的新中國作對，直接回絕西藏的請求。[87]

到了四月中旬，解放軍開始從康定深入康區，逐步朝西挺進。四月二十八日，西北軍區第十八軍已開拔到甘孜。康區婦人阿媽阿德回憶當時的景象說：「我們對那樣的數目感到疑惑，在甘孜和周邊區域最後達到近三萬人。我們當時並不知道十八軍第五十二師是準備要攻入昌都的。」在鄰近甘孜縣城所舉辦的一場大型說明會上，解放軍如是宣達：「我們很高興能與大家碰面，我們是來把你們從國民黨的腐敗政權中解放出來的，國民黨現在永遠結束了。我們來協助成立一個真正的人民秩序，為平民帶來更好的生活條件以及修正過去的錯誤。我們明白這些土地是屬於你們的，在完成我們的任務之後，我們就會回到我們原本的地方。我們是兄弟姐妹，我們來這裡純粹是要幫助你們。」[88]

在這場大會中，解放軍並沒有忘記要留下一個好印象。阿媽阿德回憶道：「在會議中，刻著中國新共和第二任總統袁世凱肖像的銀幣，被當作禮物分送給所有與會者。這個錢幣叫做『大洋』，是共產黨用來影響我們的初步手段。」[89]

五月六日，時任青海人民政府副主席的喜饒嘉措格西，呼籲西藏人民不要信任英美帝國主義，說西藏解放乃是勢不可擋，不要錯誤以為已拿下青海和西康的解放軍沒有能力拿

---

83 出自〈多芒寺聖教善增洲之歷代座主等歷史簡述：白晶明鏡〉。

84 梅．戈爾斯坦著，《喇嘛王國的覆滅》中譯版，頁五八七。

85 李江琳著，《當鐵鳥在天空飛翔》，頁三三九。聯經出版，二〇一八年。

86 《喇嘛王國的覆滅》中譯版，頁五九一。

87 Andrew Duff著，Sikkim: Requiem for A Himalayan Kingdom 英文版，頁四十二。Berlinn Limited出版，二〇一八年。

88 阿媽阿德（Ama Adhe）著，The Voice That Remembers: One Woman's Historic Fight to Free Tibet 英文版，頁四十一起。Wisdom Publications，一九九七年。

89 同前註。

下西藏。[90]同一天，川藏公路的工程開始展開。到了五月底，解放軍越過中藏邊界，攻入位於康定到昌都經商主要路線上的、距離昌都不到一百五十公里的鄧柯。不久後，七百名藏軍又收復了鄧柯。六月下旬，韓戰爆發，北緯三十八度線成為國際矚目的焦點，史達林亟盼毛澤東派兵參戰。美國與蘇聯兩大強權於「冷戰」時期首次交鋒。

八月底，中國修通了從康定通往甘孜的公路，軍武設備得以直驅前線。此時，西藏政府卻在昌都臨陣換將，任期屆滿的拉魯下任後，西藏政府指派阿沛阿旺晉美主掌前線昌都的軍事重任。[91]十月七日，聯合國軍隊越過了三十八度線，揚長北上。隔天，毛澤東號召「抗美援朝」，正式派兵參與韓戰。正當麥克阿瑟指揮的聯合國軍隊在朝鮮半島越過北緯三十八度時，遠在另一端的康藏高原上，人民解放軍也越過了金沙江。訓練有素的數萬士兵很快就擊潰了藏軍，不出數日，昌都總指揮阿沛便已投降。這場「首戰即終戰」的昌都戰役只不過是西藏近代歷史悲歌的初鳴。

存亡之秋下的西藏人，只能把希望寄託給年僅十七歲的、那由觀世音化現的安多男孩身上。第十四世達賴喇嘛在自傳中如是敘述：

> 十月，我們極端的恐懼達到頂點。消息傳到拉薩，一支八萬人的中共人民解放軍已經穿越昌都東邊的翠處河[92]。中國廣播宣稱，中共建國一週年，開始「和平解放」西藏。所以，斧頭已經落下。再不久，拉薩勢必淪落。我們不可能抵禦這樣的屠殺。……一九五〇年十一月七日，西藏噶廈及政府向聯合國求援，盼其代表西藏出面調停。不幸地，西藏依照其和平孤立的政策，從未尋求成

為聯合國的一員，而且未曾致力於此，除了在年底前發出兩份電報。隨著冬天逝去，局勢越來越壞，要達賴喇嘛即位之說甚囂塵上。人們擁護我全面掌權的行動開始出現，距離正常程序，我還得等兩年後。……有兩派立場：其一是視我為危機中的領袖，另一些人則認為要負擔這樣的責任，我還太年輕。我同意後者的看法，不幸的是，我沒有共同商量的機會。政府決定將之付諸神諭。這是非常緊張的場合，最後靈媒頂著他那巨大的、儀式用的頭飾，蹣跚搖擺地踱到我座前，獻上一條白絲貢巾（哈達），放在我的膝上，並說：「他的世代到了。」……

他們選中一九五〇年十一月十七日，因這天是年底前最吉祥的日子。這樣的發展令我非常沮喪。一個月以前，我還只是無憂的年輕男子，熱切地期盼一年一度的藏劇節。如今我要面對這樣緊迫的景象，在國家準備開戰時，領導我的國家。……

我發現自己成為統帥六百萬人民的當然領袖，面臨全面戰爭的威脅，而我只有十七歲。[93]

在拉薩，情勢緊張之下，達賴喇嘛提前即位，正式成為西藏政治領袖。兩天後，堪布貝

90 Tsering Shakya著，The Dragon in the Land of Snows英文版，頁三十七。Penguin Compass出版，二〇〇〇年。
91 《喇嘛王國的覆滅》中譯版，頁五九一。
92 翠處係藏音，意為金沙江。
93 《達賴喇嘛自傳：流亡中的自在》中譯版，康鼎譯。頁六十一至六十六。聯經出版，一九九〇年。

瑪抵達多芒寺，而原欲返回錫金卻遭勸阻的揚唐仁波切，還正要在冬令時節化募青稞糌粑等穀糧。然而，冬日的一個早上，寧靜的羅柯馬卻是騷動不安。仁波切如是敘述那一天的情景：

> 中共在一九五〇年來了，那是藏曆鐵虎年。那是白玉堪布貝瑪來到多芒、我在他尊前求得《甘珠爾全集》口傳的時候……那是冬天[94]，上午九點，羅柯馬的男人們全都來了，他們紛紛說著「中國軍隊到了爐霍！」、「新的漢人來了！」、「搞不清這情況是好是壞」、「該如何是好」云云。我就說：「中國軍隊到來，只會是壞事，不會有好事的。」
>
> 除此之外，當時多芒寺最優秀的上師是匝卡喇嘛慈洛還有名為喇嘛阿德的兩位持戒比丘。他們說應該有授記，便查閱了很多文獻，結果貝瑪林巴的授記裡面有提到，多欽哲的授記裡有提到……很多文獻中都有提及，於是就說這肯定是壞事，真的是前來進犯之軍，西藏之中沒有比這個還要更糟的事了云云。接著說要進行修法，要唸誦多欽哲的《無限諸佛》以及工珠的《無欺皈處》二文。於是便抄寫法本分給所有人來唸。當時我二十二歲。[95]

白雪降在拉薩，也落在多芒，不論是阿里、衛藏還是多康，此時此刻，是暴風雨來臨前的最後寧靜。

94 由於堪布貝瑪是在一九五〇年十一月十九日抵達多芒，這個事件發生時間判斷應為一九五〇年年底或是一九五一年的年初。

95 學校作業口述史。

5 再見！多芒，再見！

人民解放軍在昌都告捷，劍指拉薩，而已不在西藏政府管轄中的康區東方卻宛如另一片天地。堪布貝瑪主持下的多芒佛學院學風漸盛，儘管中國歷經政權更迭，這裡的生活截至此時尚未有太大轉變。

在另一端的拉薩，不得不提前掌權的青年達賴喇嘛，面對進逼的大國，能夠運籌帷幄的空間實在不多，眼前能做的是秘密南遷，如此一來，一有緊急狀況，就可越過邊界流亡印度。達賴喇嘛如是敘述：

> 我們在深夜離開拉薩。天氣很冷，但是星月皎潔，我記得星子閃耀生輝，這是我後來在全世界任何地方都未曾見過的景象。……四周如此岑寂，我們悄悄地從布達拉宮山腳的鄉間小道，經過諾布林卡宮、哲蚌寺出走。……我們最終的目的地是兩百哩外的錯模，正好在與錫金接壤的邊境附近。……於一九五一年一月，在近乎兩個星期的旅程後，兼程趕到錯模。……
>
> 我們第一件壞消息是，我離開拉薩前派出國的代表團只有一個不負使命：到中國去的那一個。其他的都無功而返，情況惡化。……現在英國政府居然同意中共對西藏主權的部分主張，真令人難以置信，他們似乎忘了在過去，比如當

楊豪斯本[96]上校與西藏政府締約時，他們認為必須視西藏為一完全的主權國家對待。……

> 至於美國，一九四八年華盛頓曾歡迎我們的代表團，我們甚至還和副總統見面。所以，很顯然地，他們改變了立場。當我意識到這個事實意即：西藏必須獨自面對整個強大的共產中國，我覺得非常的悲哀。[97]

一九五一年四月下旬，前昌都最高指揮官阿沛阿旺晉美以及四位來自昌都、亞東的西藏政府代表抵達北京。四月二十九日，以民族事務委員會主任委員李維漢為首的中國政府代表團，與以阿沛為首的西藏代表團展開談判。[98]中方的翻譯官是西藏共產黨創黨人之一，家鄉巴塘的康巴人平措旺杰。藏方的翻譯則是達賴喇嘛的姐夫平措札西。四月三十日，李維漢帶來一份曾在康區宣傳過的十點聲明，其中表明，「西藏應該回到祖國大家庭的懷抱」。五月二十三日，雙方的代表簽署了那影響深遠的「十七點協議」。遠在亞東錯模的達賴喇嘛每晚會收聽北京電台廣播，他如是敘述他得聞十七點協議時的心情：

> 我在寺中有一部古老的布希收音機接收器，靠六伏特電池運作。每天晚間，我聽北京電台的藏語廣播。……多數的廣播充斥著「偉大祖國」的宣傳，但我必須說，我對大多數聽到的節目印象很是深刻。……有一天晚上，我獨坐聽到一個非同尋常的節目。一個嚴厲、爆裂的聲音宣讀當天由中華人民共和國和他們所謂西藏「地方政府」代表所簽署的十七點「和平解放西藏」的「協議」。
>
> 我簡直不能相信我的耳朵。我想衝出去，叫醒每一個人，但是，我呆坐在

> 椅子上，動彈不得。播音員形容「經過最後一百年或更久」的強權帝國主義者的力量，如何滲透到西藏，「造成各種欺騙和憤怒」。他又加上，「在這種情況下，西藏人民陷於奴役和痛苦的深淵」。……
>
> 但更糟的還在後頭，「協議」的第一條是「西藏人民應該團結起來，驅逐帝國主義者的侵略力量。西藏人民應該回歸祖國大家庭——中華人民共和國。」這是什麼意思？最後駐紮藏地的外國軍隊是一九一二年的滿清軍隊。[99]

正當達賴喇嘛震驚之餘，在北京那頭，李維漢向平措旺杰舉杯慶賀達成十七點協議的成就。[100]儘管美國方面暗中建議，如果達賴喇嘛有意出走西藏，應當前往印度或是泰國和錫蘭，[101]但是達賴喇嘛最終在八月回到了闊別九個月的拉薩。[102]十一月二十六日，由譚冠三和張國華領軍的三千名十八軍士兵進入拉薩，隨行翻譯是正在黨內平步青雲的平措旺杰。達賴喇嘛敘述道：

---

96 即楊漢斯本，詳見第一章相關章節。

97 《流亡中的自在》中譯版，頁七十起。

98 《喇嘛王國的覆滅》中譯版，頁七〇四。

99 《流亡中的自在》中譯版，頁七十五起。

100 Melvyn C. Goldstein, Dawei Sherap, William R. Siebenschuh合著，A Tibetan Revolutionary: The Political Life and Times of Bapa Phüntso Wangye英文版，頁一五二。University of California Press，二〇〇四年。

101 《喇嘛王國的覆滅》中譯版，頁七三四。

102 《流亡中的自在》中譯版，頁八十三。

> 他們由一位著藏服、毛帽的藏人陪同謁見。他們甫進室內，這位陪客即行三個正式的五體投拜禮。……後來證實他是個翻譯員，一位忠實的共產主義者。我稍後問為什麼不穿和他同伴相同的毛裝？他十分和善地答道：「我必須放棄革命是服飾革命的錯誤想法，革命是一種意念的革命。」……
>
> 在很短的期間內，更多的解放軍支隊又來到拉薩。他們來的情形，我記得很清楚。因為西藏地形較高，聲音可以傳得非常遠。結果，我在布達拉宮的禪房裡聽到一陣緩慢而沈重的擊鼓聲，很久以後還沒看到一個軍人。我衝上屋頂，拿出望遠鏡，我看到他們蜿蜒成一長蛇縱隊，深藏在雪堆裡。他們來到城牆時，到處是畫著毛主席和他的副手朱德的紅旗和海報，然後是喇叭和土巴號的聲音。[103]

西藏軍隊依然懸掛著象徵西藏國族精神的雪獅旗，引來范明等解放軍將領的反彈。他們認為「西藏不是國家，不可以擁有國旗」，視持雪獅旗者為「反動份子」和「分裂主義者」。而張經武和張國華等將領則認為，強硬禁止雪獅旗勢必引發反彈，於是主張依著毛主席和中央的方針緩緩進行，盡一切努力贏得達賴喇嘛和菁英階層的心。[104]

而在東方的康區，攏絡人心的舉措也紛紛展開。康巴人阿登便如是回憶中共對康區新龍縣上層階級的工作方式：

> 在他們到來的一年之後，共產黨成立了「人民政府」。整個新龍被重劃為一個「縣」，再劃分為四個「區」。每個區大多就是過去的四大部落。……中國人為每個區指派西藏行政官，這些是老酋長和其他名望人士。……中國人給每個

「官」優渥的薪水，像我就每個月領一百二十銀元的津貼。……

我們去宣傳中國人要把西藏改造成「民主」國家的目標。在這個時候，中國人持續強調「自治自理」的政策。他們強調說中國人只是來教西藏人怎麼治理自己，等到這個目標完成，他們就會回到自己的家鄉。[105]

同為康巴人的阿媽阿德如是回憶共產黨在甘孜的建設：

佔領軍依照他們給的承諾，建了學校、醫院和獸醫診所。一所專為貧窮家庭孩童的小學在甘孜設立。一九五二年，一間醫院完工，給予西藏病人免費醫療。當我們經過入口時，時常看到大家排隊等候看診。可是之後，康區的醫院主要是用作十八軍的後勤。

很快變得很明顯的是，共產黨教師們在學校裡教導孩童要想說：我等人民是偉大祖國的其中一個少數民族。他們說我們的家園是無法與優越的中華文化分離開來的，還說必須學習、實踐中國語言、文化、習俗，好讓西藏人了解他們真實的身分。……

中國人挑選寺院和地方家族中的領導人士，告訴他們說：「既然你們是社

103 《流亡中的自在》中譯版，頁八十五起。

104 A Tibetan Revolutionary: The Political Life and Times of Bapa Phüntso Wangye英文版，頁一七三。

105 Jamyang Norbu著，Warriors of Tibet: The Story of Aten and the Khampas' Fight for the Freedom of Their Country英文版，頁八十起。Wisdom Publications，一九八六年。

會當中最能幹的人，我們希望你們去中國，看看我們的國家。」整團有二三十人……他們坐飛機到達中國。他們只被引導觀看最好的工廠和農田，用以信任在共產黨的制度下，一切都在完美運作。[106]

中共也以發放救濟的名義，進行挨家挨戶的訪查，對於每個家戶的土地、財產情形加以調查，並且對於在地方有影響力的人士加以了解。[107]阿登如是說道：

中國人拜訪所有家戶，並且偷偷摸摸地註記各家狀況，和其擁有的金、銀、穀糧數目。他們分送禮物給家庭成員並進行對話。他們沒有詢問與財富地位直接相關的問題，而是單純問起鄰居和當地名望領導人士。村民很天真，他們以為自己是用一些不是什麼秘密的普通資訊來換取免費的金子和衣服。透過這種方式，中國人得以列出該區所有特殊人士準確而完整的清單以及每個家庭的財產數量，他們非常徹底。他們拿糖果送給小孩，然後去問有關他們爸媽和長輩的事。[108]

這種全面性的工作當然也伸入了羅柯馬部落和多芒寺。羅柯馬首領策仁文嘉與多芒寺輩份較高的祖古們成為工作對象。揚唐仁波切如是敘述：「當時中共對我們非常好，說要帶去中國海邊、俄國等地觀光，還給了錢、給吃美食。他們也有向我們寺院裡的我、梭珠、耶喜多傑、策仁文嘉、巴千等族人領袖招手。那時策仁文嘉就跑去觀光了，是帶著壤倫的兒子一起去的，我們其他人都沒去，全對中共沒有好感，就留下來待著。」[109]

揚唐仁波切在另一次口述中也提及中國對祖古們的攏絡情形：

那時耶喜多傑在中國，而梭珠在蔣崗山間安住。有一天，多芒梭珠捎來信息說：「請你趕快來這裡一趟！」我就去見他。梭珠說：「我有一個很大的期盼，請你要完成。他們說要不就我過去，要不就我的一位代表過去。我已經老了，沒辦法過去了，你不做我的代表的話，他們就會把我帶走了。」於是我答應了，就跟梭珠一起到爐霍，梭珠把我介紹給中國官員們，從那時起，為期八個月的時間，我就成為梭珠的代表。後來耶喜多傑回來了，我就說：「請你接下。」便把這個任務移交給他。每個月的月俸有兩千銀元。110

阿克南卓則如是簡述中國人來到多芒一帶的情形：「我們這一帶在開始時，中國人大概像商人一樣前來，然後變成像醫生一樣來打預防針，凡此種種進行各式各樣的運動，那時開始就有人在說這些中國人不好。後來開始要開會，有給仁波切一些舊銀元作為月俸。後來耶喜

106 The Voice That Remembers: One Woman's Historic Fight to Free Tibet 英文版，頁四十八。

107 《當鐵鳥在天空飛翔》頁五十。

108 Warriors of Tibet: The Story of Aten and the Khampas' Fight for the Freedom of Their Country英文版，頁八十六。

109 學校作業口述史。

110 出自揚唐仁波切於玉僧璨康的口述，年份不詳，以下稱「玉僧口述史」。在康區進行數場訪問後，雖然從數場訪談中得知一九五六至一九五九年間發生在仁波切身上的一些事件，但是對於相關細節、事件發生前後順序仍感模糊。特別是沒有仁波切親述事件發生過程，總覺得不踏實。無可奈何之下，一再向仁波切祈求。輾轉得知住在達蘭薩拉的色達促誠手中，保有仁波切細說過往的口述錄音。這份如奇蹟般出現的珍貴資料不僅串連了所有相關事件，也相當生動地保留了仁波切的語氣和想法。這是釐清仁波切在一九五〇年代中後期際遇最重要的一份自述。

多傑替換仁波切去領薪水。他們把耶喜多傑和策仁文嘉等人帶去中國開會，然後慢慢就有軍人來到家戶搜查，仔細調查牲口，送每戶人家一把剪刀作為禮物。之後，就每況愈下了。」

總之，共產黨在數年之間進行整備。從家戶調查、人心攏絡到基礎建設、軍事準備等，如火如荼地全面開展。這一切的暖身動作終於在一九五六年的「民主改革」中掀牌，中共管轄的康區首當其衝。揚唐仁波切如是敘述民主改革前後的情勢轉變，以及民主改革時期一觸即發的緊張態勢：

> 我跟寺院離散的五年以前，中國的軍隊已經到來。那時偶爾要開會，貴族和主事的喇嘛們都要一起開會，而一般平民則全部一起開會、給予教育。實際意思是要宣傳各種活動，好讓人民對宗教失去信心。他們賄賂一些平民，宣傳一些改變人心的話，一九五〇年到一九五五年之前宣傳這些運動。
>
> 一九五六年，毛澤東下令進行「民主改革」，說所謂的宗教就是讓你們受苦的真正根本。究其用意，就是在說我們這些主事上師和貴族就是人們受苦的根本。他們進行這樣的教育，而我們都沒有會意過來。如此這般，一步一步改變人民的心。在那期間，建立軍事基地，在一些地方運送軍人等等，這些都準備好了之後，才進行「民主改革」的。他們怕說如果在那之前就改革的話，藏人有反彈的危險，所以他們先用柔和手段。
>
> 他們捎來很多要求寺院主僧和部落首領必須開會的通知。我跟瓦修巴千[111]沒有去。部落首領策仁文嘉則有去開會，他那時候年紀尚輕。耶喜多傑也去了康定開會，一直沒回來。羅柯馬正準備反抗的時候，中共就施伎倆說：「你們不要反抗，耶喜多傑會被放回來的。」於是羅柯馬就沒有反抗了。

那時羅柯馬的軍隊都在惹闊一帶結集，已經準備開戰了。就在那個時候，信差傳來消息說：「耶喜多傑被放回爐霍了，來接他吧！」於是我和策仁文嘉連同五個人去了爐霍。在爐霍橋旁煮茶的時候，我交代一個僧人說：「去打聽耶喜多傑在哪裡，請他們把他帶過來，說我們來接他了。」……後來見到了耶喜多傑，當時爐霍到處滿是中國軍人。看到很多中國軍車開到，已成望之生畏的地方。

然後，士兵在我們前後兩方包夾，跟著我們一起走，到君朵的時候稍事休息。那時我對士兵們說：「我們其中一個僧人應該要先回去通報一下，要不然他們會覺得中國軍隊來了，會開槍的。」他們回答說：「這樣的話，只准一個人去！」於是就派了一人去通報多芒梭珠說：「耶喜多傑跟我們在一起了，我們全都要過來了。而且中國軍隊裡也有很多我們西藏人，請好好考慮開戰一事。」

到了冉朵的時候，中國軍隊長官說：「耶喜多傑你就待在這兒！我們要跟羅柯馬的軍隊和諧相處，你叫羅柯馬首領們過來一下。」羅柯馬首領們在別無選擇之下前來赴會。耶喜多傑命令他們說：「你們絕對不可以跟中國軍隊交火。就算死也不能打起來！」那時羅柯馬的一個首領瓦修巴千並沒有前來。

接著，中國士兵分成兩隊，一隊把耶喜多傑帶去拉霍，說過幾天會再把他送回多芒。我跟札西彭措則跟著另一隊中國士兵途經策美柯往多芒前去。真可憐，那些中國士兵不過是聽令行事而已，在路上累到在左右兩側呼呼大睡。我就跟札西彭措開玩笑說：「把他們手上的槍拿走，他們大概都不會知道。」然後到

111 瓦修巴千為羅柯馬首領之一。

了寺院的山峰時，他們小心翼翼把槍砲都對準了寺院。而寺院的僧人則想說，多芒寺就要被毀掉了，感到非常恐慌。

那時我二十六歲。雖然宗麥部落已準備好跟我們一起打中國軍隊，但是我們這邊沒打，宗麥那邊打了起來。之後嘉瑟倉罵我們說：「羅柯馬呼攏了我們！」[112]

多芒寺的佛學院在堪布貝瑪主持下才正要邁入第五年，然而局勢已然每況愈下，寺院已漸漸失去了自我治理的主導權，一切佛法事務都受到箝制，揚唐仁波切也再度興起出走念頭。一九五七年春天藏曆新年左右，揚唐仁波切到達位於果洛的智欽寺，向根本上師竹千朗珠稟告出走的計畫。他如是說明拜見上師的過程：

在那之前，我在多芒寺曾有兩度想要逃離，但都不讓我走。到了第三回時，梭珠對我說：「這次我不阻止了。」他把多芒大伏藏師的一些伏藏物交給我時說：「這是屬於你的。」他說著說著便哭了起來。蔣揚欽哲[113]也已經出走，我雖然想要經過甘孜區出走，但是從那頭走的話，除了人走得掉以外，什麼東西都帶不成。又聽說從北路走的話可以出走，於是我跟札西彭措兩人連同一個熟悉強瑪滎路線的人，一共三人同行。

竹千朗珠在果洛那邊有眾多功德主，加上他又是個勇者，想說有他相伴同行的話可以順利脫逃。於是就前往多竹千寺（即智欽寺）。我去晉見竹千朗珠。「您有要離開嗎？您如果要出走，希望您慈悲讓我跟您一起走。」我說。

「啊？」他說完這句，經長時思索之後，又對我說：「我不走。我們的祖古圖巴（指多竹千法王）已經走了。我沒有想走。」接著，又問我：「那你要走嗎？」

「我是下定決心要走才來這裡的。」

「喔，這樣的話，今晚你在下頭山間過夜，明天我沒空，你後天再來吧。」

……後天一早，札西彭措和我兩人去見竹千仁波切。仁波切煮好了茶在等我們。那是位沒有架子、很溫和柔順的上師。

他對我說：「我已經決心不走，你如果也不走是比較好的。」

我說：「我反抗了中共來到這裡，現在如果回去，就等於跳進紅通通的火裡，您是我的根本上師，如果叫我跳河，我也不會另做他想。」

「這樣的話，那你就別走囉！在這裡待上幾天吧。兩天後再過來，我們再做決定。後天你一個人來就好。」[114]

兩天之後，揚唐仁波切再度拜見竹千朗珠。這一次，師徒兩人促膝長談，竹千朗珠說的這一番話，對揚唐仁波切此後的人生，有著決定性的影響。仁波切說道：

那天，我去他的尊前，他對我說了之所以不能離開的緣由，還說：「你沒有辦法不進監牢，你不會死在獄中的，這我可以掛保證。而我，會死在監獄裡。」

他一說完，我就哭了起來。[115]

112 玉僧口述史。

113 指蔣揚欽哲確吉羅卓。

114 玉僧口述史。

115 同前註。

6 公牛飛天，硝煙滿地

一九五四年初，十九歲的達賴喇嘛應中國邀請前往北京。他先在拉薩甘丹寺住上幾天，寺中一尊牛頭護法神的聖像，透出不尋常的徵相。他敘述道：「當我第一次看到祂時，祂是朝下看，臉色溫順。現在祂面朝東方，露出凶猛的表情。同樣地，我聽說在我逃亡的時候，甘丹寺一間佛殿的牆壁流出血來。」[116]

達賴喇嘛輾轉經過成都飛往西安，再從西安搭乘火車抵達北京。在火車站迎接他的是中國總理周恩來和朱德。達賴喇嘛在北京經歷許多政治性的會面和會議，期間曾經見過毛澤東至少十二回。其中一回，毛澤東對他說：「西藏是個偉大的國家，你們有輝煌的歷史。很早以前你們甚至曾經征服中國許多土地，但是現在你們落後了，所以我們要幫助你們。在二十年之內你們就會領先我們，到時候就輪到你們來幫助我們了。」[117]

在另一個場合，毛澤東指著兩位將軍的臉，對著達賴喇嘛說：「我派這些人去西藏為你工作。如果他們不聽你的話，就讓我知道，我會把他們叫回來。」[118]在這些會面中，毛澤東都顯得友善而寬厚。然而在一九五五年春天，毛澤東在兩人最後一次會面中，對達賴喇嘛說出了他心裡的想法：「宗教是毒藥。」[119]

八月下旬，達賴喇嘛從北京返回拉薩的途中，行經康區爐霍、甘孜等地。揚唐仁波切曾與眾人前往爐霍親迎，這是他第二度見到達賴喇嘛。這年夏天，中共陸續在康區和安多推行各項改革，達賴喇嘛說道：

沒有多少個星期，中共在西康、安多的活動就傳進我耳裡。中共不但沒有讓藏人過自己的生活，反而開始片面地強制進行各種改革。中共針對馬匹、土地和牛群徵收新稅，破壞之餘還外加羞辱，連廟產也要清算、課稅，許多財產被沒收充公，中共地方幹部也根據他們自己的政治意識形態來重新分配土地。地主被公審，並且以「反人民」的罪名受到懲罰，令我恐怖的是，有些甚至被處死。……

寺廟的事務橫遭中共干涉，中共也開始灌輸地方民眾反宗教的觀念。和尚和尼姑都蒙受極大苦惱，他們遭到公開羞辱、強制參加消滅昆蟲、老鼠、鳥以及所有害獸、害蟲的計畫，中共當局明明知道殺生違背佛陀的教義。如果他們拒絕，中共就施以毒打。與此同時，中共在拉薩卻依然若無其事。中共不干涉首邑的宗教活動，顯然希望他們在別處為所欲為時，還能留給我一個安全的假象。……

116 《流亡中的自在》中譯版，頁一〇一。
117 同前書，頁一〇七。
118 同前書，頁一一〇。
119 同前書，頁一一八。

秋去冬來，從東藏傳來更壞的消息。不習慣外來干擾的康巴人，對中共的方式並未溫順以對：在康巴人的財產當中，他們最重視的就是自己的武器。所以地方幹部一開始沒收武器時，康巴人就開始激烈地反抗。[120]

> 康巴人最寶貴的財產是步槍。現在他們聽說中國人將要求他們交出全部武器，不用說也知道，康巴人絕不會交出自己的槍，他會先用它！[121]

一九五六年開年後不久，「民主改革」在康區全面展開，諸如強制收繳武器、沒收財產、批鬥具影響力領袖和喇嘛的作為，引來視土地、財產、信仰、武器如命的各地藏人反彈。康區影響力最大的僧俗人士被安置進入全國人大、政協，次級者則進入省、州一級政府，而參與抗爭者多為縣級以下的部落首領和中下階層。各地的藏人部落雖無縱橫串連，但在保身立命、捍衛家園、守護信仰的共同價值觀下，多處同時爆發抗爭。而對共產黨來說，如此「反改革」、「反革命」的武裝抗爭，為他們進場軍事鎮壓提供了合理化的藉口。

一九五六年二月，距離多芒寺不遠的色達草原傳來槍聲。[122]時任色達縣人民政府縣長的瓦須仁增頓珠因「抗拒社會主義改造」，率眾包圍推動土地改革的工作組，進而演變為武裝對抗。中共稱此為「康巴武裝叛亂的第一槍」。到了三月，康區儼然進入戰爭狀態，一場大規模戰事在理塘爆發，官方要求藏人上繳武器，[123]解放軍的機槍大砲甚至對準了著名格魯派大寺院、僧數高達四千人的長春春科爾寺，並且威脅若不繳械，則將摧毀寺院。年輕寺僧決定起而反抗，率先突襲解放軍兵營，理塘之戰就此展開。

激烈的戰事持續了三週，幾經攻防之後，三月二十九日，外號「公牛」的兩架圖四轟炸機從陝西起飛，往理塘而去。這款轟炸機乃是史達林送給毛澤東的贈禮，藏人望著畢生未見的「鐵鳥」在天空呼嘯，砲彈如雨直落，在實力懸殊之下，理塘之戰很快便宣告終結。隔天，戰火止滅，勝利的那一方後來在《甘孜州志》裡如是記載：「三月三十日，解放軍某部圍殲據守理塘喇嘛寺的叛亂武裝，擊斃匪首毛啞土司所隆旺吉，理塘縣城解圍。」[124]

理塘自非唯一領教轟炸之地。在一九五六年的三四月間，解放軍遠程重型轟炸機獨立四團在實戰首秀中，除了炸毀理塘長春春科爾寺，也轟炸了鄉城的桑披寺與巴塘的康寧寺，在約一個月的戰事中完成近三十次空投物資，並在三天之內進行二十一架次的轟炸，投下約三百枚集束炸彈。[125]

達賴喇嘛如是描述當時的心情：

這就是我所害怕的事情。不管抗暴多麼成功，中共最後會以龐大的兵

---

120 同前書，頁一二四起。
121 達賴喇嘛著，丁一夫譯，《我的土地，我的人民》中譯版，頁一三二。台灣圖博之友會，二〇一〇年。
122 李江琳著，《一九五九：拉薩！——達賴喇嘛如何出走》，頁四。聯經出版，二〇一〇年。
123 《當鐵鳥在天空飛翔》，頁七十六。
124 同前書，頁八十一。
125 同前書，頁九十二。

力、優越的火力擊敗反抗軍。但是我沒能預知共軍會空炸西康理塘寺。我得知此事後，痛哭了一場，我無法相信人類會如此殘忍。

> 轟炸之後，接著是殘酷的拷問、處決婦女和兒童——這些人的父親和丈夫加入抗暴運動。令人難以置信的是，中共也謾罵僧尼。在拘禁之後，中共強迫這些單純的宗教人士公開地彼此行淫，甚至強迫他們殺人。……我立刻要求會晤張國華將軍。我告訴他，我想寫信給毛主席。「如果你們這樣倒行逆施，西藏人怎麼能夠信賴中國人？」我詢問道。我率直地告訴他，他們這樣做是錯的。但是這樣一來反而引起一場爭執。他說我的批評是汙蔑祖國……[126]

一九五六年三月，康區不再平靜，凡有「民主改革」之處，抗爭隨之遍地開花。瓦須色達與「羅宗」地區當中的宗麥、宗兌二部等各部落組成聯軍，由瓦須色達首領瓦須仁增頓珠以及宗麥的嘉果哲波[127]擔任指揮官，據說反抗軍人數達上萬人之多。[128]地緣鄰近羅柯馬的爐霍縣城同樣陷入戰火，曾在紅軍入藏時期遭紅軍佔為據點的指標性格魯大寺章果寺（即壽靈寺）正面對抗解放軍。《爐霍縣志》中如是簡短記載：

> 三月二十二日　爐霍壽靈寺少數反動上層公開組織反革命武裝叛亂，破壞和阻撓民主改革。二十三日，被我人民解放軍包圍，向其宣傳黨的政策，令其交出槍彈，既往不咎，叛亂份子拒絕接受，首先向我軍開槍射擊，我軍被迫還擊。於二十五日平息戰亂，摧毀碉堡四個，殲敵七百餘人。[129]

拿下爐霍的解放軍對於較為偏遠的寺院和部落並沒有鬆手，如前所述，解放軍士兵小心翼翼以前後包夾的方式「護送」揚唐仁波切和祖古耶喜多傑回返多芒，由於主降的耶喜多傑通令「寧死不戰」，羅柯馬人故無正式參戰，但似仍有族人起而抗爭。《甘孜州志》中便如是記載唯一一則關於羅柯馬的戰事：

> 四月十一日至五月二日　解放軍某部平息爐霍壽靈寺和羅柯馬的武裝叛亂，某團分別由甘孜、爐霍兩地向新龍進軍，在藏民團一部和道孚新龍兩縣自衛隊的配合下，平息新龍的武裝叛亂。某團三營向白玉進軍，殲滅章都、麻絨等地叛匪。
> 四月十六日　州人民委員會就平息武裝叛亂問題發出佈告：號召全州各族人民迅速行動起來，幫助中國人民解放軍反對和制止叛亂，並盡快恢復和發展生產。[130]

東藏的局勢持續延燒之際，來自錫金的王儲屯竹南嘉以摩訶菩提協會主席的身分，前赴拉薩邀請達賴喇嘛前往印度，參加佛陀誕生兩千五百週年的紀念活動。到了十月初，印度政府也正式提出官方邀請，這個難得的出國機會正是坐困愁城的年輕達賴喇嘛所需要的，他如是敘述道：

126《流亡中的自在》中譯版，頁一三一。
127 是否與仁波切在前文述及的宗麥「嘉瑟倉」為同一人，尚待釐清。
128《血祭雪域》，頁一二三起。
129《爐霍縣志》，頁十三。
130《甘孜州志》上冊，頁五十。四川人民出版社，一九九七年。

從世俗的角度來看，印度之行提供了我絕佳機會，讓我暫時脫離和中國人的密切互動及無謂的爭執。此外，我還希望能有機會向尼赫魯先生、其它民主國家的領袖，以及聖雄甘地的追隨者們請教。……

我想去印度還有一個原因。長久以來，我們與英屬印度政府關係友好，事實上，這是我們和西方世界唯一的接觸。可是自從政權移交印度政府後，我們和印度的政治聯繫漸漸消失，我確信應重建並保持雙方堅強的關係，這會是我們通向自由世界的一條生命線。[131]

時值鎮壓各地藏人抗爭的敏感時期，中國自然不希望達賴喇嘛藉著出訪而節外生枝。毛澤東對於是否放行也幾經思量，他在中共八屆二中全會上公開說道：「佛菩薩死了二千五百年，現在達賴他們想去印度朝佛。讓他去，還是不讓他去？中央認為，還是讓他去好，不讓他去不好。過幾天他就要動身了，勸他坐飛機，他不坐，要坐汽車，經過噶倫堡，而噶倫堡各國的偵探，有國民黨的特務。」[132]

達賴喇嘛則如此敘述出訪前的氛圍：「離開拉薩之前，剛回來任中國駐藏常駐代表的張經武將軍，把我當學生般長篇大論地說教。……他說最近匈牙利和波蘭有一小撮人受到外國帝國主義影響，製造一些問題。但是蘇聯國立即回應匈牙利和波蘭人民的要求，不費吹灰之力就把反動份子鎮壓下去。反動份子總是找機會在社會主義國家搗亂，但社會主義國家非常團結，會互相支援。他沒完沒了地說著，我知道他是在含蓄的警告我，別的國家休想干涉西藏。」[133]

十一月，達賴喇嘛如願成行，他越過西藏邊境到達錫金，就此展開印度之旅。而在另一端的康區，揚唐仁波切也亟欲返回家鄉錫金，他帶著侍者札西彭措離開多芒後，來到果洛的智欽寺拜見根本上師竹千朗珠，上師囑咐他留在西藏。仁波切如是敘述道：「於是我決定不去印度了，上師送了很多東西給帶我來的兩個同伴，他們兩人便返回自己的家鄉。我則在那裡待了一年，有機緣求得了《四心滴》的完整灌頂和口傳。」[134]

從一九五七年藏曆新年到一九五八年間，揚唐仁波切在智欽寺一帶住上一年多的時間。竹千朗珠則在一九五七年前往青海塔爾寺進行供養，並於一九五八年在智欽寺傳授《四心滴》，東珠祖古如是敘述此中經過：

> 在塔爾寺進行供奉的其中一天，仁波切（指竹千朗珠）相當沈重地對他主要侍者之一慈誠嘉措說：「我看到一座三層樓的金色寺院，而它整個消失在一座山的後頭。現在，佛法的生命以及人們的和平喜樂已到盡頭。我不會離開，我不能拋棄我的僧人和人民。我會回到寺院，並且試著再傳授一次《四心滴》和《龍欽寧體》的清淨傳承和教授，而那將是最後一次了。」爾後，他在走訪許多寧瑪寺

131 《我的土地，我的人民》中譯版，頁一四四至一四五。
132 引用自《當鐵鳥在天空飛翔》，頁一四〇。
133 《我的土地，我的人民》中譯版，頁一四六。
134 玉僧口述史。

院後回到了寺院。

一九五八年，儘管沒有任何安排，許多重要的上師卻不約而同齊聚在多竹千寺。仁波切首先講授前行。接著在經過安排下，他和數百位僧人共同進行為期七天的「淨除惡趣」寂忿尊法會。緊接著是《龍欽寧體》的灌頂，每個灌頂都加以詳細的解釋。之後，他教授《本智上師》以及《空行笑聲》。然後他開始傳授《四心滴》的灌頂，除了寶瓶灌頂以外，他每個灌頂都依照傳規，將參與者分組，一組不超過五人。每一個灌頂都歷經數日指導和修持，才具備傳授下一個灌頂的條件。正在灌頂之時，他告訴他的侍者們：「傳法的最後，我們要進行一場盛大的薈供，我所擁有的物品全都要用在那上面。」[135]

這場法會結束後，揚唐仁波切也將離開待了一年多的果洛。臨走之際，他前去向根本上師辭別。竹千朗珠問他：「你既已決定不去印度了，那現在是要去哪裡呢？」揚唐仁波切如是回答：

「我不會去向中國人投降的。我聽說包括瓦修巴千全家等，我們部落的反抗者有三戶家庭正在杜柯那邊，我就往那頭去。我還沒有要向中國人投降。」

「可以，不向中國低頭是可以，但是不能殺中國軍人，一個都不可以殺喔！」

隔天，一個使者來到，是瓦修巴千派來的，他捎來口信說：「我們在杜柯這裡！」於是我就去那裡待了一年。[136]

仁波切離開智欽寺後，前去杜柯與羅柯馬首領瓦修巴千會合。然而，對仁波切、多芒、康區，乃至包括拉薩在內的整個西藏，真正的大風暴才要開始。

135 Masters of Meditation and Miracles英文版電子書，頁四二五至四二六。

136 玉僧口述史。

7 寒天熱血的終局之戰

達賴喇嘛在局勢危急之中出訪印度，與印度總理尼赫魯的會面自然是重中之重。他向尼赫魯說明西藏面臨的困境乃至自己流亡的意願時，尼赫魯並沒有表達支持。達賴喇嘛如是敘述道：

> 最後他注視我說，他了解我所說的。「但是你必須知道，」他有點不耐煩的繼續說：「印度不能支持你。」……雖然尼赫魯現在已經表明立場了，我仍然繼續說，我正在考慮流亡印度。他再次反對：「你必須返回你的國家，以十七點協議為基礎，試著和中國共事。」[137]

達賴喇嘛最終在一九五七年三月從錫金啟程返回拉薩。於此同時，康區局勢依舊險峻，三月九日，中共中央書記鄧小平在一場會議當中如此向上層建議：「只要向上層表示江東[138]要堅決改，就要打，建築在大打上，仗越打得大，越打得徹底，越好，這條一點都不能放鬆。可能打幾仗就解決問題，不要猶豫，越猶豫越壞。要會打，要打得狠，準備大打。要向上層說清楚方針，要打就打，現在也在打，你不打，人家氣焰越高。軍事上要部署……這是戰爭狀態，不能說昨天他們未打，我們今天就不能打，應集中力量一塊一塊地搞，一片一片地平息。始終不要放棄政治爭取和軍事打擊，打一些好仗，才能爭取。」[139]

一九五七年，人心惶惶之際，以安珠貢保札西為首的康巴富商等各界人士，倡議為達賴喇嘛舉行長壽法會，並且請求傳授時輪金剛灌頂，[140]眾人還決議為達賴喇嘛獻上黃金法座。在強烈民族情操與宗教信念促使下，這場向達賴喇嘛獻上黃金法座的法會在夏宮羅布林卡[141]盛大舉行。根據烏金托傑仁波切的敘述，這場法會是由雪謙康楚以及從康區走避至拉薩的頂果欽哲法王所主持，上百名來自康區的重要喇嘛和代表都參與了法會，[142]達賴喇嘛坐在黃金法座上為來自各地的信眾傳授時輪金剛灌頂。堪布貝瑪謝饒回憶當時的情景：「這場灌頂超過十萬人次參加，其中包括了桑傑年巴和雪謙康楚，現場有大喇叭讓每個人都能聽到，我們坐在草地上喝茶，那真是一段美好的時光。」[143]

美好的法喜隨著法會落幕而淡出，嚴峻的現實則仍在上演。倡建黃金法座的安珠貢保札西結合籌備法會時的人脈，在山南成立了以康巴人為主的志願軍，名為「四水六崗」。隨

137 《流亡中的自在》中譯版，頁一四〇。

138 指金沙江以東。

139 兩天後，毛澤東批示：「我認為應當同意這個方針。」見《當鐵鳥在天空飛翔》，頁一五九至一六〇。

140 《血祭雪域》，頁二〇五。

141 中文又作諾布林卡。

142 出自烏金托傑仁波切訪談〈自在瑜伽士的一生〉一文，收錄於《明月：頂果欽哲法王自傳與訪談錄》中譯版，劉婉俐譯，頁二八五。雪謙文化出版社，二〇一〇年。

143 同前書，頁三一五。堪布貝瑪謝饒又稱堪欽貝瑪謝饒（堪欽或堪千意為大堪布），在《明月：頂果欽哲法王自傳與訪談錄》中稱「堪布貝瑪謝拉」。

著戰事持續升高，一九五七年及五八年間，已有超過一萬五千戶康巴家庭為了避難而湧入拉薩及鄰近區域。[144]康區許多重要上師也在此時出走，例如出走錫金的多竹千法王以及出走貝瑪貴的貝諾法王等等。大批湧入的康巴難民讓拉薩人憂慮戰火會燒向首都，難民議題成為中國和西藏政府之間的燙手山芋。

一九五八年四月，對於騎馬荷槍的康巴人出現在拉薩街頭深感不安的中共西藏工委會，宣布清查在拉薩的康巴人和安多人，要求辦理身分證，否則不准佇留拉薩。[145]於是大批難民又從拉薩逃往尚未被中共完全控制的區域。當時人在拉薩的頂果欽哲法王明妃康卓拉姆如是敘述：「每個從康區來到拉薩的人，都被逮捕、遣送回去。有些人跳水，但大部分的人都被綁在卡車上，強迫離去。」[146]

拉薩情勢尚且如此緊繃，處在決戰圈的康區更是事態嚴峻。一九五八年夏秋之際，羅柯馬面臨最後對決。主持佛學院已達八年的堪布貝瑪，在高張局勢下只能停止授課。阿克南卓回憶說：

> 由於中國造成的動盪，羅柯馬全體都憂心忡忡專務修法，沒有機會再研讀經論，堪布貝瑪也沒有講授經論的機會。那年的初十節，康札瑪和祖古古穹等人都被關進監獄，而仁波切和我哥哥在一年多前就已經秘密出走到智欽寺。
>
> 一九五八年，結夏安居快要結束時，有一天晚上聽到窗戶傳來敲打的信號聲，我到外頭一看，看到幾個背著步槍和「山羊角」形槍架的騎士，是我哥哥還有一些其他人。哥哥對我說：「你要跟我們一起走嗎？要就趕快，我們之後不會

再來了。」那時揚唐仁波切也捎來口信問說局勢如何，我回說局勢不好。於是我也決定離開，隔天我謊稱一個認識的老太太生病了，那時結夏安居的主事是德巴堪布，我在他尊前獲得防止結夏過失的開許，當天晚上就跟隨來接我的人途經柔龍東一帶逃走了。

之後，來到依澤多洛家時，想說我們馬不夠，不偷馬是不行了，可是那個時候依澤多洛正好在偵查，就沒辦法偷馬了。那天晚上在森林過夜，翌日我到了阿爾，就跟仁波切碰面了。……

之後，我們在擦卡瓦隆待了很久，在那裡進行一次年終「古多竹千」朵瑪拋擲法會，也進行簡略的年終金剛舞。後來，中國軍隊就快要過來，所以我們連擦卡瓦隆也沒辦法再待下去了。仁波切要去杜柯的時候，瓦仁來了，有天晚上，仁波切說：「不走也不行了，別無他法。」於是我和仁波切、瓦仁等人連同十四犛牛出發去多芒搬物品，帶走所有珍貴物件。但是除此之外，沒辦法搬運經函，不過我想說，如果不帶著多芒新伏藏的傳承文，傳承就會斷絕，所以就拿了傳承文，另外也盡力拿了多芒寺的身語意所依聖物，……至於甘珠爾經典類的法本，在擦卡瓦隆下面有一個雨水淋不到的岩窟，我哥哥在那邊用馬具鋪排成墊，再將經函裹在毛皮裡堆在上面，上頭再蓋上我家的氂牛黑毛篷布。

144 The Dragon in the Land of Snows英文版，頁一六六。
145 《當鐵鳥在天空飛翔》，頁二六六。
146 《明月：頂果欽哲法王自傳與訪談錄》中譯版，頁二四七。

揚唐仁波切本人則如此描述當時歷程：「那時我們有六個人前去羅宗一帶看看，在路上就遭遇了中國軍隊而發生戰鬥。我們有兩人被殺，我方則是不論殺了對方多少人都沒有鬆手。我向羅柯馬家戶的人們探聽當地情形之後就又回去了。」[147]

如同阿克南卓先前所述，當時多芒寺的祖古古穹等人已被中共關進監獄，為了劫獄救人，一場暗夜奇襲就此展開。揚唐仁波切如是回憶道：

之後，在監獄進行一場戰鬥。有一天，我和札西彭措兩人待在一個山丘上時，對面來了一個黝黑的人，札西彭措說：「那好像是古托。」我說：「怎麼可能會是古托？」結果來到面前的還真的是古托，他是拉霍奏珠[148]的管家。他說：「拉霍奏珠逃走後，待在竹千[149]住處的一個山間，奏珠因為聽到您在這裡，所以派我來了。多芒寺的祖古帝剎、祖古怡保、祖古固穹、多芒梭珠還有首領策仁文嘉等人都被抓了。中共施用詭計說：只要你們羅柯馬人上繳槍枝和武器，就放了你們的上師和酋長。羅、宗二區像是天地變色一樣，起了很大的變化。奏珠請您兩位前去。」我回答說：「我們倆晚上到！」當天晚上，我們帶著茶葉和酥油去見了奏珠。

由於局勢相當緊張，逃亡之中縱使暫有居所也仍坐如針氈。拉霍奏珠看到了揚唐仁波切時，仍謹慎用悄悄話的方式進行對話。揚唐仁波切敘述道：

仁波切（此指拉霍奏珠）都還是低語用悄悄話的方式說話，我就說：「仁波切，在這裡不用說悄悄話啦。」他說：「喔對，你說得對。」說著說著笑了起來。

接著，拉霍奏珠的這一番話對揚唐仁波切日後際遇也有所影響。他對仁波切說：「你的家是在印度，有熟識的人，這對我們是幫得上忙的，我們一起走吧！」然而仁波切牢記著竹千朗珠的叮嚀，他說：

「我的根本上師竹千朗珠交代我不要走，我已經決定不走了，不論是苦是樂，我都不走。」

「喔……這是為什麼呢？」

「應該是有什麼目的吧。」我說。

「喔好吧。那這樣吧，能有騾子是最好的，不然就犏牛。路上的口糧也需要。」

我就想到，之前竹千朗珠有說過，有需要騾子和犏牛的話，他那邊有。隔天，我就和古托兩人去見朗珠。他送了犏牛和牛具，我也送了兩箱茶葉，朗珠還送了酥油和食糧。幾天後的一個晚上，我為拉霍奏珠送行，送他到了一個山崗。在那之前，我也曾為康東晉美多傑送行。我之後的兩大罪狀就是這兩項。

147 玉僧口述史。本節仁波切的口述內容均來自於此。

148 揚唐仁波切的一位上師，見本章第三節。

149 即竹千朗珠。

原想回返錫金的揚唐仁波切，奉師之命留在西藏，而幫助拉霍奏珠和康東晉美多傑兩位大師逃離，卻成為他日後入獄的兩項主要罪狀。至於驚心動魄的劫獄之役，他則如是敘述：

> 在監獄打仗時，我們每個人只有一支槍和八顆子彈。我有一支很好的槍，是瓦修巴千在使用。有一天晚上我們在爐霍監獄打仗，我們還沒到之前，秘密就已經洩露了，這是因為我們當中有一個奉承中共的人，他已先告密。最後跟他同住一宅的根本上師、兄弟以及他本人都死於非命，對中共奉承諂媚並沒有幫上忙。
>
> 後來我待在爐霍監獄時，我認識的一個警察跟我說：「我們中午就知道你們要攻來的消息。消息是說羅柯馬要打過來了，現在就得備戰，必須要堆置戰崗。那天整天非常辛苦備戰，我們沒想到那天晚上會打過來。到了半夜，傳來槍響，跑去一看，還真的有些人騎馬來了。還在想該怎麼辦的時候，槍聲就已經遍響山谷。……那時上上下下都是槍聲，他們沒辦法突破獄門所以就離開了。要不是哀秋策仁事先向我們告密，我看我們全部都會陣亡。」

劫獄因風聲走漏而失敗，然而身陷埋伏卻能全身而退，又彷彿如有神助。仁波切說道：

> 我方有兩人被殺。之後，我們邊撤退邊開槍，正沿著對面山坡逃的時候，天亮了，從監獄往我們所在方向看去，就像看著掌心一樣，不過正好起霧遮

住視線。後來袞秋策仁說：「否則你們全都會被殺光。」

參與劫獄的宇瓊森給回憶道：

> 那時我們去爐霍縣城打了一仗。那是一九五八年的冬天，我連同祖古仁波切（指揚唐仁波切）、瓦修巴千等人在監獄作戰，槍殺了守門的，搶了守橋的。我們是一死一傷，傷者到達爐霍河對岸時死了。我們去對山的時候，他們從那邊看向我們就像在看掌心一樣，肯定可以把我們殺光，但是突然來了一陣烏雲把我們罩住，除了聽到密集槍聲之外，我們沒有一個人出事，這肯定是仁波切的修行驗相！
>
> 一到了庫仁朵，已有約三百名中國士兵等在那裡，還好他們的機關槍突然出狀況，沒辦法朝我們狂射，我們就逃走了。之後，我們去多芒寺拿了很多珍貴物品到杜柯去。剛開始的時候還蠻多人，後來就越來越少了，我是跟著仁波切他們一起。

總之，未投降者不論是寺院的上師、部落的首領還是一般老百姓，全都從寺院和家宅逃往濃密的山林，竹千朗珠的智欽寺也很快遭遇劫難。東珠祖古寫道：「在那之後不久，軍隊就突然攻打寺院，在人們的乞求下，仁波切（指竹千朗珠）才與許多喇嘛逃進森林躲避。寺院遭受完全洗劫，有些僧人被殺，有些則被捕。」[150]

150 Masters of Meditation and Miracles英文版電子書，頁四二六至四二七。

中共在康區對尚未投降者進行全面圍剿，一九五六年起延燒的戰火至此就要漸入尾聲。而始終未受戰爭直接波及的拉薩也進入最緊迫的狀態。一九五九年，一場表演活動引發了一連串緊張的事件，西藏作家策仁釋迦寫道：

藏曆十二月二十九日（一九五九年二月七日），來自大昭寺的僧人在布達拉宮跳金剛舞，標示著陰地狗年的結束。達賴喇嘛和噶廈出席了這場活動，時任西藏軍區政委譚冠三和西藏軍區副司令員鄧少東也在場。活動進行當中，譚、鄧向達賴喇嘛提起，有個新成立的舞蹈團在中國接受訓練，已經回到了拉薩。達賴喇嘛禮貌回答說他有興趣看看他們。譚建議說，他可以在羅布林卡安排一場表演。達賴喇嘛有說，那邊並沒有配置展演的設備，在解放軍總部新建的禮堂比較合適。當時不過是一場閒聊，怎知在這個事件中，竟衍生出拉薩事件的最後火花。151

一九五九年三月，幾經安排之下，眼看達賴喇嘛就要前去軍區觀看表演。但是拉薩局勢緊繃，達賴喇嘛前往軍區一事，被許多藏人解讀為中共設下的鴻門宴。群眾於是包圍羅布林卡，意圖保衛達賴喇嘛、阻止他赴會，甚至有群眾攻擊被懷疑與中共私通的官員而造成傷亡。達賴喇嘛如是描述當時的景況：

這消息令我震驚，必須以行動化解這情況，否則憤怒的群眾甚至有可能攻擊中共軍營……當天晚上我不可能去共軍總部已成定局。我的侍衛總管打電話致歉，並轉達了我盡快重建秩序，說服群眾散去的意願。但諾布林卡宮門口的群眾

> 堅持不肯離去。他們認為，達賴喇嘛的生命面臨中共的威脅……
>
> 接下來的幾天在恐懼中含糊度過。我記得接連獲中共增兵、群眾情緒變得幾乎歇斯底里的報告。我再次請示神諭，但還是如前不變。到了十六日，我接到譚將軍第三封，也就是最後的一封信，並附有嘎波[152]的信。譚將軍的信跟前兩封信大致雷同，嘎波的信卻肯定了我和其他人的猜測，中共計畫攻擊群眾，並砲轟諾布林卡。[153]

譚冠三寫給達賴喇嘛的那第三封信中如是寫道：「西藏一部分上層反動分子所進行的叛國活動，已經發展到不能容忍的地步。這些人勾結外國人，進行反動叛國的活動，為時已久。中共過去一向寬大為懷，責成西藏地方政府認真處理，而西藏地方政府一貫採取陽奉陰違的態度，實際上幫助了他們的活動，以致發展到現在這樣嚴重的局面。現在中央仍然希望西藏地方政府改變錯誤態度，立即負起責任，平息叛亂，嚴懲叛國份子。否則，中央只有自己出面來維護祖國的團結和統一。」[154]

三月十七日，達賴喇嘛再度向乃穹護法神請求指示：

---

151 The Dragon in the Land of Snows英文版，頁一八七。

152 即阿沛阿旺晉美。

153《流亡中的自在》中譯版，頁一五七起。羅布林卡於此書稱為諾布林卡。

154《一九五九：拉薩！——達賴喇嘛如何出走》，頁一九四。

第二天，我再度請示神諭。令我大吃一驚，神指示：「快走！快走！今晚！」處於恍惚狀態的靈媒蹣跚地走向前，抓起紙筆，相當清楚而明白地繪出我該循什麼樣的路線離開諾布林卡宮，直奔印藏邊界。……神諭結束後，擔任靈媒的名叫羅桑吉美的年輕和尚就頹然倒地，代表金剛扎滇（即乃穹護法）已離開他的身體。就在這時，彷彿要強調神諭的威力似的，兩枚砲彈在寶園北門外的沼澤中爆炸開來。[155]

當天晚上，達賴喇嘛取下眼鏡、換上軍服，肩上掛了一把步槍，偽裝成士兵，穿越羅布林卡門外熙攘騷動的人群，就此展開流亡生涯。一直到現在，流亡印度已逾六十載的他都還未返回家鄉西藏。達賴喇嘛出走後不出三天，羅布林卡、藥王山、布達拉宮、小昭寺等聖地，在槍砲聲中淪為戰地。十七點協議在戰火中成為過往雲煙，隨著解放軍掌控拉薩，西藏從此被中國主宰。

儘管大勢已定，零星的戰事猶在各地進行。拉薩的硝煙止息不久，遠在康區的一個山林中，一位來自錫金的祖古與一小群堅不投降的羅柯馬漢子，才正步入最後的終局之戰。

155《流亡中的自在》中譯版，頁一六〇。

8 最後的嗶拉瑪卡瑪

一九五九年五月，達賴喇嘛安然定居印度，異鄉從此成為比家鄉駐留更久之地。而在多康的一個山崗上，年輕的羅柯馬人宇瓊森給一如往常，小心翼翼地伺察周邊動靜，偵看有無解放軍的風吹草動。他的家鄉已成攻防陣地，他自己則成為在家園裡遭受獵剿的亡命之徒。他如是敘述伺察時的情形：「中國軍隊從秀崗過來時，我們在山這頭的土丘上進行偵察，中國軍隊大概有用望遠鏡看到我們，射了機關槍，子彈落下的時候感覺土丘就要崩塌了一樣……所幸誰都沒有生命危險。那時候我們約有六十人。」而這六十人當中，包括了揚唐仁波切。

眼看大軍壓境，最後一戰在所難免，羅柯馬指揮官瓦修巴千對眾人做了最後的精神喊話：「你們當中已經下定決心的人，就來這邊跟我們一起！還沒下定決心的人，就看你們哪裡舒服哪裡去吧！一隻牲畜也不准帶來跟著我們！」

由於不能帶上牲口，宇瓊森給一大早便領著一批牲畜到山上安置。美麗的晨光照上山頭，但是當前的處境卻不容許一絲浪漫。他繼續敘述道：

> 太陽照在山頂的時候，從那頭山崗來了數也數不清的中國士兵。我趕緊跑回去時，他們正在煮茶。有些人說：「不要生火！不能起煙！」有些又說：「生

火燒茶！」那時，瓦修巴千說：「當然要煮茶！我們之後可是喝不到茶了！」

可以想見茶水煮沸、燒煙升起的同時，眾人的心有多麼堅決而沈重。茶後，指揮官瓦修巴千開始編隊分工，在留下的人裡頭，四十名荷槍戰士以十人編為一隊。揚唐仁波切則和戰士的家人們待在一起，這位不投降又不殺生的祖古，是眾人生死門前唯一的精神依靠。緊接著，最終的戰事展開了。宇瓊森給敘述道：

之後，中國軍隊在很短的時間內到了，於是雙方整天猛烈交火。我中間有時候會跑去看仁波切和大夥的家眷們，他們唸誦〈淨除道障〉祈請文待著。接著我又跑回去，看到有個拿機槍的中國士兵出現，我開了一槍，他便倒了下去。然後有個中國士兵在拉那人的腳，我就又開一槍，他也倒了下去。接下來，子彈上上下下像是暴雨一樣，山林的樹葉就像降雪一樣飄落。這時，後面有個人在拉我，我一看，原來是瓦修巴千的兒子貝瑪札西。他說：「那頭的人說我們的陣地已經快丟了，快過去吧！」我過去以後，就整天交火。後來瓦修巴千對我說：「你去跟祖古（指揚唐仁波切）求個卦。看今晚佔著這個地方待著比較好，還是乾脆放棄這陣地比較好。」我慢慢低頭彎身去仁波切那邊請求卜卦。仁波切回說：「放掉陣地比較好。」我就趕快回去跟他們說：「仁波切說放棄比較好。」之後天黑時就放棄陣地回來，仁波切和家眷全都先走……他們全都跑了起來，那時前方一些中國士兵從一棵倒下的大樹開槍，在我左右兩邊的人全都應聲倒地……

我的槍裡有五發子彈，所以謹慎使用，兩個中國兵被我射中倒下。之後我們繞回來，經過森林往前逃。然後在山的後側會合時，我沒看到一個親戚老太太，為了找她，我又回到森林，她三天完全沒吃沒喝，餓到沒力氣走路，我就背著老太太，把仁波切給的那裝有黃金佛像的嘎屋[156]掛在脖子上置於前側……

根據阿克南卓的敘述，當時已經準備戰死沙場的瓦修巴千，突然來到了仁波切面前，端上一番肺腑之言：「仁波切呀，他們不讓我們在褓母肌膚般的家鄉安住，就連在這有如荊棘一樣的異地，都已經把性命放在箭靶上了，他們還是窮追不捨。這次沒死的話，就是前世的業了。我母親也老了，我和我兒子還剩一百多發子彈，子彈還沒竭盡之前，我把母親託到您的手中。這回如果戰死，我也無悔了。」阿克南卓還敘述道：

他把自己的嘎屋交給仁波切說：「請您將這裡頭可以吃的甘露類物品放在上側。不需要的就請您放置在底部。」瓦修巴千平常頭髮都是爆炸頭，這一天卻剃了光頭。然後，下午傳來軍隊來到山後側的消息。我和瓦修巴千、我哥哥（札西彭措）、瓦仁到兩座山頭之間的低緩地帶偵察時，剛好碰上中國軍用望遠鏡看過來，發了一枚砲彈落在他們所在地上方，然後又一發落在前方低地，接著又一發打出碎石落在他們上面。軍隊肯定會在隔天過來，所以我們就返回了。隔天，軍隊就從昨日的那個低緩地帶過來，彈如雨下之中，阿旺丹增、多傑仁增的侄兒僧人，還有嘉呂侄兒桑日都死了。然後我們逃到森林時，貝瑪札西（瓦修巴千的兒子）用步槍當作拐杖，步履蹣跚走過來，大概是腹部中彈。才走幾步，他就說要

156 嘎屋為放置聖物、加持物的寶盒，一般掛在身上作為防身之用。

小便，但又尿不出來。又走幾步又說要尿了。在這樣逃離的時候，從對面的山旁又射來像暴雨一樣的砲彈，因為瓦修巴千兒子受傷的關係，瓦修巴千和杜洛就留在那裡。我們就繼續逃亡，整個晚上沿著對面一個小山谷逃走。從中國軍隊所在那頭的山旁，正要往對面的山頂過去時已經是下半夜了。當時中國軍發射一個像星星一樣非常明亮的東西到空中，所以周遭全都像是白天一樣看得清清楚楚。然後，剛到了那座山後側時，太陽才剛照在山峰上，子彈的聲音就傳來了。

瓦仁說：「喔，那是我哥哥（指瓦修巴千）的槍發出的聲音！那老傢伙完蛋了。」

那時瓦修巴千等人躲藏在森林裡，天才剛亮，中國軍在那頭一個小牲圈設置軍營，一個將領正對著集合的士兵下達指揮時，瓦修巴千就開槍射殺了那個將領。於是中國軍隊還以顏色，包圍整座森林，槍聲如同暴雨直下……

雖然陷入大軍包圍的絕境，瓦修巴千顯然不是坐以待斃之輩，驍勇善戰的他，一夫當關面對為數上百的士兵。阿克南卓繼續說道：「據說在森林裡，中國軍來回奔逃的鞋印和掉落的軍帽、物品，把草地弄得面目全非。後來瓦修巴千子彈用完了，以前仁波切逃難時買的一支昌都的優質槍枝在他手裡，他把槍砸在石頭上毀掉，吃下所有的加持物，嘎屋當中的紙類物品散落一地，又把繫在脖子上的天珠取下丟棄……之後，他拿著刀撲向中國士兵時，中國軍射擊機關槍，他便應聲倒地了。」

當時背著老太太在林中逃竄的宇瓊森給繼續說道：

我手上拿著槍，往前走到像是通往山峰的一個入口通道時，看到一個黝黑的身體，仔細一看，原來是瓦修巴千的兒子被殺了。根達杜洛穿著白色的汗衫也倒在那裡。再過去一點，瓦修巴千也死了。我已無能為力，只能拋下三人的屍體，背著老太太走了。在途中得到一匹馬，就讓老太太騎在上面，那時我們有很多人。……之後逃到山的後側，躲在一個岩洞裡，有好幾萬中國軍從左右兩邊跑過去都沒看到我們，仁波切他們去了哪裡我也不知道。然後我們往下到了一個土窪，在那邊搭篷待著。那時白玉堪布貝瑪、雅惹桑傑、堪布的侄兒和一個僧人，還有我們兩名僧人都待在那邊。

阿克南卓敘述道：「那時是春天，正是母犛牛要生犢牛的時候。隔天我們聽到軍隊拔營離開的消息就慢慢過去……我們砍了樹，把他們三人的屍體火化。那時中國軍隊並不知道那就是瓦修巴千，是之後才知道的。要不然聽說他們是會砍下首級帶走的。」

接著則是揚唐仁波切本人的敘述：

在杜柯與中國軍交戰多日，大概有五百多名中國士兵被殺。我們前一天作戰的戰士有約三十人，有兩個中國兵逃進森林躲起來，其他全都被殺了。隔天瓦修巴千獨自殺敵，那天他大概就殺了兩百多名中國兵，從早上太陽升起一直戰到天黑。他們的援軍在天黑時開到，我們逃走時，前面也有軍隊繞過來……我和瓦仁、札西彭措、烏斯策旺貢波、瓦修巴千的小兒子在一起，札西彭措想要呼叫瓦修巴千，我就阻止他說，瓦修巴千名氣大，這樣呼叫對我們更不利。就在我們稍事等待時，嘉初[157]一個人落單晃了過來，他說：「瓦修巴千要跟我們一起過來時，他的兒子受傷了，然後他們兩個就朝那邊走了，有兩個同伴一起。」於是我想，我們往那邊走是沒希望了，因為滿滿都是中國軍隊，大概隔天就會朝這邊過來，所以我們就沿著對面的山走，天亮時抵達山頂。在山丘上有一些中國兵累到還在睡。太陽才剛升起就聽到了槍聲。瓦仁說：「喔，那是我哥的槍聲！我們應該要過去！」但是途中有中國軍斷路，沒有辦法過去。就聽到兩聲槍響，山丘上的士兵們集合後就往那邊衝過去。我們大概是沒有勇氣吧，只是像看節目一樣待著。中國軍的槍聲響了一整天，在他們密集開火的槍聲大作之中，才聽到瓦修巴千射出一槍，接著又是一陣狂射，然後隔了一會兒又聽到瓦修巴千開一槍。他的那支槍是我的，所以我能認出那槍聲。

那支槍原是昌都人的，槍名叫「嗶拉瑪卡瑪」（意為「酥油封口」）。以前羅柯馬在迎戰玉科瓦部落時，雙方交火一天，而這把槍連一發子彈都沒射出，證據是，為了防止槍枝生鏽而封住槍口的酥油都還完好如初，所以大家就開玩笑地把這支槍取名為「嗶拉瑪卡瑪」。

瓦修巴千一人用這把槍，一天就殺了兩百多個中國士兵。……中國軍隊裡其實有很多理塘來的藏人，他們事後說：「那天我們是基於大家都是藏人的偏私，都只是朝天開槍而已，沒有朝他開槍。那天他殺的大概比你們殺的還多，其實他如果要逃的話，後山全部都是森林，逃走是很方便的。但是他心裡就是沒有想要逃。後來他站起來，把嘎屋掛在一棵樹上面，我想說他到底打算要幹嘛。他用刀砍斷槍管後，手上拿著刀，大叫著：「你們這些中國壞蛋！」狂喊之中撲了過來，這時就彈如雨下把他擊倒。那時我們並不知道他是瓦修巴千，要不然我們肯定是要帶走他的屍體的。」

在那之前，瓦修巴千有兩個嘎屋，他交到我手上請我把甘露丸類放到小嘎屋裡，把刀兵護身類全部放到大嘎屋裡，還說：「心意已決，沒想要逃。」……那天晚上，他的兒子快死時，他就把甘露類一半分給兒子，另一半是他自己在隔天早晨吃掉。翌日，札西彭措他們五個人慢慢過去看的時候，說他身體沒有被槍彈穿透，而是有很多黑線。在火化屍體的時候，中國軍知道了，又猛烈開槍，於是就又逃離。晚上我為他的後事做了餗煙和唸誦六字大明咒。

接著，慢慢回到色達一帶，在色達的羅柯馬人都還安好，送了我們一點酥油和乾起司。我們逃去杜柯的那群人大概全都沒了。[158]

從護衛家園、力抗外敵的角度來說，瓦修巴千浴血奮戰的往事，雖然日後在羅柯馬部落中如抗敵勇士般為人傳頌；但從佛教角度來看，這個悲壯的角色，不免令人惆悵萬分。揚唐仁波切日後如是談起瓦修巴千：

瓦修巴千是個瞋心非常重的人。在殺中國士兵時全都是因瞋而殺的，這會有很大的罪過。在那之前，有一次跟宗麥衝突時，他怒紅了臉，筋肉抖動，教

157 即日後長居美國的嘉初仁波切，中文又作開初仁波切。

158 玉僧口述史。

人不敢直視，彷彿變了個人似的，瞋心很重。在那之前幾年，他把所有身家財產做了分配，他分得的那部分就用在佛法上面。他還擁有五支槍，有兩把拿去玉科喇嘛秋英讓卓[159]面前弄斷，在堪布面前也弄斷兩把，他除了有一支叫「龍印」的槍以外，其它都弄斷了。後來中國人向部落和寺院詐騙說：「瓦修首領有過來的話，就對你們寬大處理。」我們就有些人跑去瓦修巴千那邊說：「請你來羅柯馬裡頭一趟，請你救救我們全體吧！」不過瓦修巴千回覆說：「我早已決定不會低頭，但作為我生命靠山的這把槍是可以交出去。」於是那支「龍印」便上繳給了中國軍隊。[160]

另根據阿克南卓的敘述，揚唐仁波切後來曾提過，瓦修巴千死後投生為一個妖鬼。[161]總之，瓦修巴千之死標示著羅柯馬最後抵抗的潰敗。中國軍隊的圍剿並無停歇，在流離失所的奔逃中，尚未投降者面臨了寒天造成的疾病以及食糧匱乏等問題。阿克南著如是敘述：

> 那時仁波切去了上部，好像是患了寒症而病了，在那個山谷高峰處看了一個藏醫，大夫用水石和白石加熱，在仁波切前後側熱敷，於是漸漸好轉。後來，中國軍隊宣傳一大堆說：「你們如果能夠自首是很好的，如果能坦誠過往罪過，並且以後不再犯罪，就從寬處理。」

事到如今，儘管所謂從寬處理是言不由衷，投降也已在所難免。瓦修巴千用「嗶拉瑪卡瑪」大開殺戒，這筆帳要算在仁波切頭上，加上仁波切曾襄助拉霍奏珠和康東晉美多傑兩位大師逃亡，罪加一等。竹千朗珠當初預言的那句「你一定會入獄」固然直接明了，然而超乎想像的清算鬥爭才正要開始。阿克南卓敘述批鬥實況：

然後我們就慢慢投降了。在幾個月的時間裡頭，他們把仁波切帶上帶下，寫下關於槍枝的來歷。然後有一天在行塔康朵進行一場大會，一個一個叫來，把仁波切和我哥哥札西彭措等重大罪犯都叫來，說是要進行學習。那天晚上就把他們弄到拉霍拉章，隔天就對所有僧人說要進行為期數日的學習。那時拉霍寺的所有僧眾是第一組，還有宗麥的是第二組，這些是在大殿樓上進行。而我們多芒的是在拉霍寺大殿進行，分成兩組在學習。

有一天，在多芒朵的一個會場上，羅、宗所有在家男女與僧人全聚在一起開了一場大會，那天就對仁波切等情節重大者進行第一次批鬥。要把仁波切從那邊帶走時，毫無節制地毒打仁波切他們，中間稍為暫停一下，然後又說要把他帶走，彷彿是地獄在人間上演一樣，怎麼有辦法忍受這樣的痛苦。我當時便起了一個念頭，想說那天晚上仁波切如果就這樣走了都還比較好。

接著就像是天地變色一樣，我們的世界有了很大的改變。之後在宗塔、宗

159 即玉科夏札瓦。

160 玉僧口述史。

161 另根據《藏紅花束》初稿第十二節，揚唐仁波切在一九七九年出獄十五天後，與祖古帝剎進行談話。一時，祖古帝剎嘆氣說：「嗡嘛呢唄咩吽！瓦修巴千八成是投生到地獄去了。」仁波切則回說：「他沒到地獄，是投生為八部鬼神的眷屬了，直到日登查波轉輪王現世前都無計可施。」同文裡記載仁波切在獄中曾經提及瓦修巴千之弟瓦仁已墮入地獄。此外，仁波切在傳授格薩爾法門時，時常提及日登查波轉輪王，請見本書第三章的〈寶島的格薩爾神堡〉一節。

麥、多芒寺等三個地方辦了大會批鬥仁波切，其中還把仁波切帶到牧區，也是痛加毒打又帶回來。

就連老太太們也有批鬥過仁波切。她們說：「你們是上師，我們喝過你們的尿，[162]現在換你們來喝我們的尿了！」據說她們就用玻璃瓶裝尿。我後來問過仁波切，他回答說：「那裡面有一個真的是尿，其他的就都只是水而已。」如此這般，牧民當中有很多打過仁波切的。後來他們許多人來到仁波切面前說：「仁波切，以前打了您，真是很大的罪過，祈求您能原諒！」而仁波切這麼回應：「你們如果有毀壞身語意所依聖物的話，就真該請求原諒、悔過懺罪，那可是大罪。但是打我又完全沒有罪過，幹嘛要懺悔呢？」

關於在批鬥當中遭受言語辱罵、背負莫須有罪名，乃至屢屢被施以虐打等往事，揚唐仁波切日後絕少向人提及。那些對他進行鬥爭者多是同鄉藏人，其中不乏許多曾經向他頂禮和供奉過的信眾。總之，在肉體受到凌虐之際，他的心沒有因此悲憤，而是專注對蓮師、對上師的皈依和祈求。眾人在批鬥大會上輪番數落他的各種罪狀，仁波切由於始終低頭默誦，所以從未對各種謾罵有情緒反應；但是也有例外發生。仁波切的後期近侍清哲祖古便如是敘述其中一段往事：

仁波切以前在夏天為了寺院、為了寺院所依的緣故，前去化緣奶製品。那時仁波切到了一戶人家，那戶人家奉上很好的酸奶，他就吃了很多。所以後來在批鬥的時候，那個人就說：「你以前來我家喝了很多酸奶！」就狠狠打了仁波切一頓。仁波切卻說，那個人講的也是實話。一般來說，在被批鬥的時候，有痛打和各種口語批判，在批鬥開始時，仁波切就會默默唸誦諸如《蓮師七品祈請文》、《文殊真實名經》、〈普賢行願品〉這些。他說過，有時在唸完《七品祈請文》之前都是被痛打的。他還說，不論怎麼被打，他從未對打他的人生氣。

另一個類似的故事是，一位牧民在批鬥會上其實並不知道該羅織什麼罪狀來批判仁波切，於是只能硬著頭皮說：「呃……這個上師……他以前到我家的時候，我想送他酥油，他說不用送他，可是最後他還是拿了！」那一刻，低頭默誦祈請文的仁波切也不禁莞爾而笑，據說那是他唯一一次對批鬥有情緒反應。這些故事聽來雖然荒唐可笑，卻也凸顯了動盪時局之下，大小人物全都不由自主。曾與仁波切患難與共的宇瓊森給也談到投降後的批鬥情況：

> 幾天之後，有些中國幹部把我叫去說：「明天多芒揚唐會來牧區，由你來批鬥痛打。你是多芒寺的僕人、做飯的。」……我回說：「如果我是做飯的，我就會有做飯的薪水，可是我什麼也沒有。」然後一些人就稍微揍了我一頓，用槍托敲了我幾下，然後又對我說：「既然如此，你可是情節重大了！」……
>
> 隔天又開了會，一一點名之後帶到旁邊，再帶去一個犛牛黑毛帳篷，仁波切也在那裡。我慢慢看過去，發現仁波切都沒有吃的，我就跟官員說：「我可以拿一點吃的給祖古嗎？」他說：「你如果有的話就可以。」我有一袋糌粑，就帶過去跟仁波切說：「還沒吃光之前，我們倆人就一起吃。」

162 有些藏人由於對上師具有信心，會請上師賜予尿液，視之如甘露喝下以求加持。

晚上每兩個人銬在一起，祖古仁波切好像沒上銬的樣子。翌日就把我們約三十人帶到拉霍，臨走前我把袋裡剩下的糌粑和一塊酥油分配一半到仁波切那邊，一半我自己帶著。在拉霍待了大概一個月，又帶去爐霍那邊。仁波切和古穹等人在那邊，古穹看起來內心非常痛苦的樣子，仁波切看起來心裡就沒有痛苦的樣子。……之後，我直接被發派到新都橋去，幾年後仁波切也被分發來了，我當時就非常地高興。

總之，從批鬥到入獄服刑，儘管艱辛非常，仁波切對於施以惡言和痛打者，不僅當時沒有放在心上，出獄後面對那些前來乞求原諒者，他也總是寬容以待。有人曾經問他：「難道那些先跟您求過灌頂、後來又打您的那些人，沒有違背三昧耶的過失嗎？擾亂自己上師的心難道不是犯了三昧耶嗎？」仁波切如此回答：「他們打我的時候，我的心並沒有被擾亂，我從來沒有因此生起瞋心，一剎那的瞋心也沒有。……只能說是時代改變，那時候所有人都瘋了。」

遙想一九四二年的天降日，六大祖古齊聚多芒，而十七年後的一九五九年，幾番重建的多芒寺再度毀於火燒。而六位祖古裡頭，當初來自青海湖蒙區的年邁梭珠在該年便於爐霍圓寂，阿克南卓如是敘述梭珠一生的最後時刻：

> 梭珠是在爐霍章果寺圓寂的。在他還沒辭世前，來自各地的很多上師和僧人被帶到那邊凌虐，那時梭珠說：「我一個星期之後就要死了，在這星期當中，請你們讓我一個人待著好不好？」那些幹部們每天就在那邊戲謔嘲諷說：「多芒梭珠說他一個星期後就會死，今天已經第二天囉！……今天是第三天

囉！你們這裡面，還有沒有人一個星期後要死的啊？」結果一個星期過去，梭珠果真圓寂了，因而未曾遭受痛打。

曾經的「斷河上師」，在生命之流終結之時，再次示現了修行驗相。而其他的五位祖古當中，祖古耶喜多傑宛如人間蒸發，從此下落不明，仁波切如是說道：「他們來抓耶喜多傑的時候，他躲在僧人房舍裡避開了被捉拿的命運，隔天他慢慢逃走，在果洛地區的一戶人家家中住了下來。」

至於其餘的祖古，一九五九年，當時二十九歲的祖古怡保被迫還俗，強制勞動，後來復因身為具有名望的上師，而於日後成為「戴帽子」的罪人。年幼從錫金來到西藏的古穹祖古，也於一九五九年在爐霍縣城的監獄當中辭世。在他即將圓寂時，揚唐仁波切對獄中幹部說：「我是他親兄弟，他快要走了，請讓我留在他的身邊。」據說古穹是在仁波切的懷中辭世，而揚唐仁波切也曾經說過，謊稱古穹是他親兄弟一事，是他一生當中唯一一次說謊。[163]

祖古帝剎於一九五九年入獄，一年後在爐霍章果寺的上師合作社進行勞改。在文革時期，他又因身為名望人士、上師而有罪，復因仍在修行佛法而成為「反革命」者，於是被扣上三重「戴帽」罪名。[164]

163 周相如訪談，二〇一七年五月二十九日於嘉義。

164 德巴堪布著，〈多芒寺聖教善增洲之歷代座主等歷史簡述：白晶明鏡〉。

揚唐仁波切則於一九五九年入爐霍縣城監獄，經過數年審判[165]，待無期徒刑定讞後才又發監至新都橋監獄，他在爐霍和新都橋兩個監獄裡，度過了從三十一歲到五十一歲這人生黃金時期中的二十年光陰。[166]

而揚唐仁波切的上師們當中，由他協助逃亡的拉霍奏珠最終仍然被捕，仁波切敘述道：「拉霍奏珠直接逃走的話是可以逃掉的，但是途中從拉薩跑去哲蚌寺和色拉寺，東跑西跑的，最後就被中國人抓到了。」[167]

堪布貝瑪在一九五八年隨眾離開多芒，躲藏在色達與杜柯之間的山林間度過冬季。一九五九年夏天，他被關進阿壩自治州壤塘縣的監獄裡，雅隆祖古登貝尼瑪等大師當時也在這所監獄中。一九七一年，藏曆陽鐵狗年，回到白玉的堪布貝瑪面朝白玉祖寺，以入定之姿坐化。[168]

至於仁波切根本上師竹千朗珠的下落，根據東珠祖古所述：

> 一九五九年，他被帶到離開家鄉約五百哩外，位於青海不毛之地、最負惡名的一所大監獄中服刑。他的親人和弟子們好幾年都不知道他的下落。他是需要從事辛苦勞動的囚犯之一。……
>
> 我聽說不論是在地方監獄，還是在國家級監獄裡，儘管他受到惡劣對待，而且還生病、飢餓，他似乎還比其他人來得整潔和喜悅，並且總是沈浸在寧靜中。他好像從不關心自己，但是卻為人們的遭遇而難過。在國家級監獄裡，他

有時秘密地把自己那小份食糧拿來分享給比他孱弱的同伴們。……

他在一九六一年動了一次手術，在手術中，他們使用了一個穆斯林屠夫的血。後來他得知輸血的情形就不想再住世了。弟子們輕聲的請願和暗自留下的眼淚也沒能改變他的心意。他對那些哀傷弟子之一的匝堪喇嘛說：「我並不是因為往昔的業才被迫進到監獄的（我來這裡是有目的），如果我要的話，我可以毫無困難地前往任何一個淨土。別再為了我而擔憂了。」

在他離開人世後，法體馬上就被埋葬。一九七九年，多竹千寺在竹旺仁波切與一個主持埋葬的中國人協助之下得以找到他的法體。[169]

而揚唐仁波切如是說道：

竹千朗珠是在阿壩州的監獄裡圓寂的。他曾經對我說過：「我必須死在監獄裡。而你不會在牢中死去，這我可以掛保證。」[170]

165 仁波切曾在一次口述時提到，在爐霍監獄待了五年多才發監至新都橋。

166 仁波切在不同口述裡談及的入出獄年齡有些微差異。有時說是三十到五十歲，有時說是三十一歲到五十歲。

167 玉僧口述史。

168 德巴堪布著，〈多芒寺聖教善增洲之歷代座主等歷史簡述：白晶明鏡〉。

169 Masters of Meditation and Miracles英文版電子書，頁四二七至四二八。

170 玉僧口述史。

9 小小的布袋和襪線做的唸珠

階下囚的日子，於是從爐霍開始。震響山林的「嗶拉瑪卡瑪」今已噤聲，但回音猶在監獄迴盪。揚唐仁波切回憶道：

我被關進監獄時，他們問我：「殺了中國士兵的那支槍是不是你的？」他們把那視作我最大的罪狀。然後又對我說：「從你們反抗中國逃到山裡頭開始，究竟殺了多少人，你給我招來！」我就說：「大概是有五百人。」[171]

瓦修巴千與族人戰死山林，他們殺人數百之罪狀，全由仁波切一人概括承擔。仁波切繼續說道：

監獄裡有個惡劣的縣城官員，被他叫去提問時，所有人都怕得要命。由於我是爐霍縣城的囚犯，他就把我叫去提問。那天他是作紀錄的，旁邊有個翻譯員。我們先前劫獄那場戰役，有安排八個人要去行刺他。他就一一說出那些人的名字，然後問我他們是誰。我就回答：「他們是安排去殺你的刺客。」他氣到用拳頭猛敲桌子一下，然後拿出手槍準備對我開槍。旁邊有個女士唸了他幾句說：「既然是問問題，就要說出答案。他的回答還蠻誠實的。」於是他就閉嘴坐了下來。後來又叫我去了一次，那時他也氣到不行。但是後來他也躲不過入獄的報應。他跟爐霍縣的兩個將軍打官司，被羅織很多罪條。他們給他的罪名是：「一九五六年是全面進行民主改革，但是由於這個壞蛋的惡行，才使得民主改革一直到一九五九年都還存在。所有人會氣憤逃到山裡就是因為這壞蛋的行為而導致的。」加上他還殺了札烏潭章的親人，還有在暗夜潛入嘉拉家中殺了兩個人，這些讓他最後坐了牢。

我在監獄裡面是罪行最重大的，先是協助兩位上師逃亡，再來是把槍給了瓦修巴千。有個名為烏斯策仁貢波[172]的人，他是札烏潭章太太的兄弟，由於札烏潭章被中國人視為最大的敵人，他也因此成為罪行最大的。我們當中最勇猛的也是他，他殺了五六百個中國士兵。我投降的時候，他並沒有要投降，我就把我大小兩個嘎屋送給他作為護身之用。我對他說：「戴上這個，不要離身！」然後我也送他一匹馬和口糧，這些罪也都算在我頭上。

阿克南卓如是敘述仁波切在爐霍監獄當中的情形：

仁波切在爐霍監獄時，有一次被關進豬圈七天。他們還問他說：「揚唐，你開心嗎？」仁波切就回說：「非常開心。很安靜，比家裡還舒服！」……

仁波切會把分到的少許糌粑留起來存著，每個星期再拿出來分給大家

171 玉僧口述史。

172 前文有提到烏斯策仁貢波，疑為同人。

吃，據說那時香氣瀰漫，大家吃了很有飽足感，有示現如此的修行驗相。

仁波切則如是敘述從爐霍被轉監到新都橋的過程：「我在爐霍監獄待了五年五個多月，然後判了我無期徒刑，就分發到新都橋去。到了新都橋監獄也是又多了好多罪條，被劃了很多黑線。每年年終，對中國說好話的人，還有好好幹活的人，會留下良好註記，而有罪狀的則會留下黑紀錄。我已經是無期徒刑了，沒辦法再加重罪行，要不然會多很多罪狀。」[173]

入獄之前，仁波切堅持不降，入獄之後，他也始終不屈，從未為了討好誰或是為了被早早釋放而奉承諂媚，甚至去做違背佛法的事。據說有不少人為能重獲自由，會照著指示去殺蟲、殺鼠，乃至拿經文紙頁當成衛生紙擦拭穢物，甚至毀壞佛塔、佛像，好讓中國人相信他們的思想和行為都已改造成功，得以提前獲釋。正因為揚唐仁波切在獄中始終沒有妥協，使他成為刑期最長的犯人之一。中國人為了改造他頑冥不靈的「舊社會思想」而費盡心機，甚至曾送他到中國境內參觀，以了解黨和祖國的偉大。仁波切敘述道：

我入獄的隔年，他們說要把一些犯人帶到中國參觀，我也名列其中。這裡面包括分成這兩批人帶去中國：不承認共產黨政策、沒辦法改造思想的人，還有依奉共產黨政策而思想改變的人。大概有八十個人，其中思想沒辦法改造的有三個人（仁波切是三人之一）。他們對我們說：「你們這是因為還不了解共產黨的能力，這回就是要讓你們去見識見識！」[174]

同在監獄服刑的宇瓊森給如是回憶：

> 那時我跟羅柯馬的固則康日在一塊，他們說要把仁波切帶去中國，我們兩個之前有些錢，就交到仁波切手上跟仁波切說：「您去中國的話，就請您用這些錢買點東西來吃吧！」然後他就被帶去中國了。一段時間後又被帶回來。獄方對仁波切極為嚴加看管，會指出他的罪狀，像是：「你怎麼都還在穿喇嘛服！」

監獄當中一個口令一個動作，沒有按照獄方規定的作為均可視為罪狀，而雙手合十、手持唸珠、口誦經咒這些佛法相關行為更被嚴格禁止。在這樣的環境下，仁波切的日常風骨又是如何？宇瓊森給敘述道：「在監獄的日子，仁波切他獨特之處，就是平常分到的那點糌粑他都不拿來吃，他把自己分得的糌粑存起來，在下星期分發糌粑時，拿去放進公共的糌粑裡頭。那可是他本身也遭受相當艱困饑渴的時候！中午時每人一個小饅頭，晚上半碗湯，就這樣而已。如此這般，受苦無量。」

仁波切剛入獄的幾年，正逢中共「大躍進」運動時期，饑荒蔓延各地，據說全中國有數千萬人死亡。一般老百姓尚且民不聊生，何況是監獄裡的階下囚。在新都橋與仁波切同房多年的獄友仁增南嘉如是說道：

173 玉僧口述史。

174 玉僧口述史。

我在一九六二年入獄時，仁波切在那邊已經待了一年了。我問他說：「您是哪位？」他說：「我是揚唐。」我就說：「喔，我認識您，我有見過您！」……我們在牢中一起待了十二年。有個名叫貢波多傑的跟我和仁波切，我們三個是同牢房的。那時飲食處境實在非常艱困。每天就是一杯茶、一點糌粑，然後晚上是混著湯水的幾塊馬鈴薯和幾粒米飯，就這樣而已，沒有別的可以吃。我們就把幾塊馬鈴薯留起來，把混著水的粥湯給喝掉。……喝粥的時候，湯水少到連要分成三份都不夠分，於是就在碗裡畫線分做三份，每個人用舌頭把自己那份舔掉。

隔天早上給我們每人一杯茶的時候，我們就把馬鈴薯拿出來一起吃。糌粑只發一點，我們就弄成三份分掉。仁波切有個放糌粑的小小布袋，他把他分到的那份留著，每個星期就分給我們獄友吃。晚上唸經時，他儘管沒有唸珠，就把襪子的線拆掉，在一條線上打了一百個結作為唸珠的替代品來進行唸誦。

睡覺時，我跟仁波切只能共用一個枕頭，就是一個人動，另外一個人也得移動，是這樣睡覺的。有一天，仁波切牙痛，用手拔牙又拔不出來，實在沒別的辦法，我就用我的牙齒咬著仁波切的牙，用咬的把那顆牙齒拔了出來。後來薩瓦年札把那顆牙奉為家中聖物，好像他的兒子都還把它掛在脖子上。[175]

住在美國灣區的華人弟子班森（Benson Young）在一九九〇年初識仁波切時，曾看到仁波切使用類似方式編成的繩結唸珠。他回憶道：

那時候我還問他，我說：「仁波切，這是什麼東西？」他還用他的四川國語跟我講說，他在監牢裡不能讓共產黨知道他在念佛，所有都是秘密進行，那個時候我就很好奇，因為我從來沒見過。[176]

獄友仁增南嘉還提到：「我們在監獄時都要盤腿坐著。睡覺時，不准你在躺著睡的時候用衣服覆蓋頭臉。每個牢房有一個尿桶，我們輪流去倒尿。輪到仁波切的時候，我就沒讓他去，而是代替他去倒掉。」

仁波切在新都橋獄中被歸類為情節最重大的政治犯，每日要學習黨領導人的新政策、新方針。仁波切曾說，每天會有人告知他們黨的新政策，他們隨後必須報告對政策的看法，一旁會有翻譯員將他們講的內容一五一十紀錄下來給上層批示。由於每天都要學習新政策、新方針，他對中共推行的政令的熟悉程度，從他以下這段回憶中可見一斑：

> 一九六〇年時，獄中食物實在非常糟糕。在那之上，准你睡覺的話倒還好，早上很早就得盤腿坐著。八點會給茶還有一點糌粑。晚上是一點點混水的粥湯，就這樣而已。一九六一年，反毛澤東的劉少奇掌權，他的政策對我們比較有利，所以算稍微寬鬆了。他有兩本在談二十條政策的書，我們必須加以學習。我有學到第九條和第十二條，那裡面有談到富有地主和上師喇嘛的事，毛主席把我們定罪無期徒刑，他卻說不可能弄個無期徒刑，國家裡頭最多就是二十到二十五年。還說不論犯人是判刑多久，要以六年為一期進行學習，六年中要能夠

175 仁增南嘉訪談，二〇一七年七月十日於康區。他於本書的敘事均來自這場訪談，以下不再另註。

176 出自Benson Young訪談，台北時間二〇一八年六月十八日透過網路社群媒體進行。

改造，如果未能改造就是領導的問題。他說了很多類似這樣的話，聽在我們耳裡挺舒服的。……他還說不准讓犯人死在牢裡，如果犯人死掉，那官員就有虐囚的罪狀。他不允許讓犯人因為食物而煎熬，從這些新政策出爐開始，我們每天的伙食就變成一日三回了。……

在新都橋外的犯人都不是國家政府級的犯人，我們這些在裡頭的就是真正中國國家級的罪犯。吃的東西是政府給，政府有任何新聞都不能對我們隱瞞。文化大革命時期我們做了很多「學習」。有些人會說社會主義不好，這些反對的思想就被寫下來上呈。有些人就會說共產黨很棒、政策很棒。

獄中勞動時是寬鬆的時刻。在家男女沒有工作可以做時顯得非常辛苦，上師僧人沒工作時倒也沒那麼難受。在工作時，我可是心口如一的認真勞動，我都是想著說：「這是我過去生的業所造成的。」就這樣好好地工作。我在工作方面從沒被指責，都是在說「揚唐祖古是最棒的」，不過要是說到在獄中其它方面的表現，那我就是領有九條不良記錄、罪行最嚴重的一個。不過雖然我被記過九次，也沒有特別對我怎麼樣。[177]

殘酷的批鬥也依舊在監獄裡進行，獄方會教唆同鄉獄友去批鬥仁波切。宇瓊森給生動地描述「入獄學習十週年」的批鬥情形：

有一天，他們說：「現在要來批鬥揚唐仁波切了！所有爐霍人，特別是羅柯馬的全都過來！明天要來批鬥！」結果爐霍人就說：「我們根本沒聽過那個人，那個是牧區的上師，只有今年才看到他而已。」而我們是跟仁波切同部落的，不能推說不認識他。但我在內心打定主意：絕不打仁波切，如果要連我一起打，就悉聽尊便！我的同伴問我：「明天要打仁波切的時候該如何是好？」我就回答：「什麼都沒得做，他們要打的話就打，我們雖然沒辦法要他們不打，但是就算要把我們兩個給殺了，除了彎著身子待著以外，沒有什麼別的好做的了。」

那時，有羅柯馬的日須烏金、日須德德、霍格等等很多人，隔天吃完早餐就開會。獄方說：「到目前為止已經教育你們十年了，有沒有學習成果就看今天。」然後他們把仁波切帶來，讓他低著頭待著。各地首領就開始一一講話批鬥，我們羅柯馬首領什麼話也沒說，只是低著頭待在那邊。他們就說：「你們如果這麼勇敢的話，那我們有得瞧了！」那天由於時間的關係，批鬥會就解散了。後來進行為期一個月的批鬥，可是爐霍人和羅柯馬人一個也沒去打仁波切。新龍人就誇讚說：「你們真是好孩子們！」……

仁波切被狠狠痛打時有說過：「嘴巴唸的〈普賢行願品〉是會中斷掉，但是平常批鬥時，我都是發願說，希望一切眾生的罪障連同所有習氣都得以淨化！」我就跟他說：「仁波切啊，您還是小心點好！他們對您可是極為嚴厲啊！」仁波切卻說：「三寶要怎麼安排就怎麼安排，我是一點也不會改變的。」

他就是這樣，一點也不驚恐害怕。

10 兩百公里外的糌粑和神秘的薈供物

如前所述，揚唐仁波切在爐霍等待判決數年。侍者阿克南卓如是回憶道：

那時正是仁波切受苦無量的時候。他從事很多挖土、挖石頭等非常辛苦的工作，甚至連老太太都會去打他。那樣的日子過了蠻多年，由於仁波切是外國人的身分，所以一直沒有判定刑期，就這樣過了好多年。我哥哥和霍克波兩人被判死刑，但是他們因有好好認罪，所以延緩執刑一年，隔年又放寬了一些，就免除死刑而改判無期徒刑。仁波切則因為是外國人的緣故才沒被判刑晾在那邊，如果換成別人，早就已經被處死了。就像霍西玉多，他只殺了一個中國士兵就被處死了。

在批鬥大會上，他們喊叫說：「多芒揚唐和瓦修巴千兩人在羅宗上頭降冰雹了！他們既無住所又無去處，是把人財都搞丟的人！」眾人不斷喊著：「多芒揚唐！瓦修巴千！」大概在爐霍縣城裡頭，罪行最重大的就是仁波切了。一條罪是身為大上師，一條罪是由於劫獄而叛國，被認定是極大重罪；但是由於他是外國人，所以一直沒被判刑，若換作是我們部落本地人，老早就完成執刑了。

前節中提到，揚唐仁波切先在爐霍監獄數年，被判無期徒刑後又發監到新都橋服刑十餘年，共計二十年的時光。新都橋與爐霍之間距離超過兩百公里。在爐霍時期每隔幾天尚有老鄉就近送糌粑來，而到了地處偏遠的新都橋，不論是想捎點什麼送給仁波切都變得極為困難，且在當時嚴密管控之下，一般人要往來各地並不容易。再加上仁波切身為國家級最大政治犯，探監乃是難上加難。

可是卻有一個對仁波切忠心耿耿的年輕人，在那個大饑荒、大變動的年代，不顧自身安危、不畏旅途艱難，屢次從爐霍長途跋涉到新都橋，只為了能將些許食糧送給遠在兩百公里外的仁波切，這個人就是從小被仁波切嚴厲管教的侍者——阿克南卓。以下是他的自述：

我就想說，一定要送些吃的給仁波切和哥哥（札西彭措）兩人。但是那時根本弄不到糌粑，只買到一些死去牲畜的肉，然後請求准假讓我送去新都橋。有一次請假時，碰上我們部落一個名叫洛比的人當幹部。我就跟他說：「我想要去新都橋探監。」他就帶著輕蔑的口吻說：「小朋友，你去時是一扇木門，返回時就是一道鐵門囉！你是因為年紀尚輕，國家頂多當你是個犯了錯的人，沒有對你進行鬥爭，不然的話，你看你哥哥有多大的罪！祖古又是多重的罪！你是他們的家人，其實應該要批鬥你的！」

有時候，就算買到一點死去動物的肉，也不讓我跟他們碰面，大概是每一兩年才給探監一次。有一年，我跟一個大姐借了一頭母犛牛。在兌塔美卡洽方向有很多人騎著馬，只有我一人沒馬。到了紀洽崗的達日家拿到一些糌粑和麵餅，騎馬的人都先走了。我騎著這頭老母犛牛趕上去，到道孚的橋頭時，謝塔家的兒子謝祥、旺千諾布、巴達南卡等共十個人騎著馬在那頭等著。隔天從那邊出發，抵達現在給帕寺所在的村落時，我的母犛牛已經累了，於是我到索南登村落裡用母犛牛換得一匹黝黑的野馬。隔天就騎馬繼續旅程。……哲霍旺嘉時常駕著馬車去監獄，札西尼瑪的媽媽會用糌粑混著酥油揉捏之後託他帶去給仁波切。旺嘉對仁波切是很有信心的。

他還敘述了另一回前去新都橋的過程：

那時汽車非常稀少，要不就走路去，要不就招手搭運柴車的便車。有一回想要探望仁波切和哥哥，想把食物交給他們。想說就搭便車去，我把我路上吃的口糧也都留給他們兩人。不過要回來的時候，連一台車都招不到，我就在路旁一個土坑休息，結果很累就睡著了。醒來後凍到發抖，走路走了兩三天才走回爐霍。那時正好是燃燈節，是極為寒冷的時候，腳底全部冒出水泡，腳腫了七八天都不能行走，也沒辦法去小便。

就這樣，除了一點糌粑和一點死動物肉以外，沒有別的了。特別是我既是窮人又沒有親戚，也還是把我有的都給了仁波切和哥哥。仁波切那時也有寫信給我，那些信我都還有留著。

當時所謂的探監，頂多只是託人將物品帶進去，沒有辦法直接見到仁波切。阿克南卓繼續說道：

仁波切在監獄的時候，我走路帶糌粑過去，一共有七次。我沒有機會在監獄裡直接見仁波切，只要把東西交到班達南卡和南嘉兩人的手上，就肯定會送到仁波切手上。他們兩人很精明，那時也有點寬鬆，所以就請他們兩人轉交給仁波切。如果要託帶糌粑和麵餅，獄方會懷疑我們有沒有在餅裡頭藏信，所以會把餅撕開來看。至於糌粑，則是用手在裡面摸著檢查。我是得以看到哥哥，而根本沒辦法見到仁波切。……仁波切和哥哥兩人在監獄裡打掃、勞動還有晚上看節目的時候都會碰到面。

新都橋監獄裡的囚犯不乏當時各方大上師，根據仁波切獄友仁增南嘉的說法，諸如固囊達珠、色拉陽智、安宗竹巴、德格蔣揚、佐欽袞桑、理塘祖古洛桑登巴、嘉嘎登炯等上師，都在新都橋服刑。仁波切本人則這麼說道：「我的獄友有安宗竹巴、白玉達瓦，還有一個苯教上師、格魯派上師等很多位。噶陀錫度等很多祖古都在那邊過世了。而康定那邊地狹炎熱，也是很多人在監獄裡過世。」

這些同在監獄的大師們，與仁波切關係最緊密者，當屬色拉陽智。在新都橋十多年獄中生涯裡，色拉陽智不只是揚唐仁波切依止的主要上師，也是相知相惜的好友。八〇年代起開始向揚唐仁波切求法的祖古貝瑪里沙，如是道來色拉陽智與仁波切相識的過程：

仁波切與色拉陽智沒有見過面，在監獄裡面，沒有照片，並不相識。仁波切年紀輕輕，膚色白，在年輕男子當中應是相當莊嚴的。他拿著一個鋤頭去勞動，而色拉陽智在另一頭勞動。犯人一群在那頭工作，一群在這頭工作。當時色拉陽智說：「那頭有位年輕的、膚色白的男子，那是蓮花生大士的一位代表喔！」

有如此一說，他們就這樣相識了。178

色拉陽智在獄中曾數度示現特殊修行驗相，其中為人津津樂道的，是他會在藏曆每月初十，把薈供過的加持物分給獄友吃。揚唐仁波切曾在閒談中聊起這件事，他說色拉陽智是從蓮師淨土取回薈供物，然後分給大家吃。仁波切本人也吃過，並說那薈供物的滋味與眾不同，食後，精氣神倍感充沛。祖古貝瑪里沙便曾親聞仁波切提起這個神奇的薈供品：

仁波切說過，有一天他跟色拉陽智在一起時，色拉陽智這麼說：「來吧！這個給您吃！今天是銅色吉祥山初十，空行母賜我薈供品。」仁波切就拿來吃，他說他一生當中沒有吃過那樣滋味的東西。179

南卓林寺第一代堪布之一的札西徹令堪布同樣親聞仁波切談及這段往事：

總共有三百位堪布、祖古。晚上中國官員就說：「你們這三百個人裡面，有人會施展神通的話，就不用坐牢了。」仁波切說：「我們那裡面有那麼尊貴、有名、不可思議的上師，結果什麼也沒施展，就全部坐牢去了。」……

仁波切又說：「在那裡頭完全不知時日，是什麼時間也都沒差了。有一天，色拉陽智問我要不要吃個薈供物。」色拉陽智給仁波切一個薈供物，仁波切就吃下去。他說一生當中，從未吃過那樣滋味的食物。仁波切就問他說：「這是怎麼來的呢？」他回答：「我今天去銅色吉祥山蓮花生大士那邊做了薈供。」仁波切說他這才想起那天是初十。他說：「談到業因果呢，就如同蓮師所說的，儘管見地比天高，對業因果的態度比粉末還要細膩。中國官員在說有神通就可免坐牢的時候，他明明可以去銅色吉祥山的，卻沒有施展神通，這就是因為過去有造下需要待在監獄裡的業的緣故。」[180]

八〇年代在尼泊爾初識仁波切的藏人弟子多傑策嘉如是回憶：

仁波切說過：「總的來說，大概是因為過去生的業的關係而必須坐牢。逃出去的話是完全沒有幫助的，要不然是可以逃走的。有一次，有三個祖古被殺，他們是哪個教派的我不清楚。他們被槍決的時候完全沒有中彈。他們是嘴裡被塞了布，還遭石頭重擊而死的。獄方帶了很多人來觀看處決的戲碼，獄卒和犯人全都很吃驚，那些祖古們的身體都不會中彈，嘴裡什麼話都說了，他們反抗地大喊說：『以後輪到你們天地變色！』負責處決的中國人也沒人去看管他們的遺體。三位祖古過世之後，獄卒全都疲累而離開。像那個時候如果要逃的話是可以逃脫的。但是我想，應該是業力和願力的關係，是必須待著的。」仁波切有說過這些。[181]

178 祖古貝瑪里沙訪談，二〇一七年一月二十三日於台灣三重。他在本書的敘事均出自這場訪談，以下不再另註。

179 據說安宗竹巴的女兒曾經提到，揚唐仁波切本人也曾從銅色吉祥山取回薈供加持物，並以此拯救許多人的性命，我們將留待下一章第一節再作相關敘述。

180 札西徹令堪布訪談，二〇一七年一月二十四日於台北大方廣中心。感謝林稻香的安排。堪布在本書的敘事均出自這場訪談，以下不再另註。堪布於二〇二一年於尼泊爾圓寂。

181 多傑策嘉訪談，二〇一九年十月二十一日於美國明尼亞波利斯市。感謝祖古貢噶的引介。多傑策嘉在本書的敘事均出自這場訪談，以下不再另註。

色拉陽智的不凡修行境界，也可從他任運取出伏藏的事蹟中看出端倪。有一回他和揚唐仁波切一起在田地勞動時，只見他突然望著虛空，然後問揚唐仁波切說：「這把劍挺大的。我們有辦法藏起來嗎？」身為囚犯的他們如果取出一個體積龐大的伏藏品，根本找不到可以藏起來存放的地方，於是仁波切回答：「又大又長，取出來的話是挺危險的。」最後，他們並沒有取出這支伏藏長劍。當然，現場除了他們兩人之外，其他犯人完全不知曉發生了什麼事。[182]

此外，揚唐仁波切也曾在獄中示現過神奇的事蹟。印度敏珠林寺堪祖覺美多傑曾聽仁波切的獄友耶謝巴桑提及，仁波切在爐霍監獄時期曾被單獨關在一個房間數日。後來仁波切對獄友們說：「真奇怪，可能是熱病的關係吧，我竟然可以隔著牆看到你們在那邊做飯。」堪布又聞仁波切清理廁所時也曾主動進入糞坑，把糞便分給獄友們挑走。他說：「我一點也不會覺得怎麼樣，我不覺得髒，所以讓我來吧！」[183]

尼泊爾雪謙寺堪布耶喜蔣參如是敘述道：

有一次我們問起獄中的往事，他有提到：「有一回，他們七八天不給東西吃，一直要我認罪，我也不知道要認什麼罪，但他們還是要我認罪，我一氣之下就把鐵鍊給弄斷了。」他是沒把這個說成修行驗相啦，可是有說鐵鍊弄斷了。至於傳說他解開手銬後突然出現在監獄外面的事，我並沒有聽他說過。仁波切還說色拉陽智有天從銅色吉祥山帶薈供品分給大家，還有分一些甘露法藥。我們就開玩笑地跟仁波切說：「您們都可以施展神通去銅色吉祥山了，那還待在中國人的監獄裡做什麼？明明可以自由，又為什麼不離開呢？」仁波切回答說：「唉呀，這是業因果喔，這是我們的業因果喔！」[184]

祖古仁增貝瑪如是說道：

我們家鄉有個格魯寺院，出身自那個寺院、家境富裕的一位叫旺登的格魯喇嘛被抓進新都橋監獄，跟多芒揚唐仁波切關在一起。……二十年後他被放出來，被問起監獄裡的情況時，他說監獄裡艱苦時，上師、僧人是沒去吃蟲，在家人就有挖地裡的蟲來吃。……一直在田裡做農工而又不給吃的，全都因饑荒而死。有些人就抓了蟲放在包包裡，然後放進水裡煮來吃，以此糊口維生。不吃的全都死掉。……

揚唐仁波切有說過，那時候有數百位上師、祖古坐牢，二十年後只剩下五六位。而喇嘛旺登則說：「上師當中有本事的，揚唐仁波切是其中一位，另外還有安宗竹巴仁波切也相當有本事。其他的上師祖古大概就那樣子而已，沒有讓我覺得有神通能力。而多芒揚唐仁波切是相當厲害。」他這樣對我說。我以前沒有見過多芒揚唐仁波切，也沒有聽過他的名字，而旺登這樣對我說，說監獄裡數

182 仁波切後來對外甥女蔣秋卓瑪講述這段往事。據說仁波切後來對於當時沒有取出這把劍感到遺憾。

183 堪祖覺美多傑訪談，二〇一八年七月十三日於日本東京都小平市。感謝成富二郎的引介。

184 耶喜蔣參堪布訪談，二〇一九年四月五日於尼泊爾雪謙寺。感謝肖恩的安排。堪布於本書的敘事均出自這場訪談，以下不再另註。

百位上師當中，多芒揚唐仁波切是位與眾不同的上師。我感到很震撼，生起了要拜見這位上師的念頭。……

還有聽說他拿田地的土做成丸子，再施咒之後分給每個人，有吃的人都沒有因饑荒而死。[185]

宇瓊森給則如是敘述他的親身經歷：

我跟揚唐仁波切有一天在一起時，仁波切對我說：「去拿一塊白色河石和一塊黑色的過來。」我說好。我就去找了一個白石頭和一個黑石頭。仁波切又說：「把它們放在床下面。」我就去放在仁波切的床下頭。後來有一天他又對我說：「你去看看那些石頭還在不在那裡！」我就過去一瞧，結果那些石頭變成像是糌粑粉一樣，我覺得很神奇。我就把白石頭和黑石頭不加混雜地拿給仁波切看，仁波切就說：「請你幫忙看看有沒有什麼東西可以把這個做成丸子的。」我就在盤子裡倒了一點茶，想把石粉揉成丸子，可是它就散掉沒辦法成形。我去稟報給仁波切，仁波切就說：「好吧，那就分一點給犯人們。你也吃一點。」

阿克南卓如是述說道：

仁波切在監獄時，他有很多自然冒出的甘露藥，色拉陽智就說：「你們去跟揚唐仁波切討甘露藥吧，他有自然冒出的甘露藥。」出獄後，我看他那個布袋裡頭只有一點點甘露藥，可是不管分給別人多少，就是不會耗盡。色拉陽智也是在初十、二十五的時候會拿薈供丸分給大家，示現了修行驗相。

宇瓊森給又說：

又有一天，仁波切說：「明年我們的狀況會好轉。」一般來說，仁波切非常會觀察緣起，我就問說：「仁波切，什麼情況會變好呢？」他回答：「會有徵兆出現的。一旦出現的話，情況就會好轉。」後來有一天我們在弄磚頭時，有一個人走過來叫說：「有人要買肉嗎？」領導們說我們要買的話是可以的。那個人又說：「在雅如拉措湖裡頭開了一朵花，大小像是羊毛氈毯那麼大。你們這裡頭有那麼多上師和祖古，去問問看這是什麼徵兆吧！」那天晚上我就跟仁波切說：「雅如拉措湖開了一朵很大的花。」他就說：「喔，這應該是好兆頭！這是佛教不久後將會弘揚的前兆。」

又有一天，他突然對我說：「你有看到一個白人騎著一匹白馬嗎？」我說沒看到。仁波切說：「像是山一樣的白馬上頭，有位穿著白衣的騎過去了，那應該是夏俠札神吧。」

還有一天，他說：「我們可望能去美千供奉。」那時正值文化大革命的大風潮，我回說：「是呀，仁波切，那大概是很難了。」那是很動盪的時代，是會被定罪痛打的。我就跟仁波切說：「請您要小心呀。」後來出獄回到家鄉時，有聽說要去美千達澤放財寶瓶的消息，我就跟仁波切的侍者策仁旺嘉說：「我想要和仁

185 祖古仁增貝瑪訪談，二〇一七年六月十五日於尼泊爾加德滿都。感謝張昆晟的引介與安排。祖古在本書的敘事均出自這場訪談，以下不再另註。

波切一起去。」他就說可以。那天，有祖古帝剎、蔣秋、祖古怡保等等好多人。祖古怡保說：「稱作帕西取構嘎莫的水源的，就是那裡，以前西塔尼洛進行法會時，曾向泉水進行供奉。從那裡也可以看到美千達澤的山頂。」那時我就想到以前仁波切在獄中對我說的話，往上一瞧，仁波切正好到了。我就覺得仁波切的預言完全無誤，信心就又增長了。

仁波切除了偶爾給予獄友特殊加持物、以觀察徵兆來為大家鼓舞打氣之外，也暗中為具有信心的獄友們傳法，甚或因此讓即將被處決的獄友逃離死劫。[186]那時在獄中，不僅唸經持咒不被允許，就連嘴唇微動持咒也被禁止。儘管在如此嚴密管控之下，仁波切仍會透過紙條、耳語等方式，秘密傳授大家該做的功課。宇瓊森給如是敘述道：

仁波切說：「要唸度母！要唸皈依！」我沒辦法真的正常地唸，就戴著口罩來唸。後來連口罩也不准戴了。他們極為嚴厲地說：「你們這些迷信宗教的人！」不管如何，我認為我們後來得以出獄，全都是仰仗仁波切的恩德。

仁波切在獄中飽嘗作弄，卻也深受獄友景仰，而在不為人知的寧靜時分，還有神佛前來交代作業。仁波切所寫的〈吉祥煙供〉儀軌，便是在木雅新都橋時期秘密寫下。他本人在儀軌結尾處詳細自述寫作原委：

我在木雅坐牢時，一時做了個夢，夢見有個女子說：「一定要有一個託付事業[187]的煙供法！」儘管如此，受制於時間空間的條件，並無寫下文字的順緣，就此不了了之。但那女子又出現在夢中對我說：「你為什麼不照做呢？」我回答：「沒有煙供的法本。」她就說：「你是沒辦法寫個煙供法本嗎？」她露出不太高興的表情便消失不見了。於是我寫了八句煙供文之後就放在那邊。那時，那女子又出現了，她對我說：「你們這些人，對於佛教都很會裝作一副很虔誠、很想奉獻的樣子，可是拜託你寫個託付事業煙供文的時候，沒頭沒尾的只寫個一部分，到底是怎樣？我可是想說這事關佛教才對你說這些的，沒意願寫的話就算了吧！」她發了脾氣又不見了。我就害怕了起來，隔天，從十六勝生的火龍年一月初三（值一九七六年三月三日）開始下筆，由於對領導和積極份子們心懷戒慎，因而稍延寫作時間。文中沒有華麗的辭藻，而是凡夫口語發願的普通字句，名為衰桑者在十三日上午寫成。願此成為潤癒當今教法和眾生之因。

一九八一年初識仁波切的不丹喇嘛貝瑪智美則曾聽仁波切提到，在監獄裡被打最慘的就是他了。被懲罰痛打的原因，是他總是手持唸珠，明知唸經持咒不被允許，卻不願放棄持誦。然而仁波切卻說：「雖然被打，但也沒有要改變什麼。」喇嘛貝瑪智美還回憶道：「有時候仁波切會提起在獄中見到空行母、守衛聖地的護法神，有時候會講到在初十、二十五吃到甘露法藥的事情。」[188]

186 關於仁波切在當時秘密教導獄友唸誦金剛爪母的情形，我們留待第三章再敘述。

187 託付事業一般是指託付護法神來行使事業之意。

188 喇嘛貝瑪智美訪談，二〇二〇年八月三十一日於台北市北投。喇嘛貝瑪智美在訪談中述及諸多重要事件，感謝尼瑪堪布的引介，特別感謝黃靖鈞的穿針引線，促成這場意外而驚喜的訪談。喇嘛貝瑪智美在本書的敘事均出自這場訪談，以下不再另註。

總之，不論是亡命山林時期，還是在後來衣食條件更為嚴峻、身心壓迫更為嚴苛的監獄生涯中，仁波切都是身邊人最重要的精神依靠，甚至是天神交付使命的對象。有許多人在獄中鬱悶難耐，更有許多人難捱艱困而在獄中亡故。那麼，在二十年的牢中歲月裡，最讓仁波切感到困難、最讓他難以忍受的是什麼呢？以下是弟子多傑與仁波切的一番對話：

「仁波切，在監獄裡面有時候沒吃沒喝的，您會不會覺得很辛苦？」

「沒吃沒喝並不辛苦。」

「喔？那什麼事情才讓您覺得辛苦呢？」

「最辛苦的是必須要講話。」[189]

仁波切這裡指的「必須講話」，是每日聽完黨的高層政策方針後，必須口頭報告心得，以讓上層掌控思想改造的情形。那麼，為何講話會是最辛苦的呢？多傑進一步追問道：

「為什麼講話會讓您覺得辛苦呢？」

「因為我在監獄裡做紐涅八關齋戒，不吃不喝正好！可是不得不講話這一點，就很辛苦。」

而所謂紐涅八關齋戒，是在守持八戒期間不吃、不喝以及禁語。進行一次紐涅，最少需要一整天的時間。在那禁絕宗教的年代，就連監獄外的人也沒有修行佛法的自由，更何況是被國家嚴加看管的政治犯。然而，揚唐仁波切仍然秘密地在獄中求法、修行，甚或為人傳法，監獄裡沒吃沒喝、難以維生的處境，反倒成為他修持「紐涅」的絕佳條件。在監獄外的世界裡，阿姆斯壯完成登陸月球的壯舉；而在貓王與披頭四的歌聲傳不進的那被全世界忽略的監牢裡，揚唐仁波切一共完成了五百次紐涅八關齋戒。[190]

在此，我們以頂果欽哲揚希仁波切[191]的這段話來為本節作結：

> 我一生當中，要我說那些跟我有關係、我見過的上師大多都是好的，我是說不出口的。有些有做一些有的沒的事，有些是很奇怪，我本人心中對他們那些是沒什麼信任的，這是實話實說。而依怙主揚唐仁波切，不管我是何時見到他，我曾經想的是什麼呢？我是想了很多：「仁波切的心是在想些什麼呢？」……仁波切的身體很糟，呼吸很喘，特別手也不舒服。仁波切住在雪謙時，我有天下午去拜見他。我問說：「仁波切，您平常都是在想些什麼呢？」他回答：「沒有在想什麼，有在想的話，是在想自己的上師、信心、三昧耶，還有就是在想說看能否修行佛法。」
>
> 我又問說：「仁波切，您的手是怎麼了呢？」他就說：「一九五九年入獄後，因為銬手銬的關係而弄斷了。」中國人那時很嚴厲，中國士兵把一些上師殺

189 多傑訪談，二〇一七年七月二日於中國成都。他於本書的敘事均出自這場訪談，以下不再另註。

190 多傑及葛嘎祖古在口述中均提起五百次紐涅往事。

191 「揚希」意為轉世、再來人。是故頂果欽哲法王的轉世再來被稱為頂果欽哲揚希仁波切，簡稱欽哲揚希。同理，貝諾法王和敦珠法王的轉世亦被稱為貝諾揚希仁波切、敦珠揚希仁波切。

掉了，有些上師被嚴厲對待、痛打。我就問仁波切說：「您當時辛不辛苦？」仁波切就說：「經歷了很多艱辛。有的時候是被打而受傷，有些時候會傷到骨頭。經歷了很多這些事。」但是不管經歷過什麼磨難，他說他沒有生過一次氣，也沒詛咒希望壞事發生在對方身上。他說他從來就沒有這樣的想法。無論何時，每當他看到中國幹部和暗中幫助中國人的藏人，他說心中除了悲憫之外，完全沒有生過氣。

這讓我很吃驚。現今這個時代，先別說其它的了，只要有人去數落我們自己的缺失，我們就會生氣。……現在電腦裡臉書啦這些東西很多，人家會寫有的沒的、會批評，而我們自己看了就會擔憂、會難過。……而像揚唐仁波切這樣的上師們……不論中國人如何施加磨難，他們心裡根本沒有憤怒、厭惡，完全沒有生氣。反而是將自己修行佛法的善根回向給做了惡行的對方、對著他們修持慈悲。

我非常吃驚。這完全不是件簡單的事。192

192 頂果欽哲揚希仁波切訪談，二〇一七年二月二十日於尼泊爾雪謙寺。感謝德央的引介與安排。欽哲揚希仁波切在本書的敘事均出自這場訪談，以下不再另註。

11 寄到監獄外的三封信

儘管人在牢獄，揚唐仁波切的修行事蹟和風範卻不脛而走。阿克南卓如是說道：

仁波切在新都橋附近勞動工作時，有非常多人稱仁波切為「喇嘛札卡瑪」（意為優秀上師），並且遠遠地以信慕之心望著。那時在木雅新都橋的所有囚犯當中，最有名的就是色拉陽智和仁波切兩位。一位叫尼瑪偉色的老喇嘛去探望仁波切好幾次，他也奉上好幾次食物。他住在塔公，有時就去探望仁波切。有一天去探望時，他聽說仁波切和其他犯人在監獄外進行勞動，於是就走去那邊。離他們勞動的地方有個小小的村落，他就去那邊一戶認識的人家裡，那家庭剛好又跟獄卒和士兵彼此認識，他就對他們提出請求：「我想探望那位喇嘛札卡瑪，你們有辦法嗎？」那個家庭的媽媽就想盡辦法，讓他們得以見面。

距離新都橋不遠，一個叫「八美」地區的人們也對這位「喇嘛札卡瑪」尊敬不已。當時，視宗教為毒藥的中國政府用各種方式使人放棄信仰，許多藏人被迫摧毀佛塔和寺院物品，不從者便遭痛打，其中不乏毆打到不省人事的事例，乃至逼迫僧尼破戒、還俗。據說揚唐仁波切面對種種讓他破戒行淫的企圖都從不屈服。於是八美一帶的婦女知道仁波切確實與眾不同，因而對他生起特殊的信心和尊敬。曾有一位八美婦女在臨終前交代兒女說：「我死後，你們去供養多芒揚唐仁波切十塊二十塊錢，好好請仁波切為我回向，其它什麼法也不用修了。」

如前所述，阿克南卓前後多次扛著糌粑途經兩百公里路，只為了將食糧交給自己的根本上師。仁波切也曾經前後三次捎親筆信給他，事隔五十餘載後，年逾八十的阿克南卓依然收藏著仁波切寫給他的信。

三封信中，有兩封信的字跡或因墨水褪色，或因紙張碎裂而難以閱讀完整內容。所幸有一封信的保存狀況良善，信中字跡工整，信末還有仁波切用拇指按壓的紅色指印。我們並不清楚仁波切如何能在如此嚴密的監控下寫信，也不清楚他是透過什麼方式將信捎出，但可以想見那些過程絕非輕鬆寫意。從信中內容來看，當時阿克南卓是先向仁波切稟報自己與一女子交往而還俗的情事，接下來就讓我們一覽信中摘譯內容：

親愛的法友南卓：

你先前託來的信有送到我們兩人[193]手上。你在信中提到身健無病，我衷心感到非常高興。我們兩人目前安好，沒有病痛。我倆有捎信給你，但不知你有無收到。你們兩人[194]去年送的物品和信件全都順利到了我倆手上，裡面的意思我都很清楚明白。從屯究手中，由阿薩等一些家庭託來的酥油等物資也全都拿到了。

特別想說的是，你在去年那封信提到在佛法方面把持不住的過程，還問我以後當如何是好。我之前稍微了解那情況後心裡非常難過。朋友，你受善知識攝受而出家，身為梵行眾之一並不久，就遭逢惡劣時局之亂，導致惡業大湖潰流、受到惡緣障礙的控制，而從執持袈裟勝幢之列衰退、流轉到輪迴之中。嗚呼！一想到在多生當中淪落惡道的無欺因果自性，我的內心也相當難過。世上沒有比未能成為釋迦本師的追隨者還要更大的損失。

然而，這不是你的錯，你年紀還輕，沒有良友做你的支柱。如今亂世動盪撼動一切，彷彿變成黑暗一般，在魔和惡鬼勢力強大之際，除了幾個幸運人之外，要能守持正法是很困難的。儘管如此，你在如此亂世之中並沒有淪落於摧毀佛陀身語意所依等造作無間惡業的行列之中。……

絕對不要倉促莽撞行事，不論什麼事情，首先都應常向天尊三寶祈求發願，然後行事時審慎行之，這是很重要的。至於實際上你是要和女人在一起也好，或是不在一起也好，主要是以後要圓滿遵守因果。不要殺害有情生命，不要抽菸和使用鼻菸，不要喝酒，平常要向天尊三寶祈求。對於善行要堅毅不懈，特別是要勤修三十五佛懺和百字明咒懺悔法，這是我對你的大期望。……

朋友，你的諮詢和依靠對象，是帝剎、拉雪、以單登以及德巴等如理行持者。若能精進不懈實修光明大手印，就不會被輪迴所染，有如穢物之中也能生出蓮花，說不定人生會成為有意義的。……

我和札西彭措兩人過得安適快樂，不需擔心。雖然我說我在獄中開心，你還是會擔心，但在當今時局下，凡我類屬，不論待在哪裡好像都沒有差別，所

193 指仁波切與札西彭措兩人。

194 指阿克南卓和祖古帝剎兩人。

以可以說我倆在此是開心的。札西彭措入獄至今從沒被責罵痛打。我先前是有一點被苛責和生病，不過，依著三寶上師的恩德，我稍微明瞭了輪迴和涅槃的本性，於是對於神聖的因果遵循不怠，對於三寶和上師的信心沒有退失，在沒有拋棄大圓滿的本心實修當中，面對苦樂各種現象，均不受妄念執著所束縛，而以寬闊安適的心境在獄中度日，所以沒有感受到很大痛苦。

你不要為了想方設法來跟我倆碰面而掛心。你能來能碰面自然開心，就算沒辦法來，以後也還是會碰面，所以不要擔心。……要來跟我們碰面或是要送東西過來等等，是有何等困難實在不用多說。尤其是又把持了輪迴就又更難了。

在這之前，你來碰面和送東西，幫了我們兩人大忙。從世間人情來說也是極為良善。在這裡待的犯人們，多從「有沒有人探望」、「有沒有人送東西來」、「有沒有寫信來給一個犯人」，來評判一個地區之優劣或是家人的好壞。大多犯人都會在這些方面自讚自誇。我自己是沒有這樣的想法，不過羅宗的犯人絕大多數都是這樣看事情。要我說以後能夠幫助你們兩人，我看是很難了，但是能夠幫得上也說不定。你和札西彭措兩兄弟以後是會碰面的。我沒有要返回羅宗崗，但是實際上，你我會碰面，到時候再仔細聊聊。

以後若有捎信過來的機會，那就寫信過來。請在信中清楚寫明帝剎身體是否安好。如果能送甘露加持物來，會有很大幫助。放在仁增寧瑪身邊的身語意所依，有時要去看一下他怎麼處理，但是什麼都不要說，否則會怪罪你們兩人。我之後再寫信給帝剎。在此祈願兩位法友修行佛法無礙、身體安康。

名為揚唐者
九月三日

從仁波切信中內容可以看出，他寫信的對象乃是阿克南卓和祖古帝剎兩人。在前面章節中曾經提到，仁波切往昔每年例行化緣的其中一個目的，是支助祖古帝剎的生活。當康區染紅、家園成為戰場時，仁波切也曾為了救出祖古帝剎等人，而與瓦修巴千一幫人奇襲爐霍監獄。最後，他在入獄為囚之際，字裡行間惦記著的還是祖古帝剎。

仁波切在信中提到：「依著三寶上師的恩德，我稍微明瞭了輪迴和涅槃的本性，於是對於神聖的因果遵循不怠，對於三寶和上師的信心沒有退失，在沒有拋棄大圓滿的本心實修當中，面對苦樂各種現象，均不受妄念執著所束縛，而以寬闊安適的心境在獄中度日，所以沒有感受到很大痛苦。」從這段話中可以看出，仁波切在艱苦的監獄生涯中，不僅沒有喪失對上師、三寶、因果的信念，甚至能夠持續修持大圓滿。此外，仁波切在信中結尾多處預示著自己將會出獄。

右頁／仁波切在獄中寫給阿克南卓的三封信之一。下方為仁波切蓋上的紅色指印。

下／另兩封寫給阿克南卓的信。

資料來源／阿克南卓

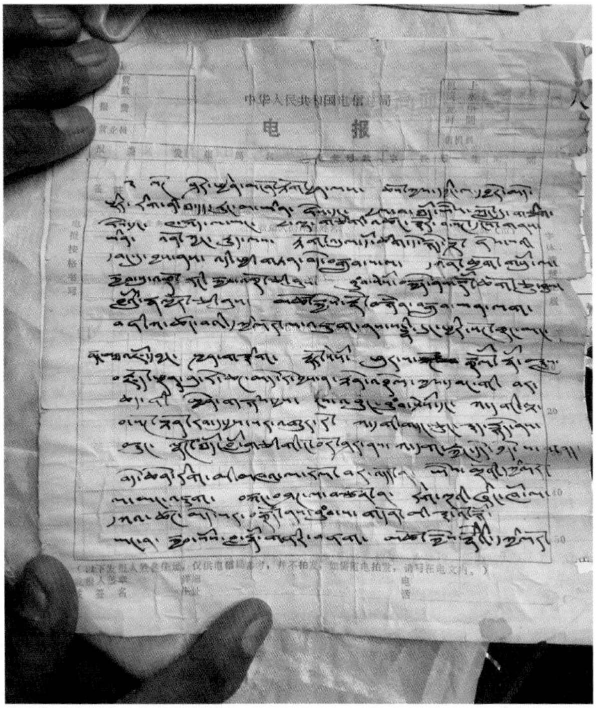

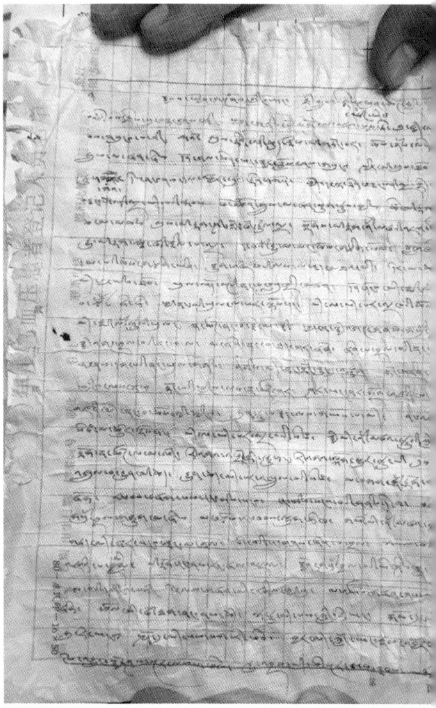

12 紅宮的塔子、康定的政協以及色達的藏戲

一九七〇年代中期，喜馬拉雅山以北的新都橋，入獄十多年的揚唐仁波切年齡已屆四十好幾；喜馬拉雅山以南的錫金，仁波切的母親則已年逾八十。自從拉薩一別，母子已近四十年未再相會。隨著渺無音訊的時日不斷累積，母親漸漸在心中認定仁波切已不在人世。貝瑪揚澤寺洛本登巴嘉措說：

仁波切的母親總是說：「我們手上有個祖古，卻沒有辦法看顧好，是被中國人殺了呢？還是還活著呢？」她在初十、二十五都總會這樣說。我爸爸常會去和仁波切母親一起進行「薈供羯磨寶鬘」法會，仁波切的哥哥和揚唐給隆也常修這個。[195]

母親下定決心為「已經亡故」的祖古兒子建造一座紀念塔。既是要紀念揚唐仁波切，塔中理所當然安奉了仁波切的衣物。洛本登巴嘉措敘述道：

她說：「仁波切已不在人世了，我也老了，我已經快九十歲了，我有很多祖古的衣服、帽子，也沒有人會保管，未來會糟蹋掉。我看就建一個內奉無垢二壇城[196]的佛塔，把這些物品裝在裡面，我還可以向塔發願。」這樣說完以後，揚唐

195 洛本登巴嘉措訪談共計兩回，分別是二〇一七年三月十八日於錫金貝瑪揚澤寺中的揚唐仁波切寢室內，以及二〇一八年五月十五日於錫金桑阿卻林寺。洛本於本書的敘事均出自這兩場訪談，以下不再另註。

196 具格的佛塔當中，需安奉「無垢頂髻」、「無垢光明」兩個壇城，合稱無垢二壇城。祖古仁增貝瑪云：「若一塔如理如法安奉此二壇城，經論中云，此塔即成見解脫塔。」

揚唐仁波切母親為仁波切所建的塔（左二）座落於今日紅宮旅館（Red Palace Hotel & Resort）旁的山林間。照片提供／玉僧璨康。

> 給隆和一個康巴喇嘛經過共同討論，妥善建了一座塔，把衣物都放在裡面，撒米、獻供，母親發了很多願。

這一座紀念揚唐仁波切的佛塔，座落於瑜伽四友之一阿大森巴千波曾經駐錫的「紅宮」林中靜處，成為世上第一座為了仁波切所建的塔。[197]

一九七六年九月，毛澤東的去世終結了文化大革命的浩劫。一九七八年，十世班禪喇嘛的獲釋標示著中共當局對於西藏囚犯政策的放鬆。到了一九七九年三月二十二日，更出現關鍵性的轉折。《甘孜州志》中如是記載：

> 三月二十二日　州司法機關宣布寬大釋放一九六〇年前參加武裝叛亂的服刑在押犯，對刑滿就業仍繼續戴反革命叛亂份子帽子監督改造的，一律摘掉帽子。[198]

這個新政策形同是對服刑中以及服刑期滿的「反革命叛亂份子」之「寬大特赦」。政治風向轉變之下，仁波切也在一九七九年九月獲得釋放。對於出獄，仁波切僅僅如此輕描淡寫地說道：

> 那年九月，我從監獄獲釋了。在牢中坐牢二十年，坐好坐滿，一天也沒多，一天也沒少，也沒有什麼差了一個月還是一天的問題，真奇怪。我想應該是前世的業報吧。從入獄那天到從獄門走出，正好就是二十年。[199]

人在爐霍縣城癡癡等待仁波切歸來的阿克南卓，如是敘述當時的光景：

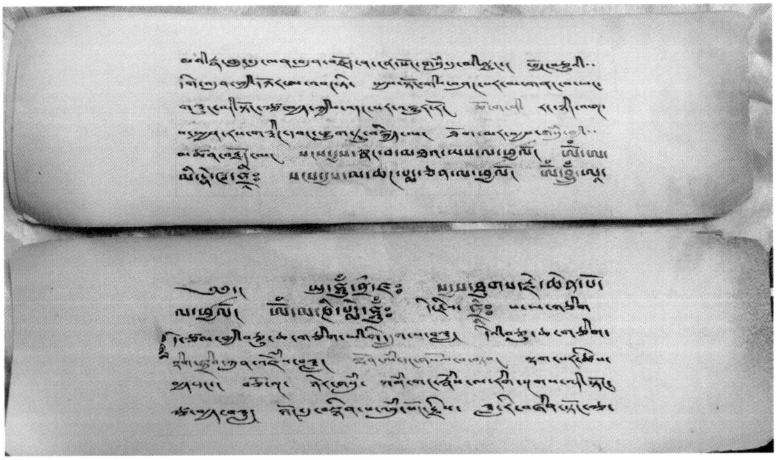

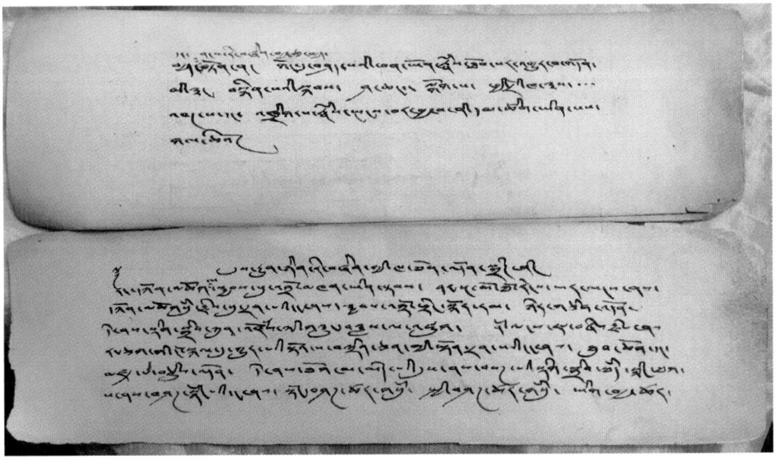

仁波切為阿克南卓親筆寫下的修持儀軌以及每日該做的功課清單。
資料來源／阿克南卓。

197 昔日稱為「紅殿」。
198 《甘孜州志》上冊，頁八十一。
199 玉僧口述史。

仁波切等人出獄時，我們等了好幾天。有一天聽到仁波切已經到巴士站了，就興奮地跑過去。有些人嘲諷我們說：「搞得好像不是反革命份子要回來，而是在越戰打了一場勝仗一樣，瞧你們開心成這樣。」

仁波切出獄回到羅柯馬時，阿克南卓特地迎請仁波切到家中作客。這一回，他作為東道主，終於可以在家中奉食，從此不需要再跋涉兩百公里路了。他敘述當時的情形：

仁波切出獄回到這裡時，我們家在古塔那邊，他就去了那裡，哥哥先到了。仁波切他們被下令要在宗教辦公室待幾天，於是就隔了幾天才來。到了晚上，家鄉的老人們一個接一個來見仁波切。那時祖古帝剎也在。我當時人在中社，政府就罵我說：「你家裡上上下下塞滿一堆客人！家中還有做飯的咧！」……

後來送仁波切去康定待在政協裡，我就買了平日用品。兩間宿舍房間當中，仁波切住裡面那間。外面那間則是白玉祖古達瓦和安宗竹巴在住的。色拉陽智也被命令要住在那邊，他以生病為由請假。……

總之，當了二十年政治犯的仁波切，從一個曾被關進豬圈的無期徒刑囚人，變成一位擁有個人宿舍房間的政協。他本人曾如是簡述康定時期的景況：「他們讓我待在康定，沒有讓我回到我們的寺院去。到康定後，以往那些耆老們有來看我。」[200]

到了康定，身為政協的仁波切偶爾需要開會。與會者皆為各方有名的祖古和上師，在那樣的官樣場合，許多人都不得不說些場面話。然而卻有一位上師敢在會中直言不諱，弟子多傑如此敘述道：

> 仁波切在宗教局時沒有什麼政治上的權勢。除了民主改革之前就有的權力之外，地位沒有再往上升。如果有去奉承、仿效政府的話是會升職的，但是仁波切又完全不去做那種事。……
>
> 除了政治相關會議以外，他們是不用參加的，必須參加的是大型會議。所有的上師、祖古都要參加。在新都橋監獄裡，有安宗竹巴等很多上師、祖古。可是所有犯人中，最殊勝的就屬色拉陽智和揚唐仁波切兩位。他們兩人雖然身在監獄裡，卻有很多人目擊他們出現在獄外。
>
> 在康定，有噶陀莫札、格桑寺的祖古謝拉偉瑟、格里祖古、祖古阿揚、安宗竹巴以及圖日祖古等人。

不論是從佛法修行還是人身自由的角度來看，在康定的日子比起監獄時期顯然寬鬆許多。仁波切此時寫了一封信遙寄家鄉錫金，信中說明自己是來自揚唐的祖古，母親和姊姊的姓名為何，也說明了如何能夠找到家人，例如如何從錫金首都甘托克前去貝林等等。這封信從康區捎出，輾轉交到正在尼泊爾朝聖的、認識仁波切母親的阿捏麥莉手中。阿捏麥莉把這封信帶回錫金甘托克，交給仁波切的表弟揚唐雅普瓊拉。我們不難想見，認定仁波切已經亡故並為他建了紀念塔的母親和家人們，在看到信後，心中是何等歡喜感動。

200 夏威夷口述史。

一九八〇年春天，仁波切在康定的日子已經過了半年。當時，出身於智欽寺的祖古塔洛成立了一個藏戲團。據說祖古塔洛十四歲時，熱愛且專精藏戲的竹千朗珠就曾對他說：「現在你要好好看藏戲，今後弘揚藏戲就是你的事了。」智欽寺曾在一九五八年上演「智美更登」的藏戲。據說戲演到一半時，竹千朗珠突然喊停說：「現在不演了，以後再演！」[201]到了一九八〇年二月，祖古塔洛籌建的色達藏戲團正式成立，而在一九八〇年五月一日藏戲團的首演中，上演的即是智美更登這齣戲。這齣藏戲要在色達草原演出的消息，也傳到了人在康定的揚唐仁波切耳中。阿克南卓敘述道：

仁波切在康定待了一年多[202]，後來色達要上演藏戲，色拉陽智就說：「來看藏戲吧！」仁波切就對我說：「看藏戲是不太重要，可是如果能夠見到章果大成就者（章巴珠千蔣巴卻增）的兒子烏金仁增，不知該有多好！」好像仁波切在獄中有聽說他的事蹟吧。

然後仁波切就去色拉陽智家，色拉陽智把他自己的臥房打掃乾淨，燒了薰煙，提供給仁波切住。他自己則睡在外頭侄兒在睡的地方。

桑嘎土登尼瑪仁波切則如是敘述色達藏戲時的光景：

我在九歲十歲的時候初次見到仁波切。那個夏天我在牧區化緣奶製品時，就曾去過羅柯馬一趟。那時在羅柯有「兩位嘉初」[203]之說，一位就是印度來的祖古，也就是多芒揚唐祖古，第二位嘉初就是現在住在美國的那位，他是屬於歐度寺，跟我的寺院鑾近的，是我們瑪卡吉隆寺的分寺。

之後，揚唐仁波切去了智欽寺，我那時候應該已經離開智欽寺了，所以不曾在那裡見到他。我在竹千朗珠座下沒有求過很多法，但有得過寧體二部[204]中，三根本和《寂忿淨除惡趣》的灌頂，那時揚唐仁波切沒在一起，他是後來才去的。他在那邊的時候，應該有得到完整的寧體二部。竹千朗珠後來在監獄裡也有不可思議的事蹟，像是拿出薈供加持物等等。

最早在多芒寺見到他（指揚唐仁波切）的時候，推測大概是一九五三、五四年左右。除了拜見之外沒有任何交談。我那時候還是很小的孩子[205]，沒有跟他交談。我想，我那時候在他面前應該有請他傳一些法來建立法緣。我們的寺院有在唸誦一些多芒大伏藏師的儀軌，以招財來說，有在唸「吉祥圓滿財祿庭園」這些儀軌。所以說不定我是請他傳我那些儀軌的口傳吧，我不太清楚了。其實一般來說，我的寺院和多芒之間，應該有很深三昧耶誓言的關聯。有些人說是喇嘛桑嘎[206]寫的，有些說是多芒大伏藏師寫的。不管如何，「本淨原始」那個輔音字母

201 本段敘事出自網傳〈塔洛仁波切略傳〉：http://duozhiqin.com/forum/forum.php?mod=viewthread&tid=186408

202 仁波切出獄後在康定總共待了一年多。而在色達藏戲上演時，仁波切在康定尚不滿一年。

203 「嘉」字在藏文中可作印度、中國之簡稱，亦可作嘉絨的簡稱。「初」意為祖古。所以「嘉初」可指「印度祖古」揚唐仁波切與「嘉絨祖古」嘉初仁波切。

204 即前述之寧體上下二部。

205 土登尼瑪仁波切出生於一九四三年。

206 指桑嘎土登尼瑪仁波切的前世，即從青海湖帶回梭珠的阿拉喇嘛貝瑪沃竹。

詩，後來與仁波切碰面時，他說那兩位大師人雖在不同地方，可是寫的卻是一模一樣。我後來和他見面最多的地方，是在甘孜自治州政治協商會裡面。……

後來有一次我去了色達，那時候政策真的寬鬆了，色達在上演傳記。我去的時候仁波切已經到了，色拉陽智、雅隆祖古也和我們一起在草原上輕輕鬆鬆地待了好幾天。我在色達待了一個月，他沒有待到一個月，我們大概一起相處了十多天的時間。色拉陽智那時聲名大噪，他本身是個比丘，曾取出普巴杵等伏藏物，我有看過。據說他有普巴和度母的意伏藏的樣子，我曾求過一些度母法門。他好像是文革時期才入獄的，文革前是色達的政協。我聽說他是因為講了一些預言，而在文革時期入獄。仁波切那時去色達的原因，我想應該是因為政策開放、心情愉悅就前去的吧。那時候他並不是不准去自己的寺院，但總之大部分是待在康定的州政協裡。[207]

當時才九歲的拉則祖古，如是敘述他在色達草原上初見揚唐仁波切的情景：

我跟我媽媽去色達縣看藏戲，表演結束後有一天，有宣傳說下午在色達縣後面一個高山山頂上頭一個很好的草原可以見到很多上師、祖古。我媽媽就帶著我去拜見他們。每個上師都各自坐在一個小小的帳篷裡面，有色拉陽智，有祖古丹巴，還有像桑松溫波……有很多上師，我沒辦法記得所有名字。這樣排在一起，我就進去一個又一個帳篷去拜見每個上師，我就在帳篷裡見到了揚唐仁波切。仁波切面前桌子上擺滿整盤水果糖，我去接受仁波切用手給予的加持，媽媽也去接受加持，揚唐仁波切看到我，就送了我一些糖果。在那之後，我有很久沒有再見到他。[208]

此時，人稱「法王如意寶」的晉美彭措法王[209]於色達新建喇榮道場，[210]揚唐仁波切從爐霍縣城騎馬前去喇榮拜見法王時，正逢法王完成列饒林巴[211]的伏藏品《淨除緣起過患》的灌頂前行法，於是仁波切就在法王座下求得灌頂以及《直指本心面目》的註解。是為兩位上師的首次會面。[212]

---

207 桑嘎土登尼瑪仁波切訪談，二〇一七年六月三十日於中國成都。感謝卓嘎的引介。仁波切在本書的敘事均出自這場訪談，以下不再另註。

208 拉則祖古訪談，二〇一八年八月二十八日於新加坡。祖古在本書的敘事均出自這場訪談，不再另註。此外，根據拉則祖古回憶，當時約有二十個帳篷。

209 藏語中稱「堪布如意寶」、「堪布晉美彭措」，或簡稱「堪布吉彭」，此處依漢語稱呼。

210 色達喇榮於一九八〇年的藏曆鐵猴年六月十日開光落成。

211 列饒林巴又稱「索甲伏藏師」，中文又作列饒朗巴。晉美彭措法王與索甲仁波切為列饒林巴轉世再來人。

212 兩位上師初次見面過程係根據多芒寺僧喇嘛旺度之說。他稱曾聞揚唐仁波切提及此事。揚唐仁波切在台灣及法國傳授《淨除緣起過患》灌頂時，亦曾提及此法得自晉美彭措法王。

13 加德滿都的一髻佛母與歸鄉人

如前所述，揚唐仁波切在出獄後寫信給遠在錫金的家人報平安，並藉此探詢母親等人的近況。當時收到信的仁波切表弟揚唐雅普瓊拉如是敘述道：

我們那時都沒有仁波切的消息，又沒有來往兩地的人，而邊界又是封閉的。那時阿紐拉（指仁波切的母親）想說仁波切已經亡故，就把仁波切的衣裳安奉在塔裡。後來我收到一封信，是從康區寄來的。我就跟阿紐拉說：「仁波切還活著！」那是藏文信，寫得很簡單，說他過得很好，會儘快前來。……信裡沒辦法寫很多，怕中國人會監看。

我那時就跟行政首長班達日[213]稟報，說仁波切來自揚唐、父親母親是何許人、仁波切是錫金人，所以算是印度公民。我請班達日寫信給中國政府，他就跟印度內政部聯繫，透過中國大使館把信寄了出去，這封信讓仁波切得以離開西藏。[214]

仁波切則如是簡述收到回信時的情形：「我先寄了一封信回錫金家裡，然後母親寄來了一封信，說母親還沒過世、仍然健在。於是我請求中國政府允許我回錫金跟母親碰面。」[215]阿克南卓則敘述道：「仁波切到康定，將母親的信上呈給政府高層幹部，並稟告說：『我的母親猶在世，我需前往相會。』」

爾後，仁波切寫下第二封信，並在康定的攝影棚裡拍攝照片，他將兩張黑白照片附在第二封信裡寄回錫金。這封信的主旨是告知家人他即將返鄉，而附上照片的用意，似是讓家人得以認得出他這位「少小離家老大回」的歸鄉人。揚唐雅普瓊拉說道：「一兩個月後，得到回覆說仁波切會返回錫金。仁波切在信裡附上他的照片，說他要前往尼泊爾。」

根據外甥女蔣秋卓瑪的回憶，仁波切隨信捎給家人的兩張照片。照片來源／玉僧璨康。

213 Nar Bahadur Bhandari，為時任錫金最高行政首長，見維基百科：https://en.m.wikipedia.org/wiki/Nar_Bahadur_Bhandari

214 揚唐雅普瓊拉訪談，二〇一七年九月十七日於錫金甘托克。感謝寧瑪的引介。雅普瓊拉於本書的敘事均來自這場訪談，以下不再另註。

215 玉僧口述史。

家人們紛紛傳看仁波切寄來的兩張黑白照片，歡喜非常。仁波切外甥女蔣秋卓瑪的父親雅普麥拉（本名索南旺嘉）[216]特地借來相機，拍下仁波切母姊兩人合照，想把這張照片連同回信一起寄給仁波切。可是這封信在還沒有寄出之前，他們就聽到仁波切已經抵達尼泊爾的消息。

仁波切首先前往拉薩，在拉薩停留期間，時常從八廓街[217]以大禮拜的方式，「邊拜邊繞」地轉繞覺窩聖像所在的大昭寺[218]。經歷二十年牢獄生涯的仁波切，在轉繞經歷文革風風雨雨的覺窩像時，因大禮拜時吸入過多塵沙，使原本在獄中就染上的肺病愈發嚴重。[219]爾後，仁波切漸次抵達尼泊爾，貝瑪揚澤洛本登巴嘉措如是敘述：

仁波切的母親派揚唐雅普瓊拉和雅普蓋拉前去尼泊爾接仁波切。他們就坐著錫金公家車去了尼泊爾，先去拜見頂果欽哲法王。法王就說：「喔，揚唐仁波切應該已經離開了！他是昨晚離開的。他之前住在培波卻札那邊，你們過去詢問就知道了。」於是頂果欽哲法王派了一位喇嘛去培波卻札家裡協助詢問，培波卻札說：「喔，那位上師已經去錫金了。」

揚唐雅普瓊拉則說道：

我跟雅普蓋拉一起去尼泊爾接他。結果仁波切那時候已經到西里古里[220]。等於是仁波切往這邊過來時，我們反而跑了過去。後來我就邀請他到我甘托克家中作客，我們一起待了兩三個月，期間有去拜見多竹千法王。日後有幾個仁波切的獄友有來過這裡，都提到仁波切在獄中分給他們很多東西，說的時候都嘖嘖稱奇。

仁波切母親和二姊沒能來得及寄出的合照。照片來源／玉僧璨康。

216 蔣秋的生父為雅普蓋拉，養父為雅普麥拉。

217 又稱八角街、帕廓街。

218 大昭寺的釋迦牟尼佛十二歲等身像「覺窩釋迦牟尼」，在松贊干布時期迎請入藏，向來被視為西藏最神聖的佛像之一。文革期間，這尊覺窩像的腿部曾遭紅衛兵以十字鎬砍破一個洞，佛像頭部被戴上寫著侮辱性言語的高帽。周圍佛殿也曾被用作豬圈。詳見唯色所著的《殺劫》。大塊文化，二〇一六年。

219 出自阿克南卓訪談。

220 Siliguri，為印度西孟加拉邦（West Bengal）之大城，地處連接尼泊爾、錫金的交通樞紐位置。仁波切多年來進出錫金都會在西里古里的旅館過夜，晚年則在西里古里的北城社區（North City）有一住所。

洛本登巴嘉措又敘述道：

他們兩人返抵西里古里後便直接回甘托克，發現仁波切已經住在揚唐構智[221]了，是前一晚就到的。雅普瓊拉和雅普蓋拉獻上哈達，跟仁波切說他們有去尼泊爾接他，仁波切就說：「哎唷，我太快了！」

根據洛本登巴嘉措的說法，揚唐仁波切在甘托克停留期間有去拜見錫金國王。一九三七年前往西藏前，仁波切曾與梭珠共同拜見當時的國王札西南嘉。如今他在一九八一年回到甘托克時，時任國王已是札西南嘉之子屯竹南嘉，錫金也已被併為印度東北之「錫金邦」好幾年了。作為錫金王國時期末任國王的屯竹南嘉[222]，在見到仁波切時不免流露失志的感傷。洛本敘述道：

在甘托克住了兩天後，仁波切就說要去拜見錫金國王，他有藏茶和錦緞要贈送給國王，於是就去見了錫金國王。仁波切說：「請您執持守護錫金的聖教！」國王說著說著就哭泣地說：「我什麼都沒達成，全都完了。」仁波切對他說：「你不應該這樣心煩意亂，你要意念堅定。雖然喪失了政權，但是沒有失去佛法，你要好好思考，堅定下去，你要把聖教執持下去。這是身為皇室王統族嗣的你該做的。」仁波切對我說好多次，國王那時是滿心憂慮。……

母親已經九十多歲了，大家都擔心母子相會不知道會怎麼樣，結果都沒問題，仁波切就向母親問候，兩人相擁了數分鐘。

在敘述完仁波切回鄉與母親會面的過程後，以下我們將回頭敘述仁波切在回到錫金前，從西藏初抵尼泊爾時的情況。根據仁波切外甥女蔣秋卓瑪的回憶，仁波切從西藏到尼泊爾是與幾個西藏家庭同行的。其中一個家庭是康定的瓦素匝家族。這個家庭有個兒子在錫金生活，他從錫金到尼泊爾與親人會面，而仁波切後來就跟著他從尼泊爾回到甘托克。

我們並不清楚仁波切在尼泊爾待了多長時間，只知他首先安身在首都加德滿都的博達滿願大塔旁。仁波切初期在康區期間主要依止匝卡慈洛與竹千朗珠等上師；中期的牢獄生涯裡，主要依止亦師亦友的色拉陽智；而出獄後來到尼泊爾，則初次拜見他後期最重要的根本上師之一——頂果欽哲法王。

一九八〇年代時常在尼泊爾、印度隨侍仁波切的吉美袞桑回憶道：

那時雪謙寺正在興建，還沒有蓋好。不過頂果欽哲法王時常舉行法會，也傳授很多法要給上師祖古們。那時大多數人都不知道仁波切是位大上師，仁波切本身不是個會去把自己說成多了不起的人，加上那時剛從西藏過來，沒有認識什麼人，是跟不丹喇嘛嘎波等人住在一個祖屋裡。那時住的房子不像現在的房子

221 揚唐家族於揚唐的住所稱「揚唐構智」。而揚唐雅普瓊拉位於甘托克的住所亦稱「揚唐構智」。此處所指的是甘托克的揚唐構智。

222 屯竹南嘉於一九八二年逝世於美國紐約。其子旺秋南嘉繼任為國王，是為現任國王。

這樣，而是尼泊爾的土屋。仁波切吃飯就去外面餐廳吃，那時有一些藏人開的餐廳。有一次他回到屋子時，身上沒有鑰匙，房東把唯一一把鑰匙交到不丹人手上。那時並沒有像現在可以用手機互相聯繫，就只能在門外等候。我爸爸正好經過，雖然不知道仁波切是位上師，但知道他才剛從西藏來，於是請他先到家裡喝茶休息。我媽媽給仁波切奉茶，當時只知道是剛從西藏來的喇嘛而已，並不知道是位大上師，總之就這樣認識了。

後來仁波切好像搬到了另一個旅社。頂果欽哲法王對冉江仁波切、宗薩欽哲仁波切等等上師祖古們傳法時，不少康巴人也有參加，揚唐仁波切也去參加傳法。沒有人認識他，也沒有人知道他的來歷。[223]

隨侍在頂果法王身旁的法國僧人馬修．李卡德（Matthieu Ricard）對於揚唐仁波切初次拜見頂果欽哲法王，有此番珍貴的敘述：

一九八一年，當他從西藏抵達（尼泊爾），我不清楚是在他抵達之後過了多少天，我猜是沒多久，他就來拜見欽哲法王。那時寺院還沒建好，我們是住在一個小房子。那是為了讓欽哲法王在等候寺院完工時可以安住而先蓋的一個小住所，地面樓層有四五個房間。那房子在二〇一五年地震中被摧毀，經重建之後，現在作為冉江仁波切的住所，而舊房子已經不復存在。

欽哲法王待在他的小房間，那是一個蠻小的房間，我想大概是四公尺乘五公尺大。然後有個喇嘛好像是穿著「秋巴」[224]，我不太確定他是否穿著完整僧服，不過他的穿著非常簡單，是獨自一人前來。欽哲法王顯然看得出他有一些特別功德。而他說他才剛從西藏過來，他們就開始交談。欽哲仁波切似乎有點感興趣，就問說：「你是誰？」然後揚唐仁波切回答：「我叫索南班登。」然後他們就聊了起來。欽哲法王很顯然看得出來他是很有學識、看起來很好的一位喇嘛，就有點繼續追問的意思，又問說：「你是誰呀？」最後他才回答說：「有些人把我認證為多芒的祖古。」欽哲法王自己也是不看重頭銜那種東西，但總之，他現在知道了揚唐仁波切的真實身分。……他們進行了一場很長的對話，應該是很長，因為作為一個侍者，我要進進出出的，我並沒有去聽他們對話的內容，但是很顯然地，他們都很享受那場談話。然後，他就幾乎每天都來，如果有法會他就會參加。從那時起，每當欽哲法王在那裡傳法時，他都會來參加。[225]

揚唐仁波切與頂果欽哲法王的深刻緣分，可以溯及兩位大師的前世：多傑德千林巴與其根本上師蔣揚欽哲旺波。從一九八一年起，揚唐仁波切在十年之中多次前往尼泊爾、印度、不丹等地，在頂果欽哲法王座下求得眾多灌頂、口傳以及深奧的大圓滿竅訣。

223 吉美袞桑訪談共計兩回，分別是二〇一七年六月十五日於尼泊爾加德滿都與同年十一月三日於尼泊爾阿素拉。感謝慈誠的安排。他於本書中的敘事均出自這兩場訪談，以下不再另註。

224 藏人的傳統服飾。

225 馬修・李卡德訪談，二〇一八年六月二十六日透過社群媒體進行。感謝肖恩・普萊斯的引介。馬修在本書的敘事均出自這場訪談，以下不再另註。

雪謙冉江仁波切如是敘述揚唐仁波切在尼泊爾求法的情景：

依怙主揚唐仁波切最初應該是在尼泊爾遇見頂果欽哲法王，那是在寺院尚

上／頂果欽哲法王（中）、楚西法王（右）以及揚唐仁波切三位上師於頂果欽哲法王的舊寢宮之留影，時值一九八〇年代前期，雪謙寺尚未興建完成之時。照片提供／Matthieu Ricard。

下／揚唐仁波切穿著「秋巴」傳統藏服的照片。照片提供／阿克南卓。

在興建的時候[226]。仁波切在康區應該是非常大的上師。……但是來到這裡，他非常謙遜，就像是個平凡僧人。我們剛開始並不太知道，之後去頂果欽哲法王那邊才知道他是位大上師。但他完全沒有大上師的架子，而像個一般僧人。那時頂果欽哲法王大概每天都傳灌頂和口傳，每天傳個四五次不同的灌頂和口傳，大概沒有間斷。一般來說，對佛法感興趣、想要求法的，都會等候著，有傳法時就馬上進來，隨時準備求法。揚唐仁波切在寺裡待了很久，無論頂果欽哲法王何時傳法他都會來聽法。……

一般來說，揚唐仁波切的個性非常溫和。那時我們這群祖古大多年紀還輕，都會跟他玩，而揚唐仁波切完全不會發脾氣。[227]

據說，當時年輕的祖古們給仁波切取了個外號，叫「英迪拉．甘地」，原因是他們覺得仁波切的長相與印度女總理英迪拉．甘地（Indira Gandhi）外貌相仿。

仁波切在加德滿都停留期間，除了親近頂果欽哲法王之外，更在博達塔旁的住屋裡有一番奇遇。一天清晨，他寫下了供奉一髻佛母的儀軌，此法被認為是仁波切的伏藏品，他本人在儀軌結尾處寫道：

226 指在興建中的雪謙寺。

227 雪謙冉江仁波切訪談，二〇一七年二月二十日於尼泊爾雪謙寺。感謝張昆晟居中引介。仁波切在本書的敘事均出自這場訪談，以下不再另註。

一九八一年，藏曆鵬鳥之年，我這持「揚唐祖古」名者，在尼泊爾恰榮卡秀佛塔[228]附近租借的一個家宅中居住時，有一天黎明時分，出現稍許好壞無定之兆，依此而直書，願此成為摧滅教敵之神槌。芒嘎朗[229]。寫到文中「萬象現為大手印」一句時，有人開了門進來，本來仍有少許餘文，因念頭中斷而終止。是故其後部分如同由我增補，並從它處因應取來寫成。

這個名為〈護咒母之供奉及請託儀軌——時代使者〉的儀軌，是屬於威猛的法類，旨在去除佛教的障難。仁波切是在特殊修行境界中油然下筆寫下儀軌，寫到快結束時，由於一人打開房門而受到干擾。不過以最後完成的儀軌來看，僅有少許詞句受到影響。仁波切在康區時期也曾遇威力強大的妖魔來擾，[230]在監獄時期，也多次得見護法神、空行母乃至本尊等等。而在一九九九年，仁波切也曾經在遭遇驚恐對境時，一心祈求忿怒蓮師，在持誦本尊咒語時，有儀軌文字自然湧現在面前虛空中，他遂將所見文字寫下，即成〈忿怒蓮師修持儀軌：殲滅驕魔〉伏藏品。然而仁波切本人謙虛低調，內心修為和修持境界均不隨意告訴他人，所以究竟他曾有多少淨相、見過多少本尊或護法、得過何等授記預言，凡此種種，我們已難得知。他所寫下的這些儀軌，也因其作風謙下，而絕少傳授給弟子。

此外，一九八一那年，著名的康巴上師堪布達色也從西藏來到尼泊爾。他受邀在烏金祖古的寺院講授印度祖師法稱所著的《釋量論》第四品時，揚唐仁波切也前去聽法。堪布達色安排仁波切與不丹喇嘛貝瑪智美同住在烏金祖古寺院的僧房中。喇嘛貝瑪智美如是回憶道：

博達塔一景。攝影／卻札。

我們住在同一個僧房，那時沒有任何人知道他是位大仁波切，誰都不知道！他就非常的謙遜，才剛從西藏過來而已，衣服也很差勁。他那時身體也不好，氣色不佳，衣服也很糟。後來去不丹時也是這樣，就像是個成就者，一點也沒有弄成光鮮亮麗的樣子，不論去哪裡都是獨自一人。

我剛開始也不知道他的來歷，我們在尼泊爾共用瓦斯爐，一起做飯。大概這樣待了兩三個月。那時約有三十人在堪布達色那邊一起聽法。……我應該算是仁波切從西藏過來以後，最早見到他的人了。

228 即博達塔。

229 芒嘎朗為印度語，意為吉祥。

230 阿克南卓說道：「傳授《甘珠爾全集》口傳期間，晚上飯後，仁波切就供奉護法。供完護法後，他不睡覺，徹夜閉關修持。隔天早上從黎明開始進行煙供。在天色要亮不亮的時候，就開始傳甘珠爾。有一天，他坐著將金剛杵揮向空中，並說：『出現了一個厲害的鬼怪。』」

> 仁波切是在《釋量論》傳法結束後才回錫金。我則奉堪布達色之命南下印度麥索，前往南卓林佛學院學習經論，是六年級插班生，與堪布嘎達雅納他們同班。

總之，仁波切在數個月期間向幾位大師求法之後，才從尼泊爾途經西里古里回到錫金首都甘托克，並在表弟家中作客數月。揚唐雅普瓊拉如是回憶仁波切在甘托克停留時的情形：

> 仁波切那時病了，患了肺結核，是在獄中染的肺病。我就請班巴醫生來治療，打了兩個月的針。我當時在兩三個月中侍奉仁波切飲食和醫藥。那時仁波切大多在養病，沒有去人家家裡修法，我有跟仁波切說：「請您好好養病，先別出去。」

仁波切和母親在貝林重逢後，在貝林璨康關房共住。[231]在獄中習慣利用夜晚進行實修的仁波切，在貝林璨康依舊每晚不眠不休地修行。母親擔憂兒子病弱的身體無法負荷日以繼夜的實修，要求仁波切晚上必須就寢。從那時起，仁波切便開始每晚九點左右就寢。至於起床時間，只要和仁波切同住過的親眷和侍者們都說，仁波切是「很早很早就起床」。由於大家都是在自己睡醒後才看到仁波切在唸經，所以鮮少人真正知道仁波切究竟是何時起床修行。

「他從來不睡的。」吉美袞桑如是說。

仁波切與祖古森札合影。這張照片拍攝時間地點不詳，推測應為一九八一年左右，兩人在尼泊爾或不丹一同於頂果欽哲法王尊前求法期間所攝。照片提供／道孚家族。

231 根據仁波切外甥女蔣秋的敘述，母親在與仁波切重逢前是住在玉僧。重逢之後，兩人在貝林璨康同住。後來由於發生山崩，仁波切與母親又搬遷至位於貝林璨康和揚唐構智之間邦拉地區的揚唐旅館。在母親辭世後，仁波切復從邦拉搬回貝林璨康住。

14 從蓮花湖到金剛座的淚水

一九五五年，康區白玉寺的年輕上師來到拉薩羅布林卡，在比他還年輕兩三歲的達賴喇嘛尊者座下領受長壽灌頂的加持。[232]這位康巴上師名為竹旺貝瑪諾布，也就是人稱第三世貝諾法王的白玉寺第十一代座主。兩人在這場會面後的數年之間，因時局風雲變色而雙雙離開西藏到了印度。一九五八年，貝諾法王在護法神屢屢警示之下離開西藏，[233]五年後，三十二歲的他在距離南印度卡納塔克邦大城班加羅爾（Bangalore, Karnataka）數小時車程的巴拉庫貝（Bylakuppe）一帶，啟動寺院興建工程。經過數年胼手胝足的努力，寺院建設終告完竣。在貝諾法王的持續發心下，寺院的學校、僧團、佛學院在接下來數十年中日益壯大，這座名為南卓林的寺院成為印度寧瑪第一大寺，舉世聞名。揚唐仁波切曾經提到，貝諾法王曾得數位大師授記，若能終生實修閉關，必能成就虹光身。然而貝諾法王不忍教法淪落，放棄獨自的成就機會，不辭艱辛地創建南卓林，從無到有，化育出成千上萬的僧才。

一九八二年十二月二十二日晚間[234]，一架載著頂果欽哲法王的班機，從德里起飛，降落在班加羅爾機場。頂果欽哲法王此番來到南印度前，才在達蘭薩拉為達賴喇嘛尊者傳授竅訣，甫從嚴寒的北印下山，復應貝諾法王之邀，風塵僕僕前往溫暖的南卓林傳法。十二月二十五日，正逢藏曆初十蓮師日，頂果欽哲法王在當時幅員不大的寺院大殿中，開始傳授嘎瑪教傳全集，一路傳到一九八三年一月，揚唐仁波切也在受法之列。根據馬修．李卡德的回憶，仁波切在這段期間時常前去拜訪頂果欽哲法王。南卓林寺札西徹令堪布，如是描述初見揚唐仁波切的情況：

> 頂果欽哲法王應依怙主貝諾法王之邀來到南卓林，我那時第一次見到揚唐仁波切。貝諾法王那時有說他是寧瑪派的一位珍貴上師。我和堪布吉美格桑、堪布徹令多傑還有一位不丹喇嘛，我們四人是負責照應祖古們的……那時上師祖古們的衣食方面，是由我們四個人來照料。
>
> 揚唐仁波切當時就像個平凡僧人……大家並不知道他是有名望的上師，貝諾法王有跟我們說，他是白玉的一位珍貴上師。我在心裡有想跟仁波切建個法緣，可是由於工作實在非常多，為了張羅灌頂口傳法會等工作而跑上跑下的，沒有機會求法。我為什麼會想要跟他求法呢？在《句義寶藏論》等典籍當中，有提到實修大圓滿者顯現的外在儀態應是如何，我就依此認為仁波切應該是位非常有修行的上師。

同為南卓林第一代堪布的徹令多傑堪布則如是回憶道：

---

232 《依怙主竹旺貝瑪諾布法王傳——前譯聖教妙嚴》藏文版，頁十八。

233 同前書，頁十九起。

234 日期及時間係依據馬修．李卡德保留了三十年的日曆筆記。非常感謝黃靖鈞協助馬修整理這份筆記。

頂果欽哲法王在南卓林傳法時的大合照。貝諾法王站在照片右上部，達龍澤珠法王坐在第一排（右四），揚唐仁波切則站在照片左上角，臉部稍微被遮住（一九八三年）。© Matthieu Ricard。

他在西藏時期坐了很久的牢，關於坐牢的時期，不論是誰提到，都是說：「揚唐仁波切是位非常與眾不同的上師。」所有人都這麼說。後來他來到印度，不論何時都很質樸，展現遠離塵世者的形象，而且一點也沒有大上師的架子。

頂果欽哲法王來到麥索[235]傳灌頂，揚唐仁波切也到了。那時所有人都在說：「他是位大上師，但是都沒有大上師的架子。」僧人們在為施主唸誦《甘珠爾大藏經》修法，在唸甘珠爾時，上師和祖古們都不會來參加的，那是僧人去唸的。不過仁波切有時候卻會過來和僧人們一起唸甘珠爾。[236]

長居台灣的釋迦仁波切也回憶道：

貝諾法王身為功德主，迎請頂果欽哲法王在南卓林傳授寧瑪嘎瑪時，揚唐仁波切也來了。他看起來就像平凡僧人一樣，貝諾法王當時就有說：「多芒揚唐仁波切是何等珍貴，顯現的卻像是平凡僧人！」[237]

---

235 麥索即為鄰近南卓林的Mysore城，今從麥索到南卓林約兩個小時的車程。南卓林寺僧有時以麥索作為南卓林的代稱。

236 徹令多傑堪布訪談，二〇一七年一月九日於新北板橋中心。感謝汪嘉令安排。堪布在本書的敘事均出自這場訪談，以下不再另註。

237 釋迦仁波切訪談，二〇一九年八月二十日於新北三重聞思修中心。感謝龔詠涵引介。釋迦仁波切在本書的敘事均出自這場訪談，以下不再另註。

法會期間負責照料上師和祖古們的札西徹令堪布和徹令多傑堪布，當時年紀尚輕，三十多年之後，他們各自在偏遠的家鄉山區建寺，也都曾邀請揚唐仁波切前往傳法。而釋迦仁波切則於日後常駐台灣，亦數度迎請仁波切在他的中心傳法，他們這一世與仁波切的緣分均始於這場法會。而一年多前與仁波切共同在堪布達色座下聞法的不丹喇嘛貝瑪智美，也在南卓林與仁波切重逢。法會結束後，仁波切向喇嘛貝瑪智美表達了想要朝聖的意願，而喇嘛貝瑪智美適逢佛學院假期，便隨仁波切同往朝聖。這是仁波切從西藏回到錫金之後，第一次在佛陀各大聖地進行朝聖。[238]喇嘛貝瑪智美回憶道：

在嘎瑪傳法結束後，仁波切說：「我要在印度朝聖，要怎麼去是好？不知要找誰作伴。」我就對仁波切說：「讓我陪您去吧。」我們就從南卓林去麥索，從麥索去德里，從德里又去博達，然後是藍毗尼、瓦拉納西、拘尸那羅，全都去了。

這場朝聖之旅首先從北印度喜馬偕邦的蓮師聖地「措貝瑪」展開。在前往措貝瑪時，火車行經一個叫帕坦闊（Pathankot）的地方。喇嘛貝瑪智美繼續說道：

到了帕坦闊，我們肚子餓了，我們不會在火車裡點餐。我們身上有帶糌粑，仁波切就說要吃糌粑，可是沒有熱開水。火車裡有個像是引擎的東西裡面有熱水，仁波切就說：「就拿那個就可以了！」我說：「那個不行啦！」仁波切說：「沒關係的，可以的！」最後仁波切就用那個熱水混著糌粑來吃，真是像個成就者一樣。

「措貝瑪」意為蓮花湖。相傳往昔薩霍國王意欲澆油火燒蓮師，蓮師示現神變，使澆油化為湖水，自己與薩霍公主曼達拉娃則安然無恙出現在湖中蓮花上，國王受神通折服，從此對蓮師生起信心。揚唐仁波切來到蓮花湖時，正值一九八三年的藏曆新年，他住在敦珠法王於湖畔所建的小寺院裡。[239]喇嘛貝瑪智美如是敘述在蓮花湖的光景：

> 在措貝瑪住了三個晚上，他完全都沒有睡覺過。他有時在哭泣，我問他怎麼了，他回說：「我們真是福報很小。蓮花生大士過去來到這裡，而我們當時沒有那個緣分到場……」

蓮師聖地「措貝瑪」蓮花湖一景。攝影／卻札。

238 根據阿克南卓的敘述，揚唐仁波切年幼時曾與母親前往菩提迦耶朝聖。

239 據說揚唐仁波切在私下閒談中提過，他獨自一人在夜深人靜的時分，以大禮拜的方式轉繞聖湖。

二月二十二日，藏曆水豬年一月初十，在這個憶念蓮師的節日裡，揚唐仁波切在蓮花湖寫下了祈請蓮花生大士與曼達拉娃公主的願文。仁波切在真摯的行文中，難掩對西藏局勢和教法衰沒之憂心。這篇題為〈召喚蓮師心意祈請文〉的願文是這樣開始的：

上師蓮花生大士，請您眷知！

總的對於所有有情，特別是吾等惡世出生的惡業有情眾，希冀的對象除了蓮師父母尊之外別無他者，是故我今依靠蓮師您！盼望您！請以大悲眷顧！祈請您速現大悲，當下就賜予加持！祈請您淨化惑業之塵垢！祈請您使痛苦之大海枯竭！祈請您猛力成熟解脫眾生！祈請加持在這座修持當中，讓迷亂得以在法界中止斷！祈請領眾神聖之主快速賜予慰諭！

嗡阿吽舍！

無量光佛法身空界中，盛大綻放大悲心光明，
我等所化心海顯現主，任運三身蓮師父母尊，
祈請您以大悲速眷顧！辛度湖島蓮花莖頂端，
相好莊嚴不具血肉軀，現為離漏明點光身天，
自生大士蓮師父母尊，祈請您以大悲速眷顧！
三世一切諸佛及菩薩，同一密意觀視此惡世，
威神總集蓮花生一身，行使降伏惡眾屠魔者，
蓮師父母威德嘿如嘎，祈請您以大悲速眷顧！

幾番祈請之後，仁波切禮讚蓮師功德，並且感嘆西藏遭遇而向蓮師呼喚：

總之三世所有一切佛，三密之中無可有分別，
灌頂冊封成為大補處，恆常周遍任運利眾事，
縱使金鋼舌亦難詮說，無量功德蓮師父母尊，
祈請您以大悲速眷顧！為能利益薩霍此小國，
轉火成湖凡此諸神變，四業任運神奇之行持，
豈是我等思慮能揣度，如同虛空無邊眾有情，
本性根器思慮各有別，您之大悲行持亦如此，
如是無限諸佛之事業，於您三密之中成一味，
超越二相心識所思量，是故蓮師大悲不思議，
對您三密功德之行儀，思則仰慕淚水至深流，
發自肺腑非為口頭說，不尋他救希望寄託您，
苦樂好壞如何蓮師知，您乃無邊眾生之怙主，
特為救護藏地眾生友，為弘藏地正法惟憶您，
如是安樂根基亦惟您，思您恩德蓮花生大士，
感佩大悲蓮花生大士，然而赤面猿猴之兒孫，
念頭甚多心思易改變，尤因魔化王臣大勢力，
藏人心繫錯謬之對象，首先不念蓮師恩而苦，
期間不依蓮師囑而苦，最後自我愚弄西藏苦，
於此三重苦逼藏地眾，祈請蓮師大悲速眷顧！
藏民孤兒離鄉淪曠野，不知因果墮落暗深淵，

視神為鬼復又投靠鬼，視敵為親心繫於中國，
棄善知識有如道旁石，惡人口中法語聲聲響，
胡亂因果恣意惡言語，死後大多墮落惡道中，
無間地獄有情如雨下，藏地出現如此惡世時，
您若大悲不視誰能視？救護西藏承諾正是時，
請您觀視火燒般痛苦，教法基石遭毀請垂思，
正當以為安樂之藏域，睡夢之中落入中國手……

仁波切在文中進一步沈痛指出藏人缺失，並至誠祈求蓮師：

自認博學無能悟實相，自認修行偏見魔所持，
妄論聖者鼓勵諸邪見，植下無脫三惡道種子，
漢鬼毀壞自心而不知，自視甚高步上錯謬路，
藏地全境痛苦時代臨，眷知眷知皈處蓮師知，
眷顧眷顧祈眷顧雪域，悲慟哀聲感傷呼喚您，
虔誠淚水如雨直落時，您豈能忍豈能忘悲心……

在祈請文的結尾，仁波切如是寫下當時的心境：

第十六勝生水豬年一月初十，在印度蓮花湖轉繞時，得以遙望位於此聖地山頂的蓮師父母尊修行處[240]。在看著此湖周遭景象時，內心也想到往昔蓮師父母尊的神奇事蹟，生起無量信心與虔敬。想著現今時代眾生之業實在惡劣，在悲喜

交織之中，淚如雨下。稍事片刻，一心祈請蓮師父母尊，從《蓮師七品祈請文》中增入詞句，也願此成為世間安樂之因。芒嘎朗。名為揚唐祖古者寫。

揚唐仁波切接著前往以四大聖地為主的各大聖地。根據喇嘛貝瑪智美的說法，仁波切在每個聖地都沒有睡覺，晚上以披單罩頭、埋首寫字。事隔近四十年後，喇嘛貝瑪智美仍然生動敘述朝聖過程中讓他印象深刻的事情：

> 我們到達靈鷲山、王舍城那個有溫泉的地方時已經很晚了，沒辦法找到旅社。在溫泉區那邊有個建築，周圍有柱子，但是沒有屋頂。仁波切就問說：「那裡頭有空間嗎？」我回答：「有空間。但那裡面都是大便，很不乾淨。」仁波切就說：「哎唷，沒關係沒關係！你搞不懂嗎？我們身體裡都全是大便！我們也沒把裡面清乾淨啊！一模一樣呀！我們在這裡過夜的話，對修行是好的，不會怎麼樣的。」那時候我才驚訝發現，仁波切是位已經了悟「無限萬象皆清淨」的修行士夫，跟我們是完全不同的。第二天天亮後，我們就去那蘭陀朝聖。
>
> 在靈鷲山那個《心經》說法台上，我當時有在學經論，《現觀莊嚴論》的根本句全都背得起來。仁波切問我說：「現觀背得起來嗎？」我回答：「背得起來。」仁波切就說：「那你就唸現觀，我來打坐。」
>
> 我那時根本還不知道他是位大上師。我已知道他是位祖古，但是完全不知

240 蓮師父母尊係指蓮師及薩霍國公主曼達拉娃。修行處係指山中的蓮師閉關石窟，距蓮花湖近半小時車程。

道他是有修有證的上師。是因為我們都一起行動，就看到了他的行持，看著看著，自己的心裡頭就有了不同的感受。

根據喇嘛貝瑪智美的描述，仁波切在每個聖地大約待上三天，完全沒有到處閒逛，總是在打坐、寫作、轉繞聖地。他在各大聖地似乎都有寫下祈願文，不過如今僅有在釋迦牟尼成佛地菩提迦耶金剛座所寫的一篇願文保留下來。這篇題為〈大悲本師祈願文〉的願文寫於二月二十七日滿月日，仁波切以頂禮佛陀作為祈願文的開端：

從本以來覺廣虛空中，萬丈悲心智慧光環者，
人壽百歲亂世勝明燈，恭敬頂禮無等釋迦王。

文中，仁波切對自己的修行多所嚴厲審視：

吾人雖然自幼入法門，喻義心不相應流於外，
僅以想要修行而度日，然於定解內涵曠延時，
如今已到無常死城門，來世景象現前當依誰？
祈怙主您大悲速眷顧。有閒修時卻不修正法，
修行模樣散亂非法行，凡人門前虛偽擺攤販，
自心頑冥陷落八法中，遠離如理修法之契機，
對於自欺自愚甚懊悔，祈怙主您大悲速眷顧。
雖求皈依卻乏真摯信，雖發心而利他悲心劣，

得灌頂訣卻暗損誓言，沒修生圓纏冥陽信財，
惡趣之外別無可去處，懊悔亦無益處之此刻，
祈怙主您大悲速眷顧。

在此願文的最後，是一連串磅礴發心的祈願：

我亦從今直至成菩提，生生世世不論如何轉，
絕不投生如此惡劣身，得獲珍寶暇滿人身後，
自幼即得趣入正法門，具有自由得善士攝持，
信心誓言不變如石紋，精進不懈意志如鋼鐵，
三重事奉使聖者歡喜，斷棄世間八法於靜處，
如理怡然修持正法後，心意交融自利達究竟，
輪迴未空之前利他行，縱使剎那亦不生疲厭，
憑藉偉大菩提薩埵行，願我成為領眾之父母，
一切正等正覺如來佛，無量絕妙發心之聖地，
世界中心金剛座之前，祈求凡我所願皆實現。

第十六勝生水豬年神變月之十五日晚間，在轉繞金剛座菩提藏佛塔後，於菩提樹休憩時，心情極為難過。往昔大悲本師蒞臨此聖地，有聲聞、菩薩、比丘僧眾、具法國王以及虔信施主等眷屬於此聚首，奇妙歡愉難以言詮。如今那一切歡樂景象有如夏盡冬來一般，這究竟是夢還是什麼？想到現今眾生真是業重，不禁淚水奪眶，因涕泣而息喘。在一段時間毫無念頭之後得時分，我身旁有

筆和紙張，亦有眾多燈光照明，在條件具足之下，即刻將傷心之部分願文寫下。

願此成為一切眾生親見賢劫千佛容顏、親聞佛語之因。名為揚唐祖古者寫。

菩提迦耶正覺大塔及菩提樹的夜景。
攝影／曾建智。

15　又見竹千朗珠

揚唐仁波切行事低調謙虛，若不知曉他的來歷背景，單憑他質樸的外在形相，很容易讓人錯過他的一身功德。不過，功德的光芒儘管曖曖內含，其透徹之晶亮終究為有緣人得見。然而，弟子們所敘述的事蹟，雖可旁敲側擊式地描繪出仁波切功德面貌的輪廓，聖者內在修為的境界，卻實難以旁觀者發覺的蛛絲馬跡來論定。那麼，如此低調的揚唐仁波切，可曾以第一人稱的視角，將自己的所修所證全盤托出呢？

一九八三年，藏曆水豬年八月，約值西曆九月十月之間，揚唐仁波切正住在錫金首都甘托克。他在一天黎明破曉前經歷一番奇遇，這個際遇讓他寫下了一篇感人肺腑的祈請文。文中，他娓娓道來入獄前後的情形，特別是對牢獄時期的實修內容與所達境界，有相當直接的敘述。從現存資料來看，這是仁波切第一次直言自身修為，亦為唯一的一次。

在這篇題為〈思念怙主上師之悲歌〉的祈請文結尾，仁波切如此寫道：

> 一九八三年，水豬年八月，在錫金甘托克的揚唐構智居住的一時，於黎明時的夢境中，我的上師仁增嘉呂多傑，出現在前方虛空的彩虹光團中，有如實際見到一般。他對我宣說一個上師瑜伽法門，從皈依講到觀想生起所依最後之處，他誦出一些像是證道歌的詞句。隨後，上師便如同彩虹褪逝一般離開。於是

乍然夢醒，上師所說的詞句，也只記住一些而已。由於思念上師無量而強烈感傷，在天亮之前哭泣不止，連過了多久時間也渾然不覺，即刻將自己處境的感傷報告寫給上師。名為揚唐祖古者寫。

文中所提的仁增嘉呂多傑，即為揚唐仁波切的根本上師竹千朗珠。仁波切是在黎明時分的夢中親見上師現身傳法。這不禁讓人聯想到拉尊南卡吉美親見早已圓寂的根本上師索南旺波，與多傑德千林巴屢屢在淨相中和圓寂多時的根本上師蔣揚欽哲旺波重逢。揚唐仁波切此回於夢中親見竹千朗珠，距他一九五八年與竹千朗珠的最後見面之間，相隔了近二十五年。這篇祈請文以八字一句的詩歌體寫成，在此，我們以白話文體摘譯其中部分內容。這首悲歌首先提到了仁波切與竹千朗珠相識的緣分：

一切諸佛的真身，怙主上師尊！大恩的怙主，您現在安住何方？如今要見到您實為困難，我想，那個夢是真的吧？

此世與來生一切善妙之根基，實現一切需求的大珍寶，無虛妄的唯一怙主上師尊，心莫旁騖，眷顧我這惡業之子吧！

我在二十三歲初次見到您的容顏時[241]，在我凡庸迷亂的感受中，時而視您為耶謝多傑[242]真身。時而將您看作貝瑪朵阿林[243]，儘管無從清楚斷定您是何者，可肯定的是：您是我宿世的上師！無造作的信心打從心裡生起，把我所擁有的，獻供於您。一再祈請以及領受四灌頂，也發願能夠一再見到您的容顏。雖然我想要向怙主您求得教傳、伏藏的無餘一切法流，也想要向上師尊您求得本基大手印、大圓滿的實修精華，心中牢牢繫著此等期盼，然而那個期盼卻落了空，沒能即時修行佛法而延宕時機。就如同往昔大師們所教導的，長遠的未來願望是無法成辦的。那時候，揭示時代顏色確定會轉變的各種圖像清晰顯現，在夏日三個月成熟的果實，就要被冬日三個月的霜雪摧毀。東方黑毒蛇的口中毒氣，就要遮蔽西藏安樂的日光。……

想說恐怕前去珞門地區[244]時機太晚，便思忖著是否有機緣與怙主上師您一同出行。依此因緣，我便途經上部，前去拜見上師您，那時是我第二次見到您。依著尚且不淺的業緣和福分，值遇您傳授全知父子的法要精華：寧體的成熟灌頂。於是得到圓滿無餘的灌頂和口傳，除此以外，缺乏法緣。由於您並不贊同，雖然前去上部和珞門的期望勢必延宕，我並沒有心生難過。依照著怙主上師的意思，將您的囑咐和教導放在心上。……

以上仁波切提及在竹千朗珠座下求得「全知父子」全知龍欽巴尊者、全知吉美林巴尊者的「寧體上下二部」法要，並且聽從上師指示而放棄返鄉。至於入獄後面對苦樂時的心境與實修內容，仁波切有以下這般清楚的描繪：

241 約為一九五一年。
242 即多欽哲耶謝多傑。
243 貝瑪朵阿林，即貝瑪偉瑟朵阿林巴，為蔣揚欽哲旺波的一個名號。
244 即珞族、門族所在的錫金。

我想說，若憂慮痛苦來臨、希求快樂到來，而以種種戲論造作三門，就無法執持上師您的心意。所以我以「三不造作」來保任行持。不去造作身體，直性而行。不去造作言語，直心而言。不去造作心意，隨心而不做作。就算外部無餘的教法敵人和內部所有家鄉人民與我為敵，我也不打開「三不造作」的封印。我在苦窯裡時，不把苦當作是苦，凡是苦樂等所有各種妄相，我都決斷彼等實惟自心，解開希懼二相執著的結網，保持無造作、自然安住的實修。在這過程當中，有形的人和無形的鬼，在現實、夢境和覺受中，製造許多猛烈的障礙。在那地方住的微弱地神與妖鬼等一切細小魔類，突然之間受制於漢鬼，製造恐懼、欲奪我命，乃至呈現各式各樣欺瞞我心的樣態。此等諸緣，亦未對我造成大障礙。我將怙主您觀想在頭頂，將怙主蓮師安放心中，對於天尊三寶的祈求從未間斷。

除了保任自心本性之外，我沒有跟著妄念顯現而走。所有一切在光明的面目中現起的覺受，即是所謂報身自顯的壇城，既然別此實無其它，於彼加以好壞評判，實無必要。

仁波切在以上這段敘述中，說明遭受種種人與非人製造的磨難時，始終毫無造作，自然安住在光明大圓滿的境界中，一切苦樂好壞，均為自心顯現，安住本心，不隨妄想。而在接下來的敘述中，他更進一步說明在獄中修持的主要本尊以及修持的成果：

惡劣時代，妖魔勢力兇猛，奪去我稍許體力和機能，於此我也未感後悔。

我以上師所說意涵為主，在《深義普巴金剛》法門中，結合實修精華的要點，在心中意持除魔之我慢。自己堅持勤於持咒近修時，在覺受和夢境兩方面，都一而

揚唐仁波切與普巴金剛。繪圖／董靜蓉。

再再而三出現成就驗相。像我這樣的人，不可能撐起這般天地變色的時代，但我少許妄念認為，有放了顆良善心思的小小石頭來支撐著。[245]

這些都是我的玩笑話，自從與怙主上師您離別到現在，因身心苦樂而感傷，故想向您稟報。那些只是沒有實義的謊話而已。

文中所謂的玩笑話，當然只是仁波切的自謙之詞，實為上呈根本上師的一篇殷重而誠摯的獄中修行成果報告。緊接著，仁波切復以真摯之情呼喚上師：

我想要稟告的事情精華是，我平常在心中都一再想起您那白光月亮般的容顏。對於我這如同父親走後留下的惡業孤兒，請如父上師您速以大悲眷顧。勝過大恩母親的大恩上師呀，今日我心哀傷，請您前來作為我難過時的同伴呀！昨晚見到的上師，今日又已不再，是去了何方？還是安住在此？我全不知，心感憂傷。然而，我想著您在我心中不滅清淨的光團中安住著，就當作是安慰了。……

三世一切諸佛三密之自性，離漏清淨明點了義的上師，遠離壞滅的金剛身中，顯現了無常之理，三時之中，沒有比這個還要感傷的了。然而，在超越三時的法盡淨土，在自相清淨的銅色吉祥山城裡，我想，您是安住在威德嘿如嘎遍主蓮花生的自性當中，如此虔信從未改變。

嗚呼嗚呼！唯一父親，具恩上師！吾心哀戚，念頭不由自主地止息了。請您速以大悲眷顧惡業的孤兒！大恩上師，除了您之外，我別無呼求之處！世上沒有比我更苦的了！與大恩父親分離後的空蕩房中，父親未予教導的我這孤兒真苦！在被強盜摧毀的牧原上，剩下我這毫無實修的乞丐。在把八法弄成佛法的修學之中，沒能學成臨終口訣，而留下赤裸裸的我受苦著。……

想著自己完成過什麼事情，發現除了罪惡以外沒有別的。像汪洋一般的業障擋在前頭，像高山一樣的信財蓋障又從後面追來，慢慢地、慢慢地接近死亡。想說自己有沒有幫得上忙的口訣，結果就像是乞丐的口袋裡頭，盡是滿滿的雜物。……

未死之前，我向上師您祈求。當死亡怖畏壓來時，請您眷知！中陰幻象出現的時候，我要向怙主您呼喊，請求大恩上師您來接我！在此世、來生、中陰這三個時期，除了上師您以外，我沒有其他的救護和希望，所以請您在我未證菩提之前，心意不要捨棄我。

最後，這首獻給上師的悲歌如此收尾：

在不變信心誓言之大地上，倘若透過四灌頂的儀軌播下恭敬虔誠的種子，上師您再以大悲水流加以滋潤，四身金剛之果實就會快速成熟。具有證悟的上師呀，就在今天，請您建立這樣的緣起吧！

245 此段提及的《深義普巴金剛》乃是《多芒新伏藏》中的普巴法門。

上／揚唐仁波切二〇一六年八月在玉僧璨康寢室中傳授灌頂的留影，身後可見竹千朗珠的照片。攝影／ Ben Spiegelman。

下／掛在仁波切寢室中的竹千朗珠肖像。攝影／卻札。

第三章

從東方到西方

1 燃燒的朵瑪與金剛杵法衣

離開西藏後的揚唐仁波切，在潛心實修之餘，持續追隨幾位大師求法。在藏地多康名聲響亮的他，來到尼泊爾和印度之後則乏人知曉。然而，功德的芬芳終會四溢，以下讓我們來到一九八〇年代的加德滿都，從一件突如其來的金剛杵法衣，與一個莫名燃火的朵瑪來為本章揭開序幕。

吉美袞桑如是說道：「有一次法會上，雪謙寺僧人全都披上法衣，然後頂果欽哲法王突然在法會中送仁波切一件縫著金剛杵圖案的法衣，所有人這才知道他是個特別的人。當時誰都不認識他，看到這一幕才在想說他究竟是怎樣一位珍貴的上師。」

阿克南卓則如是描述另一個發生在灌頂法會上的事件：

仁波切跟我哥哥去尼泊爾參加頂果欽哲法王的傳法。有一天，頂果欽哲法王對仁波切說：「您應該要去加入分發灌頂聖物的隊伍裡。」仁波切正好被分配到拿朵瑪，在分發灌頂加持物時，仁波切交代哥哥要從朵瑪的邊緣剝一小片起來，於是哥哥就剝了一點。

之後，灌頂物發放完畢，仁波切把那個朵瑪擺回壇城裡時，朵瑪就燒了起來。負責法事的「卻本」們嚇得想要把火弄熄，頂果欽哲法王就唸了他們說：「那是智慧之火，不是世俗的火，為什麼要把火弄熄呢？」仁波切後來說，這是頂果欽哲法王灌頂時展現的修行驗相，而頂果欽哲法王則說那是揚唐仁波切的修行驗相。後來我們就用那個燃火朵瑪的小剎片製成丸子，我到現在都還留著，像這樣的修行驗相有很多。

前往尼泊爾雪謙寺向頂果欽哲法王求法數月，成為揚唐仁波切在八〇年代的例行公事。除了參加公開傳法之外，仁波切也常私下求法，即使是已聽過的法門，他仍然毫不厭倦地一再聆聽。吉美袞桑敘述道：

仁波切在頂果欽哲法王座下求得很多次《椎擊三要》。很多人請頂果欽哲法王傳巴楚仁波切的《椎擊三要》，不論是誰請法王直指心性，仁波切都會去聽。他都會知道，他有在觀察有誰想請法王傳授什麼法，他在外面聽得到，就在外頭等，然後傳法時就趕快進去，這樣求得很多法。他曾說過：「頂果欽哲法王每次講《椎擊三要》都不太一樣。」仁波切一而再再而三地聽法，求得很多次《椎擊三要》，也求了很多其它的法。

在求法之餘，仁波切也向少數有緣的弟子傳法。當時，雪謙寺僧多傑策嘉奉根本上師頂果欽哲法王的囑咐，前去揚唐仁波切尊前求法。他如是回憶當時的情景：

我那時並不知道仁波切是位大上師，除了頂果欽哲法王跟我說他是位好上師之外，我什麼都不清楚。欽哲法王對我說：「他就是你的上師。你去他尊前求法是很好的。」那是一九八四、八五年左右，仁波切都住在博達滿願塔過去一點，那戶人家的父親好像有不丹、錫金的血統，媽媽則是個藏人。那戶人家下頭有個賣湯麵的餐廳，仁波切就住在那個樓頂。我會上樓向仁波切求法，仁波切每天會傳一個半小時左右，隔年他就住進了雪謙寺的僧舍。

仁波切那時會自己去市場買菜，身邊並沒有侍者，是位很謙虛低調的上師。他那時候沒什麼在傳法，都是去頂果欽哲法王座下聽法，像是大圓滿法門。那時他在頂果欽哲法王尊前求得《本智上師教授文》。搬到寺院裡後，我是晚上去跟他求法。仁波切總是解釋得很詳盡、很廣大。我很愛求法，求完一個法後又求一個法，接二連三之後，仁波切就對我說：「一個人是沒辦法什麼都會的，要不就當個比丘，持戒精嚴究竟；要不就做個咒士，透過近修閉關達到究竟；要不就專精氣脈明點到究竟；一個人想要全包，一生都不夠用的。」有時候仁波切就會這樣又似玩笑又似訓斥地跟我說。

後來一位靈蔥家族的後裔，據說是安宗竹巴的女兒，名叫德千，她那時二十五歲。她來到尼泊爾，在揚唐仁波切尊前求長壽灌頂。我就開玩笑說：「頂果欽哲法王就在樓上，妳還跑到這裡求長壽灌頂是怎樣？」我們都是從西藏過來的，彼此認識，很愛開對方玩笑。結果她就說起多芒揚唐仁波切的來歷，我在仁波切尊前聽法那麼多年，都還搞不清楚仁波切的來歷。她就說：「多芒揚唐仁波切在木雅新都橋監獄時，獄中有五千多個上師、祖古，在他們之中，名聲最響亮的就是多芒揚唐仁波切。聽說監獄中很多人快活不下去了，而仁波切在牢中有前去銅色吉祥山，再把薈供物帶回來分給大家，幫助很多人度過死難。多芒揚唐仁波切是非常不可思議的上師。」

多傑策嘉瞠目結舌地聽了德千講完這些故事後，決定直接向仁波切問個清楚，他繼續說道：

為頂果欽哲法王負責膳食的是阿尼謝拉，她平常煮湯麵和麵餅給法王吃。有一天我就請她幫我做一份，然後我邀請揚唐仁波切到我的僧房裡。奉上湯麵和麵餅後，我就問說：「仁波切呀，今天我有一個問題想請教您。安宗竹巴的女兒先前跟我說仁波切您神通廣大，說您救了很多人的性命，還說您去了銅色吉祥山把薈供品帶回來救了很多人，這些事情是真的嗎？」仁波切回答：「這些我實在不太記得了。」他好像在保密似的。接著說：「我自己知道的是，曾經救過三個人的性命。有一些犯人來了，說是確定在十五天內就要執行死刑，我唸了好幾十萬遍的『金剛爪母』，也在他們耳邊輕聲交代要唸金剛爪母，[1]並且教他們背誦，他們也不分晝夜在唸，確實有免於行刑的情形發生。可是監獄裡的人並不可靠，我幫過、救過的人裡面，有人打小報告說揚唐仁波切做了這個做了那個，於是我就被懲處，手銬腳銬上了銬，坐在水泥地上面好久。」[2]

1 當時在獄中管控嚴格，不僅不可使用唸珠來持咒，連嘴唇微動地唸咒都不行，所以必須以悄悄話的方式進行秘密教授。

2 揚唐仁波切曾經私下提及不同的酷刑方式。有的囚犯被迫裸身坐在冰塊上，待臀部皮膚黏在冰塊上後，獄卒再強拉起身，使皮肉相離。有時獄方把一條繩索從上垂下，捆緊囚犯的兩手拇指，將囚犯整個人吊起來。拇指之力顯然無法支撐體重，囚犯便因拇指脫臼之劇痛而昏厥。我們並不知道仁波切是否親身經歷過這些酷刑。

雪謙寺的康巴堪布耶喜蔣參如是回憶：

一九八七年冬天，頂果欽哲法王從不丹來這裡時[3]，揚唐仁波切也來了，那是我初次見到仁波切。他那時穿著男生穿的裙子[4]，揹了個袋子，我們根本不知道他是位上師。我們有個叫多傑策嘉的喇嘛，他已經先認識了仁波切，跟仁波切挺熟的。他把我叫去一起見仁波切，說仁波切很關照康巴孩子，沒有大上師的架子。

那時頂果欽哲法王寢室上面，有個提供上師們用餐的地方，要請仁波切過去吃飯，但他就是不去。他有時自己在僧房裡弄來吃，有時會去外面餐廳。他的僧房在寺院裡，前幾年他來的時候都還說：「我的房間在那邊！」那個房間現在還在。

頂果欽哲法王在冬天主持法會，有時會在法會中傳法。有一次堪布旺隆在寺院傳授《功德藏》，揚唐仁波切也有來聽。我那時就常常和多傑策嘉去問仁波切《功德藏》裡面的問題，他就幫我們複講《功德藏》，講得非常好。不論是誰想向他求法，他都會在他房間傳授。我們那時不懂什麼禮貌，而他對我們則非常關照。

又有一年冬天，八八年還是八九年的時候，他又來接受頂果欽哲法王的灌頂和口傳。他那時就沒住寺裡，而是住在博達佛塔那邊阿媽玉准的家裡[5]。那時我也有去向他求法。一九九〇年倒不太記得他有來。而一九九一年頂果欽哲法王圓寂之後，他就沒有再過來了。

頂果欽哲法王非常關愛揚唐仁波切，他會寫信給仁波切說他要前去哪個地方傳某某法，然後揚唐仁波切就會前去。頂果欽哲法王並沒有寫信給其他上師，是對揚唐仁波切才特別有的。……他是位大上師，卻又沒有大上師的架子，這點讓頂果欽哲法王很欣賞。

索甲仁波切也如是提到揚唐仁波切同他說過的往事：

揚唐仁波切親自跟我說過，頂果欽哲法王會跟他說：「我要傳某某特別的灌頂，請過來！」有時候如果仁波切還沒到，還是中間有訊息不通什麼的，頂果欽哲法王就會延後幾天才傳灌頂，他要確認仁波切有在場接受所有的灌頂。所以他們之間有如此殊勝的連結。[6]

祖古貝瑪里沙同樣提及此事說：

頂果欽哲法王對仁波切非常關照，他要傳灌頂和口傳時會通知仁波切。仁波切有一天向頂果欽哲法王說：「我想要不斷向您求得灌頂和口傳。」頂果欽哲法王就說：「好的，我就看看到時候怎麼通知你。」有一次仁波切好像是在貝瑪揚澤閉關的時候，頂果欽哲法王準備在帕羅虎穴[7]傳授灌頂，他就捎來一封信說

3 指尼泊爾雪謙寺。

4 在家男子穿的傳統藏服。

5 阿媽玉准本名仁增玉准，為吉美袞桑的母親，她對仁波切深具信心，曾邀仁波切製作甘露法藥數回，詳見本章相關章節。

6 索甲仁波切訪談，二〇一七年七月二十一日於法國列饒林（Lerab Ling）。感謝Ösal Dolma、秀亘、南卡仁波切等人的協助，促成這場訪談。索甲仁波切於二〇一九年圓寂於泰國。他於本書中的敘事均出自這場訪談，以下不再另註。

7 帕羅（Paro）位於不丹，是頂果欽哲法王於不丹的駐錫地，多次於此傳法。虎穴為帕羅境內的著名蓮師聖地，人稱「帕羅達倉」，即帕羅虎穴。

某日開始要傳灌頂，請你過來。當時信件往來花了兩三天，仁波切趕緊結束閉關前往求法，結果頂果欽哲法王延後三天才開始傳法。仁波切曾說：「頂果欽哲法王對我恩德很大，等了我三天，真糟糕呀！」

頂果欽哲法王還有向揚唐仁波切授記說：「你以後會前去歐美，去那邊時要宣說因果法門呀！現今很多人在外國傳法都在講高深見地而錯講因果。你去外國的時候，要宣說具備因果的法喔！」

祖古貝瑪里沙是在尼泊爾與母親和哥哥一同初次拜見揚唐仁波切，他進一步回憶在不丹再次見到仁波切，並開始向他求法的過程：

我那時跟著堪布達色求法，去了不丹的塔巴林寺。堪布達色當時在不丹相當受到景仰。有一天，有位上師來了塔巴林，那位上師就是揚唐仁波切。

堪布達色學識淵博、名聲響亮，連不丹格桑皇太后都十分崇敬他。特別是當時很有名的吉督大臣，他們全都是堪布達色的弟子。布姆唐和塔巴林[8]一帶盡是堪仁波切的弟子。……

頂果欽哲法王那時在布姆唐的蓮師身印聖地傳授嘎瑪教傳，我們在那邊聽法好幾天，並不知道揚唐仁波切也有來。

後來堪布達色迎請揚唐仁波切到塔巴林，堪布達色將高座奉給仁波切，自己則坐在較低的座上。他奉上餐飲，兩人像兄弟一樣歡喜暢談。就寢時，堪布達色把自己的臥床讓給仁波切睡，自己則是在佛堂鋪了床墊來睡。堪布達色對揚唐仁波切的尊敬程度讓人驚嘆，我這時心裡才知道，原來先前在尼泊爾見過的仁波切是位非常珍貴的上師，堪布達色從來沒有這樣款待過一個人。

堪布達色仁波切當時遠比揚唐仁波切有名，那時候沒人聽過揚唐仁波切，只知道他是位祖古而已，不像後來變成了寧瑪派的持教主而聲名大噪，那個時候一點名氣也沒有。……

上／頂果欽哲法王在不丹格勒普傳授《貝瑪林巴伏藏全集》時的合影。從左往右數，站著的第六位為揚唐仁波切。傳法從一九八四年十二月三十日傳到一九八五年一月二十八日。此為網路流傳的照片。

下／頂果欽哲法王在不丹帕羅傳授《吉美林巴教言全集》時的合照。揚唐仁波切為從左數來第三位，拍照時正好闔眼。雪謙冉江仁波切、南開寧波仁波切、祖古仁增貝瑪等著名上師均在合照中。照片來源／ Deki Yaizer的收藏。

8 布姆唐（Bumthang）位於不丹，境內有著名的蓮師身印。塔巴林寺為龍欽巴尊者於不丹之駐錫之地，位於布姆唐。

一兩年後，揚唐仁波切到頂果欽哲法王的寺院聽法。那時雪謙寺好像剛蓋好，頂果欽哲法王傳了大概一個月的灌頂和口傳。他（指揚唐仁波切）獨自住在旁邊角落一個小僧房裡，用一個瓦斯爐自己做飯吃。堪布達色曾說揚唐仁波切經論學問很好，是位珍貴的上師，於是我就向揚唐仁波切請求說：「我有一兩個月的假期空檔，可以在您尊前學習《中觀莊嚴論》嗎？」他很高興地說可以。他大概在一個月又十五六天當中為我講授了《中觀莊嚴論》，就只有我一個學生。[9]

當時同在布姆唐參加頂果欽哲法王傳法、以格薩爾伏藏法門聞名的南卡智美仁波切也回憶道：

我是在八三年初次見到揚唐仁波切，頂果欽哲法王在布姆唐的蓮師身印殿傳授完整的寧瑪嘎瑪灌頂，仁波切也到了，我們一起求得灌頂和口傳。

第二次見到他是在彭措林[10]，頂果欽哲法王在那邊傳授《口訣藏》。我那時知道揚唐仁波切是珍貴的上師，有聽說他是多芒伏藏師（的轉世），在西藏被認為是非常珍貴的上師。他說的康巴、安多話，我聽不太懂，呵呵，我雖然是康巴人，但是我們的口音不一樣。

嘎瑪是從藏曆六月四日開始傳。我在法會結束後去虎穴[11]閉關三個星期，揚唐仁波切那時也來了。後來我去阿素拉聖窟[12]朝聖時，他就坐在洞裡面，那也是八〇年代的事。

揚唐仁波切是位很好的上師。我沒有看過揚唐仁波切整個生平傳記，但是看得出他低調謙虛，完全不在意外在的華麗。毫不造作。他具有很大的功德，有著學識功德，也有修持覺受證悟，是位不可思議的上師。他具有清淨觀，由於清淨觀，他把我視做是個好上師，相信我是個伏藏師。他對格薩爾王深具信心，對格薩爾法門很感興趣。[13]

南卓林堪布桑給朗炯則如是敘述：

我那時是南卓林佛學院二年級生。在一九八二還是八三年時，雪謙寺還在興建中，頂果欽哲法王的住所座落在寺院一個角落，他在寢室裡面講授《本智上師教授文》，那裡面有很多大上師，我去求法時就見到了揚唐仁波切，那是初次見到他。可是那時我也愚蒙，仁波切也才剛從西藏過來，我也根本不清楚他是怎麼樣的一位上師。

後來貝諾法王迎請頂果欽哲法王去麥索（指南卓林寺）傳授米旁仁波切全集等法門，同樣地，貝諾法王也傳了很多法，揚唐仁波切也有去參加。揚唐仁波切那時和娘榮一位堪布住在佛學院僧房裡。當時每天可以見到他，才知道他是位好

9 推測約為一九八五年前後。

10 彭措林位於不丹，鄰近印度邊界。

11 即帕羅虎穴。

12 阿素拉聖窟為蓮師聖地，位於尼泊爾境內。仁波切在阿素拉修製甘露法藥數回，詳見本章相關章節。

13 南卡智美仁波切訪談，二〇一七年六月十三日於尼泊爾加德滿都。感謝圖丹成利祖古的安排。南卡智美仁波切於本書中的敘事均出自這場訪談，以下不再另註。

上師，特別是知道他是白玉傳承多芒大伏藏師的再來人，是位特別的上師，並且對他生起了信心。

他來往各地都是獨自一人，並不需要侍者，而是靜悄悄地到大上師們那裡求法。在尼泊爾拜見他時，他都會用一個很珍貴的普巴杵放在我頭上加持。他都是平平凡凡的形相，在博達塔這邊住了很久，也有去阿素拉住過，也有去帕巴新袞[14]住過。我們每年見他，他都是作風平凡，沒有侍者。[15]

雪謙冉江仁波切則如是敘述他觀察到的仁波切：

仁波切卜卦是很準的。他有沒有在為任何事卜卦我是不知道。他在有要事時進行卜卦是很準的。我們平常卜卦是用唸珠，仁波切不用唸珠，而是用腰帶的線來卜卦的。[16]他是怎麼卜卦的我實在沒有請教過，他都會說：「沒有沒有。」他都不會說的，會把功德隱藏起來。

此外，先前揚唐仁波切的一番自述中曾提及，一九五九年多康戰火延燒、瓦修巴千等少數羅柯馬人尚在浴血奮戰時，他曾在山林遇上逃難中的嘉初仁波切。揚唐仁波切後來入獄二十年，而嘉初仁波切則輾轉前往美國，陸續在北加灣區和奧瑞岡州等地建立道場。一九八五年，揚唐仁波切來到加德滿都求法的某一天，在轉繞博達滿願塔時，與失散約二十六年的嘉初仁波切巧遇重逢。美國弟子桑傑康卓（Sangye Khandro）這樣敘述當時的情景：

嘉初仁波切總是跟我們提到揚唐仁波切。所以在我心中，我非常期盼能見到這位偉大的上師，企盼著那天能夠到來。嘉初仁波切和我在尼泊爾博達區，……突然有人告訴我們說揚唐仁波切正在轉繞博達塔。嘉初仁波切和我住得離博達塔很近，住在圖日多傑的房子。那是我們第一次碰面，很顯然地，嘉初仁波切和我就跑去佛塔那邊，我們看見他，他們就重逢了。

後來嘉初仁波切請揚唐仁波切到我們的住所，有一小群弟子聚在一起，還有嘉初仁波切通知的喇嘛僧人前來，我們請求揚唐仁波切直指心性，他也給予我們簡短的長壽灌頂、多傑德千林巴的招壽加持。[17] 那是我第一次聽到他講法，我也嘗試為他做了口譯。[18]

14 帕巴新袞位於尼泊爾加德滿都，是「斯旺揚布」自生塔（Swayambhu）所在地。因為此地有猴群出沒，又被人稱為猴廟。

15 桑給朗炯堪布訪談，二〇一七年六月十七日於尼泊爾加德滿都。堪布於本書中的敘事均出自這場訪談，以下不再另註。

16 揚唐仁波切以腰帶的繩鬚來卜卦，不知是否如前述以襪線來自製唸珠一般，是因監獄不准使用唸珠而想出的權宜方便。根據阿克南卓的口述，仁波切是依多芒新伏藏的五部文殊卜卦法來打卦。仁波切後期卜卦均使用唸珠。

17 仁波切在傳授灌頂的過程，特別以蓮師向神鬼宣達誓言時使用的金剛杵與二十五王臣之一的卓彌巴各耶謝的普巴杵等聖物來加持在場眾人。

18 桑傑康卓訪談，二〇一七年十二月十二日於美國棕櫚沙漠。感謝威爾的陪同。桑傑康卓於本書中的敘事均出自這場訪談，以下不再另註。

在現有紀錄中，這是揚唐仁波切初次為西方弟子傳法。不出幾年後的一九九〇年，仁波切應嘉初仁波切之邀，踏上了美利堅合眾國的土地，成為他在西方世界傳法之濫觴。

揚唐仁波切與嘉初仁波切在尼泊爾重逢後，在圖日多傑家中為嘉初仁波切的西方弟子眾傳法。照片中仁波切正以聖物加持嘉初仁波切（一九八五年）。照片提供／ Jane Villarreal。

2 塔美爾的訪客與猴廟的塔影

加德滿都市內的塔美爾區（Thamel），如今商家、餐廳、旅館林立，是觀光客蜂湧而至的消費重鎮。然而在八〇年代，塔美爾的商業規模並不大，且曾有一些著名西藏上師在此安居，[19]其中包括寧瑪派第一任掌教法王——敦珠法王吉徹耶喜多傑。有一天，揚唐仁波切前去拜見敦珠法王。加德滿都南卡穹宗寺的格巴仁波切如是敘述道：

揚唐仁波切有跟我提過，他想去拜見敦珠法王。在塔美爾拜見時最初有些困難，後來仁波切寫了封信給敦珠法王，法王看信之後就立刻要仁波切去見他。……在那之前，依怙主仁波切很年幼的時候曾在拉薩見過敦珠法王。是他的一位老師，一位名為梭珠的多芒寺上師帶他去見的。敦珠法王和梭珠兩人之前就已有深厚的關係。兩人當時有一同去朝聖，總之有著深厚的關係。梭珠之後有帶仁波切在拉薩拜見法王。[20]

19 揚唐仁波切也曾多次住在位於塔美爾的西藏道孚家庭中。

20 格巴仁波切訪談，二〇一八年五月二十五日於尼泊爾加德滿都南卡穹宗寺。他於本書中的敘事均出自這場訪談，以下不再另註。

格巴仁波切的弟弟祖古貝瑪里沙則如是敘述：

仁波切有去拜見敦珠法王。當時在塔美爾求見敦珠法王是很困難的。敦珠法王身體不好，又需要進行嘎瑪的校對工作。就算是上師和大上師們，都不一定見得到敦珠法王。我們都是要很堅持才能見到。

梭珠與敦珠法王彼此相當熟識，梭珠在多傑德千林巴圓寂後有去桑耶住過，那時有見到敦珠法王，在對話當中有提及多傑德千林巴的往事。敦珠法王對多傑德千林巴的伏藏法感到很驚嘆，他們兩人於是成了熟識。

仁波切去塔美爾見敦珠法王時，有先稟告他與梭珠的關係，敦珠法王就表示要見他。仁波切當時衣服很差，經濟狀況也很糟，那應該是一九八一還是八二年的時候。結果仁波切去見敦珠法王時，敦珠法王手上已經拿了一條大哈達來到門口。仁波切對我說：「你不要跟別人說喔，別人不會相信的！」老實說，這真的是會讓人難以置信，敦珠法王拿了哈達在門口等候，如此表達對仁波切的尊敬。

仁波切對敦珠法王說：「我希望能在您尊前求得灌頂、口傳、教授。請您大悲攝受。」敦珠法王馬上同意說：「可以可以，我可以把灌頂、口傳、教授獻給您！我快完成嘎瑪校對了，校對結束後會傳此法灌頂和口傳，傳法時的功德主就是您了！主要的受法者是你，功德主也是你！」仁波切當時聽到「受法者是你，功德主也是你」時感到又驚又喜。仁波切根本沒有什麼錢，要怎麼當功德主？不過為了緣起，他就回答說：「好的！」仁波切那時想說應該沒問題，和錫金的親戚們商討，米是應該沒問題，錢就不知道怎麼辦才好。結果敦珠法王過了五個月也沒能來傳法，接著一兩年過去，後來在法國圓寂了。

徹令多傑堪布曾耳聞揚唐仁波切敘述這段往事：

> 揚唐仁波切出獄離開西藏後，有去拜見頂果欽哲法王和敦珠法王。敦珠法王馬上就問他：「多芒大伏藏師取出的金剛杵、普巴杵等眾多伏藏聖物現在在哪裡呢？」……仁波切回答說：「那些都在我手上。」敦珠法王非常高興地說：「沒有遭受毀壞就實在太好了！真是太好了！」揚唐仁波切又說：「當時中國人對宗教極度打壓，所以有時要把那些聖物放在床下面，有時候要放在坐墊下，有時候又要埋在很髒的地下，做了很多這樣的事情，也許加持力已經衰損了。」而敦珠法王說：「取藏出來的聖物，加持力絕對不會衰退的。您前世的聖物現在還在您手上，這實在太好了，實在太好了！」敦珠法王對揚唐仁波切這麼說。而揚唐仁波切再對我說。

這段敦珠法王與揚唐仁波切相會的往事，由於仁波切少向人道，自然鮮為人知。仁波切原本有機會成為敦珠法王親傳嘎瑪的首要受法者，但敦珠法王遠在法國，身體狀況不宜遠行，傳法一事終因法王圓寂而告終。

此外，揚唐仁波切也曾前去拜見敦珠法王之子——董瑟聽列諾布仁波切。這場安靜的拜會同樣鮮為人知，幸有當時在場的吉美袞桑提供了如此生動的敘述：

有一次，董瑟聽列諾布仁波切想邀請揚唐仁波切，我那次被罵慘了。那時董瑟聽列諾布仁波切在究帕迪（Jorpati）那邊有個住所，他知道揚唐仁波切在這邊[21]，就問我說仁波切在哪裡，說他想要見仁波切。我就跟揚唐仁波切稟報。……有一天揚唐仁波切說想去拜見董瑟仁波切，還對我說：「不要講出去喔！」可是如果我不先跟董瑟仁波切說的話，我就很辛苦，因為他有時候會去帕唐（Patan），有時候又不在住所，侍者也不會開門的。有一天，揚唐仁波切叫我不要講，就這樣前去拜見了。我不去又不行，如果講出去的話他又會不高興。反正就去敲門看看在不在了，結果那天董瑟仁波切有在。董瑟仁波切就生我的氣，因為我沒有事先告知他，他需要事先做準備。結果仁波切突然之間就到了，那時候他（指董瑟仁波切）身邊有是西方人的樣子，有很多人在，他就請仁波切去佛堂開光，並請仁波切傳個法來建立法緣。仁波切說他不知道要傳什麼好。董瑟仁波切說：「什麼都好！就請您傳一下〈蓮師七句祈請文〉吧！」於是揚唐仁波切就傳了〈蓮師七句祈請文〉。

董瑟仁波切對我發脾氣說：「你怎麼不先跟我講一聲呢？哪有這樣隨隨便便突然把一個大上師帶過來的？」我就說：「仁波切叫我不准跟別人說。」那實在是很麻煩的狀況。

突然拜訪董瑟仁波切的訪客，並非只有揚唐仁波切一人，吉美袞桑繼續說道：

有一天，頂果欽哲法王傳完法後，就去森林裡面叫果卡納的渡假村（Gokarna Forest Resort），那邊有鹿啦這些的。頂果欽哲法王在三四點傳完法後，侍者想安排去那邊休息一下，就要我去叫輛計程車。我就招了一輛計程車到寺院接頂果欽哲法王。

我們先去果卡納渡假村，在草原那邊有鹿走來走去，頂果欽哲法王很開心地坐在一個椅子上面，就這樣輕輕鬆鬆一兩個小時。然後要回去時，頂果欽哲法王就問我說：「董瑟聽列諾布仁波切住在哪裡？」我就說我知道他的住處。結果法王就說：「那我們去吧！」完全沒有計畫，沒有打電話的地方，那時也沒有手機。到了門口敲門，阿尼她們來開門，董瑟仁波切正在住所外面的草地上搭了個帳篷，在為庫努和拉達克一帶的阿尼們傳法。我不先過去說一聲也不行，就過去說：「仁波切，對不起，頂果欽哲法王來了！」他就「啊」了一聲說：「你怎麼不先跟我講一聲呢？」他又對我發了脾氣，然後就請頂果欽哲法王到樓上去了。……

一兩天後我又過去，董瑟仁波切說：「你那天都不事先告知一下。」我就說：「仁波切，不是這樣的，是法王突然說要來。」他就說：「其實也是好事，畢竟法王第一次光臨……不過還是要先講一聲。」

此外，揚唐仁波切與夏札仁波切，曾在尼泊爾蓮師聖地揚列雪共同主持甘露法藥法會。以下是吉美袞桑的第一手敘述：

21 「這邊」指博達塔一帶。究帕迪就在博達塔旁邊。

那時我媽媽仁增玉准邀請仁波切去阿素拉製作甘露法藥。……在一個簡陋的房子裡，那時阿素拉不像現在這樣進步。仁波切獨自一人在我媽媽租的石頭關房裡修「勇士獨修」法門，我們則住在帕爾平（Parphing）鎮上。仁波切進行「勇士獨修」時出現了彩虹。

第二次是在揚列雪聖窟旁進行甘露法會，在領受悉地的那天，夏札仁波切前來共同主持悉地的段落。兩位仁波切先前就已見過面，那時法會是在洞穴外進行，沒有什麼法座，他們坐在墊子上，沒有高低的差別，兩人並坐在一起，沒有高低之分，當時也沒有其他上師、祖古參加。加上後來的，一共進行四次甘露法會，第一次是在阿素拉，第二次是揚列雪，後來又回到阿素拉。每回都有出現彩虹，而且瀰漫著甘露的氣味。仁波切後來把甘露帶回了西藏。

兩位仁波切彼此沒有什麼法緣，不過據說夏札仁波切有說過：「揚唐仁波切是拉尊的轉世化身，錫金大眾理應敬重他，但是大部分人卻不知道這個道理。」我並沒有聽夏札仁波切直接說，而是聽別人這樣講。

吉美衰桑還提到與仁波切前往「猴廟」帕巴新衰自生聖塔的過程：

有一次我們去帕巴新衰聖塔，天空上看得到塔的影子。一年當中有一個月份可以見到，也不是薩嘎達瓦殊勝月的時候，而是尼泊爾人的一個節慶月。仁波切為了去觀看塔影，晚上住在一個藏人家裡。塔影是半夜十二點一點左右會出現，塔的影子會出現在天空上，有的時候會出現，並不是一定看得到。我們在那邊待了一個月，有看到塔影出現在空中。我跟媽媽是在山頂租房子住。仁波切跑去下面跟藏人家庭住在一起。請他上來一塊住他又不聽，他要上來又要走路爬上來。仁波切是跟一個窮人家庭住在一起，他們也沒跟仁波切有什麼關係，就只是一般認識的而已。不過要爬到帕巴新袞聖塔是有很多階梯，晚上回去又要走階梯，有時候又會下雨……

仁波切當時在帕巴新袞山頂對我們傳授《七寶藏論》的口傳，也傳了《本智上師》，是我媽媽請的法。晚上仁波切又回去下面跟藏人家庭住在一起，都不聽我們的。我們看到塔影很多次，有時候看到四個，有時候兩個，有時候一個。看到的時候天空有在下雨。尼泊爾人節慶是在白天，我們是在半夜沒什麼人時去看塔影，從晚上九點、十點到一兩點。有時會出現，有時又消失。是在天空上喔，塔的周邊飄動的旗幡影子也會出現在空中。有的人說什麼是電燈的關係，電燈哪會讓影子出現在天空上呀！

一九八五年春，頂果欽哲法王前往蓮師修得無死持明成就的聖地瑪拉蒂卡主持長壽法會。瑪拉蒂卡地處偏遠，當時步行前往參加的秋竹仁波切說，從加德滿都步行前去，需要七天的時間。至於乘車，即使以現今的路況，也需要十多個小時的車程，雨季時節甚至需要中途步行渡溪換車。

這場長壽法會是從藏曆木牛年三月初三進行到初十，值西曆四月二十三日至三十日。在法會結束前一晚，頂果欽哲法王請揚唐仁波切撰寫一篇瑪拉蒂卡願文。於是揚唐仁波切便寫下了一篇題為〈瑪拉蒂卡聖地文〉的願文。此文採十一字為一句的詩歌體，內容包含對聖地外、內、密功德的讚嘆以及對蓮師的祈願。以下我們以白話體來節譯部分內容：

名為瑪拉蒂卡的無死樂園，母尊及空行母眾聚集之絕密靜處，與蓮花生大士本人無別的三密宮殿，一望見此地，此世貪著的景象便煙消雲散地壞滅，令人現量感受歡喜湧出之加持長處，不失為大聖地的特點。在無有懷疑的虔誠恭敬與清淨觀相會之時，成就無死虹身的緣起也就當然建立了起來。……

是故虔誠恭敬、清淨觀乃是秘密咒乘之深奧樞紐。實現此世來生願望之福田，與三身剎土無別的奇妙大聖地，凡與結緣便具意義的自生嘿如嘎宮殿，請來頂禮與轉繞吧！罪障便會自然淨化。請生起虔誠恭敬和清淨觀吧！加持便會真正到來。

揚唐仁波切在願文後段說明了這場長壽法會的些許細節：

我等大眾來到此地，福分不淺，蓮師得獲無死大加持之大聖地，門珞族人於此木年一同聚在此園地，當然是業力、願力及緣起相順的福報。與蓮師真身無別的欽哲之旺波[22]，作為我們薈供法會之主法者。在持明薈供行列中，男女瑜伽士眾緣起之會眾在此大修行聖地共聚一堂，依著大伏藏師秋吉林巴深奧伏藏法的精要——白長壽佛金剛鬘——之壇城，在天尊、咒語、心念無別的禪定和唸誦，以及大樂不即不離之勝義近修、三金剛瑜伽修至究竟之後，於將薩霍國王轉皈佛門的大節日中，共享求取共同與殊勝悉地之歡宴。如同此緣起一般，願於未證菩提之前，我們於同一壇城聚首之金剛師兄弟們，在盡享無漏勝乘歡宴後，祈求得到不相分離成就正等正覺的緣起。母尊及空行母們，請助我順利實現！

仁波切在文後也寫下參加法會的因緣以及寫作此文的緣起：

> 第十六勝生陰木牛年黑月上旬吉日，在烏金祖古父子主事及外國眾多施主之奉獻下，迎請依怙主頂果欽哲法王為首之主僕數十人，從尼泊爾[23]來到瑪拉蒂卡。自初三起，依著秋吉林巴深奧伏藏品進行為期一週的長壽法會之際，我也依由善業善願，靠著外國兩位男女施主的恩德，得以有緣在此聖地一同聚在依怙主法王座下，入薈供法會之列。初九晚上，我以欽哲法王的一番玩笑為緣而寫下這篇緣起願文。此中凡有過失和違犯之處，對三根本和護法懺悔之。願以此善，祈能投生在蓮師尊前。名為揚唐祖古者寫。

除了這篇願文以外，頂果欽哲法王也曾囑咐揚唐仁波切為米旁仁波切的格薩爾王灌頂儀軌寫下灌頂歷史由來。在這篇題為〈格薩爾大士命灌頂傳授實行儀軌彙編〉的儀軌後文處，揚唐仁波切如是寫道：

> 此格薩爾大士命灌頂之灌頂次第，乃依秋雷南嘉米旁仁波切之格薩爾灌頂主文，由名為揚唐祖古者裝模作樣彙編，凡有錯謬，誠在天尊及上師面前懺悔。此中如有可行之可能，願成為格薩爾大士佛行於諸時空順遂而行之因。

22 即頂果欽哲法王。

23 藏人有時將首都加德滿都稱作尼泊爾，又將加德滿都市中心稱作首都。

揚唐仁波切與格薩爾王。繪圖／董靜蓉。

我在具有三恩[24]的依怙主頂果欽哲法王尊前求得此命灌頂時，灌頂完畢，在自然談話之中，他談起很多格薩爾大士的歷史，也對我說：「這次在無戲論之中為你傳授這個灌頂，不過以後如果你需要為他人傳灌頂，若能有頭有尾完整包括開頭洗淨、驅斥障礙的朵瑪、中間宣說歷史、結尾吉祥詞的話，會是很好的。」那時我便請求他：「如果您能彙編就實在太好了！」他卻說：「我們是老人了，沒有什麼好插手的，如果要彙編的話，那就是你了！」他像是開玩笑般地說著。如今我將他對我如同玩笑般的話語看作是金剛語，以此裝作是賜我許可的鑒證而寫下此文。

頂果欽哲法王囑咐仁波切彙編格薩爾灌頂儀軌，顯然具有深義。仁波切往後依此儀軌傳授了相當多次格薩爾灌頂，是他一生中傳授最多次的灌頂。總之，揚唐仁波切在尼泊爾與諸大師求法、交流之餘，亦常周遊各大聖地，以隱密實修者之姿，過著低調的修行生活。最後，我們藉著以下這個發生在菩提泉的真實故事，來為揚唐仁波切八〇年代的尼泊爾歲月作結。

藏語稱作「趣蜜強曲」的菩提泉，是個座落在靜謐山林中的蓮師聖地，此地由於遠離加德滿都山谷，平時少見朝聖客。在自生聖泉的不遠處，住著一戶長年於此修行的不丹家庭。有一天，一位不起眼的平凡僧人來到他們家中借住，並進行約兩個星期的閉關。高齡

24 具有三恩的上師係指傳授灌頂、口傳、教授三者的上師。

九十二歲的不丹喇嘛仁增與他的兒子，如是回憶這段發生在三十多年前的往事：

我們這裡本來有一個佛堂，這佛堂有三層樓高，揚唐仁波切來的時候住在二樓。後來房子因為地震而毀掉了。

揚唐仁波切來的時候已經是二三十年前的事了，他來時是一個人還是有侍者跟他一起，我都已經忘記了。我們那時並不知道他是位上師，他是來朝聖的，他住在這裡的時候，我們不知道他是位仁波切和上師，是後來才知道的，住的時候並不知道。他是位非常謙虛低調的上師。之後在博達見到他，才知道他是位證悟的上師。

他在這裡時，我們幫他做飯，他沒有到處走動，就一直在屋裡閉關。[25]

25 仁增喇嘛父子訪談，二〇一九年五月二日於尼泊爾趣蜜強曲。

3 從彭措林的遊方僧到布姆唐的金剛手

一九八六年十二月二十三日下午，頂果欽哲法王再次應貝諾法王之邀蒞臨南卓林，稍事休息兩天後，從二十六日起開始傳授《米旁仁波切全集》。

幾乎在同一個時間，另一位寧瑪派大上師——第四世多竹千法王——應邀到不丹的格勒普傳授《大寶伏藏全集》。此時，一位年長的僧人隻身來到印度和不丹交界處的彭措林，他坐在馬路邊等候願意載他去格勒普的善心人。不丹喇嘛貝瑪智美如此敘述：

多竹千法王那時在不丹格勒普傳大寶伏藏……仁波切也前往參加。他從彭措林前去格勒普時，就坐在彭措林附近馬路邊的地上。他坐在通往格勒普的那條路旁，就坐在大門旁。我妹妹的老公是格勒普一個辦事處的長官，他有個司機開公家車載他，剛好經過那邊，一位年長的僧人就招手想要搭便車。他問那僧人要去哪裡。僧人說要去格勒普。他問那僧人能否坐後座，僧人說：「坐後面非常舒服，沒有問題。」

到了格勒普後，又問那年長僧人打算住哪裡，他回答說沒有住的地方、沒有任何認識的人。我妹婿就問他說：「那你來我家住可以嗎？」他回答：「當然可以，太感謝了！」那位年長的僧人就是揚唐仁波切。

揚唐仁波切在不丹求法時
的留影(一九八〇年代)。
© Matthieu Ricard。

我那時候也要參加大寶伏藏法會，我是後來才到的，我到的時候看到仁波切住在那邊，就馬上向仁波切頂禮。我的妹婿非常驚訝地說：「哇！完蛋了！我並不知道他是位仁波切啊！」

我看到仁波切時嚇了一跳，馬上就頂禮。他們看到我頂禮也嚇了一跳！他們問我：「怎麼回事？你是怎麼認識這位的？」我回答說：「你們真是福報很大，這是位非常珍貴的上師，他是位伏藏師，名為多芒揚唐仁波切，他是位成就者，完全不會去說自己是上師，從外表是看不出來的。你們實在太幸運了！」他們就非常地開心。

正當頂果欽哲法王與多竹千法王在南北二地同轉法輪，教法看似興傳的好景現前之際，卻又傳來了一個令人感傷的消息。喇嘛貝瑪智美說道：

在灌頂過程中，我們有時會請仁波切傳授口傳，他有為我們傳授《龍欽寧體根本函》的口傳。有一天，仁波切在傳授時，得知敦珠法王圓寂的消息，他就沒有辦法繼續口傳，他好像有哭，並且對我們說：「寧瑪派有太陽、月亮般的兩位大師……而那太陽已殞落了，只剩下一個月亮。」太陽指的是示寂的敦珠法王，而月亮指的是頂果欽哲法王。

揚唐仁波切聞耗之後，於感傷之中寫下了敦珠法王轉世快速再來的祈請文。文中如此寫道：

為能策勵常執者修法，儘管示現色身之終結，大樂心意離三時轉變，大悲行持無有休憩時。
是故再以任運大悲力，有如無滅空中日月相，
圓具三密功德佛行者，祈請速現勝化身容顏。
佛陀聖教正逢濁劣時，卸下發心鎧甲怎可能？
憑藉寂靜忿怒眾佛行，禁行利眾行持正是時。……

揚唐仁波切於文後寫道：

本人於不丹格勒普時，正在多竹千法王座下求得大寶伏藏灌頂和口傳之際，耳聞大伏藏師敦珠法王密意長眠法界之哀耗。隔天早上，僅為療癒自己的哀傷，名為揚唐祖古者恣意直書。願凡所希願如意實現。芒嘎朗。

這次在不丹求法，並非揚唐仁波切的初次不丹行。[26]例如一九八四年底，仁波切曾到格勒普，於頂果欽哲法王尊前求得《貝瑪林巴全集》，並曾多次到帕羅受法。總之，揚唐仁波切為了求法，在八〇年代多次造訪不丹。而仁波切另一層與不丹的深刻緣分，乃源於一尊金剛手伏藏聖像。喇嘛貝瑪智美娓娓道來這段珍貴往事：

仁波切說這尊金剛手聖像是多欽哲耶謝多傑的伏藏品。當時為了怕落入中國人手中，就託給一位功德主保管，那人之後奉還給他。他有給我看過，是非常黑的一尊聖像。仁波切對我說：「我有拿給敦珠法王看，敦珠法王非常心儀，視之如舉世珍寶總集。」它的材質與拉薩覺窩像是一樣的，是非常黑的一尊像。敦

珠法王一再放在頭上領受加持，據說還有流出甘露。敦珠法王心儀不已，仁波切本來有意把它供養給法王，可是法王年事已高，未來有沒有人能好好保管是一個問題，所以最後沒供養上去。我那時問仁波切：「您打算怎麼處置呢？」仁波切說：「我還在思考當中。」我就對仁波切說：「仁波切，我並不知道您在思考什麼，我是想說，不丹的皇太后依頂果欽哲法王指示，正在興建『嘎恭普』三尊聖像[27]，如果把這尊像供養去作為智慧尊[28]的話，您覺得如何呢？」他稍加思索後回答：「喔，正好正好！那你就去向皇太后稟報，之後再來找我拿聖像！」我於是去向皇太后報告，並得到了允許。

後來第四任不丹國王的母后，在布姆唐的蓮師身印聖地建了一座「嘎恭普」佛堂，裡面共有包括大勝嘿如嘎在內的二十五尊聖像。右方是密意總集聖像，左方是普巴金剛聖像。而仁波切的那尊金剛手，就裝藏成為普巴金剛聖像心間的智慧尊。這是因為他們同為佛意金剛部。中央大尊的是大勝嘿如嘎，左方是普巴，右方是上師密意總集，這就是「嘎恭普」三尊。

不丹第四任國王的母后跟仁波切本來沒有關係，自從仁波切供養金剛手像

26 根據祖古仁增貝瑪的回憶，他於一九八一年曾在不丹彭措林初見仁波切，當時仁波切在彭措林於頂果欽哲法王尊前求得《口訣藏》灌頂、《大幻化網文武百尊》灌頂等法門。但若依南卡智美仁波切此前敘述的內容，頂果欽哲法王傳授《口訣藏》灌頂應為一九八三年後的事情，確切年份猶待釐清。

27 「嘎」指八大法行，「恭」指密意總集，「普」指普巴金剛。

28 此指佛像裝藏時，安奉在佛像內部心間位置的小聖像，稱為智慧尊。

後，便建立了良好關係。後來皇太后的母親過世，[29]在為她進行每年一度的法會時，有請揚唐仁波切到噶倫堡，我當時是領誦的維那師[30]。仁波切那時有位侍者隨行，那時有家人照護他，身體變得比較好。

皇太后的母親家在噶倫堡，那地方叫噶倫堡宮殿[31]。第十三世達賴喇嘛曾住過那裡。[32]不丹有派三十個軍人，三個月為一期輪替，印度政府也有派三十個軍人，總共有六十個軍人在守衛。宮殿裡有很多珍貴身語意聖物，皇太后每年藏曆新年一定會去，今年能不能過去不曉得，[33]平時是每年都會去，每年藏曆新年會進行法會。

不丹皇太后格桑卻准（Ashi Kesang Choden, the Queen Grandmother of Bhutan）對揚唐仁波切有非常堅定的信心。仁波切在二〇一六年圓寂時，她在第一時間便致函哀悼，似乎說明了仁波切始終永駐在她的心中。而那尊金剛手伏藏聖像，至今也依然在布姆唐蓮師身印殿中、皇太后所建的那尊普巴金剛聖像的心間。

29 根據維基百科，皇太后的母親是於一九九四年五月二十日過世。

30 維那師即領誦師。揚唐仁波切在〈多芒寺史〉中寫道：「所謂領誦師，係法會開始後，於唸誦時唸誦法本句首者，故稱領誦師。不論是法會或是時節供奉當中，他雖於會中有如主事者，若非具有戒律、誓言者，不可任領誦師一職。」

31 亦稱Bhutan House，是不丹皇太后格桑卻准的出生地。

32 第十四世達賴喇嘛也曾於一九五七年出訪印度期間在此住上一個星期。

33 「今年」指的是進行訪談的二〇二〇年，全球疫情爆發之際。

4　多竹千咒水傳說和培唐的紀念塔

曾經帶著糌粑遠行兩百公里的阿克南卓，在一九八七年從西藏前往錫金侍奉揚唐仁波切，而當時的多芒，正由祖古帝剎肩負重建大殿之責。敦珠法王圓寂不到兩個月後，揚唐仁波切生命中另外一位重要的人也悄然辭世。阿克南卓回憶道：

我正準備去印度時，先去了多芒一趟，多芒寺大殿才開始興建，寺院頂樓是用鐵皮蓋著的。寺院木工頭頭是我認識的人，我就對他說：「你們這樣蓋法不行吧！」我因為想要跟仁波切稟報，就很仔細地看了工程。

我到錫金時，仁波切的母親生病了，仁波切當時正在不丹格勒普、在多竹千法王座下領受大寶伏藏灌頂和口傳，在聽到仁波切母親生病後，晚上便離開格勒普前往錫金。

藏曆新年初二初三時，她的病情似乎有好轉，還對我們說：「你們要開開心心過新年。」初七那天（即一九八七年三月六日），仁波切的母親過世了。[34] 我們在一個大銅盆底部放了木板，邊唸著滅盡罪障陀羅尼咒、百字明咒、不動佛等各

34　母親於鄰近貝林璨康的揚唐旅館中辭世。

式咒語，邊用藏紅花水來洗浴她的大體。仁波切把他所有錢財都用在母親後事上，我們以《遍空自解脫》法門[35]來進行後事法會。

貝瑪揚澤洛本登巴嘉措如是敘述仁波切母親往生前後的情形：

那時多竹千法王在傳大寶伏藏，仁波切人在格勒普……仁波切回來兩天後母親就過世了，最後兩天兩人有見上最後一面。……她晚上過世，仁波切就為她祝願，也有請貝瑪揚澤僧人去助念……有六七個喇嘛前來。……仁波切自己在一旁唸誦祈願，沒有跟他們一起唸。他有時會過來向壇城頂禮。……

仁波切還迎請多竹千法王前來。多竹千法王在滿四十九天的前一日就抵達了。滿四十九天的法會進行了三天。我們貝瑪揚澤有二十五位僧人，多竹千法王和喇嘛日羅等也有前來。仁波切將一個康區帶來的好錦緞供養給多竹千法王。法王來之前，仁波切等候迎接，法王到的時候，仁波切說：「法王您到了呀！」法王說：「喔，我到了喔。」仁波切又說：「您什麼都別做，好好地睡就好了！」法王就回：「那我就開心地睡囉！」他們這樣玩笑般地對話。

仁波切從西藏回到錫金後，母子在貝林璨康與揚唐旅館合計共度六年時光，母親往生時享年九十六。做足七七四十九天後事之後，仁波切以母親骨灰製成擦擦，於七七後的兩三個月中，在鄰近貝瑪揚澤寺的培唐一地，為母親建了一座宮閣式佛塔，並且在滿月日進行開光。洛本登巴嘉措如是敘述準備時的情況：

35 多芒新伏藏的觀音法門。

揚唐仁波切在培唐為母親所建的宮閣式佛塔。攝影／卻札。

仁波切說要進行十萬薈供，叫我去買供品。仁波切也跟著到市場去，他給我一千塊說：「你去買各式各樣的水果吧！買些供品來！」仁波切手撐著頭坐在一旁，我就過去採買……

後來，洛本在採買大串香蕉時跟商家討價還價，一盧比與十六阿那等值，他要商家把原本喊價一盧比的香蕉打七五折賣成十二阿那。仁波切在一旁看到後，就招手示意他過去：

仁波切招手要我過去，我就過去他那邊。他問我說：「你是在幹什麼呢？」我就老實說：「他們說香蕉要一塊錢，我是要他們降到十二阿那。」仁波切聽了就「啊」了一聲，然後對我說：「買供品還有打折的嗎？你們錫金人喔……」就狠狠罵了我一頓，我們寺院一個秘書嚇得在一邊看著。於是商家說多少錢我就照買了，整整花一千塊買供品帶回去。秘書問我仁波切剛才說了什麼，我對他說：「仁波切罵說錫金人真的很不好，買供品很吝嗇。你也買了很多酥油，我看你也要求人家打了很多折扣。」他就嚇到了，那天他也有學到。

阿克南卓繼續敘述道：「製作完骨灰擦擦後，我和我哥哥製作咒卷，安放在現在貝瑪揚澤寺下面道路旁一個小宮閣佛塔裡。佛塔的中脈命木和開光則由仁波切親自主事。仁波切把別人供養他的一點點財物都用在母親的後事上面了，沒別的財產了。」

仁波切在獄中生死不明時，母親在玉僧紅宮為他建塔。約莫十年後，母親辭世，仁波切則在培唐為她建塔。母子如是相互建塔，當為世上空前絕後，情感之深厚自然不言而喻。

仁波切當時身體狀況不佳，前往甘托克看醫生。阿克南卓如是敘述：

> 醫生們診斷是肺結核的痼疾，仁波切拿了一個月的藥就又去參加灌頂口傳。可是灌頂口傳有兩三個月長，所以藥吃完又需重新開始吃藥，病情嚴重到起身時都會喘，很辛苦的。我和仁波切兩人到甘托克一些功德主家裡修招財法之餘就去醫院看病，拿了三個月的針藥。我有些許幫人打針的經驗，就每天例行為仁波切打針。三個月後再去檢查時，說有比較好了。仁波切對醫生說：「用這個藥後都沒病了，請多打一個月的針吧！」醫生就開玩笑地說：「仁波切，您有時吃藥中斷一兩個月都說沒關係，有時候打了三個月的針還要求再打一個月！」

揚唐仁波切也常在甘托克停留期間，前去塔寺拜見多竹千法王。祖古吉美多傑如是敘述揚唐仁波切初次在甘托克拜見多竹千法王的過程：

> 揚唐仁波切從西藏回來，首先去了甘托克的德奧拉利（Deorali），聽說他在路上用木柴生火煮茶。我們有個叫阿媽央金的，是她這樣講的。仁波切問她：「要怎麼去多竹千法王的寺院呢？」她想說這位喇嘛大概還不錯，就把他請到家裡面用餐，然後再帶他去見法王。……那是仁波切從西藏回來後，兩位上師的首次會面。[36]

36 吉美多傑祖古訪談，二〇一九年四月十一日於尼泊爾加德滿都。他於本書中的敘事均出自這場訪談，以下不再另註。

甘托克塔寺一景。照片中的大塔裡，據說安奉大伏藏師仁增果登的「眼舌心」。這個寺院因此塔而被人們稱為塔寺。照片提供／玉僧璨康。

兩位大師雖為師徒，私下情誼亦十分深厚，身為法王近侍之一，綽號「格西拉」[37]的桑傑多傑如是回憶道：

兩位仁波切關係很好，心思相符，修持也差不多都一樣。揚唐仁波切時常來這裡住，每年都會來兩三回。每次待的時間有時一個星期左右，有時是兩三天，有時只待一晚便離開了。有時多竹千法王不在時，揚唐仁波切也會過來。多竹千法王的空行母「康卓拉」[38]非常崇敬揚唐仁波切，對待仁波切就如同對待多竹千法王一樣。我們法王經過卜卦有需要修什麼法時，揚唐仁波切總會來參加。在塔寺這邊有什麼事情不順時，康卓拉馬上會打電話給揚唐仁波切，有時是他來了以後再請他卜卦，看需要為法王修什麼法。

他們兩位心意相符，一起用膳，一同喝茶，揚唐仁波切如果有帶供養物過來，會放在外面，絕對不會拿到裡面擺在法王面前的。揚唐仁波切進來時，會在多竹千法王看不到他的地方先向法王三頂禮，因為如果在法王面前頂禮，法王就會說：「喔不要！這樣不行！不用頂禮呀！」所以如果法王是在寢室裡待著，揚唐仁波切就會在外頭法王看不見到的地方先頂禮三回，然後進去見法王時就只是獻上哈達而已。如果法王看到他帶禮物來也不會很高興。

二〇〇六年康卓拉辭世後，法體在札西頂火化。多竹千法王本來要去的，可

37 「格西」現今一般為格魯派用詞。揚唐仁波切曾開玩笑地對「格西拉」說：「寧瑪派唯一一個格西就是你了。」

38 即康卓貝瑪德千，塔寺僧人稱她為「康卓阿媽德千」。

是醫生說法王血糖過高，不去比較好，所以就請揚唐仁波切去主持了。……康卓拉對揚唐仁波切很有信心，只要是與多竹千法王有關的修法，她都會請揚唐仁波切來，經卜卦後，像是需修獅面空行母回遮法等，都會由揚唐仁波切來主法。[39]

當時參加康卓拉法體荼毗法會的貢江仁波切如是回憶說：

多竹千法王在火化時並沒有到札西頂，是由揚唐仁波切代理前去的。現場出現了各種不同瑞相，很多很神奇的景象，像是彩虹現起。在火化法體時，雲的顏色也在轉變，我那時在法會中，沒有到外頭觀看，我把相機交給一個喇嘛跟他說：「今天應該會出現瑞相，有出現的話你就拍下來喔！」他就拍到很多，其他很多弟子也都拍到很多。像那樣的瑞相，在別的地方都沒有看過的。一般是下雨之後太陽出來，彩虹才會出現，可是當時不是這樣，是雲本身上面就現起虹光。

後來火化結束後，我就拿著相機去見仁波切，我就報告說：「今天出現了這些瑞相。」仁波切就說：「喔，康卓拉可是金剛亥母真身喔！」雲裡頭很多白黃紅綠的圓圓虹圈，到處都是，出現了又消失，消失了又跑出來。

揚唐仁波切那時去札西頂，我們真的很幸運，所有人都很高興。人們說從拉邦望向札西頂時，看到札西頂籠罩在一個彩虹帳幕裡頭。[40]

同場參加法會的祖古吉美多傑也回憶道：

出現了很多彩虹！一般來說，那是秋季，有時是會下雨，但是法體荼毗那天並沒有下雨，天空出現了圓圓的虹圈，然後各式各種雲……出現了很多瑞相。就會讓你覺得她真的是與眾不同的空行母。……她有對那些執事說：「我今年會死。」還說她桌上的鈴杵已經被空行母們帶走了，說：「我今年會死。」說完兩天後她就辭世了。

至於蔚為流傳的咒水傳奇，深刻體現多竹千法王和揚唐仁波切之間的互信與情誼。一九八七年，多竹千法王應錫金國王旺秋南嘉之請，在札西頂傳授為期兩個月的大寶伏藏灌頂。先前才在格勒普求得大寶伏藏的揚唐仁波切也再次前往受法。阿克南卓如是敘述道：

> 夏札仁波切交代錫金國王說：「請你當功德主，去迎請揚唐仁波切到白岩札西頂傳授大寶伏藏灌頂和口傳。」於是錫金國王到仁波切面前請求兩三回，仁波切都沒有答應。後來他們轉而向多竹千法王請求，便由多竹千法王傳授大寶伏藏了。
>
> 灌頂還差兩天就要圓滿的那天，法會結束後，錫金國王和多竹千法王先行離開。我和仁波切待在札西頂。然後錫金國王突然派人來接仁波切和我兩人，說多竹千法王生病了。於是我們匆忙趕過去，聽說是多竹千法王在路上一個地方喝

39 「格西拉」訪談，二〇一七年九月十六日於錫金甘托克塔寺。他於本書中的敘事均出自這場訪談，以下不再另註。

40 貢江仁波切訪談，二〇一七年九月十九日於錫金貢江寺。

了牛奶，引發盲腸炎。甘托克的醫生們都說：「一定要開刀才行！」而多竹千法王的反應是：「如果要動手術，你們先去詢問揚唐仁波切的意見吧！揚唐仁波切說什麼我都照做。」

揚唐仁波切卜了卦說：「這應該不用開刀。」醫生們就很驚訝地想說：這兩位上師太奇怪了，盲腸炎還有不開刀的道理？那怎麼能好起來呢？等到盲腸潰爛的話，醫生們也將束手無策了。仁波切就在水中施咒，將咒水奉飲給多竹千法王，如此經過數日，法王就康復了。

法王近侍「格西拉」則如是敘述：

那時法王在札西頂傳大寶伏藏，傳到快結束時，法王病了，於是去了醫院。法王和康卓拉兩人都想請揚唐仁波切過來。揚唐仁波切就來到醫院。法王在病床上，而揚唐仁波切坐在椅子上，他是一大早去的，待了一整天。他們有交談，然後揚唐仁波切獻上咒水，我是不知道後來到底有沒有吃藥，反正盲腸炎沒有開刀就是了。法王得了盲腸炎，醫生說必須要開刀，後來揚唐仁波切有去，最後是免動手術。

貢江仁波切如是回憶說：

多竹千法王在札西頂傳大寶伏藏，返回之後病了，好像是食物中毒的原因，總之是盲腸的問題，病得非常厲害。醫生們就說法王需要動手術，而多竹千法王本身沒有開刀的意願。那時揚唐仁波切也來了，他說不動手術比較好。仁波切就在醫院裡獻上咒水給法王，法王飲用咒水後並沒有動手術。

東珠祖古則如是敘述：

> 依怙主多竹千法王生病了，我也去了那裡，揚唐仁波切來唸經，而多竹千法王問他說：「我需要安排任何修法嗎？」他回答：「只需要持咒。」於是揚唐仁波切唸了很多咒，他就為法王持咒、持咒、持咒，我不記得是多久，可能是一個星期後吧，揚唐仁波切就離開了。[41]

當時在場的錫金嘉措醫師（Dr. T.R. Gyatso）則如是說道：

> 有一天我被召去塔寺，法王那時身體不舒服，有噁心嘔吐和劇痛，我就在那邊檢查，判斷是典型的盲腸炎症狀。我就向法王報告說：「您需要去醫院，我們無法在這裡進行治療。」如果盲腸潰爛的話是很危險的，可能會導致其它併發症。法王思考了一下就決定要去醫院。
>
> 揚唐仁波切也到了私人病房，他說不要開刀。痛成那樣還不開刀？我非常擔心盲腸會潰爛。他就要我們離開，然後法王在床上，仁波切在一側，他們在裡面進行唸誦。可能仁波切還有給法王咒水的樣子吧，他要我們不要打擾。到了傍晚，稍微好轉了，揚唐仁波切還是待在那邊。

41 東珠祖古訪談，二〇一七年十二月十七日於美國哈佛。祖古於本書中的敘事均出自這場訪談，以下不再另註。

可是到了隔天，他就完全好了。又過了兩三天，仁波切還一直在那裡，最後法王康復出院了。我覺得有趣的是，沒過多久變成揚唐仁波切身體不適，多竹千法王也是建議揚唐仁波切不要動手術。

你知道嗎，對我們來說，有時候這是非常非常神秘的，對我們這種有科學傾向腦袋的人來說，要去理解究竟發生了什麼事情……從醫療專業的角度來看，如果盲腸有可能自然穿孔，他們就會切開腹部來看。另一個方法就是給你抗生素，然後兩三個月後，病情可能又會回來，所以之後會進行闌尾切除術。正常的話他們會這麼做。

可是那是急性疼痛，法王真的非常痛，他們很擔心盲腸穿孔。如果發生穿孔，整個腹部就可能被感染而造成腹膜炎，很多併發症會發生，也會有生命危險。所以我們是蠻擔憂的。揚唐仁波切在那邊一兩天後法王就好轉了，他開始進食，我們就沒有給他任何靜脈注射，什麼都沒有了。我想大概第三天還是第四天，他就出院了。[42]

索甲仁波切則如是敘述：

那是非常嚴重的狀況，必須由醫生進行手術，但是多竹千法王，我和他熟識多年，我知道他絕對會反對手術的。他就請揚唐仁波切過去……他被請去修法，用力量很強大的咒語，然後多竹千法王就完全痊癒了。當我跟揚唐仁波切談起這個的時候，他就說，喔，就是有唸一些咒，有加持水，還有酥油什麼的。……他非常謙虛，從不居功，他會說那沒有什麼。

最後，我們以阿克南卓的這一段話來為本節作結：

後來多竹千法王回到西藏，跟當地鄉親提到咒語的威力是不可思議的。他說：「我的盲腸出了問題，多芒揚唐仁波切卜卦說不用開刀，透過他的施咒，我就康復了。」

仁波切閉了八個月的關後，過了幾天，因病前去甘托克看醫生。那時多竹千法王也卜了卦，說不需要動手術。醫生們就說：「這兩位上師很奇怪，彼此不讓對方去開刀！」

42 嘉措醫師訪談，二〇一七年十月十日於錫金比克斯塘。感謝德央整理的逐字稿。

揚唐仁波切在多竹千法王尊前求得灌頂的留影（據稱攝於一九八七年，札西頂）。照片來源／貝瑪揚澤寺臉書頁。

左／揚唐仁波切與多竹千法王於錫金合影，年代不詳。照片來源／ Deyang Dolkar Gyatso。

右／從左至右為桑嘎土登尼瑪仁波切、多竹千法王、揚唐仁波切三位上師的合影。桑嘎仁波切認為應是在尼泊爾所攝，年份不詳。取自網路流傳照片。

5 天山的行者，甘露的彩虹

十七世紀中葉，拉尊南卡吉美在白天鵝的引領下抵達錫金，瑜伽四友共創了錫金政教雙軌。爾後，拉尊足跡遍及錫金諸聖地，其中包括札西頂、四大聖窟中位於北方的天山心窟，以及他本人親建的竹帝與貝瑪揚澤。三百多年後的二十世紀八〇年代，身為拉尊再來人的揚唐仁波切，也同樣駐足這些聖地，進行為期數星期至數個月的實修閉關。曾有弟子私下問仁波切說：「您在這麼多聖地閉關，哪個地方是您最喜歡的閉關地點呢？」仁波切回答了兩個地點，一個是天山心窟，另一個則是竹帝寺。這兩個地點，前者為拉尊取出《持明命修》的聖窟，後者為拉尊的主要駐錫地。

為了遠赴天山心窟實修，揚唐仁波切步行數日，在那裡待了近三個月，因雨季即將到來，唯恐雨水成流使食物供給受阻，是故只得出關下山。仁波切既是獨自實修，且又少言修為境界，他在天山的修行體悟自然未留下任何記載，然而卻非全無蛛絲馬跡。

仁波切在玉僧璨康的寢室中，擺著一張頂果欽哲法王的法照。仁波切圓寂兩三年後的一天，外甥女蔣秋卓瑪在清掃房間時，發現從頂果欽哲法王法照相框的夾層中掉出一張紙條。紙條上面是頂果欽哲法王的親筆字跡，字裡行間彷彿授記般地寫道：

> 天山烏金秘境中，多傑德千林巴之，幻化示現隱密相，將啟深奧伏藏門。

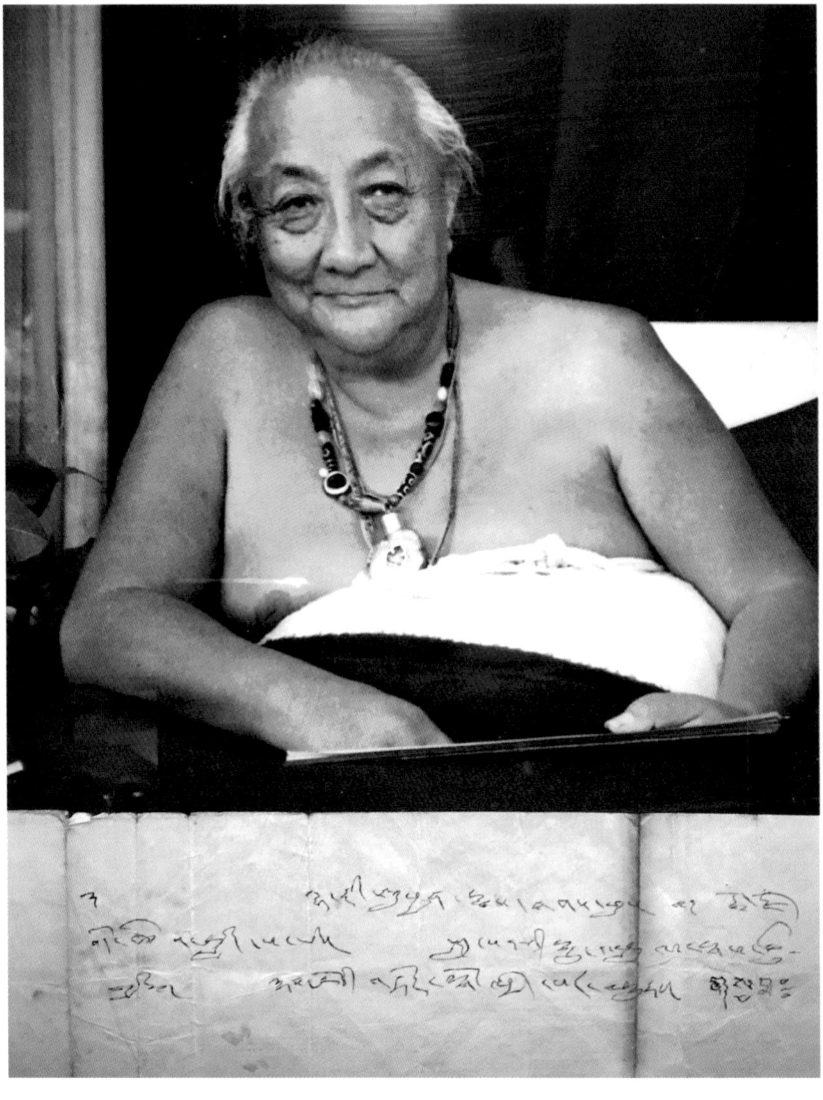

頂果欽哲法王法照中夾帶的親筆字跡。資料提供／玉僧璨康。

頂果欽哲法王寫下的這四句話，流露出當時對揚唐仁波切在天山心窟取出伏藏的深切期許。至於揚唐仁波切是否有在此取出伏藏，乃至伏藏法的內容及數量等等，如今只能徒留想像。而關於他在天山的實修經歷，亦唯留下貢江仁波切這段珍貴的敘述：

> 仁波切在天山心窟閉關時，他說他在白天有四處走走，他應該是住在洞窟中。他對我說：「有時候會找到非常好、非常漂亮的洞窟。想說明天要再過去，結果又看到不同的洞窟。」可能那裡面有各種不同的洞穴吧。他是這樣對我說過。說那是很珍貴的聖地，非常與眾不同。他平常在座上修行的地方應是同一個洞窟，不過白天有時會在山上四處走動。天山心窟位於山裡面，森林很濃密，有時會看到奇特的石窟。而隔天他又想去那邊，卻又是不同景象了。據說那裡有一百零八個石窟。在聖地誌裡有如此記載。其實那是仁波切自己才能感知到的，哪裡有可能會是我們所有人都看得到。[43]

在錫金四大聖窟當中，除了天山心窟之外，仁波切也曾去過鄰近拉邦的東方隱窟以及南方的空行秘窟修行。仁波切曾說，東西南北四個聖窟有如五方佛的淨土，例如東方隱窟為金剛薩埵的妙喜剎土等等。至於位於西方的大樂窟，仁波切一生未曾前往，他開玩笑地說：「我可能沒有去西方極樂世界的業吧！」以下是阿克南卓對於仁波切前去東、南二窟時的簡述：

> 之後進行朝聖以及前去東方隱窟、空行秘窟等地閉關時，我哥哥帶了一個坐墊去，而仁波切說：「我們是來淨障的，不是來舒舒服服睡覺的！」於是沒有使

揚唐仁波切在錫金閉關後的留影（一九八八年）。照片提供／ Deyang Dolkar Gyatso。

用墊子，而石窟裡濕氣很重，仁波切也因而生病。[44]

仁波切私下較常對親近弟子們分享的，是待在空行秘窟裡的奇特體驗。仁波切獨自在洞中閉關一兩個星期，空行秘窟平常天黑以後就不會有朝聖客前來，附近村民也不會在此逗留，是故夜晚實為寧靜修行的最佳時刻。然而有一天晚上，他隱約聽到一名女子的低吟聲，一時難辨是人是神還是妖，只聞那聲音往洞口越靠越近。仁波切當時心裡想著：面對這樣的境界，是持咒比較好？還是自然安住本心比較好？尚在思忖之際，那詭異低吟的女聲又逐漸遠去。

此外，仁波切也曾在竹帝寺、貝瑪揚澤寺、多林寺、凱秋巴日聖湖等錫金各聖地進行為期數星期至數個月的閉關。根據揚唐仁波切外甥女蔣秋的回憶，仁波切在竹帝寺閉關圓滿時，她曾與母親（即仁波切的二姊）共同去迎接仁波切出關。而多林寺位於拉邦（Ravangla）

43 此外，據說天山心窟本無水源，在仁波切閉關實修期間出現了自然泉水，被視為仁波切的修行驗相。

44 此處所提的閉關推估約為一九八七、一九八八年時。

左／多林寺中，伏藏師多傑林巴在岩石上留下的腳印（金字的右側）。

右／多林寺大殿一景，揚唐仁波切昔日曾於大殿樓上的一所房間進行閉關。據說往昔多傑德千林巴也曾停留此地並取出伏藏。

攝影／卻札。

一帶，多傑林巴與多傑德千林巴兩位伏藏師過去來到錫金時，均曾駐留此地。[45]根據多林雅普拉的回憶，揚唐仁波切在此閉關兩個月，在到來之前特別交代弟子不可通報，以免驚動當地僧俗信眾前來。[46]除了閉關之外，仁波切也曾數次蒞臨多林寺，包括主持多林祖古多傑隆央的陞座典禮、傳授灌頂、以鎮寺聖物加持信眾。

堪布桑給朗炯如是敘述仁波切在聖地實修時的情形：

我有問仁波切說：「仁波切，您去過蓮花湖、錫金所有聖地、揚列雪、瑪拉蒂卡等等，您在這些聖地最少都待上一星期或一兩個月。您在錫金各聖地都有待上兩三個月進行閉關，在聖地時住得安適嗎？」仁波切回答說：「那些聖地中，如果沒有蛇出現的話，就算是舒服、算是最好的了。有蛇跑來的話就麻煩了。」我又問說：「您去過錫金所有聖地，在聖地時，您的覺受證悟境界，我看您應該也不會對我說。但我想問說，聖地會有各種粗猛的狀況，最粗猛的是哪個地方呢？」仁波切說：「最粗猛的，是竹帝寺，非常粗猛！那邊的神鬼跑來跑去，就跟人一樣。」

45 多傑林巴為伏藏師中「五大林巴」之一，與仁波切的前世多傑德千林巴名稱相仿。而現今的多林寺，據說為多傑林巴之子所建。

46 多林雅普拉訪談，二〇一七年十月九日於多林寺。多林雅普拉為多林寺祖古隆央之父，據稱他們為多傑林巴的血脈後嗣。

關於仁波切雲遊錫金各大聖地閉關實修，尚有阿闍黎慈誠嘉措所撰寫的〈康區爐霍多芒大伏藏師再來人揚唐仁波切〉一文內容可供參考：

在此秘境諸大聖地近修[47]禪修，於北方天山心窟修持〈蓮師七句祈請文〉一個月[48]；在南方空行秘窟中修持措嘉法門兩個月；在凱秋巴日閉關修持度母法三個月；在竹帝寺修持《三寶總攝》法門三個月；在貝林修持《寧體持明總集》三個月；多林寺兩個月。平時則在玉僧璨康[49]進行禪修。

仁波切在錫金的佛行事業，首先在貝瑪揚澤寺拉開序幕。繼拉尊創寺後，吉美巴沃於此重振《持明命修》教法，復有德達林巴之女傑尊明究巴准在此傳下敏珠林法流，使得貝瑪揚澤三百多年來，一直是錫金境內名剎。揚唐仁波切自幼在此出家，從西藏回到錫金後，也多駐錫在距寺院不遠的貝林璨康。

一九八四年左右，貝瑪揚澤寺原欲迎請夏札仁波切主持修製甘露法藥，但夏札仁波切建議他們去迎請另一位上師。貝瑪揚澤洛本登巴嘉措如是敘述道：

夏札仁波切說：「我年紀大了，你們應該去請揚唐仁波切。」我就去請求揚唐仁波切：「請您依勇士獨修來修製法藥。」仁波切說：「可以可以！是誰跟你們說的？」我回答：「是夏札仁波切要我們向您提出請求的。」於是仁波切便答應了。

那應該是一九八四、八五年時，仁波切在我們寺院的蓮師殿裡，以勇士獨修主持甘露法會，製作了與眾不同的法藥。仁波切待了大概二十天。他說要住在樓上蓮師殿一個小房間裡，於是像是閉關一樣，我就奉上飲食。那次法藥非常不同，在取得法藥悉地的那天，到處出現了彩虹。寺院周邊出現彩虹，玉僧有彩虹，凱秋巴日聖湖出現彩虹，所有人都看到了，那是仁波切（在錫金）首次化育眾生。那時沒有人知道他是誰，沒有人依著很大的信心去拜見他，只有相當少數人而已。我通知所有施主，給辛的、貝林的、久彭、森嘉、森唐[50]的所有施主們，我跟他們說：「仁波切已經修成法藥，明天要領受悉地。仁波切會在同一時間傳長壽灌頂，請您們都來參加！」結果來了很多人，大家來受長壽灌頂、拿法藥，仁波切也給予很多開示。仁波切說：「錫金是蓮師秘境，文獻上記載所有男子是勇父、所有女人是勇母。大家應好好修行佛法。會修行的就應修行，不會修行的也要專心唸誦六字大明咒和蓮師心咒。這個地方是蓮花生大士加持之地，跟其它地方是不一樣的。」他有這樣開示，一切都吉祥圓滿。

領受悉地後，寺院四個方位出現彩虹，諸山都有彩虹罩頂，……凱秋巴日、麥里、貝林還有住在遙遠的疇辛的施主們全都說：「貝瑪揚澤是怎麼一回事，出現了那麼不一樣的彩虹！」那天有兩千人參加領受法藥悉地和長壽灌頂，當時兩千人已是極限了，蓮師殿也是爆滿，……仁波切的母親和哥哥也有來。

47 近修為持誦咒語、觀想本尊的修持方式。

48 仁波切在天山心窟停留時間應不只有一個月。在筆者的記憶中，仁波切曾提及在此閉關數月。而根據仁波切姪女阿怡玉赤的口述，仁波切在天山心窟停留了三個月。

49 玉僧璨康為仁波切後期駐錫地，詳見本章後續相關章節。

50 這些均為錫金境內的地名。

一九九八年，仁波切再次應邀主持甘露法會。此次地點是錫金首府甘托克的皇家寺院「祖拉康」。仁波切在主持甘露法會之前，先傳授了佛法教授。洛本登巴嘉措回憶此中過程：

> 第二次法藥法會，我是向政府報告，那時候國王有在，可是他也沒在聽，他就去悅莫[51]等地到處走。我所謂的政府是指札西朵登作為功德主。我對他們說：「如果能請揚唐仁波切向錫金所有寺院的喇嘛僧人傳授《普賢上師言教》是很好的。」我多次向他們報告，他們說會襄助，並且問說要在哪裡傳法？我就回答：「在祖拉康傳的話很會好，那是錫金皇宮的寺院，如同是在錫金的中心點，是東西南北各方喇嘛僧人容易聚在一起的地方。」我和札西朵登兩人討論，然後去拜見仁波切，仁波切並沒有答應，他說：「這樣不行吧？應該不會有人來的。」我就再三懇求，仁波切說：「啊？真的會有喇嘛僧人來嗎？錫金人都沒空呀，不會來的吧！」
>
> 後來仁波切答應了，花了兩個月又二十天的時間，從頭到尾講授了《普賢上師言教》……我又向仁波切請求：「我計畫請您每年都這樣傳法，由我來籌備。」可是最後未能這樣實現。

根據常住祖拉康的祖古洛卓所提供的資料，仁波切此次在祖拉康停留期間，傳授了蓮師心咒口傳、〈山淨煙供〉口傳、《金剛心要》口傳、金剛薩埵口傳、《持明命修》口傳、《三寶總攝》口傳、《三寶總攝》頗瓦法口傳、《如來總集》口傳以及《普賢上師言教》的教授。

51 悅莫（Yolmo）位於尼泊爾境內，為蓮師秘境之一。

揚唐仁波切於祖拉康傳授《普賢上師言教》時，戴著雅普蓋拉供養的蓮師帽所攝的法相（一九九八年）。照片提供／Yuksom Yab Kaila。

洛本登巴嘉措繼續敘述甘露法會的情形：

在傳完《普賢上師言教》之後，我請仁波切主持甘露法藥法會。我就說：「錫金的僧人裡面，有很多在閉關，他們應該可以進行《持明命修》的儀軌，請仁波切來指導校正。」仁波切答應了。……

後來仁波切在祖拉康主法十天十二天的時間……各寺僧人齊聚，總共有六十五位僧人共同修法。這是第二次的法藥法會，非常成功。我是抱著要在祖拉康建立教法的想法，仁波切也非常地發心，非常地辛苦……。本來是計畫每年請仁波切傳法的，其實也有籌備了，各寺來聽法的共約兩百五十位僧人，後來有增加到三四百人。

總之，在祖拉康的法藥法會也是很成功，也出現了彩虹和自成法藥等等。國王當時並沒有向仁波切獻上三

甘托克皇宮寺院「祖拉康」一景。攝影／卻札。

身曼達，也沒有對會場僧眾供奉茶飲，他是有突然來向仁波切獻條哈達，然後就離開了。[52]

仁波切則如是自述八〇年代與九〇年代在尼泊爾和錫金多次修製甘露法藥的情形：

僅僅拿著祖古名號的在下揚唐祖古，也在尼泊爾揚列雪進行兩次、在阿素拉三次、在錫金貝瑪揚澤一次，以及在甘托克祖拉康一次，共七次修製大量法藥。

雖然主持修製者並不怎麼樣，但當中混合許多特別殊勝、非常稀奇的完美誓言物及加持物，所以我想應該還算可以。[53]

除了依師求法、雲遊閉關、修製甘露之外，每逢親戚亡故，仁波切都會親身主持法事。一九八三年，在二姊夫往生之時，二姊南嘉群措請求仁波切製作骨灰擦擦。然而，若要如法製作骨灰擦擦，需要先對骨灰進行修法，修法又當如理按照儀軌來進行。但當時仁波切身邊並沒有骨灰修法的儀軌，在無可奈何之下，便寫下了一篇題為〈依大悲觀音遍空自解脫之骨灰修法儀軌：無可奈何〉的儀軌。在儀軌後文，仁波切如是敘述：

52 據說仁波切曾盼國王常住皇宮，如此一來他也會承諾在祖拉康坐鎮傳法，可是後來國王並沒有意願常住，振興錫金政教雙軌的緣起也於是不了了之。

53 出自揚唐仁波切〈關於玉僧新所依物裝藏彙編目錄備忘略攝〉一文藏文版。

我從木雅監獄獲釋，於一九八一年返回錫金兩年後，我姊姊的伴侶亡故，我需主事四十九日。期間儘管錫金境內沒有進行骨灰修法的習俗，我姊姊卻說：「不能不製作骨灰擦擦。」在她堅持之下，雖需製作骨灰擦擦，卻尋無法本。[54]

在那之前，我在印度朝聖時，到達鄰近措貝瑪的貝如[55]地區時，有位自稱與木雅堪布很親的人的說：「這裡有位名叫耶喜蔥瑟的多芒僧人去世了，我有他的法本，說不定你會需要。」他便把多芒新伏藏的獅面空行母和《遍空自解脫》法本交給我。我藉此透過《遍空自解脫》進行了四十九天的後事。但是在尋不得骨灰修法儀軌之無可奈何下，不得不寫下此軌。凡有過失和相違之處，誠於觀音面前懺悔。若有少許可行之可能，願成為一切眾生得到觀音果位之因。

名為揚唐祖古者寫。願成善！

54 今紅宮山林中的四座塔，其中一座為仁波切母親為仁波切所建，詳見本書第二章〈紅宮的塔子、康定的政協以及色達的藏戲〉。四塔當中，最小的一座塔即是為了放置二姊夫的骨灰擦擦而造。

55 可能是指Bir（比爾）一地。

6 從天而降的時輪金剛

一九五九年，年輕的達賴喇嘛喬裝步出羅布林卡，輾轉向南流亡到印度。在離開西藏之前，他曾兩度在羅布林卡傳授時輪金剛灌頂，也是他一生中最初兩次傳授此法，據說參加灌頂者有十萬人之多。一九七〇年，達賴喇嘛尊者於他駐錫的達蘭薩拉傳授時輪金剛，據說有三萬人與會，是為流亡印度後的首傳。而一九八一年在美國威斯康辛州的曼迪森傳授時輪金剛，則是他在西方世界首傳此法。總之，截至一九八五年夏天在瑞士的時輪法會為止，他一共傳授了十次時輪金剛灌頂。

同年十二月，菩提迦耶迎來了達賴喇嘛尊者的第十一次時輪金剛灌頂，據說有二十萬信眾湧入參加法會，其中不乏當時各大教派大師，包括頂果欽哲法王等。揚唐仁波切也來到了菩提迦耶，他雖有求得時輪灌頂之心，但也同時在慎重思忖：自己在得到灌頂後，能否如理守護三昧耶戒。

於是他來到了佛陀成道地——金剛座的菩提樹下，雙手合十祈請上師、三寶給予明確的指引。虔心祈求之際，空中飛來一幀照片，飄落在他面前。他拾起照片，看到照片中央是端坐的達賴喇嘛，而達賴喇嘛身後乃是時輪金剛聖像。這張從天而降的時輪照片，對於仁波切來說，是再清楚不過的指示，於是他參加了時輪金剛的灌頂。近侍清哲祖古如是敘述：

揚唐仁波切私人相簿中收藏的達賴喇嘛尊者像，尊者後方為時輪金剛父母尊。我們無法確知這是否就是當時從天而降的照片。資料提供／玉僧璨康。

他向大悲導師一心祈求：「今天請向我顯示一個徵相和緣起！」他坐在菩提樹前祈願，一心祈求後，一陣冷風吹來，有個東西落在他的懷中，他想說是樹葉還是什麼。一看之下，原來是達賴喇嘛尊者的照片。照片當中，達賴喇嘛尊者的背後還有一個時輪金剛的壇城。

在時輪金剛法會上，揚唐仁波切也與在尼泊爾熟識的仁增玉准、吉美袞桑母子重逢。

法會結束後，仁波切想去各大聖地朝聖，吉美袞桑便著手安排。他如是回憶朝聖的經過：

> 一九八五年，揚唐仁波切去菩提迦耶參加了時輪金剛灌頂。那時頂果欽哲法王、薩迦法王也有參加。灌頂結束後，仁波切說要去朝聖，所以一行人加上我媽媽，總共七人。仁波切想去較遠的聖地，像是阿旃陀石窟、埃洛拉石窟、桑吉等地。那時才不像現在這樣，當時坐火車是很辛苦的。而且仁波切那時也沒什麼錢，坐火車都要節省，而且轉車什麼的也不熟悉……去了阿旃陀石窟、埃洛拉石窟以及孟買那邊有個八十大成就者的聖窟，也去了桑吉。
>
> 仁波切那時有兩個隨侍，一個是札西彭措，另外還有一位。我們先從伽耶火車站坐火車去桑吉。在桑吉待了一天，再從桑吉坐火車去阿旃陀石窟、埃洛拉石窟。接著去了孟買，最後又去廣嚴城、瓦拉納西、拘尸那羅、藍毗尼。因為不熟悉路途，所以沒去佛陀天降地僧伽施。我們都沒有計畫，一直在換火車和巴士，又是儉樸朝聖，所以花了比較多時間。

阿克南卓則簡述了時輪金剛會上的情景：

> 達賴喇嘛尊者在金剛座傳授時輪金剛灌頂時，有一天，他當著大眾面前說道：「在那邊的那位上師，請上來吧！」這是我哥哥跟我說過的往事。

他所說的「那位上師」，就是揚唐仁波切。阿克繼續談到達賴喇嘛與揚唐仁波切的互動過程：

後來達賴喇嘛尊者前去錫金時，仁波切如是自我介紹：「我的家鄉是錫金，被認證為一個康巴祖古後，就在八歲時去了西藏。時局變遷中，在監獄裡待了二十年。爾後收到母親來信，為了與母親重逢而返回錫金。」達賴喇嘛尊者回應說：「喔這樣呀，你是錫金人，又變成了康巴人！」從那時起，尊者就給仁波切起了一個綽號，叫「錫金康巴人」。達賴喇嘛尊者還說：「你要去西藏前，臨行時一定要來找我喔！」

阿克南卓在一九八七年遠從西藏前往錫金侍奉揚唐仁波切時，曾先前去拜見達賴喇嘛。他如是回憶道：

我第一次見達賴喇嘛尊者時，他問我說：「你家鄉在哪裡？路上有沒有被中國人刁難？」我回答：「我是從爐霍來的。」他問我：「那你現在打算去哪裡？」我就說我要去錫金。他又問我：「在錫金要依靠誰呢？」因為我先前聽我哥哥說，達賴喇嘛尊者叫仁波切「錫金康巴人」，所以我就說：「我要去錫金康巴人那邊！」他說：「喔這樣呀！」說完便悄悄交代隨侍，然後隨侍就拿來一袋大寶藥丸[56]給達賴喇嘛尊者。他對我說：「你有去錫金康巴人那邊的話，麻煩請你說這是我送的。」後來我到錫金，仁波切的母親病了，仁波切有說過：「喔，達賴喇嘛尊者的大寶藥丸應該是為了母親而送的。」於是每天都有給母親吃一顆大寶藥丸。

九〇年代初期，仁波切正欲返回多芒寺前，又前去拜見達賴喇嘛尊者。阿克南卓如是敘述：

後來我們要回寺院時，特地去南印度拜見貝諾法王，接著為了拜見達賴喇嘛尊者而去達蘭薩拉。我們一到達蘭薩拉，就看到他正要前往外國，車隊正在整隊出發。我們就租了一輛車子追了上去。

第二天，抵達德里時，達賴喇嘛尊者那邊捎來信息，要我們後天前去。於是我們又前去拜見，兩人進行了仔細而廣泛的對話。那時候有仁波切、吉美、蔣秋和我四人。達賴喇嘛尊者說：「我什麼都沒帶來這裡，你們當中如果有一個人可以去達蘭薩拉的話，我們會準備車子。」於是就派了吉美前去達蘭薩拉，取得了達賴喇嘛尊者剃下的頭髮、法衣、一袋甘露法藥以及一袋摩尼丸[57]。

曾經與仁波切共同拜見達賴喇嘛數次的外甥女蔣秋卓瑪，也對這一次會面的過程記憶猶新，她如是敘述道：

我們到達蘭薩拉時已經晚了，而仁波切決定要早上才去拜見。可是當我們接近他的住所，看到人群拿著哈達在等著，一問之下才知道他正要前往德里，於是我們就趕緊打包，租了一台車追了過去。

尊者住在德里的阿育王旅館（Ashok Hotel），我們帶著很多供品前去，可是不被允許拜見。仁波切有央求守衛，但仍不被允許。於是仁波切寫了一封信，說

56 西藏醫學使用的藏藥名稱。

57 又稱嘛呢丸，這是經過達賴喇嘛尊者與僧眾於達蘭薩拉六字大明咒持誦法會加持的甘露丸。

上面有往生者回向名單，請求轉交給尊者後，我們就離開了。後來晚上有人來找我們，說尊者要接見我們。而仁波切堅持要在早上拜見，於是隔天早上我們前去拜見尊者。他們交談很久，有提到保存西藏文化和語言的議題，尊者也期許仁波切能在西藏建佛學院或學校。[58]

而根據清哲祖古的說法，當初仁波切在德里寫給尊者的信中，應述及不少與西藏局勢和自己過往遭遇有關的內容。因為多年以後，達賴喇嘛尊者應邀前往錫金，在拉邦停留期間，仁波切曾遣派侍者前去代獻哈達，達賴喇嘛對侍者們說：「喔，我都稱呼揚唐仁波切叫『錫金康巴人』啦！他真的是個康巴人。多年前他在德里捎了一封信給我。他想來見我，而我的侍者不清楚狀況而沒有讓他來見。看到他的信，我流下了眼淚。他的信文筆優美、文情並茂，我看著看著就流淚了，我們可是好朋友。」

二〇一〇年，藏曆鐵虎年，值揚唐仁波切的壽障年，仁波切的一位台灣弟子在達蘭薩拉請求達賴喇嘛尊者為仁波切寫下一篇長壽住世祈請文。尊者所寫的祈願文中，以揚唐仁波切的全名「袞桑吉美德千偉瑟多傑」（普賢無畏大樂光明金剛）結合大圓滿深奧義理入詩，包含四個四句偈，共十六句。以下為這篇祈請文的部分內容：

本基實相普賢法界中，諸識幻化作為無畏道，
笑傲大樂本地諸乘頂，妙持光明金剛誠祈請。
講修流於文字形象僧，令此大寶釋教徒虛名，
照見此情教眾正德尊，願您蓮足永固恆堅駐。[59]

58 蔣秋卓瑪敘述，二〇二一年透過網路社群媒體。

59 敦珠貝瑪南嘉中譯，二〇一〇年。

THE DALAI LAMA

༄༅། །སྐྱ་བ་ཟླ་མེད་འདྲེན་མཆོག་ཟས་གཙང་སྲས། །ཁྱད་པར་གངས་རིའི་གཉེན་དུ་ཤར་བའི་མགོན། །འཕགས་མཆོག་ཞི་ཁྲོ་པདྨ་ཀ་ར་རྗེས། །བདག་སོགས་འགྲོ་ལ་བྱིན་རླབས་དངོས་གྲུབ་སྩོལ། །གཞི་ཡི་གནས་ལུགས་ཀུན་ཏུ་བཟང་པོའི་ཁམས། །རྟོག་ཚོགས་འཕྲུལ་གྱིས་འཇིགས་མེད་ལམ་དུ་བྱུས། །བདེ་ཆེན་རང་སར་བཞད་པའི་ཐེག་པའི་རྩེ། །འཛིན་མཁས་འོད་གསལ་རྡོ་རྗེ་ར་གསོལ་བ་འདེབས། །ཚིག་སྒྲིའི་བཤད་སྒྲུབ་རྟགས་ཀྱི་དགེ་སྦྱོང་གིས། །ཐུབ་བསྟན་རིན་ཆེན་མིང་ཙམ་འགྱུར་བ་འདི་ར། །ལྷག་པར་དགོངས་ལ་བསྟན་འགྲོའི་དཔལ་དམ་པར། །ཞབས་པད་གཡུང་དྲུང་ཁམས་སུ་བརྟན་པར་ཤོག །སྐྱབས་གསུམ་རྒྱལ་བ་རྒྱ་མཚོའི་བྱིན་རླབས་དང་།། ཁྱད་པར་གངས་ཅན་འགྲོ་མགོན་སེ་ཧྲ་བས། །དཔལ་ལྡན་བླ་མའི་སྐུ་ཚེ་བརྟན་པ་དང་། །ཐུགས་ཀྱི་བཞེད་པ་མ་ལུས་འགྲུབ་པར་མཛོད།། །།

ཅེས་པ་གཡང་ཐང་རིན་པོ་ཆེ་ཀུན་བཟང་འཇིགས་མེད་བདེ་ཆེན་འོད་གསལ་རྡོ་རྗེ་འམ་ངོས་ནས་ཀུ་རེའི་རྒྱལ་དུ་འབྲས་ལྗོངས་ཁམས་པར་འབོད་པ་དང་དམ་སྙིང་སྟོབས་ཅན་གང་གི་ཞབས་བརྟན་སྨོན་ཚིག་ཅིག་དགོས་ཞེས་སློབ་མར་གཏོགས་པ་ཀུན་གྱིས་བསྐུལ་ངོར་བཞིན་བྲིས་པ་དེ་དེ་བཞིན་དུ་འགྲུབ་པར་གྱུར་ཅིག ཤཱཀྱའི་དགེ་སྦྱོང་ཆོས་སྨྲ་བ་ཏཱ་ལའི་བླ་མ་བསྟན་འཛིན་རྒྱ་མཚོས། བོད་རབ་བྱུང་བཅུ་བདུན་པའི་ལྕགས་སྟག་ཟླ་ ༣ ཚེས་ ༢༡ ཕྱི་ལོ་ ༢༠༡༠ ཟླ་ ༥ ཚེས་ ༩ ལ།།

第十四達賴喇嘛尊者所寫的揚唐仁波切長壽祈請文影本。

達賴喇嘛尊者在文末寫道：

在深具信心、誓言與心力的揚唐仁波切哀桑吉美德千偉瑟多傑，或是我開玩笑地戲稱為「錫金康巴人」之全體弟子共同請求下，釋迦沙門達賴喇嘛丹增嘉措，於西藏十七勝生鐵虎年三月二十一日，即西元二〇一〇年五月四日，寫下此長壽祈請文，盼文中所願皆得實現。

揚唐仁波切一生中最後一次拜見達賴喇嘛尊者，是二〇一二年於德里。當天尊者致贈仁波切一尊釋迦牟尼佛的金色佛像，並與揚唐仁波切留下珍貴合照。

二〇一五年冬天，仁波切應邀到北印度比爾白玉法輪洲傳授《四心滴》灌頂。人稱「噶陀祖古」的嘉朱圖丹成利祖古也前往參加。灌頂結束後，噶陀祖古意欲前往達蘭薩拉拜見尊者，仁波切便託他代獻哈達。噶陀祖古拜見尊者時，特別奉上仁波切交託的哈達，並稟告說自己才在比爾求得《四心滴》灌頂，尊者對他說：「喔非常好，揚唐仁波切是位很好的上師！他身體好嗎？」[60]

至於尊者在二〇一二年送給揚唐仁波切的那尊金佛像，後來在仁波切圓寂四年後的二〇二〇年春天，裝藏在台灣金竇山寺的揚唐仁波切舍利塔中。

60 嘉朱圖丹成利祖古訪談，二〇一七年四月十五日於馬來西亞吉隆坡。祖古於本書的敘事均出自這場訪談，以下不再另註。

第十四世達賴喇嘛贈送金佛像給揚唐仁波切時
的合影（二〇一二年）。照片提供／清哲祖古。

7 世界的首航與佐敦的新鞋

改革開放後，眾多自一九五〇年代末期起到文化大革命期間被摧毀的寺院亟欲重振，同時也有新興道場應運而生，其中影響力最大者，當屬晉美彭措法王所創建的色達喇榮五明佛學院。

一九八四年，脫離「三重黑帽」罪名不過幾年的多芒寺祖古帝剎，在色達喇榮拜晉美彭措法王為師，求得完整的《四心滴》灌頂和口傳等法教。一九八五年，祖古帝剎開啟多芒寺主殿的重建工程。隔年，祖古帝剎及全體多芒寺僧均前往喇榮，於晉美彭措法王座下求得時輪金剛灌頂等法教，法王也矚咐他日後要在喇榮傳授《甘珠爾全集》的口傳。一九八七年，晉美彭措法王前去中國朝禮五台山，五百多位弟子隨行，當中包括了來自多芒寺的祖古帝剎和德巴堪布等大德。[61]於此同時，揚唐仁波切的侍者阿克南卓來到錫金，向仁波切報告多芒寺大殿建設的情形，仁波切心中開始醞釀重回多芒興建佛學院和閉關中心的想法。

時值世界各地時局持續演變、冷戰漸入尾聲之際，幾位大師們也紛紛示現無常之理。繼第一任寧瑪掌教者敦珠法王在一九八七年於法國圓寂後，才圓滿母親後事不久的揚唐仁波切，又在一九八八年於貝林璨康聽到色拉陽智圓寂的消息。仁波切在他所寫的〈追憶上師之祈願文〉當中，毫無保留表達自己的哀傷和思念之情：

您之三密解脫行儀海，在在追憶於心而傷感，
虔誠淚水呼喚您心意，此世來生中陰一切時，
無論苦樂好壞或高下，除您怙主之外不尋救，
對於有緣徒兒為首眾，祈以大悲速眷顧眾生。……
以此至信猛烈祈求力，最後上師化光融入己，
義傳密義加持直達心，心意合一法盡元基中，
與上師您無別一味「阿」。

仁波切在文後如是說明寫作此文的緣由：

我的具恩上師色拉陽智金剛持尊者之有法形體攝入法性界中的悲慟消息，不請自來進入耳中，我本人無可逆轉的業相，不欲而至之惡緣顯現。乍聞之下，儘管如掏出心臟一般也無計可施。縱使淚水直流也無有助益，在無有可做之下，假裝使己心與師心融合為一。返回自宅揚唐璨康[62]數日後，適逢蓮師初十節日，以此作為上師圓寂法會而供奉時，在毫無念頭當中，瞬間一切景象彷彿全然止滅。之後，在無限感傷之下，隨心所至而直筆，名為揚唐祖古者寫。

61 德巴堪布著，〈多芒寺聖教善增洲之歷代座主等歷史簡述：白晶明鏡〉。
62 即貝林璨康。

一九九〇年初，柏林圍牆倒塌不出數月，仁波切踏上首次海外傳法的旅程，此行的目的地是才解嚴不到三年的台灣。仁波切首先向貝諾法王稟報想經由香港前往台灣的意願，貝諾法王則交代總管袞桑張羅仁波切的機票和住宿等事宜。當時貝諾法王在香港籌設中心，由總管袞桑和香港弟子潘先生（以下稱Mr. Poon）等人，尋得位於佐敦與尖沙咀交界處的中心場址。

前往台灣勢必需要各式文件，常駐台灣聞思修佛學中心的釋迦仁波切如是敘述當時貝諾法王的總管交付給他的任務：

> 總管袞桑問我說：「你知道要怎麼從西里古里去錫金嗎？」那邊的人是講尼泊爾話，而我會說尼泊爾話，我就說當然會。他就拿了大概兩百塊印度盧比，並且交給我一封信說：「你一定要把這封信送到多竹千法王的寺院給揚唐仁波切，揚唐仁波切正在那裡，這封信非常重要。」於是我就去了錫金拜見多竹千法王，多竹千法王的空行母[63]對我說：「揚唐仁波切正在謝年家修法，我派個喇嘛帶你過去！」我去到那邊，看到揚唐仁波切正在修法，旁邊有三四個喇嘛。我說：「這是總管袞桑捎給您的信。」他就很開心地開信來看。那封信裡面大概是有出國所需的相關文件。

根據聞思修佛學會寧瑪仁波切的說法[64]，貝諾法王得知揚唐仁波切前往台灣的意願後，交代總管袞桑、堪布南卓以及常駐台灣深坑中心的阿南仁波切協助處理簽證等事宜。而根據堪布桑給朗炯的敘述，仁波切在尼泊爾時，堪布南卓前去拜見仁波切，隨後聯繫總

63 即「康卓拉」康卓貝瑪德千。

64 寧瑪仁波切當時與釋迦仁波切共同接受訪問。

揚唐仁波切在尼泊爾博達滿願塔的留影（一九九〇年代初期）。照片提供／道孚家庭。

管袞桑協助仁波切辦理文件和機票。堪布桑給朗炯說道：「在兩三天的時間裡訂了機票，然後堪布南卓、不丹隨侍沃竹喇嘛、多波的一位好上師瑪貢仁波切，還有現在的寧瑪仁波切，再來就是揚唐仁波切。揚唐仁波切沒有任何侍者，他是一個人。他們訂了去香港的機票，便前去香港了，我有去機場送機。」

揚唐仁波切抵達香港後，與瑪貢仁波切和寧瑪仁波切一同住在仍在裝修的白玉中心裡。寧瑪仁波切回憶道：

> 我們一起在香港待了七八天，然後一同去了台灣。我是隨侍多波瑪貢仁波切，而揚唐仁波切沒有特別的隨侍。去香港的途中，還有堪布南卓和堪布南卓的不丹侍者沃竹作伴。堪布南卓和沃竹從香港去了康區色達喇榮。總管袞桑自己在香港有很多事情，就跟我說：「寧瑪喇嘛，既然你和瑪貢仁波切要去台灣，可以順道帶揚唐仁波切去嗎？」
>
> 我們在香港待了七天，那時貝諾法王香港中心還沒有正式成立，買了房子之後在進行裝潢。那時香港白玉中心裡面，完全沒有法座啦、佛龕啦這些。我們還一起吃饃饃。當時正好是聖誕節前後[65]，我們一同待了幾天，然後一起去了台灣。……那時我已在台灣待了兩三年，而揚唐仁波切是首次去台灣，他住在深坑。

總之，揚唐仁波切從尼泊爾前往香港時，有貝諾法王總管袞桑、堪布南卓、寧瑪仁波切等一行人為伴。這段從加德滿都飛往香港的航程，是揚唐仁波切一生首次飛航經驗。在香港停留數日後，仁波切又搭乘中華航空班機飛抵台灣。曾在台灣隨侍仁波切多年的喇嘛更嘎寧博回憶道：「仁波切首次來台灣，他是說貝諾法王總管袞桑有從中設法，我記的不是很清楚了。仁波切是有這樣說過。首先去了香港，到香港時，仁波切的鞋子不好，於是去買了鞋子，說了很多這樣的故事。」[66]

當時在台灣深坑中心協助佛畫工作，且正好人在香港的袞桑多傑如是回憶道：

> 我去香港時，剛好堪布南卓和袞桑喇嘛[67]在貝諾法王中心那邊。袞桑喇嘛跟我很好，他叫我畫唐卡，他訂唐卡，我就給他畫。那時紐修堪仁波切也在那裡。我就問紐修堪仁波切：「你是哪位？」他說他是流浪漢，我就想說他應該就是流浪漢，我們一起去吃飯，我也不知道他是這麼大的修行者。
>
> 揚唐佛爺在裡面，他對我說：「我有看過你。」我就問是在哪裡看過我，他回答：「你是不是在宗囊仁波切（即蔣波佛爺）那邊畫唐卡？」我說：「對啊，沒有錯啊，我跟宗囊仁波切住在一起。」他說他來過德拉頓的克雷門鎮[68]，有看過

65 指一九八九年十二月的聖誕節。此時間點是否真確仍待釐清。

66 更嘎寧博喇嘛訪談，二〇一七年一月六日於台灣新北林口（揚唐仁波切傳記撰寫計畫的第一場訪談）。他於本書的敘事均出自這場訪談，以下不再另註。

67 即總管袞桑。

68 德拉頓的克雷門鎮（Clement Town, Dehradun）位於印度境內。蔣波佛爺於此興建一間寺院後，轉供給敏林赤欽仁波切，即今日印度的敏珠林寺。

我。我說我真的不太記得，因為宗囊仁波切那邊有很多祖古會來拜見。揚唐仁波切在克雷門鎮住了幾天，有與蔣波佛爺見面談話。

我就問揚唐佛爺：「那你要去哪裡？」他說：「我要去台灣。」我問他要去台灣做什麼。他說：「我要去台灣化緣，我在西藏有寺院，需要籌款，可是我在台灣一定籌不到錢。但是我還是要去。」

第二次我去那邊見他時，中心的喇嘛都不在，他們好像是去修法還是去哪裡，就他和一位老喇嘛在裡面。揚唐仁波切就對我說：「你可不可以幫個忙？」他說他的鞋子壞了，鞋底已經裂開了，想買新鞋但是又語言不通。我說沒問題，就帶他去買鞋子。他很喜歡那個鞋子。他很可愛，還從腰帶那邊掏出港幣十塊十塊的，我就說：「不用不用，我來付錢。」他就很不好意思地說：「對不起，好像請你幫忙帶我買鞋子，是要你付錢的樣子。」我就說沒有關係，鞋子也不是很貴。我記得大概最少港幣一千七百多，那是很好的鞋子，我的習慣是不會買差的。

後來我就從香港去印度。從印度快回台灣時，我打電話給我太太，那時還沒有結婚，是住在一起而已。她就跟我說：「欽多傑，現在台灣有個佛爺在這邊（指深坑中心）。我很喜歡他！」我問說：「誰呀？哪一個佛爺啊？」她就說：「新來了一個揚唐佛爺。」我就說：「這樣啊？揚唐佛爺我在香港見過呀！」[69]

深坑中心乃由寧瑪派白玉傳承高僧宗囊仁波切在當時的台北縣深坑區所設立。宗囊仁波切與噶瑪噶舉派的卡盧仁波切等上師，同為最早期來台傳揚藏傳佛教的大師之一。他在香港和台灣弘法期間，屢向前來問事求助的信眾示現靈驗的法事和精準的卜卦，他為人慈藹親和、利眾不倦，乃至於深夜仍接見來訪信眾。華人弟子稱呼為「蔣波佛爺」的他，是早期在港、台兩地最具影響力的寧瑪派上師。繼一九八三年初訪台灣後，他在數年之間多次再訪台灣，於台北五峰山、台中密藏院等地傳法，並在深坑覓得設立中心的場址，親自規劃中心內部佈局。然而在深坑中心完工之前，蔣波佛爺便於香港示現圓寂。在一九八七年八月一日出刊的第二期《密藏院雜誌》頭版上，刊登了這一則簡短而顯眼的消息：

> 蔣波佛爺圓寂
>
> （本刊訊）密宗寧瑪派轉世活佛，蔣波羅曾仁波切，於中華民國七十六年七月二十七日下午十一時在香港示寂。

深坑中心落成後，首位入住上師主房的乃是貝諾法王。由於深坑中心平時並無上師住持，貝諾法王於是建議揚唐仁波切在台期間入住此中心，一來中心裡有阿南仁波切等人可就近照應，二來有個優秀的上師住持，對中心也是好事。貝諾法王在電話中親自交代阿南仁波切：「揚唐仁波切到台灣時，你們要好好照顧他。」[70]

69 袞桑多傑訪談，二〇一八年六月四日於台北。他於本書的敘事均出自這場訪談，以下不再另註。

70 阿南仁波切訪談，二〇一七年一月二十日於台北。他於本書的敘事均出自這場訪談，以下不再另註。

8 日月潭之後的初轉法輪

一九八七年七月二十七日晚間，蔣波佛爺在香港示寂。貝諾法王指示將法體從香港運往台灣，旨在讓寧瑪派教法在台灣能夠宏傳光大。八月四日，裝載法體的靈柩在桃園機場落地，在經過冷藏安放一年後，貝諾法王復於一九八八年親赴深坑中心主持荼毗，秋竹仁波切、嶺果祖古、烏金托傑仁波切等人也一同與會。根據蔣波佛爺弟子翁明谷的回憶，當天原本下著雨，眾人擔憂是否會影響火化進行。結果法體送達荼毗地點時，雨勢便停止了。[71]荼毗之後，烈火不壞的心臟部位被迎回尼泊爾宗囊寺中，其餘遺骨皆安奉在深坑中心的蔣波佛爺舍利塔中。

兩年後的一九九〇年，揚唐仁波切初抵台灣，他被台灣信眾稱為「楊丹仁波切」，也有弟子稱他作「揚唐佛爺」。從現存資料來看，揚唐仁波切在台灣首次公開傳法，是一九九〇年六月二十五日在台中大里密藏院進行。[72]

密藏院乃由時任省政府官員的田璧雙於一九八四年發起創立，會址設於大里的國光路上，成立至今三十餘年，未曾搬遷。成立之初，正逢藏傳佛教大師們來台弘法首波風潮，在揚唐仁波切來台之前，密藏院便曾迎請宗薩欽哲仁波切、夏瑪巴仁波切、薩迦達欽仁波切、塔立仁波切、貝諾法王、達龍澤珠法王、直貢澈贊法王、蔣波佛爺、創古仁波切、嘉察仁波切、泰錫度仁波切等各教派知名上師前去傳法。一時與北部的五峰山、貢噶精舍等道場，同為藏傳佛教在台初期傳法重鎮。

一九九〇年六月二十四日，揚唐仁波切受邀來到密藏院。隔天，在田璧雙陪同下前去南投日月潭參觀，朝禮安奉在玄奘寺的玄奘大師頭骨，並參訪了主祀關聖帝君和孔子的文武廟。仁波切從日月潭回返密藏院後，於當晚傳授白文殊灌頂。在紀錄上，這不僅是他在台灣的首次傳法，也是他在西藏和喜馬拉雅地區外的初轉法輪。一九九〇年七月一日出刊的第三十五期《密藏院雜誌》頭版上，留下揚唐仁波切首次傳法的蹤跡，這也是史上第一個關於仁波切在海外傳法的報導：

> （本刊訊）藏密甯瑪派貝瑪拉密札祖師化身之楊丹仁波切，應臺灣信眾虔誠心恭請蒞臺宏化，已於六月二十四日應密藏院之請由覺嵋堪布、阿南喇嘛、強巴喇嘛隨侍至臺中傳法三天，仁波切悲心具足，二十五日傳白文殊師利菩薩法時，除身、口、意、事業、功德灌頂外，並予八吉祥之灌頂……

六月二十六日，仁波切傳授卑瑪拉密札灌頂。二十七日上午，他前往位於大坑風景區

71 翁明谷也提到，這場荼毗法會罕見地使用檀木作為薪柴。翁明谷訪談，二〇一八年六月三十日於台灣桃園。他於本書的敘事均出自這場訪談，以下不再另註。

72 感謝密藏院黃秘書以及江旻諺的協助，提供諸多密藏院收藏的文字紀錄、照片等資料。

行政院新聞局登記證局版臺誌字第五九八四號（月刊）
中華郵政中台字第〇五〇九號執照登記爲雜誌交寄
免費贈送　歡迎索閱
中華民國七十六年七月一日創刊（每月一日出刊）

密藏院 雜誌

第三十五期

發行人　劉佳田
社長　鄭永寯
發行所　財團法人台灣省佛教密藏院慈善事業基金會
社址　台中大里國光路二段769號五樓
電話　(04)2623648
郵撥　02652809
印刷所　崇民印刷廠台中分廠
地址　台中市大慶街2段20號

楊丹仁波切

經在密藏院建地煙供放天馬

（本刊訊）藏密甯瑪派貝瑪拉密札祖師化身之楊丹仁波切，應臺灣信衆虔心恭請蒞臺宏化，已於六月二十四日應密藏院之請由覺帽堪布、阿南喇嘛、強巴喇嘛隨侍至臺中傳法灌頂三天，仁波切悲心具足，二十五日傳白文殊師利菩薩法時，除身、口、意事業、功德灌頂外，並予八吉祥之灌頂；二十六日予貝瑪拉密札大灌頂，二十七日上午十時在臺中大坑風景區密藏院興建基地舉行護法、長壽佛烟供，然後由功德主齊放天馬，消除無始業障，增福添壽。參加烟供放天馬之信衆，來自全省各地，近百人，法會莊嚴隆重，個個法喜充滿。是日晚間七時，在密藏院傳聖者間公法，同時予「愛格查的」、「蕩金多傑日巴」密護法及「嗡哈吽啦」之灌頂，因緣至爲殊勝，法會圓滿，請求皈依者五十餘人。仁波切爲景仰我唐代聖僧玄奘大師，特赴日月潭朝拜，並順道遊覽日月潭風光，於二十九日北返，仍駐錫深坑臺灣甯瑪巴白玉佛法中心。

楊丹仁波切法相

煙供放天馬

楊丹仁波切主壇煙供放天馬

財團法人臺灣省私立佛教密藏院慈善事業基金會 啓事：

本會為推展目的事業需要，曾經於臺北市設立本會臺北分會（業務包括臺北縣市）。敦請皆德儀居士擔任會長。茲為擴大臺北地區性服務，復在臺北市木柵區保儀路一五九號五樓，再設本會臺北市南區分會。並聘仁欽才人居士為該分會會長，依章辦理有關社會福利事宜，恭請寧瑪派金剛上師，堪布伊喜商度仁波切常駐宏法。分會業於中華民國七十九年七月一日正式成立，敬請金剛兄弟，十方善信，鼎力護持。

尊貴的楊丹仁波切將在台北

僑光堂、五峯山、白玉中心傳法

（又訊）楊丹仁波切駐錫臺化期間，將應請舉行數次灌頂大法會：

㈠僑光堂－七月十七日起，一連三天，假臺北市舟山路僑光堂灌頂：七月十七日下午七時「普巴金剛」、七月十八日下午七時「聖者關公」、七月十九日下午七時「龍欽甯體蓮師大薈供」。

㈡五峯山－七月二十二日假臺北五峯山南分寶生佛刹開示「發菩提心」。

㈢白玉佛法中心－七月二十八日，下午三時，楊丹仁波切在深坑翠谷二莊臺灣甯瑪巴白玉佛法中心主持「宗諸蔣波羅曾仁波切示寂三週年紀念大法會，並舉行「繞塔、薈供」莊嚴儀式。

㈣白玉佛法中心－七月二十九日、三十日下午七時，在白玉佛法中心開示，「大圓滿禪定」。七月三十一日下午七時，在白玉佛法中心開示「心的本質」並舉行「貝瑪拉密札祖師灌頂」。

楊丹仁波切，是貝瑪拉密札祖師化身之尊貴的成就者，首次蒞臺宏化，因緣殊勝，希珍惜參加共密法益。如需進一步瞭解詳情，請以（〇四）二六二－三六四八電話洽本會，或以（〇二）六六二－四六三〇電話洽白玉佛法中心均可。又悉：楊丹仁波切，在臺北各次法會圓滿後，將應駐錫美國之開初仁波切之請，赴美宏化云。

中元節 密藏院將舉辦超度大法會

（本刊訊）佛教密藏院基金會以：中元節係慎終追遠，爲人子孫應盡孝道之節日。該會每年均有舉辦超薦大法會，本年亦不列外，將於中元節前夕，恭請金剛上師堪布伊喜商波仁波切主持，以無上宏法，超度先靈日期爲七十九年九月二日（農曆七月十四日）。有意發心超薦先人暨親友亡靈者，可向該會預爲登記。

據悉：該會往年舉辦之超薦大法會，不僅恭請轉世活佛主壇，且設置莊嚴壇城，安置蓮位，迎請先靈入壇聆法。然後火供祭品，焚化蓮位，恭送先靈往生淨土云。

右頁／《密藏院雜誌》翻攝。資料提供／密藏院。

左／揚唐仁波切於日月潭之旅中，朝禮玄奘寺內的玄奘大師頭骨。

右／仁波切一行人參訪日月潭文武廟（一九九〇年）。

照片提供／密藏院。

唐仁波切與田璧雙先生合影。
片提供／密藏院。

山坡地，為密藏院道場[73]興建預定地修持煙供。當天晚上，仁波切在密藏院傳授第三天的灌頂。《密藏院雜誌》如是記載：

> 參加烟供放天馬之信眾，來自全省各地，近百人，法會莊嚴隆重，個個法喜充滿。是日晚間七時，在密藏院傳聖者關公法[74]，同時予「愛格查的」、「蕩金多傑日巴」密護法及「嘛哈嘎啦」之灌頂，因緣至為殊勝，法會圓滿，請求皈依者五十餘人。[75]

報導中提及的「聖者關公」指的其實是格薩爾王，這是仁波切在台灣首傳格薩爾法。灌頂所依法本即為當初依頂果欽哲法王交代，按米旁仁波切原軌增補編成的儀軌。

揚唐仁波切於七月下旬首次在台北市為大眾傳法。一九九〇年八月一日出刊的《密藏院雜誌》第三十六期中記載：

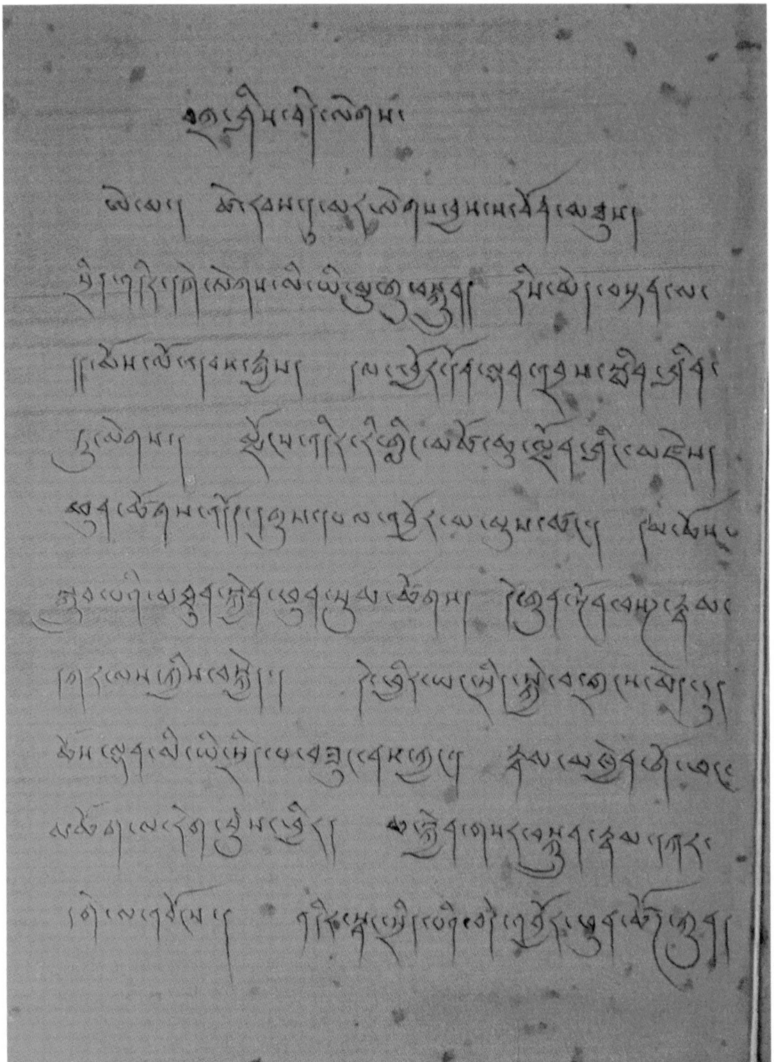

揚唐仁波切特為田璧雙先生寫下的吉祥祈願文。資料提供／密藏院。

73 這個道場後來因故而未建。

74 原文作「問公」，明顯誤植，此處直接勘正為關公。

75 《密藏院雜誌》第三十五期，一九九〇年七月一日出刊。

唐仁波切在僑光堂傳法的留影。照片提供／密藏院。

（本刊訊）寧瑪巴白玉傳承之長老，楊丹仁波切於本七十九年七月二十五日起[76]，一連三天在台北舟山路僑光堂[77]傳法灌頂。首日傳普巴灌頂，次日傳聖者關公，第三日傳龍欽寧體法系蓮師薈供儀軌。每日求法者二百餘人，仁波切說法精細，平易近人，受法者個個法喜充滿。法會圓滿日，要求皈依者百餘人，因緣至為殊勝云。

這期的《密藏院雜誌》也記載了揚唐仁波切主持蔣波佛爺圓寂紀念法會的情景：

本（七十九）年七月二十八日，為宗諾蔣波羅曾活佛示寂三週年紀念日。臺灣甯瑪巴白玉佛法中心宗務護持委員會，特於是日下午三時在該中心，舉行大薈供暨率眾繞塔祈福大法會。法會由甯瑪派尊貴之楊丹仁波切主持，秋珠仁波切（即秋竹仁波切）、竹欽仁波切、覺嵋堪布、阿南喇嘛、迦陀喇嘛等共同修法，來自全省各地參加法會者二百餘人……

仁波切初訪台灣期間大多住在深坑中心。此時知名度尚不高，平時前來拜見問事者並不多。寧瑪仁波切和釋迦仁波切曾安排仁波切為信眾修法，也曾安排仁波切與瑪貢仁波切到台南噶舉寺修製寶瓶。白玉秋竹卻吉達瓦的再來人——自稱

「秋瘋」的秋竹仁波切——如是敘述一九九〇年代與仁波切在台灣互動的往事：[78]

第一次見到他，就覺得他真人不露相，就覺得他是個老參，我那個時候十幾歲吧，還是個小小鮮肉。……當然是看不出來啊，肉眼看出來那怎麼叫真人呢？我們大部分看得到的都是已經炒作完了嘛！包裝過的。他除非包裝的時候，人家會說他是某某人，其實沒有包裝你也看不出什麼東西來，怎麼會看得出來呢？看得出來的話，修得肯定不好。

我們就本來就是一家人嘛，他也是比較容易相處。……後來他第一次來台灣的時候，我有安排去很多地方唸經啊，我比較早來吧，所以我認識比較多吧。有時候我就開車載著他，我們就兩個開車聊天……那個時候就是我們兩個開車到處走的時候，我有問他一些東西，我有的時候喝了酒醉了，他也講過很多。

他待了幾個月，一兩個月我都陪著到處走，沒有什麼活動的時候就跑來跑去。我在敦煌路有個中心，有法會就法會啊，也沒幾個人嘛，就十來個，有法會的時候就法會，沒有的時候就是閒聊。

76 原文載為二月二十五日，經比對當時照片，判斷日期為誤植。一九九〇年七月一日出版的《密藏院雜誌》頭版上，刊登「尊貴的楊丹仁波切將在台北僑光堂、五峯山、白玉中心傳法」一文，足見二月傳法之說為誤。此處勘正為七月二十五日。

77 僑光堂座落於台灣大學校園中。僑委會遷出僑光堂後，台大收回使用，經整修後更名為「鹿鳴堂」。詳見維基百科網站「鹿鳴堂」相關資料。

78 秋竹仁波切訪談，二〇一七年五月十六日於台灣高雄。

我這樣說吧，他是不睡覺啦，他九點就睡了吧！我就跳舞去了，去玩、喝酒去了！我就差不多凌晨四點回來，他就起來啦，他很喜歡做功課，每天都這樣。

堪布桑給朗炯如是敘述仁波切首次來台的行程活動：「秋竹仁波切、瑪貢仁波切、揚唐仁波切三位，然後釋迦喇嘛當卻本，他們每天去修法，修了兩個月，去人家家裡修法，那是第一次去（台灣）的時候。」

深坑中心阿南仁波切則說道：「仁波切第一次來的時候，佛行事業大多是辦紐涅八關齋戒，華人弟子有五、六十人到一百人參加，中心雖然不大，但有很多房間。然後那些佛學中心有要邀請的話，仁波切就會受邀去灌頂，仁波切在外面沒有傳什麼法。」

釋迦仁波切如是敘述一九九〇年代請仁波切傳法的過程：「最初我們在外面租借一個大場地，在那裡請仁波切給予米旁仁波切傳規的格薩爾灌頂。後來我們請仁波切來我們中心，我們在印製格薩爾旗，有向仁波切請教，仁波切按照米旁仁波切的傳規親自繪製旗幟後交給我們。不過根據米旁仁波切的說法，旗幟邊緣處是綠色的……後來有位女士想要助印旗幡，揚唐仁波切就說：『這次我們做些改變，把邊緣弄成紅色，具有懷攝的意趣。』於是邊緣處就做成紅色的，這是揚唐仁波切決定的。」

曾在香港買了新鞋送給仁波切的深坑中心唐卡畫家袞桑多傑，也曾邀請仁波切到他家中住過一段時間。他與女友完婚之後，仁波切贈送棉被等寢具作為他們的新婚禮物。袞桑多傑回憶道：「那個時候沒有弟子呀，他一個人都在中心，我請他到我家裡，那個時候我住在和平東路，然後在家裡修法，揚唐佛爺有時候住我家裡好幾天。那個時候我們房子小一點，我有一個小佛堂，揚唐佛爺住在那邊，然後整天在那邊唸佛啦、修護法啦。然後我有時候去畫畫、出去工作，回來揚唐佛爺還是在那裡。他早餐都自己弄，我都在睡覺，他就說：『多傑，我早餐弄好了，給你吃！』他都很客氣，非常客氣。他很早很早起來，差不多三點多起來，他很早睡。我們兩個要結婚的時候，揚唐佛爺還幫我們修招財法，就在深坑修……揚唐佛爺就買了一個床單跟棉被，一套的，雙人床的，就送給我們。」

時常前去深坑中心的翁明谷回憶說：「我那個時候住台北，還沒有去當兵，我常跑深坑，聽說有個仁波切來到台灣，我就去親近他。揚唐仁波切會講中文，又很親切，他又長得

揚唐仁波切在深坑中心拍攝的法照（一九九〇年）。
攝影／龔詠涵。

跟我過世的祖父有點像，他對我很親切，所以我變成說時常跑去跟仁波切請益啊，就直接用中文問，就不用再透過翻譯。因為那個時候的傳法很麻煩，就是藏文翻譯成英文，英文再翻成中文。仁波切就不需要，你有什麼問題就可以直接去問他。仁波切珍藏很多寶貝，像是毘盧遮那的帽子等等，還有一些大成就者的聖物，他有一個包包，他就會從裡面拿出來，剪一些送我，我就帶回去，隨身都帶著。那個時候仁波切沒有很忙，畢竟是第一次來台灣。」

仁波切初訪台灣期間，還曾應邀到位於長安東路的文殊佛教名品百貨[79]傳法。當時籌辦法會的黃紫婕回憶道：「他們介紹我認識揚唐仁波切這位上師，我就邀請他來傳法，透過文宣，那時候來的人算是很多。我記得是文殊灌頂法會。」[80]

此外，在旅居美國的嘉初仁波切極力邀請下，揚唐仁波切在結束台灣的傳法行程後，直接從台灣赴美傳法，是為仁波切初次到訪西方世界。

在美國停留期間，仁波切依然心繫台灣弟子。他寫下了一封信交給覺嵋堪布，由覺嵋堪布從美國把信帶回台灣後寄出。正在當兵的翁明谷，在軍營裡收到這封信時驚喜不已。信中，仁波切對於弟子的關愛之情表露無遺：

> 我的小弟翁明谷，您近來想必是身體安康，我來到美國之後也沒有生病，很是開心。藏曆十二月[81]將返回錫金。您莫忘三寶，要在沒有二意懷疑當中時常祈求。要努力勤做課誦善行。除此之外，暫無事項稟告。獻上長壽且修行佛法沒有障礙的祈願，並期待早日見面。
>
> 名為揚唐祖古者，為表緣起，隨信附上五十元美金。

79 全佛文化的前身。

80 黃紫婕訪談，二〇一八年七月二日於台灣台北。感謝龔詠涵的引介。她於本書的敘述均來自這場訪問，以下不再另註。

81 約值一九九一年的二月上旬。

揚唐仁波切在文殊佛教名品百貨傳法時的留影（一九九〇年）。
照片提供／黃紫婕。

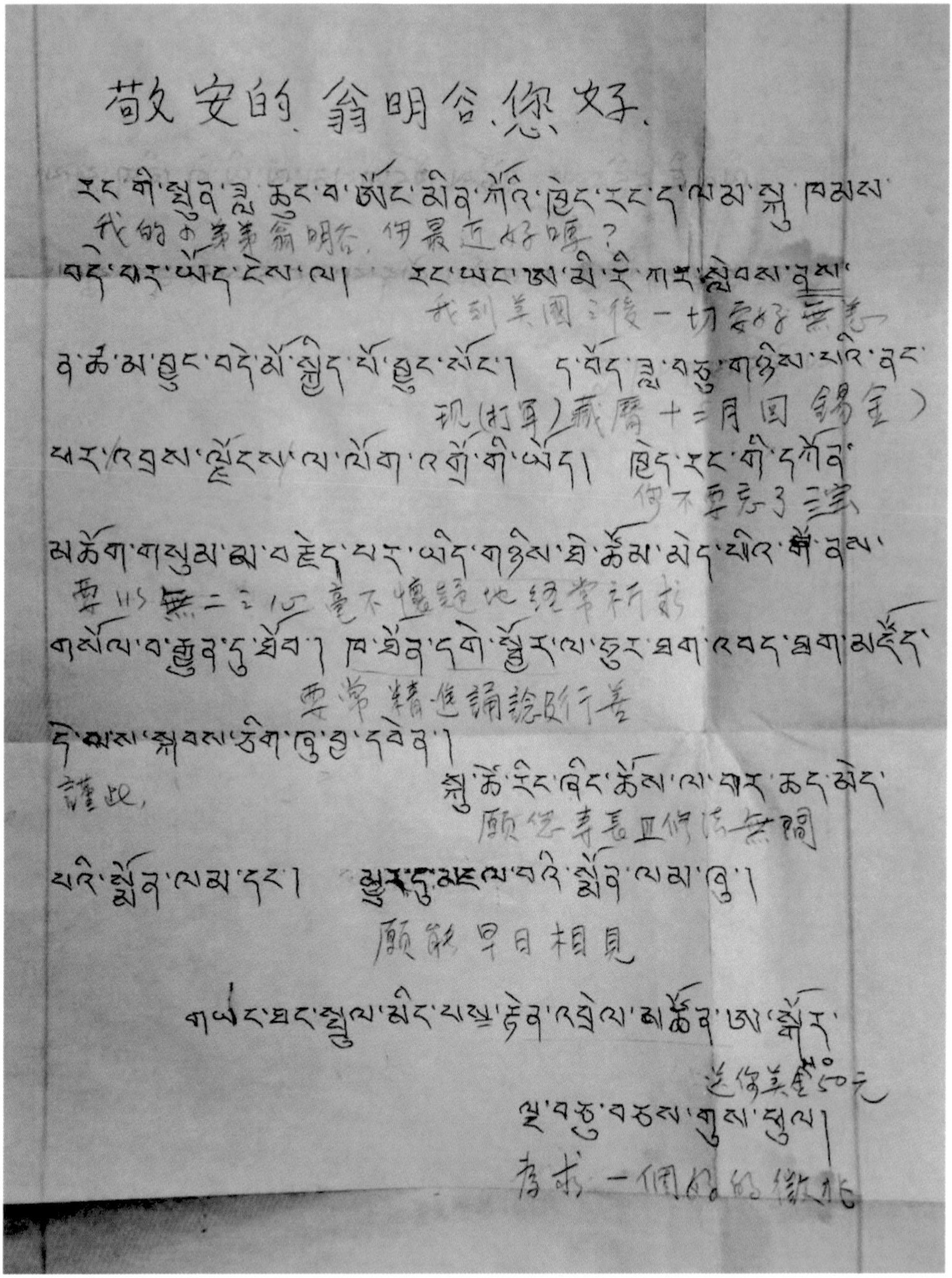

敬安的翁明谷，您好。

ངང་གི་སྤུན་ཟླ་ཆུང་བ་ཡོང་མིན་ཀོའི་ཁྱེད་རང་ད་ལམ་སྐུ་ཁམས
我的小弟弟翁明谷，你最近好嗎？
བདེ་པོ་ཡོད་རེས་ལ། ངང་ཡང་ཨ་མི་རི་ཀར་སླེབས་ནས་
我到美國之後一切安好無恙
ན་ཚ་མ་བྱུང་བདེ་མོ་སྐྱིད་པོ་བྱུང་སོང་། ད་བོད་ཟླ་བཅུ་གཉིས་པའི་ནང་
现(打算)藏曆十二月回錫金)
པར་འབྲས་ལྗོངས་ལ་ལོག་འགྲོ་གི་ཡོད། ཁྱེད་རང་གི་དཀོན་
你不要忘了三寶
མཆོག་གསུམ་ལ་བརྗེད་པར་ཡིད་གཉིས་ཐེ་ཚོམ་མེད་པའི་གསོ་ནས་
要以無二之心毫不懷疑地經常祈禱
གསོལ་བ་རྒྱུན་དུ་ཐོབ། ཁ་ཐོན་དགེ་སྦྱོར་ལ་ཧུར་ཐག་འབད་ཐག་མཇོད་
要常精進誦讀修行善
དེ་ལས་སྐབས་ཅིག་ཕྱི་དབེན།
謹此，
སྐུ་ཚེ་རིང་ཞིང་ཆོས་ལ་བར་ཆད་མེད་
願您壽長且修法無間
པའི་སྨོན་ལམ་དང་། མྱུར་དུ་མཇལ་བའི་སྨོན་ལམ་ཞུ།
願能早日相見
གཡང་ཐང་སྒྲོལ་མིང་པས་ཧྲེན་འབྲེལ་མཚོན་ཨ་སྒོར་
送你美金50元
ལྷ་བཅུ་བཅས་ཕུལ་སྩལ།
孝敬一個[illegible]的微忱

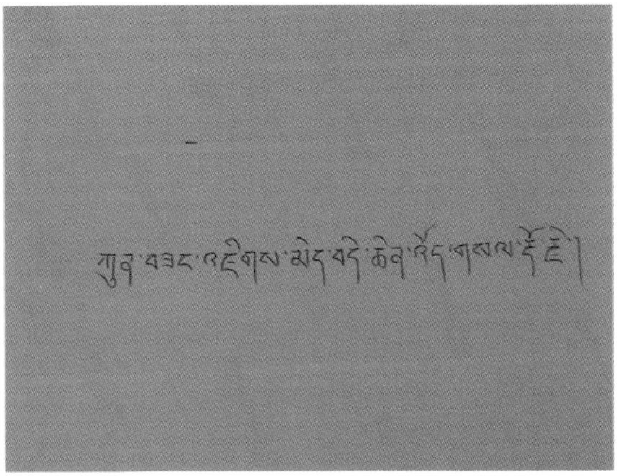

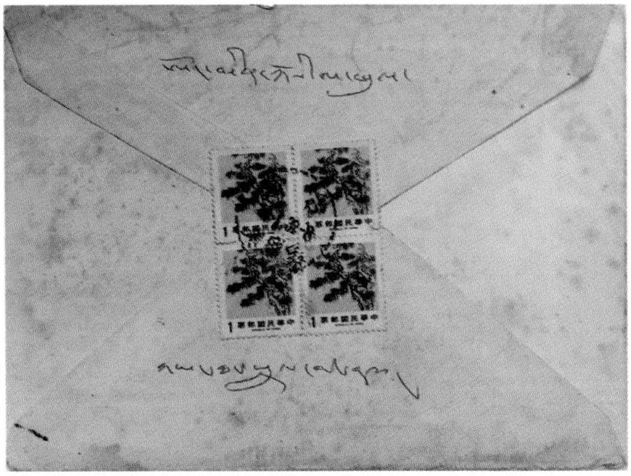

右頁／仁波切寫給翁明谷的藏文親筆信。信中中文為當時一位台灣弟子的譯文。

上／揚唐仁波切隨信附上的照片，攝於深坑中心。

中／照片背後以藏文正楷署名「袞桑吉美德千偉瑟多傑」。

下／仁波切在信封背面的留字，郵票上方寫著「致翁明谷」，下方署名「名為揚唐祖古者寄」。資料提供／翁明谷。

9 灣區的警報器與國會大廈的麥克風

一九五九年在山林當中與揚唐仁波切失散的嘉初仁波切，在一九九〇年秋天迎請揚唐仁波切赴美傳法。傳法時擔任口譯的美國弟子桑傑康卓如是回憶道：

嘉初仁波切要弟子們安排簽證和文件，那時是比現在來得簡單多了。仁波切就來了，他帶了個僧人作為同行隨侍。大概可以說仁波切還是很老派，他非常嚴肅，當然他和嘉初仁波切總是在說話、聊天、歡笑，但他沒有真的與其他人有什麼交集。他身在一個外國土地，但對於傳授佛法給他不認識的西方人是非常開放的。我想他就是信任嘉初仁波切，嘉初仁波切要求他什麼，他就做什麼。可是他又保持他自己的風格。

他每天早上總會做煙供，我們後來之所以知道，是因為他總是弄出很多煙，以至於不管他去哪裡，所有的煙霧警報器都會響起來！所以有時我們會事先就拿出去。他總是在做煙供，他總是在向格薩爾祈請，他總是想要去雜貨店買供品來供護法，他會進去裡面，走進成排的貨品區，然後挑選他想要拿來供養的餅乾，總是用多種餅乾混搭，他會把它們放在護法供杯上，堆得高高的。

他總是在修持，就算是在兩座修持之間，他也總是在持咒。他就是這樣一個驚奇的榜樣和啟發，讓我們所有人想跟在他身邊。

在美華人弟子班森如是敘述揚唐仁波切在他家中的情景：

他第一次到美國的時候，我就跟他結了緣。他第一次在美國弘法的時候就住在我家，住了蠻久的。……我當時就很樂意地幫忙。仁波切來的話是先在我們家休息，讓我感覺有一點特別的是說，佛爺他是很安靜的。我的睡房是讓給他，因為我的睡房是有點像主睡房，又有洗手間怎麼樣的，也很大，就讓給他去睡。我每一次去看，他基本上就都是在我的床上打坐，從來不出門、不出房間的。而且我覺得他給人的感覺很慈祥，然後很安靜。當時好處是他會說一些國語，他跟我是用中文來講，是很濃的四川音。我就知道說，哇，這個仁波切真是厲害，基本上他有時候就是一整天就是坐在那個地方。

第二天早上就發生了一個事情：早上差不多凌晨五點的時候，我的那個火警警報器就響了。我們大家，尤其是我，急急忙忙衝到房間去，想說是怎麼搞的，房裡都是大煙，我說天啊，是不是房子著火了。後來發現他每天早上都有煙供，我就把那個警鈴給弄掉了。

第二天還是第三天的早上的時候，先是我跟嘉初仁波切一起坐，等到揚唐仁波切來了以後，我們就用早餐。用餐以後，他就開始用國語講我那天早上的夢境，那時候就把我嚇了一跳，我等於說人就有點愣住了，他就這樣講講講。然後開初佛爺（即嘉初仁波切）他很幽默嘛，他就說：「你看，他多慈悲，他要開始看你的心了！」

班森也描述了帶仁波切去看海的過程：「仁波切特別講說他對海很有興趣，……因為加州離海很近，我就帶他去一個半月灣附近的海獅保護區，那個地方是國家公園保護區，海獅就會在那個地方。然後我記得仁波切很高興，因為沒有見過，我們幾個就在那邊慢慢散步。我們又到了另外一個海灘，他到了海灘，就給了我一大把甘露丸，他叫我往海裡面丟。旁邊的侍者就說，仁波切是要加持美國西岸海洋裡很多的魚類、動物。」

揚唐仁波切初訪美國，傳法足跡遍及東西岸數州。自九月二十八日起一連兩個多星期，仁波切應嘉初仁波切之請，在奧瑞岡州塔楞特市（Talent, Oregon）的市政府傳授《惹納林巴伏藏全集》，此為仁波切在西方世界的初轉法輪。

十月二十日起，他在舊金山市區的「烏金金剛座」中心[82]，傳授多芒新伏藏的觀音暨千佛灌頂、財神灌頂等法後，復於十一月一日到五日之間傳授《四心滴》灌頂。在紀錄中，這是仁波切一生首傳《四心滴》深奧灌頂，當時在場弟子為數不多。

十一月十一日，仁波切來到南加州，在洛杉磯的聖加布里埃爾（San Gabriel, CA）傳授長壽灌頂。翌日，於好萊塢再度傳授多芒新伏藏觀音暨千佛灌頂，並自十三日至十八日依噶瑪恰美的口訣，傳授大手印及大圓滿雙運法。

爾後，仁波切前往新墨西哥州的聖菲市（Santa Fe, New Mexico），在噶舉利他遍空佛學中心（Kagyu Shenpen Kunchab Buddhist Center）傳授心性教授與觀音暨千佛灌頂。桑傑康卓回憶道：「他去了新墨西哥州。嘉初仁波切有弟子家住那邊，有個小僧團，那裡已有一個僧團，還有一個卡盧仁波切建的佛塔[83]。揚唐仁波切去那邊傳授一個灌頂，有一大群人到了佛塔那邊，是非常特別而神聖的觀音灌頂。」

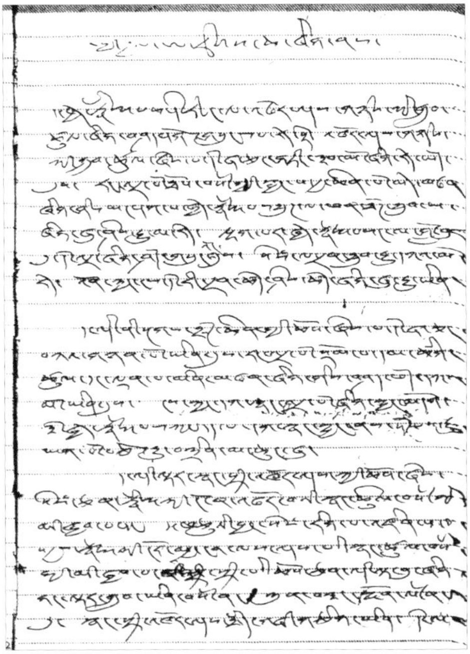

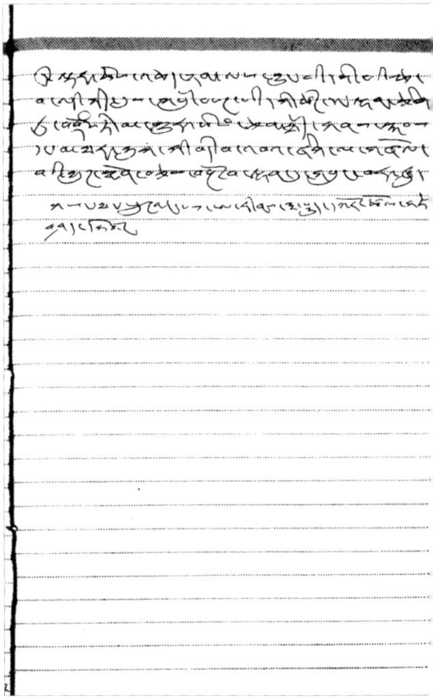

揚唐仁波切在美國寫下的傳法手稿，此為數十頁中的首頁及末頁影印本。手稿內容乃與輪迴與涅槃的形成和大圓滿修持相關。手稿影本提供／曾慶忠。

82 中心當時由嘉初仁波切美國弟子耶謝尼瑪所管理。

83 即噶舉利他遍空佛學中心裡的佛塔。

Yeshe Nyingpo
2 Clinton Park
San Francisco, CA 94103

Non-Profit
U.S. Postage
P A I D
Permit No. 150
El Cerrito, CA

DUDJOM

Yeshe Nyingpo
presents

Ven. Yangthang
Tulku Rinpoche,

The Incarnation of
Terton Dorje
Dechen Lingpa

The Great transmission
of the Lineage
of Terton Ratna Lingpa
and of
The Nyingthing Ya Shi

United States Tour
1990-1991

揚唐仁波切初訪美國的法訊。
資料提供／ Jane Villarreal。

Ven. Yangthang Tulku Rinpoche

is the immediate re-incarnation of the Terton Dorje Dechen Lingpa, and a great lineage holder of the Palyul tradition of the Nyingma. He was imprisoned in Tibet until recently and is now making a tour of the United States. Ven. Gyatrul Rinpoche, His Holiness Dudjom Rinpoche's spiritual representative on the West Coast, has asked him to give the transmissions described both for his own students and for other sincere practitioners of the Buddha's Dharma. Gyatrul Rinpoche will be accompanying him on this tour.

The Great Transmission of the Lineage of Terton Ratna Lingpa:

The Terton Ratna Lingpa, a re-incarnation of one of the 25 heart disciples of Padmasambhava, revealed a series of teachings in the 13th century that have been practiced in the Nyingmapa monasteries throughout Tibet down to the present day. The Palyul lineage has maintained a particularly strong practice of this tradition, as the successive throne holders have kept them as their innermost heart practice. The Great Transmission (*Wangchen*) will bestow upon all participants the empowerments and authorization to practice the complete tradition, and will entail certain commitments.

Empowerment into Avalokiteshvara and the 1,000 Buddhas:

This transmission is a revelation by the Terton Dorje Dechen Lingpa, the immediate previous incarnation of Yangthang Tulku. It is an empowerment into the Pure Awareness Mandala of the 1,000 armed form of Avalokiteshvara (*Chenresig*), the Bodhisattva of Compassion. By receiving this empowerment, the practitioner will be able to recognize, through meditation, that his or her own pure awareness is not different from that of Avalokiteshvara, and will also establish the connection for being present when each of the 1,000 Buddhas of this aeon teaches the Dharma.

In San Francisco, teachings on the practice will be offered in addition to the initiation.

OPEN IMMEDIATELY! — DATED MATERIAL

隨後，仁波切轉往東岸繼續傳法，首站為位於馬里蘭州的普賢白玉法洲（Kunzang Palyul Choling/ K.P.C.）。普賢白玉法洲由本名愛麗絲．索里（Alyce L. Zeoli）的傑尊瑪阿貢拉嫫（Jetsunma Ahkon Lhamo）所創建。一九八五年，貝諾法王應嘉初仁波切邀請來到美國時，首先便來到當時稱為「探索與新生活中心」（Center for Discovery and New Life/ CDNL）的此地停留大約一個星期，期間傳授了菩薩戒。之後，這個中心開始陸續邀請藏傳上師傳法，例如洽度祖古曾傳紅度母法，嘉初仁波切則曾傳授敦珠新伏藏、天法前行等法門。一九八八年，貝諾法王二度訪美時，再度來到此地並傳授《大寶伏藏全集灌頂》，這是貝諾法王首次在海外傳授大寶伏藏，也是首次有上師在西方世界傳授此法。此前一年，貝諾法王為此中心賜名「普賢白玉法洲」，並認證愛麗絲．索里為白玉祖師持明袞桑謝拉的姊姊——阿貢拉嫫——的轉世，復於傳授大寶伏藏期間為她陞座。

一九九〇年十一月下旬，揚唐仁波切在嘉初仁波切的安排下，來到這裡傳授《惹納林巴伏藏全集》與《四心滴》灌頂，約有百名以上信眾參加。仁波切也加持位於主道路另一側的土地。當時協助仁波切每天早上進行煙供的卡米爾．阿倫（Kamil Aeron）如是回憶說：「他在那次來訪的其中一個主要焦點，是淨化我們所在的土地，他待在這裡的整個期間，每天早晨都會做煙供，事實上他就在他的房間裡做。」[84]

仁波切在十一月二十五日搭機抵達華盛頓特區機場，據曾在NBC擔任記者的「阿尼NBC」阿尼艾琳（Ani Aileen）表示，當天天候受到風暴影響，在機場不斷看到許多班機的表定時間有所更動，所幸仁波切一行人安然抵達。[85]翌日，揚唐仁波切傳授觀音暨千佛灌頂。兩天後的藏曆十月十日晚間，西曆十一月二十七日，仁波切主持蓮師薈供，並於隔天傳授天法前行教授及天法三根本的灌頂。

84 卡米爾・阿倫訪談，台北時間二〇一八年七月二日透過網路視訊進行。他於本書的敘事均出自這場訪談，以下不再另註。感謝阿尼艾琳的安排。

85 「阿尼NBC」訪談，台北時間二〇一八年七月二日透過網路視訊進行。她於本書的敘事均出自這場訪談，以下不再另註。

揚唐仁波切在普賢白玉法洲傳法期間的留影（一九九〇年）。照片提供／ K.P.C. / Ani Aileen。

上／揚唐仁波切於飄雪中主持淨化土地的法事。中間兩位為揚唐仁波切與嘉初仁波切。（左一）傑尊瑪阿貢拉嫫。（右一）覺嵋桑度堪布（一九九〇年）。

左頁／揚唐仁波切在普賢白玉法洲傳法的留影（一九九〇年）。

照片提供／ K.P.C. / Ani Aileen。

hedule of Empowerments
d Teachings

nday, Nov. 25: Yangthang Tulku arrives, shington, D.C.

nday, Nov. 26: Empowerment into alokiteshvara and the One Thousand ddhas, 7 p.m. Cost: $30.00

esday, Nov. 27: Guru Rinpoche Tsog and , 8 p.m.

dnesday, Nov. 28: Nam Cho Ngundro, an powerment for preliminary practices for ering onto the Vajrayana path. Commit-nt involves extensive daily practice. This is re opportunity to receive this series of powerments, 8 p.m. Cost: $30.00.

day, Nov. 30-Dec. 12: The Great nsmission of the Lineage of Terton na Lingpa.
Sundays: 1:30-6:30 p.m.
Mondays through Wednesdays: 7-10 p.m.
Thursdays: Evening off
Fridays: 7-10 p.m.
Saturdays: 10-6 p.m.
st: $225.00.
ily fees: Weekend days, $30.00
Evenings, $15.00

day, Dec. 14-19 : Nyingthig Ya Shi.
st: $100.00 or refer to the daily fees above.

l Registration: Tithing members, $300.00
Guests, $395.00

ild care: $5.00 evenings, $10.00 full day.

more information contact KPC at:
1) 428-8116, or write to us at:
00 River Rd., Poolesville, MD 20837.

Kunzang Palyul Chöling
18400 River Road
Poolesville, MD 20837

KUNZANG ODSAL PALYUL
CHANGCHUB CHÖLING

PRESENTS

The Ven. Yangthang Tulku Rinpoche

Incarnation of
Terton Dorje Dechen Lingpa

The Empowerment into
Avalokiteshvara and
the One Thousand Buddhas

The Great Transmission of the
Lineage of Terton Ratna Lingpa
and of the Nyingthig Ya Shi

November 27 - December 19, 1990

POOLESVILLE, MARYLAND

揚唐仁波切在普賢白玉法洲傳法的法訊。
資料提供／ K.P.C. / Ani Aileen。

在傳授天法三根本中的上師忿怒蓮師灌頂前，仁波切如是開示道：

不論是求灌頂還是求其它法，首先要先發心，依著顯教於勝菩提而發心。在修行佛法之初，反觀自己的動機，修行佛法是為了什麼而修？如此反觀動機，不只是針對灌頂，不論修什麼法門，在灌頂時也好，抑或自己在修行的時候，都一樣的。不論是自己持咒時、打坐時，還是在頂禮、轉繞時，不論是修大善根，抑或是小善根，在修持佛法的最剛開始，都要反觀自己相續，去觀察：我修行佛法的動機是怎麼樣的呢？動機不清淨，為了這一生的名聲、權勢乃至安樂來修行佛法，或是想要在來世成為轉輪聖王等等，想在來生享有名聲，或是想擁有權勢、財富而投生在天界、龍界等地，若以此等種種動機來修行佛法，動機就不清淨了。要讓自己的動機純正，為了自他一切有情，淨化我們所有暫時上的業、煩惱之罪障習氣，依此獲得究竟的佛果。若是想著這些來修持佛法，就是純正了，不需要糾正，若是不清淨的話，就應當糾正。

您們都已經知道，等同虛空的一切有情，沒有未曾做過我們父母的，您們都已學過很多經論了。在了解等同虛空一切有情沒有未曾做過我們父母的，而在做父母時，也都對我們有大恩大德之後，要於勝菩提而發心，想著：為了讓這些等同虛空的一切有情得到一切遍知無上正等正覺的珍寶佛果位，我要修此善根、我要來求得灌頂。這是顯教方面於勝菩提而發心的方法。不論是顯還是密，請在剛開始時好好於勝菩提而發心。

仁波切從十一月三十日至十二月十二日傳授了《惹納林巴伏藏全集》灌頂，又從十四日至十九日傳授《四心滴》。其中，仁波切在傳授惹納林巴觀音灌頂時如是開示道：

我們有一個月的時間，還有很多時間可以講，今天我們就不多說了。現在是大悲觀音的灌頂，大悲觀音是一切諸佛菩提心本性的總集，現在是天尊觀音的灌頂，我們要想著於勝菩提而發心的動機：為了使等同虛空一切有情於此世長壽無病、幸福美滿，來世得以投生在西方極樂世界、布達拉[86]等淨土，究竟得到佛果位，我在此求得灌頂，如是於勝菩提而發心。我們在修持佛法時，首先要「前行發心殊勝」，接著要「正行無緣殊勝」，最後是「結行回向殊勝」，這是很重要的。首先請大家為了利益一切有情而好好發心聽受灌頂。在中間灌頂時心思不要散亂，不要想著白天去上班那些事情而非常散亂那樣，要把心穩固住是困難的，但至少不要那樣散亂，這叫正行無緣殊勝。我們有人若是大圓滿實修者，這個階段可以安住在大圓滿的狀態，否則就是不要散亂，這是中間的正行無緣殊勝。而結行回向殊勝是在灌頂結束之後，將從現在開始求得灌頂的一切善根，為了使等同虛空一切如母有情得到一切遍知的佛果位，自己好好進行回向和發願。

不管是求灌頂還是聽口傳，或者其他不論怎樣大小的善根，要應用這三殊勝：前行發心殊勝、正行無緣殊勝、結行回向殊勝。這叫三殊勝，要把這些當作根基。我們就不說太多了，就請大家大致上以這三個根本攝持而接受灌頂。[87]

在法會中擔任攝影的阿尼艾琳如是形容她對仁波切的觀察和印象：「他從不會停下來！他就是佛法、佛法、佛法！醒來就佛法！白天是佛法！傍晚是佛法！夜晚還是佛法！他就是這樣做的。」

卡米爾．阿倫則如此生動敘述他觀察和感受到的揚唐仁波切：「他第一次來的時候是非常削瘦的，但是你不會想說他是生病了還是什麼的……他有一種活力、有一股力量，會讓你忽略那些東西。他的身體外表跟你感受到的他是不符合的，那股能量和力量、平靜、悲心，並不與他的外表相吻合。他非常安靜，就我的觀察，他完全不會去參與凡庸事務或對話，他似乎就是永遠都在專注。要不就是專注在傳法準備，要不就是在實修上，他總是專注著，似乎沒有所謂的『停工時間』讓他看起來是在做凡庸的事。他似乎總是……我在找的詞彙是什麼呢？……他似乎總是呈現出那證悟的功德，沒有中止！真的！」

趁著傳法期間一日空檔，阿尼艾琳和卡米爾等人陪同揚唐仁波切到華盛頓特區參觀。他們除了參訪國家航空航天博物館（National Air and Space Museum）之外，也前往白宮、國會大廈和林肯紀念碑一遊。

---

86 布達拉為觀音淨土，中文又作普陀。

87 非常感謝「阿尼NBC」提供的珍貴錄音，讓仁波切的開示得以重現。仁波切在普賢白玉法洲的開示內容均來自她提供的錄音資料。此處係根據仁波切的開示而重新翻譯為中文。

UNITED STATES
SENATE

右頁／揚唐仁波切於國會大廈參議院記者會廳的發言台留影（一九九〇年）。

上／揚唐仁波切於林肯紀念碑前留影，左為卡米爾。

下／揚唐仁波切與嘉初仁波切於白宮外的合影（一九九〇年）。

照片提供／ K.P.C. / Ani Aileen

揚唐仁波切在紐約傳法留影。仁波切正以長壽箭加持美國原住民霍皮族（Hopi）領袖 Thomas Banyacya。照片提供／Deborah Yaffee。

結束了馬里蘭州的傳法後，仁波切前往美國第一大城紐約，在十二月二十七日於紐約傳授長壽加持。[88] 此外，仁波切在紐約停留期間，也曾給予「大圓滿及九乘」相關主題的精要開示。[89]

爾後，仁波切前往位於麻薩諸塞州的波士頓，從一九九〇年的最後一天到一九九一年一月四日，在「法界中心」（Dharmadhatu）[90] 傳授多芒新伏藏的觀音暨千佛灌頂，並且講授大圓滿心性修持。在波士頓期間，仁波切入住嘉初仁波切弟子約翰．波茲（John Potts）的父母家中。仁波切在一天早餐時間，拿著約翰的攝影機拍攝了他一生當中第一次，也是唯一的主觀視角影像畫面。約翰．波茲的父親經多日相處，對仁波切留下深刻印象，約翰如是回憶道：「我父親是在天主教家庭長大的，他現在是沒有宗教信仰，但從天主教的思維來看，他認為仁波切是位聖人。我父親是個非常有名的醫生，他看過很多有權位的人、很聰明、很有成就的人。他說通常那些人會有些驕傲，但仁波切則是個很謙虛、很簡單的人，他從不吹噓自己有多重要。我父親真的很喜歡這個特質，有人擁有這麼多的功德，卻毫不張揚。」[91]

88 根據桑傑康卓的回憶，仁波切在紐約期間，還應美國喇嘛促誠（Lama Tsultrim Allione）之請前往為一座小菩提塔開光。

89 參見"Dzogchen and the Nine Yanas" and "Introduction to the Nature of Mind" by Yangthang Tulku Rinpoche英文版。Mirror of Wisdom Publications出版。

90 法界中心乃是香巴拉中心（Shambhala）的前身。

91 約翰．波茲訪談，二〇一七年十二月十八日於前往豪里的車程中。感謝約翰從哈佛送我一程。

一月五日下午，仁波切來到位於豪里（Hawley）的多竹千法王中心「摩訶成就者」。出身自多竹千法王和竹千朗珠的智欽寺、旅居美國多年的東珠祖古，在介紹揚唐仁波切的開場白中如是說道：

由於嘉初仁波切邀請他來，他首先受邀到台灣，現在他在美國停留……他告訴我說，他們想要請求傳授什麼，他都會給予教授。

一九八八年我有去錫金拜見多竹千法王，揚唐仁波切和我同在一個房間待了好幾天，那時我有問他：「您在監獄裡受到怎麼樣的待遇呢？」他回答說：「喔，他們對我很好。」他沒有去抱怨，你可以從他的眼神看得出來他說的是真話。但那當然不代表他們真的對他很好，當你在那監獄裡，你是不會有輕鬆日子可以過的，他們會給你再教育、會有許多批鬥、會給你勞動去做等等，那才不會輕鬆。然而由於他的慈悲，也由於他的修為，儘管他必須經歷那些困難，那就像是一場試煉，也是驗證他的修行境界。……因為他有修行，所以他在獄中就不像其他人那樣受苦，他得以展現慈悲和寬容，並且產生修行佛法的覺受。

另一件真的讓我印象深刻的是他的謙遜。他出身自高貴的家族，擁有學識，是個有許多弟子、眷屬的大上師。他擁有一間寺院，但他卻像隱士一般生活，他住在錫金洞穴裡，甚至不讓親友和信眾開車載他，而寧願坐公共交通工具。所以他的謙遜是相當令人感到驚奇的。如同我們所知的，釋迦牟尼佛身為王子，後來離開了，以乞食維生，周遊各地……我們知道蓮花生大士也被收養成為王儲，他有國王和眾多功德主，但他大多時候待在洞穴裡，並在不同地方修行。所以一個真正的佛法修行人，肯定是謙下的。

三十年後，東珠祖古在哈佛住所接受訪談時，如是回憶揚唐仁波切在摩訶成就者傳法的往事：「摩訶成就者是非常小、非常私人的中心，他們不會帶上師過去，也不會去跑別的中心，他們只是一小群人跟隨著依怙主多竹千法王的教導，他們很獨立，不過揚唐仁波切是除了多竹千法王以外，少數被邀請去的。……他不是像隻鸚鵡或是錄音帶那樣只是講講講。他學習，他實修，他有定解，他有證悟，所以他能從真實的源頭傳授真工夫。那樣的上師現今是屈指可數。雖然有很多上師，但要找到這樣有啟發性的師長是很困難的。如果你要尋找真實的上師、真實的源頭，他就是我們時代當中其中一位重要的傳承持有者。」

而揚唐仁波切在摩訶成就者的開示，乃以這段話展開序幕：

在美國這個佛法中心，應該是多竹千法王的中心。我來到這裡心裡也很高興。怎麼說呢？不論是我們多芒寺還是我個人，都對多竹千法王有很大的信心，並有很深的關係。在過往的年代，多芒寺好像有去向智欽寺求得法要、口傳。一般來說，在康區的大上師們都有前去那邊求法，完全沒有在那邊講什麼我們的上師啦、你們的上師啦這些，還有嫉妒什麼的。我們康區的上師，只要哪裡有好的法就會過去求法。除此以外，沒有在那邊想說：「我的傳承是這個，我的寺院是這個，所以不要去別的上師那邊求法。」所以多芒寺上師的前世們，也跟多竹千有結過緣。例如我們多芒寺的一位大上師——古千袞桑南傑——就曾經向多竹千吉美稱列偉瑟（即第一世多竹千）求得灌頂、口傳和教授。在他之後，學修雙全的喇嘛札巴丹增也向吉美登貝尼瑪（即第三世多竹千）求得灌頂、口傳及口訣。

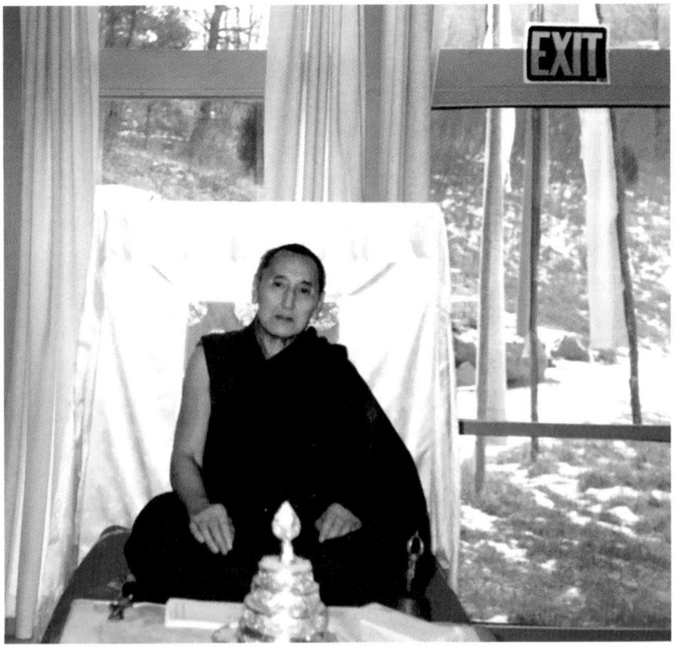

上／摩訶成就者中心一景。攝影／卻札。

下／揚唐仁波切在摩訶成就者中心佛堂時的留影（一九九一年）。照片提供／ Deborah Yaffee。

之後，再以我來說，我僅有多芒寺一位上師的頭銜而已，其他什麼也不是，我也在兩位竹千祖古座下求得灌頂、口傳和教授。特別是在這位多竹千法王的尊前得到很多法教、灌頂和口傳。多竹千有兩位祖古，我在兩位座下都求得很多法教、灌頂和口傳。特別是我來到印度之後，多竹千法王在佛法和世間兩方面都對我有大恩大德，有很深的關係。現在我來到這裡看到多竹千法王的中心，心裡很高興。

仁波切在結束東岸行程後，又返回西岸的奧瑞岡州和加州給予開示。其中，在即將從美國飛往香港之前，仁波切在舊金山市的烏金金剛座，給予弟子們修行上的建言：

一般來說，世間人都沒有閒暇，而外國又更沒有空閒了，從時代還是從國家的狀況來看，都是沒有閒暇修持佛法，不得不去工作。想要一輩子整個放在實修是很困難的，但希望大家從今天起，直到未死之前，要持續修行佛法。不要修個一天就沒了，或是修個一兩年就丟棄了，既然佛法修行已經開始，就應該在還沒死之前都持續修行。

一般來說，我們得到了暇滿人身寶，全都應該感到歡喜。主要是外國人喜歡打坐、實修、大圓滿的修持，對於氣脈方面也很喜歡，對這些法門非常歡喜、有修持的慾望。一般來說，在現今這個時代，能夠實修大圓滿是非常好的，佛法的精華是大圓滿。但是要實修大圓滿法門，要去思考前行的「暇滿難得」、「壽命無常」、「輪迴過患」、「業因果」。要修大圓滿，最主要需要的，就是思考這「四轉心法」：「暇滿難得」、「壽命無常」、「輪迴過患」、「業因果」。……暇滿人身寶是很難得到的，我們已經得到了這難得的。在這之上，要值遇正法是很困難的，正法只有偶爾才會在人間傳揚開來，即使投生為人，要遇上正法也是困難的。現在一來得到了人身，二來又遇上了佛法。第三個呢，即使有了佛法，自己要能對法生起信心也是相當困難的。我們現在得了人身，遇上了法，對於正法也有信心，我們具備這三個順緣了。在這樣的時刻，不要糟蹋我們得到的暇滿人身寶，要讓它變得有意義。

不論修大圓滿也好，或是在修任何顯密法門也好，在我們準備前去來生時，應該要能夠帶上一些東西，各自在臨終時能夠想說：我死了也沒有關係，我不怕！我有帶上修行佛法善根！我期許各位，能夠在未死之前都能這樣心意泰然。[92]

在這場開示的最後，仁波切也表示在美國鮮少看到紐涅閉關活動，若有人能完成八回合紐涅將會非常好。他也回應了弟子的請求，表示在具有自由的前提下，將會再來美國傳法。

最後，他祝福弟子們長壽無病、幸福安樂，並且帶領在場的弟子一同唸誦「三世諸佛蓮師」除障祈請文、蓮師心咒、六字大明咒以及四皈依文，祈求一觸即發的波斯灣戰爭所引致的傷亡能減到最低。

92 出自Vimala Video出版的Words of Advice（DVD）。非常感謝Vimala Video允許本書使用他們出版的影音資料內容。

10 大島火山岩漿和海潮當中的甘露

結束了美國本土的行程後，嘉初仁波切與桑傑康卓陪同揚唐仁波切返回亞洲，中途在夏威夷的檀香山和大島停留一段時間。

一九九一年一月十七日起，仁波切連續三天在位於檀香山的噶舉大乘洲（Kagyu Thegchen Ling）傳授了斷法教授、觀音暨千佛灌頂以及大手印與大圓滿雙運修持。接著仁波切轉往又稱「大島」的夏威夷島，自一月二十四日至二十六日，應今日帕里阿庫和平園區（Paleaku Gardens）主人芭芭拉・迪芙蘭科（Barbara DeFranco）之邀，傳授斷法教授以及大手印與大圓滿雙運修持。

芭芭拉曾邀請各大教派上師前去傳法和參訪，其中包括泰錫度仁波切、蔣貢康楚、波卡仁波切、紐修堪仁波切、祿頂堪仁波切、格魯派的教主甘丹赤巴等。喇嘛塔欽和董瑟聽列諾布仁波切在八〇年代中後期於此建造一尊蓮師像。園中另有一棵特別的菩提樹，源自釋迦牟尼佛在菩提迦耶成道時的那棵聖樹。她如是憶念對揚唐仁波切的印象：「我印象中，他的內在非常強大，他非常純淨。當他在給予教授時，你透過不同方式去接收，在他面前，你不見得需要了解太多詞句。我覺得能夠請他來是非常稀罕的，我很高興他能到這裡和我們在一起。」[93]

93 芭芭拉・迪芙蘭科訪談，二〇一八年一月二十七日於夏威夷大島帕里阿庫和平園區。感謝瑟凡的安排及依里亞茲一家人的協助。

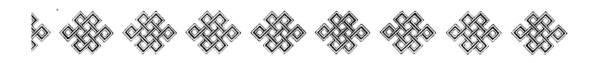

VENERABLE YANGTHANG TULKU VISITS HAWAII ON HIS FIRST U.S. TOUR

A RARE OPPORTUNITY

Through the kindess of Gyaltrul Rinpoche, who once lived in Hawaii, the Venerable Yangthang Tulku Rinpoche, one of the older generation masters of the Nyingmapa Lineage, will be visiting both Oahu and the Big Island in January. Hawaii will be the last stop on a U.S. Tour, the first visit of Yangthang Rinpoche to the West.

Yangthang Rinpoche is a reincarnation of several great teachers and *tertons* (masters who reveal Dharma treasures and teachings in various ways). Though he is a simple yogi and is extremely humble, he is a very great lama and teacher. He has received all the major empowerments from His Holiness Dilgo Khyentse Rinpoche and His Holiness Dodrupchen Rinpoche.

Gyaltrul Rinpoche states: **"I want to encourage all students to take full advantage of his precious presence among you by receiving from him whatever empowerments, transmissions and teachings that you possibly can. To make even a small connection with this unmistaken Tulku-Terton, I can promise you the benefits will be inconceivably great. Don't be fooled by his humble demeanor for within that is one of the greatest living scholars and yogis alive today. He is truly a Precious Jewel."**

A TALE OF TWO LAMAS

The Training of Yangthang Tulku

It is said that, at the time of the re-birth of the Terton Dorje Dechen Lingpa, the sky in Sikkim resounded in thunder, "I am here!," the sound coming from all directions in space. Sogtrul Rinpoche, his prinicpal student and lineage holder, was already awaiting him, as his place of re-birth had been predicted both by His Holiness Dudjom Rinpoche and by His Holiness Reting Rinpoche, the Senior Tutor to His Holiness the Dalai Lama. By the time Sogtrul Rinpoche reached him, he had already declared himself to be the re-birth of the terton from Dhomang. He became known as Yangthang Tulku, as he was from the Yangthang clan in Sikkim.

Once back, he was quickly put into training, since he had much to live up to. Dorje Dechen Lingpa, aside from being a terton, a revealer of hidden revelations (*terma*), had also been a great lineage holder in the Palyul tradition. Incarnations previous to Dorje Dechen Lingpa included Vimalamitra, through whom most of the Dzogchen teachings first came into Tibet; Gyalwa Chogyang, one of the twenty-five disciples of Padmasambhva; and the first Karmapa, Dusum Khyenpa.

In addition to extensive training in practices of his lineage which he was required to master, he was completely trained in the Kangyur and Tangyur, and in the works of Longchenpa. His work was cut out for him, and by all reports, he did extremely well, mastering completely both the scholastic and the meditational aspects of the Dharma.

As he matured, Yangthang Tulku gave many great empowerments and transmissions, including that of the entire Kangyur. He was widely recognized for the quality and depth of his realization, the power of his attainment, and the purity of his transmissions. Eventually, he succeeded Sogtrul Rinpoche as the Abbot of Dhomang.

Already enthroned when they arrived was another great tulku of the Palyul tradition: Gyaltrul Rinpoche, the re-birth of Sampa Kunkhyab, the root teacher of Dorje Dechen Lingpa. Sampa Kunkhyab had been a great practitioner, spending most of his life in retreat. Even in retreat, however, he would give many teachings and initiations to students. Towards the end of his life, he gave initiations to hundreds of thousands of students, transmitting the Kangyur, the Tangyur and the Rinchen Terdzod, the great terma treasury of the Nyingmapa.

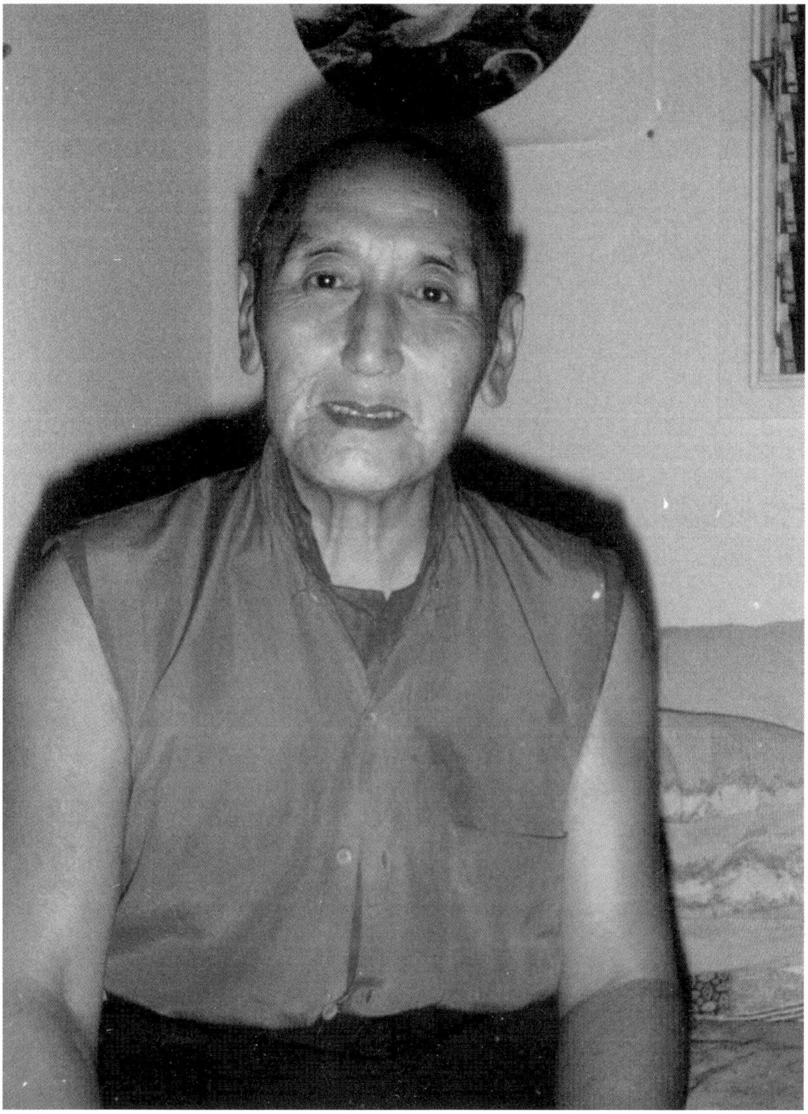

上／揚唐仁波切在夏威夷期間拍攝的法照。照片提供／ Sevyn Galambos。

右頁／初訪夏威夷時，噶舉大乘洲的法訊首頁。資料提供／ Jane Villarreal。

一月二十七日，仁波切到位於大島木谷地區的乃穹金剛妙音洲（Nechung Dorje Drayang Ling）傳授觀音暨千佛灌頂。連同先前美國本土行程在內，仁波切在此趟美國行傳授多芒新伏藏的觀音暨千佛灌頂至少六次之多。

在大島停留期間，仁波切一行人住在嘉初仁波切弟子瑟凡・嘉蘭布斯（Sevyn Galambos）家中。作為東道主的瑟凡如是回憶仁波切在他家中的每日作息：「我把我女兒房間給他住，她那時候去看媽媽……那是一個比較暗的房間，而他喜歡那樣。……他大部分的時間都待在那個房間裡。他最初提出的一個要求，是他想做煙供，是〈山淨煙供〉。所以我就去當地商店買了一個日本燒炭烤爐，你可以用它烹飪肉類和魚，可是他只是要用它來生火。然後他要我去找柏樹，可是夏威夷這邊柏樹不是原生的，不過有人有帶柏樹來作景觀植物。……他每天會做煙供，做好幾個小時，就他自己一人做。我也是他的廚師，我必須很快學會他喜歡吃什麼東西。我不認為他有睡覺，就我的觀察來說，他總是醒著在做某些實修，我也不認為他有把房門關起來過，所以我可以很輕易察覺有多少煙跑到屋裡其它的地方，因為他的臥房並沒有通風扇來排出焚燒新鮮柏樹的煙。」[94]

此外，桑傑康卓還如是敘述揚唐仁波切在夏威夷海邊的往事：

> 我們都很興奮想要讓仁波切看看夏威夷，而且想帶他去海邊，因為嘉初仁波切很喜歡穿著泳衣到海水裡去，他不是真的游泳人，但他會玩水。可是有好幾天揚唐仁波切都是說：「我才不去，謝了，我沒興趣！」就很「西藏人」。最後，我想我們剩下一兩天的時候，他終於同意了。因為瑟凡人實在很好玩風

趣，他就讓仁波切答應了，於是就帶仁波切去海水裡，我們有那個照片。

所以他就入水了，他自己完全享受其中。然後我們回到家後，我們想說服他去沖澡把鹹鹹的海水洗掉。他說：「你們是有問題嗎？我就是為了這個入水的！這是很神聖的太平洋海水呀！這個對健康很好，我好一陣子都不會洗澡的！」我們就覺得很有趣，他跟我們一起坐飛機到香港，他都還是身上留著鹹鹹的海水，那會讓你癢的，實在很有趣。然後我們在香港停留，住在貝諾法王位於尖沙咀的小中心，仁波切有在那邊傳法，然後我們就飛去尼泊爾。

瑟凡也如是敘述仁波切前往海邊的往事：

他剛開始並沒有興趣，最後他終於決定去。當你去海邊，你就會看到有一個特別地點的底部是沙子，那就安全，你可以進到水裡，因為也會有浪過來，雖然那是個受保護的海灣。儘管我很努力嘗試，揚唐仁波切還是不去那邊，他決定要往另外一邊，那邊是比較不好的，有很多岩石，會有浪打過來，會把他給打倒。……我們就把他帶去有沙子底部的那邊，我們從那邊出來，到了有沙那邊，他就感到很舒服了，就像是在洗浴一樣，他要每個人拿沙子去摩擦他的身體，你可以從照片看得出來，他很放鬆，我們可能在水裡待了一個小時，就這麼

94　瑟凡．嘉蘭布斯訪談，二〇一八年一月二十六日於夏威夷大島。他於本書的敘述均來自這場訪談，以下不再另註。感謝依里亞茲一家人的協助。

揚唐仁波切在夏威夷海灘留影。左為桑傑康卓，右為瑟凡（一九九一年）。照片提供／ Sevyn Galambos。

一次。他之前曾經有看著我們下去游泳，但是就在這天，他下定決心了要下去了。但是你沒辦法告訴他要怎麼做，你要他往這邊這邊，才不呢！他想去那邊！

揚唐仁波切的老友嘉初仁波切如是形容揚唐仁波切的個性：

揚唐仁波切，你也知道的，很奇怪：所有人要往這邊，他想要走那邊；所有人需要吃東西，他不想吃；所有人不想吃，變成他想吃。他每件事都跟每個人相反。但是他是位了不起的上師！[95]

又有一天，嘉初仁波切和瑟凡開車帶揚唐仁波切去火山國家公園參觀，但是對仁波切來說，那一趟可不是只有去觀光景點走走看看而已。如同他在灣區海獅保護區所做的一般，他一心想要在流動的紅燙火山岩漿裡放入甘露丸。瑟凡生動地描述道：

他就一定要把甘露丸放到火焰裡，那是最熱的熔漿，大概有兩千度！那天可能就往前走了一兩個小時，就只有我們三人，我們在尋找活動的岩漿，最後我們來到一個海崖，熔漿就從海崖邊緣流出來。那邊又陡峭，又有大浪拍過來，那是幾根手指寬的岩漿遇海的地方，是唯一有紅岩漿的地方，是可以把甘露丸直接放入熔漿的地方。他就爬下海崖，嘉初仁波切嚇壞了，叫我跟著過去：「跟著他去！」他不知道海浪可以變很大，可以剎那之間把人沖走，那是個非常非常危險

95 嘉初仁波切訪談，二〇一七年十二月十日於美國加州半月灣。感謝Shashi Reitz的安排及Samantha的協助。

的點，正常來說那不是任何人會去的地方，例如像我這種去過火山非常非常多次的人！

所以我就趕下去，抓住他的僧服，就像是一個繩索一樣，讓他可以彎下去到水那邊，把甘露丸放進火焰當中，就成功了！然後大浪開始打過來，浪花把他弄得全身都濕了，我就把他拉回到海崖，嘉初仁波切看起來像是已經準備要揍我的樣子，他就說：「你怎麼可以讓他跑到下面去呢？」

問題是，你擋得住他嗎？你擋不住的！

揚唐仁波切初訪夏威夷這年，還曾在瑟凡的家中給予格薩爾灌頂，由請法的美國弟子耶謝尼瑪協助製作朵瑪。這場在瑟凡家客廳舉行的灌頂，不僅是仁波切第一次與唯一一次在夏威夷傳授格薩爾王灌頂，也極可能是夏威夷島史上第一次的格薩爾灌頂。有緣參加這場傳法的，只有嘉初仁波切、桑傑康卓、喇嘛耶謝寧瑪、瑟凡以及瑟凡當時的女友共五人。此外，瑟凡還保留了當時仁波切在乃穹金剛妙音洲傳授觀音灌頂時使用的朵瑪近三十年，只可惜二〇一八年在一場火山爆發後，岩漿摧毀了瑟凡的住宅，那個觀音朵瑪如今只剩照片可供追憶。

瑟凡如是談到揚唐仁波切的特質：

一位真正的修行人！這是我想到的。這裡的是一位真正的實修上師，他已經揚棄了世間的需求以及對於世間瑣事的關注，並且就只是在修行佛法。從早到晚，從起床到睡覺，他心中唯一一件事，就是佛法。我想他是我看到的第一個示現認真實修的上師。

他從來不會停下來休息。可能只有我們去海邊的時候，他小小地停了一下。

上左／揚唐仁波切在夏威夷時的留影（一九九一年）。

上右／揚唐仁波切與嘉初仁波切在和平園區蓮師像前合影（一九九一年）。

下／仁波切一九九一年在夏威夷傳授觀音灌頂時使用的朵瑪。

照片提供／ Sevyn Galambos。

11　白雲、白天鵝以及騰空的蓮花生

在嘉初仁波切和桑傑康卓的陪同下，揚唐仁波切從夏威夷飛抵香港，在成立不久的香港白玉中心待上幾天。根據貝諾法王近侍之一班究的敘述，揚唐仁波切在台灣和美國傳法期間，得到信眾供養約八到十萬美金，仁波切有意將這筆錢用作重建多芒寺佛學院和閉關中心的基金。然而當時白玉中心有弟子對仁波切說，中國法令並不允許攜帶這麼多外幣入境，若攜帶進去恐將被沒收。於是仁波切自己留了一部分美金，將剩下約四到六萬美金交予主持白玉中心的香港喇嘛確札嘉措，並且交代他說：「請代為供養給貝諾法王，我自己沒有什麼要花錢開心的地方。本來想去西藏把錢用在多芒寺上面，但如果不准帶錢的話，與其錢被沒收，不如供養法王用在佛法事業上面。所以，請將這筆錢轉交給法王。」

喇嘛確札嘉措有了轉交這麼一大筆錢給貝諾法王的機會，內心甚是歡喜。不久後，貝諾法王來到香港，喇嘛確札嘉措將錢奉上時，貝諾法王卻說：「這是什麼？哪有這樣把人家的錢吃掉的道理？他們要做的事情比較要緊！」貝諾法王於是交代總管袞桑透過管道把錢交還給揚唐仁波切。

此外，仁波切在香港停留期間，也透過Mr. Poon的協助，將部分款項存在銀行，打算先回印度，等到要從印度前去中國時，再途經香港把錢提領出來。回到印度後，揚唐仁波切開始著手準備重返多芒寺。為了取得所需文件，他在阿克南卓和外甥女蔣秋卓瑪陪同下，再度遠赴南印度南卓林寺，爾後又前往瓦拉納西，在朝聖之餘，也想購買當地頗富盛名的綢緞布料帶回多芒。時值一九九一年的九月底前，正當仁波切滿心期待回返多芒貢獻之時，又耳聞一個感傷的消息。仁波切在題為〈思念上師之悲歌〉一文最後如是寫道：

揚唐仁波切與外甥女蔣秋、侍者阿克南卓在菩提迦耶的合影（九〇年代初期）。照片來源／揚唐仁波切私人相簿。

我在印度朝聖，來到佛陀初轉法輪聖地瓦拉納西時，聽到我的殊勝引領主——依怙主頂果欽哲法王——密意於法界長眠的噩耗之際，儘管內心哀傷也無能為力。晚上睡覺時，完全無法入眠，淚水直流不止之下，名為揚唐祖古者，在此臥房為了撫慰自心，隨心直筆寫下，亦願此文成為自他等眾相續當中，無勤得到皈依處金剛持加持之因。

這首寫給頂果欽哲法王的悲歌如是開頭：

嗚呼心情悲傷時刻至，於此世間大恩乃父母，
更勝父母具有恩德者，吾之寄託皈境金剛持，
今不安在去往何淨土？我心悲戚汝豈不觀顧？
珍愛物中最愛吾之身，更勝於身皈境金剛持，
今不安在去往何國境？我心悲戚汝豈不觀顧？
嗚呼一切有為均無常，過去無常現今亦無常，
爾後亦為無常有法之，此情此景心當依託誰？
於此聖地瓦拉納西中，往昔佛陀轉動法輪時，
歡喜非常有如兜率天，望見如今轉變之光景，
此情此景心當依託誰？皈境蓮師已往妙拂洲，
印藏智修逝如空中虹，大恩上師消失往法界，
望見如今悲傷之景象，此情此景心當依託誰？
思此念頭不由自主止，氣息不順淚水爬滿臉，

嗚呼嗚呼大恩上師尊，傷心失落祈您悲視我！

在這首悲歌的最後，仁波切向上師聲聲呼喚並祈願道：

如今諍亂五濁增盛時，輪迴牢中漂泊諸眾生，
無依無靠極悲慘可憐，具大悲者豈可失悲心，
倘於所需時刻失大悲，如此大悲於何能利眾？
患病之時醫生若捨棄，無病之時怎會需醫生？
是故如今眾生甚可憐，心之密意四種佛事業，
莫失行使時機此濁世，為度未度解脫未脫者，
祈請速展大悲之神變！憑藉無欺三寶真諦力，
有法緣起無欺誑之力，殊勝化身壽命及事業，
所思諸事障礙皆不起，心中所願無礙究竟後，
無勤任運利眾願弘廣，如是以我猛烈之傷悲，
所求所願無餘希願果，依靠三寶蓮師加持力，
不費時日不錯失時機，願我所願如是速實現！

從一九八一年起，仁波切親近依止頂果欽哲法王十年，這段依師求法的美好時光，隨著法王色體殞逝而告終。仁波切前往不丹瞻仰頂果欽哲法王法體後，緊接而來的是在世界各地推動佛行事業的重任，其中第一個挑戰便是重返多芒。

仁波切在前去多芒前，不只需要籌措建設經費，還需購得大量供具及佛像等。阿克南卓敘述行前張羅的過程：「準備去多芒寺時，向不丹皇太后報告說我們要請購千尊蓮師像，遂決定在印度請購。請購佛像需要幾十萬印度盧比，由於資金不夠，我們雖在錫金去了很多人家修法、修招財法，人家都只有供養一點，那時候每天只有七十塊盧比供養金而已。之後是因為無法籌得蓮師像的資金，仁波切才決定要去台灣的，要不然之前都沒有答應要去。加上嘉初仁波切迎請仁波切去美國，蓮師像的資金就籌到了。我們又去瓦拉納西買了綢緞布匹。千尊蓮師像中的主尊是在尼泊爾請得的，也請得了二十一度母像。」

一九九二年，仁波切先將佛像等物件，從印度用卡車運到中國和尼泊爾邊界，由於印度貨車不能進入中國境內，於是又將物品搬到兩台中小型的中國卡車上，以陸路方式從尼、中邊境一路載回多芒寺。當時為了將物品運達多芒寺，繳付了高達十三萬元人民幣的稅金，所幸後來在運抵寺院、出示相關文件後，政府單位便將稅金退還。

仁波切與外甥女蔣秋從加德滿都搭機飛往香港，[96] 預計在香港提出先前由Mr. Poon協助存放在銀行的款項，再從香港飛往廣州，復由廣州飛往成都，最後從成都搭車進入康區。如此計畫看來簡單明瞭，實際操作卻是關關難過。

揚唐仁波切與蔣秋飛抵香港啟德機場後，馬上就遇上了第一個難題。在機場接機的Mr. Poon久候多時，仍然未見仁波切人影。這時，他的呼叫器響了起來，那是機場入境管理單位打來的電話。詢問之下，才知道是證件方面出了問題，蔣秋並沒有攜帶護照和香港簽證，身上僅有前往中國的通行證。當時香港尚未回歸中國，仍由英國管轄，僅憑中國通行

96 這是蔣秋首度跟隨仁波切進行海外長途的旅程。她的母親——仁波切的二姊南嘉群措——於一九九一年往生，遺願之一乃是希望仁波切看顧蔣秋。如此因緣使蔣秋就此成為仁波切主要侍者，侍奉仁波切長達近三十年的光陰。

上／揚唐仁波切與外甥女蔣秋卓瑪在加德滿都機場候機時用餐的留影（一九九二年）。

下／仁波切準備上車前往加德滿都機場的留影。左側穿紅上衣者為炯嫫卻紀，右側穿藏服者為道孚家庭的阿妮望千（一九九二年）。

照片提供／道孚家庭。

證並不能入境香港。後來在Mr. Poon極力交涉之下，仁波切和蔣秋才獲准在香港停留一天的時間。

隔天上午到銀行提款後，仁波切與蔣秋在Mr. Poon的陪同下，下午即搭機前往廣州。在飛機快要降落前，Mr. Poon拿起仁波切手上的中國通行證一看，發現已經過期好幾個月了，再加上仁波切擔心自己持有的印度護照會在中國被沒收，因而把護照留在香港，手上僅有那過期的中國通行證。

飛機安然降落在廣州白雲機場，而更大的難關才要開始。機場官員發現通行證已經過期，不肯放行，要求他們在機場過夜，第二天早上就需搭機返回香港。然而一來仁波切的護照放在香港，二來蔣秋又沒有護照，兩人身上均無護照，根本無法獲准登機。仁波切與蔣秋於是面臨既不能入境又不能離境的尷尬處境。

總之，幾經交涉後，機場官員的上司終於同意讓仁波切一行人無條件入境，但也警告他們必須設法將護照送來，否則到時仍將無法出境。當仁波切一行三人步出機場大門，已近午夜十二點，一台出租車也沒有。Mr. Poon對仁波切說：「仁波切，您幫我唸經吧！我去外頭找車子去，在這邊是沒有車子的。」就在這時，Mr. Poon祈求的貴人出現了，一位機場人員下了班步出機場，他用專屬通勤車讓仁波切一行人搭順風車前去下榻的旅館——白天鵝賓館。

白天鵝賓館建於一九八三年，是中國首批五星級國際級酒店之一。除了時任中國領導人鄧小平曾入住外，英國女王伊莉莎白二世、尼克森、老布希等國際政要和名人，也曾經住過這間坐看珠江景色的頂級旅館。連續在香港啟德、廣州白雲兩個機場驚險過關的仁波切，在白天鵝過夜一晚後，隔天便飛往成都。Mr. Poon的護送任務已然完成，直接由廣州回到香港。當時揚唐仁波切在香港知名度並不高，而Mr. Poon不論在存錢和護送等事項上都竭盡心力給予必要的協助，從他費心安排仁波切入住當時中國最高級的旅館，就可看出他對仁波切的恭敬。這也是為什麼每當仁波切提到他，總會充滿感激地說：「Mr. Poon幫了我很多忙，對我有大恩。」一直到二〇一六年他和Mr. Poon兩人在香港的最後一次會面時，他都仍惦記著Mr. Poon當初對他的那份恩情。以上這段從香港到白雲、白天鵝的故事鮮為人知，對仁波切和蔣秋來說卻是刻骨銘心，也因為有這趟「關關難過，關關過」的旅程，讓仁波切得以順利前往成都，並回到多芒完成建設。[97]

對於多芒寺僧來說，仁波切的到來是久候的美夢成真。多芒寺喇嘛諾布策仁回憶道：「我們年輕很小剛進寺院時，仁波切並不在寺院。……那時大家就在那邊說祖古從印度會不會回來，說了一堆。我們那時完全沒見過仁波切，一聽到他要回來，真的覺得就像佛陀要來一樣，我們還是小孩子，沒見過仁波切，只是聽爸媽提過，可能是因為他是寺主，還是過去生的業緣，雖然沒見過，但是深切期盼他的到來。……像我這樣的同齡年輕僧人，大概十五六歲吧，總在企盼仁波切到來，如果聽到說不來了，眼淚還會奪眶而出，對仁波切有這樣不共的信心。……企盼多年，仁波切沒能到來，先是他的母親不適，本來母親

97 以上敘事出自Mr. Poon訪談，二〇一八年五月三十日於香港。謹以這段白雲到白天鵝的敘事，向二〇二〇年過世的Mr. Poon致敬。

往生後他要來，後來又因為他的姊姊往生而沒能前來。」[98]

仁波切從成都出發，抵達康定後，祖古帝剎與拉雪堪布、德巴堪布兩位長老為首的多位多芒寺僧前來迎接。一九九二年七月二十七日，仁波切返抵多芒寺，在大殿內加持出家眾後，復於殿外加持在家信眾。爾後，仁波切擔任金剛阿闍黎，依多芒新伏藏《卑瑪心滴》儀軌主持年度「初十大法會」。這一年時值藏曆水猴年，八月八日這天為藏曆六月十日，即每十二年才有一次的「猴年猴月初十」。由於蓮師誕生於猴年猴月初十，這一天便被視為至為殊勝的節日。揚唐仁波切在這天主持了多芒寺的金剛舞法會。多芒金剛舞的傳規，源自伏藏師咕如確旺淨相「白馬」、「黑帽」二傳規當中的「黑帽規」，此規之後復結合多傑德千林巴的伏藏品《卑瑪心滴》，成為多芒不共的金剛舞傳規。藏曆六月十一日至十三日這三天，為了部落和寺院而進行《普巴深法心要》和《怙主悉地廣進》的修法。羅柯馬族人在藏曆十一日對卻登諾布、克薩瑪本等上羅柯的地方神祇獻上廣大煙供。翌日，揚唐仁波切與祖古帝剎分別在普巴金剛和怙主的修法法會中主持威猛法事。藏曆十三日這天，依循往昔部落首領在美千達澤進行供奉之習俗，部落族人騎馬執幡，同上護法神山進行煙供，一時眾馬奔騰，供神呼喚之聲響徹山間，旗幡隨風飄揚。揚唐仁波切亦參赴煙供，並將自己親製的地主心要寶藏瓶與貝諾法王送給他的寶藏瓶，埋在美千達澤神山山頂。之後一連數日，族人們賽馬、射箭、歌舞歡騰，一片歡樂喜慶的氣息。[99]

數日後，仁波切開始為從尼泊爾辛苦運來的眾多聖像進行裝藏，[100]並從秋天起，開始進行佛學院、閉關中心等建設，親自監督木料運送等工程相關事宜。這一待就是四年，仁波切首先建設多芒佛學院，期間於建地湧出往昔未曾出現的泉水，被視為是仁波切修行驗相，這個泉水至今猶在。揚唐仁波切的外甥女蔣秋卓瑪如是回憶神奇泉水出現的過程：

在建佛學院時，我們面臨水的問題，因為我們必須從遠處河流挑水過來，而那河水作為飲水又不太乾淨。佛學院工程快要完成時，仁波切想在中庭建一座花園。仁波切指示他們該去哪裡挖掘，結果就在花園建地的中央出現了泉水，不論取用多少都用之不竭。祖古帝剎甚至還在那裡看過金魚，而且冬天都還有花朵在那邊生長。毫無疑問那是個奇蹟式的修行驗相，那時約為一九九三年，那是當時整個多芒寺唯一一個天然水源。

多芒寺僧更嘎寧博如是回憶他在九〇年代見到仁波切的光景：

仁波切首次回到西藏時，我們還製作勝幢，準備了很多前去迎接。仁波切來的時候，我們是很怕仁波切的，去拜見時能待上五分鐘十分鐘已經算第一名了，在家鄉是很崇敬上師的，大家也很怕上師，家鄉是這樣。仁波切當時計畫要建設佛學院的建築，那時寺院狀況很糟，仁波切的寢室跟家鄉其它地方相比是算

98 諾布策仁喇嘛訪談，二〇一九年四月二十六日於尼泊爾加德滿都。此外，根據仁波切外甥女阿怡索南旺嫫在訪談中的敘述，她的母親（即仁波切的二姊）過世時，仁波切人在尼泊爾，早餐喝粥時，粥碗突然破裂，心想不知何事發生。後來得知姊姊過世，旋即返回錫金處理後事，期間曾經迎請多竹千法王前去為姊姊祝願。

99 本段敘事參照慧光師編纂的揚唐仁波切傳記《藏紅花束》初稿，藏文版第十二節。

100 根據阿克南卓的口述，佛像由拉雪堪布、祖古帝剎與德巴堪布裝藏，再由仁波切與僧眾共同開光。

好的，但是條件仍然不是很好。……首次回來時，仁波切帶著外甥女一起，還有一位總管。仁波切在家鄉買了一輛大車，那時要蓋佛學院，在多芒再過去的惹闊那邊有很多林木，大概有拿到建造許可吧，多年期間就那麼一台車來回載運好多次，仁波切花了很多心力在蓋佛學院。

仁波切有時待在寺院，大概待了三四個月，就去康定縣城，那邊有事情要辦，在這兩地之間往來。我們那時跟仁波切沒有很熟，要拜見的話，沒特別要問事的話，也不敢去見，平常也沒人去拜見。偶爾見到就算是可以了，就認為是很棒了。

仁波切建設佛學院是為了化育深入學習佛法的學子，進而延續佛法傳承。佛學院內建有容納八十位僧人的兩層樓寮房，中央的大殿內安奉「堪師君三尊」聖像。其中，主尊蓮師銅像置中，右奉「堪布菩提薩埵」寂護論師泥製聖像，左奉藏王赤松德贊泥製聖像。上方有泥製四臂文殊像，其上為從印度迎來的金剛手像，左右兩側則為從尼泊爾迎來的千尊蓮師像。大殿兩側安奉了《甘珠爾全集》與《丹珠爾全集》等眾多經續典籍，仁波切從尼泊爾請得的蓮師主像與二十一度母像則安奉在多芒寺大殿中。

閉關中心建在歷來出現過虹光身成就者、且是巴楚仁波切曾蒞臨的多芒初始寺址「袞寧」。建設閉關中心的目的，乃期許寺僧精進實修，依聖地加持與前賢德澤而獲得修行成就。閉關中心兩旁各有五個房間，共可供十名閉關者進行實修。位於中央的佛堂裡，安奉主尊蓮花生大士，右為忿怒蓮師，左為站姿馬頭明王。這些聖像由數名來自給帕寺的造像師親製，造像過程使用了塔公覺窩像遭破壞時掉落的碎件，是故被視為具有特別的加持力。[101]

揚唐仁波切在一九九二至一九九六年間在多芒寺的建設。

上一／佛學院外觀。

上二／佛學院內部一景。

上三／佛學院內部一景。

下／建於「衮寧」的閉關中心外觀（二〇〇三年攝）。

攝影／黃紫婕。

101 以上關於佛學院及閉關中心內部格局及聖像擺設等相關敘述，均參照《藏紅花束》初稿，藏文版第十二節。

左／右臂上留有滅佛時期刀痕的「圖巴康間措」佛像。攝影／卻札。

右／傳說中曾騰空的蓮花生大士像。照片來源／洛桑喇嘛。

在興建佛學院及閉關中心過程中隨侍在仁波切身邊的蔣秋卓瑪如是敘述：

> 為了建造佛學院，仁波切艱辛募資。我們從這裡（指錫金）不論帶了多少過去，仍然不足以完成建設，而且在那邊沒有人能幫得上忙。我們前往每戶羅柯馬人家去募集奶製品，那幾乎像是在乞討酥油。仁波切挨家挨戶拜訪，他們就會給些酥油和起司。那些日子裡，生活過得並不容易。五年後，我們完成了佛學院和閉關中心。當我們要返鄉時，我們身上只有兩千元（人民幣），所幸羅柯馬人募了一萬元給仁波切。靠著那些錢，我們得以前往拉薩，然後回到尼泊爾和錫金。

多芒寺中，有一尊名為「圖巴康間措」的釋迦牟尼佛像。「圖巴康間措」意為「雪海能仁」。相傳這尊聖像是世尊在世時，由塑像師噶瑪畢修以十種天界和人間珍寶所造的佛陀「如我像」。後來為使教法在西藏弘揚，這尊佛像被迎到雪域。在藏王朗達瑪滅佛時期，這尊佛像曾遭刀砍，臂上刀痕至今仍清晰可見。後來佛像被帶往中國，乾隆帝又將它贈予他的上師，也就是肇建多芒寺的蔣岡慈誠多傑。從此以後，這尊聖像就成為多芒寺珍藏的聖物。

仁波切回多芒前請得千尊蓮師像，其中的蓮師主像是在尼泊爾塑造，爾後安奉在多芒寺大殿中。有一天，「圖巴康間措」被潛入的盜賊偷走，阿克南卓如是敘述當時發生的神奇事蹟：

> 後來，多芒寺的「圖巴康間措」被偷時，安奉在大殿的那尊蓮師主像，從它的基座往上騰空了三個手指寬的高度，連裡面的裝藏物都能看得到。所以有些人

左／祖古帝剎法相。拍攝年份不詳。照片來源／揚唐仁波切私人相簿。

右／揚唐仁波切與祖古帝剎於多芒寺的合影，攝於一九九〇年代中期。照片來源／玉僧璨康。

就在那邊說，是仁波切很有錢，用很多黃金裝藏，才會發生竊盜事件。但其實這是「圖巴康間措」遭竊的一個徵相。

據說直到「圖巴康間措」被找回之前，這尊蓮師像一直處於騰空狀態，等到「圖巴康間措」請回寺院後，這尊蓮師才又降返座上。

一九九四年，仁波切除了繼續監造佛學院的建設之外，也在「多芒朵」主持六字大明咒持誦法會，並且給予僧俗二眾多芒新伏藏觀音暨千佛灌頂，在法會過程對信眾多所開示。開示內容包括偷盜、酗酒、抽菸等「諸惡莫作」之理，以及鼓勵持誦六字大明咒等「眾善奉行」之趣。仁波切特別在會中呼籲大眾勤誦六字大明咒，迴向給投生在八部神鬼中的瓦修巴千以及墮入地獄的果茲蔣洛、東本貝旺、路嘉桑達等人。[102]

一九九五年，閉關中心完竣，十名寺僧入住閉關。多芒寺僧在修、學兩方面的順緣已備，拉雪堪布如是敘述仁波切對多芒的貢獻：「仁波切在宗教開放後來到多芒，建設了佛學院，待了三年，也建了閉關中心，奠定學、修兩方面的基礎。……從印度請來並安奉千尊蓮師像、大蓮師像、二十一度母像……當時在這個地區的寺院裡面，應算是佛像等物品最好的寺院之一。」

同年，仁波切依照敦珠法王吉徹耶謝多傑的建言，在「多芒朵」按照多芒新伏藏中指示

102 本段敘事參照《藏紅花束》初稿，藏文版第十二節。

上／揚唐仁波切在多芒朵的留影，右為多芒寺僧耶喜尼瑪，身後為紅文殊閻摩敵塔（二〇〇五年）。攝影／德炯旺嫫。

下／紅文殊閻摩敵塔（二〇一五年）。攝影／卻札。

的尺度比例，建造一座造型獨特的紅文殊閻摩敵塔，塔中安奉佛舍利等諸多聖物，[103]此塔至今依然矗立在多芒朵的小溪旁。總之，仁波切九〇年代回到多芒戮力建設，其中，佛學院在啟用近二十年後，於二〇一三年三月起歷經約兩個月拆除。該年夏天，索達吉堪布指導進行重建，並於二〇一五年三月落成。閉關中心也在仁波切圓寂不久後拆除重建。仁波切一九九〇年代在多芒寺的建設，如今僅存多芒朵的紅文殊閻摩敵塔。

距離多芒不遠的色達喇榮五明佛學院，也在「法王如意寶」晉美彭措法王主持之下蒸蒸日上。一九九三年的藏曆「薩嘎達瓦」，喇榮首次舉辦極樂大法會，為期十五天。揚唐仁波切、祖古帝剎以及眾多多芒寺僧眾也前往參加，揚唐仁波切與晉美彭措法王也於喇榮再次見面。[104]正值年少時期的嘉初仁波切侄兒智美羅珠喇嘛，也在法會期間初次見到仁波切。他如是敘述那歷歷在目的舊日光景：「揚唐仁波切到了喇榮，法王如意寶正在舉行極樂大法會，那時候有非常多人，一般來說有四十萬人。在喇榮朵搭了非常多帳篷，各地上師、祖古們都來了，依怙主揚唐仁波切也有來。進入喇榮朵那邊有一座橋，在橋旁邊有片很大的草原，揚唐仁波切就待在一個很大的帳篷裡。我的叔叔堪布洛桑群培帶我們去見他，他就為我們做了長壽、財神的加持修法，並且傳予頗瓦口傳。那時不只有我們，還有很多人。……很大的一個帳篷，現在都還活現在眼前。」

103 建塔完成的年份與緣起係參照《藏紅花束》初稿，藏文版第十二節。造塔工程應是一九九四年展開。

104 繼一九八一年初次會面後，揚唐仁波切在一九九二年也曾前往拜會法王如意寶，是為兩位大師第二度會面。而此次是為第三次會面。參見《藏紅花束》初稿，藏文版第十二節。

此外，根據智美羅珠喇嘛的敘述，揚唐仁波切在九〇年代停留康區期間，會經前往拜會堪布晉美彭措法王，他提到說：「在堪布如意寶寢宮旁有個三身殿，依怙主揚唐仁波切住在裡面。那時我未能前去拜見，我的叔叔有去。仁波切大概住了一個星期還是幾天，他們有進行交談。」[105]

而仁波切的近侍清哲祖古曾聽說晉美彭措法王和揚唐仁波切兩位大師，在對於時代動盪下那些曾經做過痛打上師等不如法行為的「三昧耶衰損者」，有著不同的看法。喇榮五明佛學院當時為了重振佛教，倡議「佛教淨治」。由於密續等經典中，多所提及與破三昧耶者共處，將會造成修行成就的障礙，是故需要端正風氣，屏除破戒者與失壞三昧耶誓言者。清哲祖古曾就此事私下詢問仁波切。而仁波切說，在他二十多歲時的太平時期，康區就有大寺院提出「佛教淨治」的主張。眾多寺院開會後決議，請揚唐仁波切前去請教玉科夏札瓦大師的意見。玉科夏札瓦對揚唐仁波切宛如預言般地說道：「不知道時局會怎麼樣，連會不會有佛教淨治的時間都不曉得。再者，要施行佛教淨治也有困難。不論是哪個眾生，造下惡業後，業就會成熟在他身上。我們去制定規範說什麼可以做、什麼不可以做，這是有困難的。即使設下規範，多年後又會轉變的。」[106]一九九四年，仁波切特地前往色達喇榮與晉美彭措法王就此議題進行討論時，有向法王報告當初玉科夏札瓦的那一席話。他同時也向法王稟報說：「要說到被三昧耶衰損者痛打，大概沒有人比我被打得多。我對他們從來沒生過氣，也沒認為他們破了三昧耶戒。那些人要來見我，我也都沒有阻止。有的人會說他們的三昧耶衰損了、他們打了某某上師，因而不准他們來見我。我對他們說，你們不要這樣講，如果真的是三昧耶衰損了，那我們做上師的應該要修忍辱、當以慈悲相待。如果是因我們能否得到成就而去給他們貼上三昧耶衰損者的標籤，那變成是在利益自身一樣。」[107]

而根據《藏紅花束》初稿[108]裡的敘述，當時揚唐仁波切與祖古帝剎針對「佛教淨治」議題有不同看法，遂共同前往喇榮會見法王如意寶。[109]在談及佛教淨治一事時，祖古帝剎起身對兩位上師說：「您們兩位都是我的根本上師，我什麼也沒有要說的，就依您們的決議來定奪就好。我要去向阿尼美准[110]問候一下，就先告辭了。」文中如是記載揚唐仁波切與法王如意寶會談的情形：

> 他們兩位進行討論，論及「密咒誓言衰損後無法修補者從此不得在寺院參與聚會」、「毗奈耶別解脫沙彌、比丘戒衰損者從寺院開除」、「欲重入寺者當具格閉關三年懺罪、調伏自心、重受別解脫戒方得入寺」……此後至今，本寺亦依此實行。

105 智美羅珠喇嘛訪談，二〇一七年十二月八日於美國聖荷西德清穰中心。他於本書的敘事均出自這場訪談，以下不再另註。

106 根據《藏紅花束》初稿中記載，當時是祖古耶喜多傑前去請示玉科夏札瓦，玉科夏札瓦大師當時說道：「如今要進行佛教淨治也沒有多少時間了，在五濁滋長的惡世當中，僅守幾條居士戒也算可以了，所以此事暫時就這樣吧。」請示者是何人雖有二說，對玉科夏札瓦當時所言的敘述基本上是一致的。

107 出自清哲祖古訪談。

108 見藏文版第十二節。

109 此為兩位大師第四度會面。來源同前註。

110 阿尼美准為法王如意寶的妹妹。

在康區的這段期間，仁波切也曾前往智欽寺拜見當時從錫金回康區停留數月的多竹千法王。出身自第一世多竹千法王所建桑隆寺的祖古吉美多傑如是回憶：「法王回到寺院傳授寧體灌頂和口傳。那時揚唐仁波切和蔣秋有來拜見法王。他們並沒有參加灌頂，那時我們不太認識揚唐仁波切，是法王說了我們才知道。法王為了仁波切的到來，做了非常豐盛的接待。我們家鄉所有人都認為，只要是法王認可的人，不論那個人名氣大小，都會非常看重他。我們就知道那是位非常珍貴的上師，法王如此看重的，八成是一位得到成就的士夫。我們信賴的是法王，而法王做了這樣認可後，我們所有人都去向揚唐仁波切求加持。他有個普巴杵，他用普巴杵來加持我們，對某些人會大力擊打。那時蔣秋很年輕，雙手合十在一旁待著。至於法王接待的情形，當揚唐仁波切來的時候，法王親自起身迎接，仁波切的寢室就在法王寢室的一旁，兩人都一起用餐。在西藏，不管什麼上師來，多竹千法王是完全不會這樣款待的，也不會起身。如此這般的款待，除了對揚唐仁波切之外，我們都沒看過，這就是為什麼我們很崇敬他的原因。」

仁波切也前往拜見名聞遐邇的堪布曲洽，據說兩位大師當場互相頂禮。而向來生活簡樸、直言不媚的堪布曲洽，對仁波切送上的馬鈴薯深表歡喜地說：「這正是我需要的呀！」兩人共同歡享午餐，並且言談近兩個小時的時間。[111]

此外，拉則寺的祖古阿拉屯月圓寂一個星期後，仁波切也為仍在「圖丹」[112]禪定中的他指引光明心。[113]一九八一年在色達草原從揚唐仁波切手中領過糖果的拉則祖古，如是回憶仁波切到拉則寺的情形：

一個星期當中，我們保密沒有說出去，並且關緊房門。揚唐仁波切從印度回來住在多芒寺，阿拉屯月的兒子前去拜見時，仁波切說：「喔，阿拉屯月和我是法友，年輕時我們有在一起，是很好的法友，我會過去看看。」仁波切來的時候也帶了外甥女一起來。那時需要一位指引心之光明者，是為了這個緣故而請揚唐仁波切過來。我們打開房門讓揚唐仁波切進去裡面，便又關上房門。揚唐仁波切在裡頭為之指引光明，全部完成後我們才把門打開，揚唐仁波切坐在一頭，而我們就進行圓寂法會。那是位很好的上師，有流下紅白菩提。……那時我們寺院裡有很多居士和僧人，就跟仁波切求得長壽灌頂和開示來結法緣。

此外，每年冬天，仁波切依官方要求住在康定數月，在康定停留期間為宗教局服務，並且不定期在政協參加會議。西藏弟子多傑如是敘述仁波切在開會時剛直不媚的風骨：

111 兩位大師會面的情景，主要參照阿克慈誠的訪談（二〇一七年七月十四日於康區）及《藏紅花束》初稿藏文版第十二節的內容。文中提及這場會面發生在一九九五年。

112 修行人在心跳、脈搏停止之後，仍然安住在禪定的狀態，稱為「圖丹」。從醫學角度雖判為死亡，但安住在「圖丹」中的修行者，面容猶如在世，身體不會如屍體一般腐壞、發臭，且有胸間餘留暖相等徵相。出定時，鼻孔會流下稱為「紅白菩提」的液體。有時會由另一位修行人透過唸誦等方式讓安住在「圖丹」者出定，出定之後的法體方可進行荼毗。此為一般概說，詳見相關論著及具格上師言教。

113 阿克南卓提及：「仁波切的弟子阿拉屯月是位伏藏師。他將取出的伏藏法交到色拉陽智手中，說有助益的話才留著，完全沒幫助的話就放火燒掉。結果色拉陽智說其中的斷法相當好。……他圓寂時，以盤坐之姿入定，仁波切前去主持出定事宜。」

仁波切的與眾不同之處，就是平等看待苦樂，不會被痛苦和快樂所左右。他也從不說謊。不論是開會還是什麼的，他都是有話直說。有些人，明明是不好的事，卻假裝說成好的。開會時，官方就說：「藏獨的主要領袖是達賴喇嘛，他是不喜歡合作的，他是製造矛盾的人。」下面所有上師、祖古都在聽。仁波切就說：「你們所言不實！我很熟悉達賴喇嘛，我們同室相處過好幾天，他從來沒說過什麼西藏要獨立、民族之間不要合作的話。你們是從哪裡聽來那些的呢？達賴喇嘛都是說，你們要聽從中國政府的話，你們要合作，你們要遵循政令，你們要遵守法律規範，你們要好好守持佛教、佛法，你們要好好保管西藏文化。他除了這些教誨之外，並沒有說你們回去以後要反對中國政府、要批評政府。他從來沒有說過諸如此類的話，也沒對我講過這些！」

仁波切就是這樣，不會去奉承上層，他就是實話實說而已。

仁波切在政協的宿舍位於三樓，在印度出生的藏人韓宗卓瑪，當時在康定擔任英譯方面的工作。在聽說揚唐仁波切身邊帶了一個不會說中國話、也還不會說藏語的印度姑娘，她就很開心前去認識。仁波切也很高興地說：「這下蔣秋交到朋友了！」韓宗如是敘述康定往事：

仁波切在那邊沒有什麼工作要做，偶爾需要代表多芒參加會議，並沒有什麼決定事務的權力，只是去出席而已。

我每天都去仁波切那裡一起吃飯，我跟他有這麼多時間相處，可是那時並不知道他的珍貴，於是錯過了求法的機會。我和蔣秋去買東西時也帶著仁波切

> 去。我們採買時，他會坐在一張椅子上。仁波切平常就是在打坐、唸經，沒有什麼工作，總是這樣的。藏曆新年我會跟仁波切一起過，仁波切在新年一定會穿新衣，我跟蔣秋會交換禮物，就我們三個人，我不記得有什麼人來拜年。
>
> 有一次，我有一個很好的女性朋友，她跟男朋友開車去成都。她坐在駕駛座旁，開著車窗，後來車子打滑撞上石頭，她從窗戶彈了出去，就這樣意外身亡了。她的家人都不懂佛法，我是因為聽我爸爸說要對往生者修頗瓦，就趕快帶仁波切去事故發生地點。仁波切就為她修頗瓦，唸了一天的經，我那時都還不知道他是位大上師。仁波切帶了一個包包，我和蔣秋在旁邊，什麼喇嘛都沒去，仁波切直接坐在地上，什麼墊子也沒有。[114]

儘管仁波切在康定時期大多低調靜修，但是具信弟子的口中仍舊不乏靈驗事蹟。首先是多傑談起仁波切卜卦的公案：

> 康定宗教局長官的兒子是我們辦公室司機，他平常對宗教一點也不虔誠，也沒有清淨心，也不討厭宗教，他卻很喜歡、景仰仁波切。有一天他對仁波切說：「請您為我的阿姨卜個卦。」仁波切打完卦說：「你阿姨應該不會很好，要不就是有患病的危險，要不就是哪裡不舒服。」然後他就打電話問阿姨，結果阿姨身體無恙。他聽了以後就嘲笑說：「仁波切這一次的卦不準了，漏氣了吧！」

114 韓宗卓瑪訪談，二〇一七年十二月十九日於美國紐約。

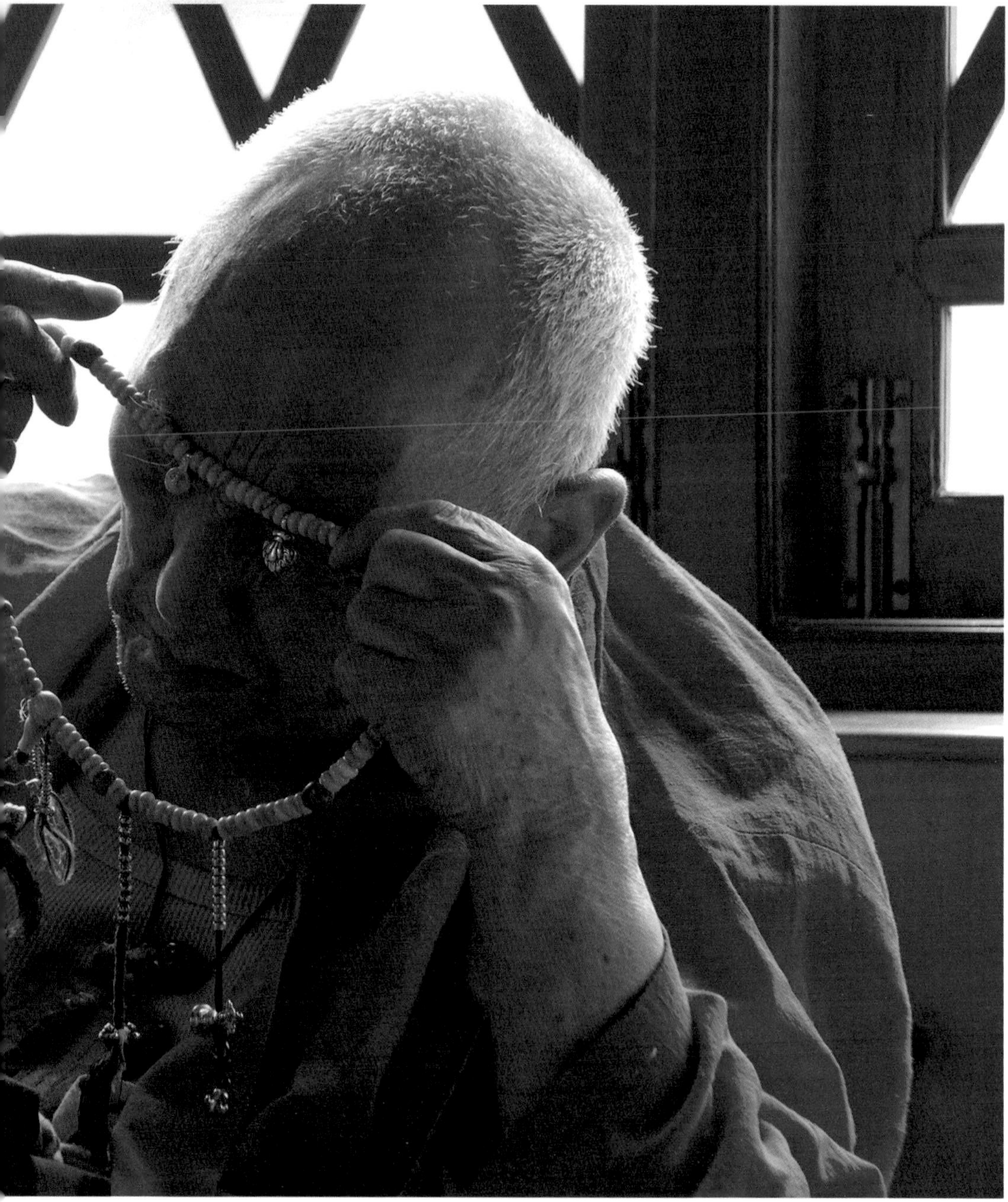

揚唐仁波切以唸珠卜卦時的留影。
攝影／卻札。

兩天後，一通電話打來，說阿姨已經往生，他從此以後對仁波切生起了特別的信心。

祖古葛嘎如是敘述另一個卜卦公案：

我當時在康定甘孜自治州藏醫院，我有個年邁的醫生朋友，他有一個老舊法本，對我說：「我有這珍貴法本，我們兩人應好好編輯它。」那是個伏藏法法本，伏藏師乃是多傑德千林巴。他要我協助校對這個法本，還要我撰文介紹法本歷史。我沒有查到什麼歷史，不過法本前後都有敘述取藏過程，我就按照那些內容寫了一些介紹。法本裡關於藏藥配方等有相當好的竅訣。我們兩個就花了一年還是多久的時間來校對。

後來我聽說多傑德千林巴這位伏藏師的轉世祖古來了康定，他那時在康定政協裡待了很多年了我都不知道。我那時雖要工作，沒有機會向他求法，但是很景仰這位上師……我有時候會去見他，談談我自己做了什麼工作。那時我在製作一本藏文書，他就關切工作的進度，叮嚀我們要好好做。爾後我們變得很融洽，平常有時就去他那邊喝茶聊天，倒是沒有特別求過法、求過灌頂。我那時候還年輕，對佛法還沒有很重視。

有一次，我在雲南密里那邊有些醫生學生，他們想請我去那裡。我就想說，他們雖是藏族人，但藏語和基本文化學科卻很差，我想要去幫忙推廣藏醫、看病。我就向仁波切報告這個情況，仁波切也認為這樣的想法很好。我有一個醫生同伴，我們想帶著藥去那裡。我於是請仁波切卜卦看看我們此行是否順利。仁波切打了卦後說：「應該不會好。你們要很小心。」我就問說：「那如果我們請人修法，是不是會比較好？」他說：「不會比較好喔！會有障礙喔！」我就感到很奇怪。總之，安排了一些修法後，臨行前又去見仁波切，我說：「我要出發了，之前有請寺院修了很多法，我自己也有唸一些經，再加上您的眷顧，這樣應該就不會有問題了吧？」結果仁波切說：「修法是能稍微減少一點障礙，但是沒辦法讓障礙消失掉。」

一般來說，向別人求卦時，都會跟你說修完法會有些幫助，可是他卻不是這麼說，而說還是會有障礙。結果我們還是出發了，我跟同伴坐巴士從康定出發，我們帶的藥都放在巴士上面。行經一處，路上下起了大雨，車子開到一座山在爬坡時，雨勢造成山崩落石。我們的巴士沒辦法往前開，要倒退也很困難，進退兩難，那大概是早上三點左右。後來車輪下面的土石也鬆落，整台巴士就翻落下去。司機是個漢人，他還想去攔阻車子，我們就對他說：「你瘋了嗎？巴士掉到山下，你一個人能做什麼！」我們所有藥袋都跟著掉落。既然藥都沒了，我們兩個當然就去不成了，於是就折返……真的就像仁波切說的會有障礙。如果沒有他的眷顧和修法，如果我們是待在車裡頭，那可能就是足以致命的大障礙了。好像他完全看見了一樣，很肯定地說會有障礙。

多傑繼續敘述一則療病的故事：

在康定老人學校裡有個婦人，她的女兒有天因為驚嚇而身體腫脹，於是拜託寺院修法，也去醫院看病，但是兩個月過去了，病情並沒有好轉。她來到仁波切面前，請求仁波切去看看女兒。於是我陪仁波切去了醫院。仁波切在唸誦過程撒米時，我看到那個女孩子身體抖動起來。我那時就想，這個上師真的是有威力的。然後仁波切給了一些除障薰煙物。隔天，那個老媽媽又跑來說：「女兒住院住了兩個月都沒有痊癒，結果從昨天仁波切去醫院開始，她就好轉很多了。非常感恩！請您再給我一些除障薰煙物。」

多傑還提起另一個神奇公案：

康定老人學校有位名叫日登的老師，他對我說：「你說那位多芒揚唐是個與眾不同的上師是吧？」我就回答：「你有什麼事嗎？」原來他的姪女長期病痛，他就到仁波切面前想請仁波切修法，拿了一點錢要供養仁波切。仁波切說：「今天我不收你的錢。你明天一大早再帶錢過來。」結果他的姪女當天晚上病逝了。隔天，他就把昨天本來要供養來修法治病的錢，供給仁波切作為誦經迴向亡者之用。他就對我說：「昨天要修法的錢他不收，今天為了身後事迴向才收，可見他早已知曉我姪女會死。」

至於仁波切在康定時期的平日修行，多傑有以下這番簡短的敘述：「出獄之後，仁波切住最久的地方就是康定。仁波切最早是單獨住，後來有把蔣秋帶來。……仁波切平常很會利用時間，用來修行佛法。我這人話多，跟仁波切說了很多話時，一旦時間到了，就算話題講到一半還沒說完，仁波切就會起身走人。如果是不熟的人，還會以為仁波切是生氣了。他就是那樣，都是在修行。」

母親往生後，仁波切花費所有積蓄辦理後事，為了建設多芒，仁波切又用盡在台灣、美國籌得的資金，差一點連返回錫金的旅費都沒有。約於一九九六年，仁波切從西藏回到錫金。隔年一九九七年，仁波切二度前往台灣和美國。這年在深坑初識仁波切的尊助喇嘛如是談到對仁波切的第一印象：「仁波切是非常謙遜的上師。……所有事情都是他自己處理，並不需要他人事奉。洗衣服這些都是他自己洗。……那時仁波切很健康，腳也沒有問題，去修法時他都自己去，剛開始時他都一個人去的，一個侍者也沒有。」[115]

在獄中秘密完成五百次紐涅八關齋戒的仁波切，一直認為紐涅非常適合佛弟子修持。在第二度來到台灣時，他曾在台中和深坑兩地主持紐涅閉關。其中，在台中的紐涅是由台灣弟子汪嘉令協助舉辦，參加者約二三十人。而在深坑中心舉辦的紐涅則有約八九十位弟子參加。汪嘉令本身愛好修持紐涅，仁波切每次來台灣，她都會請仁波切主持紐涅閉關，其中，在天母農訓中心舉辦的那次紐涅約有一百七十人參加，是人數最多的一次。仁波切給她取了外號叫「紐涅菩嫫」（意為紐涅女孩），後來又叫她「紐涅阿媽」（意為紐涅媽媽）。

一九八〇年代初期在南卓林寺初遇仁波切的堪布札西徹令，與仁波切在台灣重逢，並在仁波切主持紐涅時擔任維那師。他如是回憶當時景象：

115 尊助桑波喇嘛訪談，二〇一七年五月十一日於台灣台北。台灣信眾多稱他為敦珠喇嘛。

我們在深坑舉行了一場紐涅，仁波切坐在上面，我坐在他下面，然後下面有堪布貝瑪群培、堪布巴登竹巴，大概有八九個僧人。紐涅的維那師是我，仁波切在第一天、第二天完全沒有講話。到了最後一天，仁波切就問了我的來歷，我說我是貝諾法王寺院來的，他就非常高興。……我說：「依怙主頂果欽哲法王前去時，仁波切您也在，我有想要跟您求個法結緣，但是沒有機會。」……

仁波切在那裡對我講解了紐涅，說明事續部到無上續部的差別，我就特別生起了信心：「喔！這位上師原來不是只有名氣大，這位上師是真的了知上下續部的論點，並不只是有實修而已，我實在真該要依止他！」

根據密藏院的資料，揚唐仁波切此次來台期間曾兩度到密藏院。一九九七年三月一日出刊的《密藏院雜誌》中，〈密藏院新春禮佛團拜，三位仁波欽加持賜福〉一文如是描寫仁波切造訪密藏院的光景：

大年初三——國曆二月九日上午十時三十分在該會佛堂舉行新春禮佛、供燈祈福、團拜、放天馬。恭請揚丹活佛暨堪布昆桑仁波欽、達嘉仁波欽主持。十位喇嘛共同參禮，參與禮佛、團拜，該會功德會會員及信眾，扶老攜幼，相當踴躍，約有二百餘人之多，除中部地區會員家屬外，前往有來自台北及雲、嘉地區會員與信眾。密藏院援例準備五福果、吉祥湯與長壽麵，……由於平常尤其過年，食用油膩過多，吃一碗清淡素麵，頗覺可口。多數再來一碗。

八月一日出刊的《密藏院雜誌》頭版中，〈楊丹活佛主壇，中元節超度先靈〉一文則提及仁波切自八月十五日起連續三天，在密藏院給予普巴忿怒蓮師灌頂、大悲紅觀音灌頂以及金剛薩埵度亡火供。

此次訪台期間，另有一個小型傳法在深坑悄悄展開。曾在華梵大學任教多年的韓子峯老師，有一天在政大圖書館巧遇他的同學——綽號「大媽」的薛榮祥老師。由於薛老師平時有較多機會親近藏傳佛教上師，韓老師遂希望他能請一位具格上師傳授大圓滿法。根據韓老師的回憶，薛老師在稍加思索後如是回應：

> 他有進入一種沉思，大概有幾秒鐘這樣，他說：「我心裡浮現出一個人……我前幾天遇到一位上師，他看起來很尊貴，然後很奇怪喲，聽說他坐過牢，他在文革的時候被關了二十年，但是呢，我在他身上一點都看不出來……」

兩位大學同學在圖書館門口前的巧遇，促成了仁波切在深坑轉動大圓滿法門。一九九七年九月十四日，仁波切為包括薛老師、韓老師在內約二十位有緣弟子傳授大圓滿《本智上師》[116]的口傳和精要開示。在紀錄上，這是仁波切一生首次在海外傳授此法。仁波切在二〇〇〇年來台時曾再次傳授此法一天，並在二〇〇二年及二〇〇三年兩度來台期間，詳盡講授《本智上師》立斷和頓超的竅訣。受法者為以政大、華梵師生為主的數十位弟子。

116 全知吉美林巴尊者所造。藏語稱「耶謝喇嘛」，中文又譯作《大圓勝慧》。

在台灣停留半年後，仁波切再次踏上美國的土地。根據美國弟子茱莉．羅傑斯（Julie Rogers）在《本智明鏡》法訊中的敘述，仁波切在一九九七年十月蒞臨嘉初仁波切位於奧瑞岡州的道場吉祥法洲（Tashi Choling），參加年度普巴金剛法會，為戶外金剛薩埵園區佛像進行開光，並在阿彌陀佛園區修持一座黑忿怒母法，給予多芒新伏藏斷法灌頂。她如是敘述道：「接著，揚唐祖古傳授完整多傑德千林巴口傳。他也為阿什蘭（Ashland）的社群傳授了精湛的週末教授——心性竅訣。最後，在我們師長們前往加州奧克蘭之前，舉行了一場吉祥火供。」[117]

仁波切隨後在奧克蘭的烏金金剛座中心[118]傳授了《多芒新伏藏全集》灌頂，這是仁波切繼十五歲那年在多芒寺首傳多芒新伏藏後，事隔約五十五年再度傳授此法，也是仁波切在海外之首傳。同期的《本智明鏡》中，刊載了仁波切當時對在場大眾的致詞：[119]

> 由於這是多芒伏藏師的伏藏法首次在西方、在美國傳授，這是很吉祥的。
>
> 這些伏藏法在中共掌控西藏之前，當然廣為流傳於藏地。然而一切都遭毀壞，寺院也被摧毀。實實上，過去曾有十三函，但其中兩函應是完全佚失了。爾後，在共產黨入藏後的很多很多年當中，沒有人被允許做任何程度的佛法修行，甚至連手上拿著唸珠都不可以，不能手拿轉經輪，喇嘛也不可以穿僧服。所有東西都要藏起來，所以像這樣珍貴的伏藏法，就由弟子們埋藏在洞穴或其它地方。所有沒藏起來的東西，全部都被摧毀破壞。所有佛像、所有經書、所有舍利以及所有寺院都被完全摧毀。在康區東部，光在那地區就有六百間寺院被摧毀。多芒寺只是其中一個，多芒寺絕非是唯一的一個。……不會是其它全被摧毀而只剩多芒還好

好的，全都毀了，而且所有裡面的佛法文物也都被摧毀了。

毛澤東過世後，我們又獲准建寺，當然是已經過了很多年，不過我們有拿到許可。從他過世到現在，那些有辦法的人就努力設法重建寺院，但是那些新的現代寺院跟舊寺院是不同的。……我來到美國，也去了台灣，旅程中我得到了捐款。我回到寺院進行重建，蓋了一間佛學院和一個實修的閉關中心，並且安奉了身語意所依。

在這篇報導當中，仁波切也向曾贊助多芒寺佛學院和閉關中心建設的美國弟子表達深摯感謝。最後，仁波切再次提到現有《多芒新伏藏》經函的來歷：「這些伏藏品經函被埋藏起來，爾後它們又被拿出來，所以得以存留，除了有兩函已經完全遺失。不論如何，在此我要表達我的感謝之意，謝謝所有人的付出和關懷。」

至於東岸的行程部分，仁波切第二度造訪摩訶成就者。在他前次來訪時，曾得到仁波切私下特別加持的黛博拉[120]與先生馬帝，在格林費爾德社區大學（Greenfield Community College）

117 出自Yeshe Melong "Mirror of Wisdom"法訊，一九九八年四月號。http://vimalatreasures.org/images/custom/pdfs/PRYN_news_98.pdf

118 烏金金剛座歷經數次搬遷，從舊金山、奧克蘭到現址阿拉密達。

119 此法訊係以英文刊載。故以下係由英文翻譯為中文。本書收錄的仁波切開示中，這是唯一一篇從英文翻譯為中文的文章，其餘開示皆從錄音或錄影資料中的藏語重新翻譯為中文。

120 黛博拉的感應故事請見本書第四章的最後一節〈千處祈求千處應〉。

有上一系列「死亡與臨終」心理學課程，他們特別邀請仁波切在生物學演說廳中，從西藏文化觀點講述死亡和臨終課題，一來作為期末報告，二來也為仁波切籌款。根據黛博拉的回憶，當晚天氣寒冷，卻超乎預期地全場爆滿，在僅有兩百個座位的演講廳中，約有兩百五十人到場參加，大部分是非佛教徒的醫護人員。仁波切講說了臨終各個消融次第等中陰相關議題。[121]這很可能是仁波切首次在教育機構場合對非佛教徒聽眾給予開示。

一九九七年年底，揚唐仁波切二度造訪夏威夷大島，並再次於乃穹金剛妙音洲傳法。乃穹道場由乃穹仁波切設立，在前身「金剛僧團」(Vajra Sangha)時期，寧瑪教主敦珠法王、噶舉高僧卡盧仁波切分別於一九七二年和一九七四年來此開示和傳法。爾後道場也多次迎請各大教派高僧前來傳法，包括格魯派第九十八代甘丹赤巴蔣貝賢遍、拉謫仁波切、洛卻仁波切、梭巴仁波切；噶舉派第十六世噶瑪巴大寶法王、直貢澈贊法王、卡盧仁波切、蔣貢康楚仁波切；薩迦派究給赤欽仁波切、祿頂堪仁波切；寧瑪派晉美彭措法王、貝諾法王、賈傑康楚仁波切、嘉初仁波切等當代著名上師。

仁波切在乃穹金剛妙音洲停留數日，期間傳授巴楚仁波切著作的《前中後三善法語》以及觀音和蓮師灌頂。在一九九八年的第一天，弟子們請求仁波切談談他的生平，[122]於是仁波切如是開場：「我沒有什麼生平要說的，就只有一點點……」說完這句話後，他便爽朗地笑了起來，接著他說：

> 您們各位得到了暇滿人身寶，值遇了正法，親見很多的上師。您們在心中生起了「我要修行佛法」的想法，並且修持佛法，這些實在太好了，謝謝大家！

121 黛博拉訪談，二〇一七年十二月十八日於美國麻薩諸塞豪里。她於本書中的敘事均出自這場訪談，以下不再另註。

122 此即夏威夷口述史之來由。

上／揚唐仁波切與東珠祖古在格林費爾德社區大學的留影（一九九七年）。照片提供／ Deborah Yaffee。

下／揚唐仁波切與外甥女蔣秋在奧克蘭烏金金剛座的合照（一九九七年）。翻攝自玉僧璨康收藏。原照攝影／ Susan Schelling（© Vimala Treasures）。

還沒有要講解佛法內容，至於我個人生平呢，我有祖古之名，實際上卻內無實修。沒有生起次第、圓滿次第，是個跟您們各位沒有差別的人。……

在簡單敘述自己的出生、被認證為祖古前往西藏、一九五〇年中國人入藏、一九五七年避往山林、一九五九年投降入獄，到一九七九年出獄、一九八一年回返家鄉錫金的過程後，仁波切繼續說道：

我向中國請求允許我去印度，他們給了我五年時間，結果我回去待了十一年。那段期間，我住在錫金，然後在不丹、尼泊爾等地，在上師們座下求得灌頂。求法、閉關、朝聖，東跑西跑的。九〇年去了台灣，然後去了美國一次。

十一年過後，我的寺院是在康區，中國人來時，寺院沒了，毀掉了，然後寺院捎給我一封信要我過去，說「請您回來」。寺院也需要重建，我在台灣和西方獲得一些錢，就把錢帶去康區。他們有建一個小小的寺院[123]，我去了那裡之後，就建設了一間給學習經論者的小小佛學院，還有一個給閉關行者住的小小閉關中心，還給寺院一些身語意所依物，就這樣在康區待了四年，是九一年去的。

在美國和台灣獲得十幾萬美金，還有我居住地的僧俗眾給了我很多錢，這些全部收集起來，把佛學院和閉關中心蓋了起來。寺院的佛像、供具都完備了，於是去年還前年就又回錫金過了兩年……過了一年多[124]，就又在台灣待了六個月、美國三個月，總共九個月。過幾天又要回錫金了，然後要去印度菩提迦耶參加祈願大法會，然後還要把一些錢拿去康區，想說幫他們一些忙。然後我就快要死了，是有想修行佛法，但直到現在都沒有法，應該要修行佛法，我有想說我快要死了。除了這些以外，我沒有什麼生平了。

在這場將近一小時長的談話後半段，仁波切談起西藏教法的興落以及教法在海外傳揚的情形。我們就以這段談話，來為仁波切九〇年代在海外傳法、回到康區振興寺院的段落作結：

> 一九五五年到一九八五年，西藏的佛法完全消失了。一九八五年開始又可以修行佛法了，現在看起來是很高興，一九八五年國家允許修行佛法，不過一九五五年才出生的孩子們完全沒看過佛法，耳朵也沒聽過，這些新生代孩子在看到喇嘛們埋在地下的金剛鈴鼓重新出土時，都很好奇這些東西是怎麼個使用法，他們完全沒看過！搖動手鼓的時候，都非常的好奇。還健在的舊喇嘛們於是開始教他們語文、教他們怎麼去搖鈴、搖鼓，佛法像是才要開始傳揚那樣在學習。現在孩子們都已經學會了，還算是好的。
>
> 西藏的佛教衰沒之後，才在外國開始傳播，西藏佛法就算衰沒也沒有差別了，在西藏佛教衰沒之後，佛法在外國開始傳播，這很好。在外國傳播已經二三十年，現在所有外國都有設立佛學中心，有很多上師前去。您們在道場裡求法，知道有所謂的佛法，大家都知道了修行佛法是好事。不論是哪個國家，沒有

123 指祖古帝剎於一九八〇年代後期啟建的多芒寺主殿。

124 根據仁波切外甥女蔣秋的說法，仁波切於一九九六年從多芒寺返回錫金。

一個國家裡頭沒有佛教道場的，沒有哪個地方沒有僧人的，大家都知道有大圓滿、顯教、密教，大家都已經聽到了所謂的佛法是怎麼回事。

一般來說，佛法修持者是很稀少的，不管是在外國還是在西藏，佛法修持者是稀少的。以美國一個國家來說，人口大概有兩三億人吧，但是修持佛法的，大概沒有到十萬人，可能只有少數一兩萬人對吧？算是少的。然而，以前完全沒有佛法，現在修持佛法的人知道了佛法是怎麼樣的，對於佛法有信心，我心裡對此感到非常高興。西藏的佛教就算衰沒也沒有差別了，佛法這樣在海外傳揚，我覺得非常好，感到很高興。

您們已經知道了修行佛法的方法，知道佛法是怎麼樣的，知道了佛法是有功德利益，知道了業因果，在這之後，您們這些住在外國者要牢牢執持佛教！不要認為說：「我對佛教沒有義務，那沒有意義。」佛陀的聖教是要每個人去盡自己的那份責任，並不是由一個人去肩負、執持著佛陀教法，應該要各自執持它！所以您們每個人都該想說：「我乃是執持佛陀聖教者！」請您們盡力而為，彼此學習良善事物，所謂的佛法是需要有良好行為的，內在要有好功德，外在要有好行為。您們的上師在教導時，有教導求法時該有的方法、坐姿、聽法時該怎麼樣、實修佛法時該怎麼樣、自己身體坐姿應當如何、要頂禮的話頂禮的方式是如何、要做煙供時該如何煙供、供養時要供乾淨美好的東西。您們對於這些全都有些了解後，不只不要讓佛法衰沒，各位還要思考在外國發展的方法。一般來說，自己要能夠修持佛法，既然入了佛門，不要退步，在還沒死之前，不只不要退步，還要持續改良、進步。除此之外，還要鼓勵人們，讓國家境內佛教更加傳揚，這是各位的責任。大家每個人都要思考，好好去做，不要中斷了。

今天是新年，我就不說太多了，……明天開始，有一個觀音灌頂和一個蓮師八相的灌頂，明天傳觀音灌頂，後天蓮師八相灌頂。灌頂之後，我們有三天時間來講巴楚仁波切的《前中後三善法語》就結束了，然後我就要告辭了，沒別的了。

今天是新年，您們好好去慶祝新年吧！去吃飯、去玩，新年要開開心心的！今天這個才比較重要！……明天開始要傳法了，會需要一些毅力，今天是玩樂比較重要啦！

ཡི་གེ་ནི་ཤྲུ་ཏྲ་ཧྲུག་པ་འདི་དཔེ་ཆའི་ནང་དུ་བཞག་ན་དཔེ་ཆ་དེ་ཅི་འདྲར་
བགོམས་ཀྱང་ཉེས་པ་མི་འབྱུང་བར་འཇམ་དཔལ་རྩ་རྒྱུད་ལས་གསུངས་སོ།།

《文殊根本續》中提及，安置此咒可免除誤跨法本之過失。

成就者傳記 JS0016

我的淨土到了——多芒揚唐仁波切傳 上冊

作　　者／卻札蔣措
責任編輯／廖于瑄、北条輝四郎
業　　務／顏宏紋

總 編 輯／張嘉芳
出　　版／橡樹林文化
城邦文化事業股份有限公司
104台北市民生東路二段141號5樓
電話：（02）2500-7696　傳真：（02）2500-1951
發　　行／英屬蓋曼群島商家庭傳媒股份有限公司城邦分公司
104台北市中山區民生東路二段141號5樓
客服服務專線：（02）25007718；25001991
24小時傳真專線：（02）25001990；25001991
服務時間：週一至週五上午09:30 ～ 12:00；下午13:30 ～ 17:00
劃撥帳號：19863813　戶名：書虫股份有限公司
讀者服務信箱：service@readingclub.com.tw
香港發行所／城邦（香港）出版集團有限公司
香港灣仔駱克道193號東超商業中心1樓
電話：（852）25086231　傳真：（852）25789337
馬新發行所／城邦（馬新）出版集團 Cite (M) Sdn Bhd
41, Jalan Radin Anum, Bandar Baru Sri Petaling, 57000 Kuala Lumpur, Malaysia.
Tel:(603)90563833 Fax:(603)90576622 Email:services@cite.my

內　　文／黃筱晴
封　　面／黃筱晴
印　　刷／韋懋實業有限公司
初版一刷／2022年12月
初版二刷／2023年2月
I S B N／978-626-7219-02-7
定　　價／1200元（上下冊不分售）

城邦讀書花園
www.cite.com.tw

上冊　封面照片攝影／Ani Aileen
上冊　封底照片攝影／原人

國家圖書館出版品預行編目(CIP)資料

我的淨土到了：多芒揚唐仁波切傳 上冊／卻札蔣措著. -- 初版. -- 臺北市：橡樹林文化，城邦文化事業股份有限公司出版：英屬蓋曼群島商家庭傳媒股份有限公司城邦分公司發行，2022.12 面； 公分. --（成就者傳記；JS0016）

ISBN 978-626-7219-02-7（精裝） 1.CST：多芒揚唐 2.CST：藏傳佛教 3.CST：佛教傳記

226.969 111016344